KB041500

플라톤의

소피스테스
정치가

ΠΛΑΤΩΝΟΣ
ΣΟΦΙΣΤΗΣ
ΠΟΛΙΤΙΚΟΣ

플라톤의

소피스테스 정치가

박종현 역주

서광사

이 책은 헬라스어 원전 역주서(譯註書)로서 Oxford Classical Texts 중에서 E. A. Duke, W. F. Hicken, W. S. Nicoll, D. B. Robinson, J. C. G. Strachan 이 1995년에 공동으로 교정하여 낸 *Platonis Opera*, 제1권에 수록된 것들을 기본 대본으로 그 외 다수의 판본들을 참조하여 번역하고 주석을 단 것이다.

플라톤의

소피스테스/정치가

플라톤 지음

박종현 역주

펴낸곳 · 도서출판 서광사

펴낸이 · 이숙

출판등록일 · 1977. 6. 30.

출판등록번호 · 제406-2006-000010호

(10881) 경기도 파주시 회동길 77-12 (문발동)

대표전화 · (031) 955-4331 / 팩시밀리 · (031) 955-4336

E-mail · phil6161@chol.com

http://www.seokwangsa.co.kr / http://www.seokwangsa.kr

제1판 제1쇄 펴낸날 · 2021년 1월 20일

ISBN 978-89-306-0641-7 93160

머리말

지난해에 내기로 예고했던 이번의 이 두 대화편의 묶음을 이제야 내게 되었다. 일차적으로는, 지난해에 20년 만의 그리스 여행을 보름 넘게 다녀오느라, 그리고 그 준비도 하느라 적잖은 기간을 보내 버려 그리 되었다. 게다가 이 두 대화편의 역주가, 그냥 몇 번이고 읽었을 때와는 아주 딴 판으로, 고역을 치르게 해서였다. 그런 대목은 곳곳에 도사리고 있었다.

해제에서도 밝혔지만, 이 두 대화편은 플라톤의 후기 대화편들 중에서도, 시기적으로는 《필레보스》 편과 《법률》 편 바로 앞의 것들로 추정되는 것들이다. 그리고 내용상으로는 《파이돈》 편, 《향연》 편, 《국가(정체)》 편 그리고 《파이드로스》 편 등을 통해서 구축되어 온 플라톤의 이른바 이데아 설 또는 형상 이론이 그 완결을 보게 되는 것이 이 두 대화편에서의 '형상 결합 이론'을 통해서이다.

이 두 대화편의 출간으로, 이 '플라톤 전집'의 약 84%가 역주된 셈이고, 이 일로만 25년이 넘는 세월을 보낸 셈이다. 전집 완간까지 남은 것들은 위작을 포함하여 다섯 권으로 더 묶을 예정인 것들이며, 5년은 걸리지 않겠나 싶다. 물론 그때까진 일할 수 있는 천수를 누리기를, 마치 소원처럼, 바라는 마음이지만, 뉘라서 제 여생을 알까?

이 번역서의 일차적인 대본은 Oxford Classical Texts(OCT) 중의 *Platonis Opera*, tomus I(플라톤 전집 제I권), 1995년 판이고, E. A. Duke, W. F. Hicken, W. S. Nicoll, D. B. Robinson, J. C. G. Strachan이 공동으로 편찬하여 낸 것이다. 그 밖에도 참고문헌 목록에서 밝힌 다른 판본들과 역주서들의 텍스트 읽기를 참조하여 번역하고 주석을 달았다. 그리고 함께 수록된 각 대화편에 대한 해제는 각 대화편 첫머리에 따로 달았으나, 참고문헌들은 한꺼번에 수록해서 밝혔다. 비록 오래 전의 일이지만, 자신의 역주서 *Le Politique*(정치가)를 보내 준 Luc Brisson 교수께는 거듭 고마움을 표한다.

끝으로, 다음으로 출간하게 될 것은 《카르미데스(*Kharmidēs*)》 편, 《크리티아스(*Kritias*)》 편, 《서간집(*Epistolai*)》, 《클레이토폰(*Kleitophōn*)》 편을 묶은 것이 될 것이며, 역시 별다른 일이 없는 한, 내년 중에는 낼 예정이다.

2020년 겨울에

박종현

차 례

우리말 번역본과 관련된 일러두기

1. 본문에서 난외(欄外)에 나와 있는 216a, b, c, … 234a, b, c, … e와 같은 기호는 '스테파누스 쪽수(Stephanus pages)'라 부르는 것인데, 플라톤의 대화편들에서 어떤 부분을 인용할 때는 반드시 이 기호를 함께 표기하게 되어 있다. 그 유래는 이러하다. 종교적인 탄압을 피해 제네바에 망명해 있던 프랑스인 Henricus Stephanus(프랑스어 이름 Henri Étienne: 약 1528/31~1598)가 1578년에 《플라톤 전집》(ΠΛΑΤΩΝΟΣ ΑΠΑΝΤΑ ΤΑ ΣΩΖΟΜΕΝΑ: PLATONIS opera quae extant omnia: 현존하는 플라톤의 모든 저술)을 세 권의 폴리오(folio) 판으로 편찬해 냈다. 그런데 이 책의 각 면(面)은 두 개의 난(欄)으로 나뉘고, 한쪽에는 헬라스어 원문이, 다른 한쪽에는 Ioannes Serranus의 라틴어 번역문이 인쇄되어 있으며, 각 면의 내용을 기계적으로 약 1/5씩 다섯 문단으로 나눈 다음, 이것들을 a, b, c, d, e의 기호들로 양쪽 난의 중앙에 표시했다. 따라서 이 역주서(譯註書)의 숫자는 이 책의 각 권에 표시된 쪽 번호이고, a~e의 기호는 이 책의 쪽마다에 있는 각각의 문단을 가리키는 기호이다. 《소피스테스》(*Sophistēs*) 편은 Stephanus(약자로는 St.) 판본 I권 곧 St. I. p. 216a에

서 시작해 p. 268d로 끝난다. 그리고 《정치가》(*Politikos*) 편은 St. II. pp. 257a~311c이다. 이 역주서의 기본 대본으로 삼은 옥스퍼드 판(OCT)도, 이 쪽수와 문단 표시 기호를 그대로 따르고 있고, 이 역주서에서도 이를 따르기는 마찬가지로 하고 있다. 따라서 우리말 번역도 이들 쪽수와 a, b, c 등의 간격을 일탈하지 않도록 최대한으로 노력했다. 그러나 가끔은 한 행(行)이 쪼개어지거나 우리말의 어순(語順) 차이로 인해서 그 앞뒤의 어느 한쪽에 붙일 수밖에 없게 될 경우에는, Les Belles Lettres(Budé) 판을 또한 대조해 가며 정했다.

2. ( )는 괄호 안의 말과 괄호 밖의 말이 같은 뜻임을, 또는 같은 헬라스 낱말을 선택적으로 달리 번역할 수도 있음을 표시하는 것이다. 더구나 중요한 헬라스어의 개념을 한 가지 뜻이나 표현으로만 옮기는 것이 무리일 수도 있겠기에, 달리 옮길 수도 있는 가능성을 열어 놓기 위해서였다.

3. 번역문에서의 [ ]는 괄호 안의 말을 덧붙여 읽고서 그렇게 이해하는 것이 좋다고 생각했을 경우에 역자가 보충한 것임을 나타내거나, 또는 괄호 속에 있는 것을 함께 읽는 것이 본래 뜻에 더 충실한 것임을 표시하는 것이다.

4. 헬라스 문자는 불가피한 경우를 제외하고는 라틴 문자로 바꾸어 표기했다. 그러나 헬라스 문자 χ를 라틴 문자 ch로 표기하던 것을 요즘 고전학자들의 경향에 따라 가급적 kh로, c로 표기하는 것은 k로 바꾸어 표기했다. 그리고 u는 y로 표기했다. 그리고 원전 읽기를 일차적인 대본과 달리했을 경우에는, 그리고 해당 구절을 원문을 갖고서 말할 수밖에 없는 경우에도 가끔은 헬라스 문자들을 그냥 썼는데, 이는 헬라스 말을 읽을 수 있는 사람들을 위한 것이니, 다른 사람들은 그냥 넘기면 될 일이다.

5. 헬라스 말을 우리말로 표기하는 경우에는 되도록 실용적이고 간편한 쪽을 택했다. 이를테면, 라틴 문자로 y(u)에 해당하는 υ는 '위' 아닌 '이'로 표기했다. 오늘날의 헬라스인들도 '이'로 발음하지만, 우리도 Pythagoras를 이왕에 '피타고라스'로, Dionysos를 '디오니소스'로 표기하고 있음을 고려해서이다. 어차피 외래어 발음은 근사치에 근거한 것인 데다, 현대의 헬라스 사람들도 그렇게 발음하고 있다면, 무리가 없는 한, 우리말 표기의 편이성과 그들과의 의사소통의 편의성을 고려하는 편이 더 나을 것 같다. 더구나 이런 경우의 '이' 발음은 우리가 '위'로 표기하는 u[y]의 발음을 쓰고 있는 프랑스인들조차도 '이'(i)로 발음하고 있다. 그런가 하면 외래어 표기법에 따라 Delphoi를 옛날에는 '델피'로 하던 걸 요즘엔 '델포이'로 더러 표기하는 모양인데, 이는 그다지 잘하는 일은 아닌 것 같다. 고대의 헬라스 사람들도 Delphikos(델피의)라는 말을 썼는데, 이는 Delphoi에서 끝의 -oi가 '이'에 가깝게 발음되었던 것임을 실증적으로 입증해 주고 있다. '델포이'는 결코 Delphoi의 정확하거나 원어에 더 가까운 표기도 아니다. 오늘날의 헬라스 사람들은 물론 세계의 다른 어느 나라 사람들도 그걸 '델피'로 알아들을 리가 없는 불편하고 억지스런 표기이다. 헬라스 말의 우리말 표기는 관용과 실용성 및 편이성을 두루 고려해서 하는 게 더 나을 것 같다. 반면에 영어에서도 the many의 뜻으로 그대로 쓰고 있는 hoi polloi의 경우에는, 영어 발음도 그렇듯, '호이 폴로이'로 표기하는 것이 현대의 헬라스 사람들을 따라 '이 뽈리'로 표기하는 것보다는 더 순리를 따르는 것일 것 같다.

6. 연대는, 별다른 표기가 없는 한, '기원전'을 가리킨다.

7. 우리말 어법에는 맞지 않겠지만, 대화자들의 인용문 다음의 '라고'나 '하고'는, 되도록이면, 넣지 않는 쪽을 택했다. 너무 많이 반복

되는 탓으로 어지러움을 덜기 위해서였다. 그리고 모든 대화편에서 '제우스께 맹세코' 따위의 강조 표현은 그냥 '맹세코', '단연코' 등으로 옮겼다.

원전 텍스트 읽기와 관련된 일러두기

1. 원문의 텍스트에서 삽입 형태의 성격을 갖는 글 앞뒤에 있는 dash 성격의 짧은 선(lineola)들은 번역문에서는, 무리가 없는 한, 최대한 없애도록 했다. 그 대신 쉼표를 이용하여, 앞뒤 문장과 연결 짓거나, 한 문장으로 따로 옮겼다. 대화에서 이런 삽입구 형태의 표시를 많이 하는 건 그리 자연스럽지 않을 것이라 생각해서다.

2. 헬라스어로 된 원문 텍스트에서 쓰이고 있는 기호들 및 그 의미들은 다음과 같은 것들인데, 이 책의 각주들에서도 이 기호들은 필요한 경우에는 썼다.

[ ]는 이 괄호 안의 낱말들 또는 글자들이 버릴 것들임을 가리킨다. 그러나 텍스트에서의 이 괄호 표시와 이 책의 번역문에서의 그것은 다른 용도로 쓰이고 있으니, 앞의 일러두기에서 이를 다시 확인해 두는 게 좋겠다.

〈 〉는 이 괄호 안의 낱말들 또는 글자들이 필사본 텍스트에 짐작으로 덧보태게 된 것들임을 가리킨다.

( )는 활자들이 마모되어 단축된 텍스트의 확충임을 가리킨다. 이

경우에도, 텍스트에서의 이 괄호 표시와 이 책의 번역문에서의 그것은 다른 용도로 쓰이고 있으니, 앞의 일러두기에서 이를 다시 확인해두는 게 좋겠다.

†(십자가 표시 또는 단검 표시: crux)는 이 기호로 표시된 어휘나 이 기호로 앞뒤로 묶인 것들의 어휘들이 필사 과정에서 잘못 베꼈거나 잘못 고친 탓으로 원문이 훼손된 것(glossema corruptum)이어서, 그 정확한 읽기를 결정짓는 게 난감한 어구(locus desperatus)임을 가리킨다.

***(별표)는 원문 일부의 탈락(lacuna)을 가리킨다.

《소피스테스》 편

《소피스테스》 편(*Sophistēs*) 해제

훗날 사람들이 이 대화편에 붙인 부제는 〈실재(있는 것: to on)에 관하여〉이다. 《소피스테스》 편은 이 책에 함께 실린 《정치가》 편과 함께 플라톤의 이른바 후기 대화편들의 무리에 속하는 것이다. 후기 대화편들이란 이들 둘 이외에 《티마이오스(*Timaios*)》, 《크리티아스(*Kritias*)》, 《필레보스(*Philēbos*)》 그리고 《법률(*Nomoi*)》을 포함하는 것들인데, 이것들은 플라톤이 60대 초입은 지나 80(347년)에 생을 마감할 때까지의 시기에 걸친 것들로 추정되는 것들이다. 밀랍 판에 유고 상태로 남아 있던 《법률》 편에 시기적으로 가장 가까운 것이 《필레보스》 편이고, 이 둘은 바로 이 앞의 것으로 추정되고 있는 것들이다.[1] 그렇다면 이 두 대화편은 그의 마지막 연대(70대)에 가까운 또는 그

---

1) 여기에서 말하는 연대순은 어디까지나 '문체(文體) 비교 통계' (stylometry)와 몇몇 대화편들에 나오는 전후(前後)와 관련된 언급들에 근거한 추정일 뿐이다. 그리고 여기에서 제시된 분류는 대체로 다음 것을 따른 것이다. R. Kraut(ed.), *The Cambridge Companion to Plato* (Cambridge, 1992)에 실린 Kraut의 글(1장)과 L. Brandwood, *The Chronology of Plato's Dialogues* (Cambridge, 1990).

언저리의 어느 시기, 곧 70대 초입의 것들이라 보아도 과히 빗나가는 추정은 아닐 것 같다. 따라서 그의 원숙한 시기의 철학적 매듭 작업에 우리가 접하게 되는 걸 실감케 하는 것들이라고 말해도 엇가는 것은 아닐 것이라는 확신을 갖게 하는 것들이다. 뭣보다도 형상 이론의 완성을 보게 하는 것들이 이 두 대화편이기 때문이다. 이와 관련된 언급들은 이 해제의 중간 부분에서부터 다시 시작할 것이기에, 먼저 소피스테스의 부류가 아테네에 등장하게 되는 배경부터 언급하겠다.

아마도 기원전 5세기에 쓰이기 시작된 것으로 짐작되는 헬라스인들의 속담으로 "올빼미를 아테네로(glauk' Athēnaze, glauk' eis Athēnas)"라는 것이 있었다. 이는 '쓸데없는 짓을 하고 있다'는 뜻으로, 그런 짓을 빗대어 말하는 표현이었다. 누군가는 그 연유를 황당하게도 아테네에 올빼미가 많아서라고 하는데, 설마하니 진짜 올빼미가 그리도 많았을까? 하긴, 아테네엔 올빼미가 그야말로 풍성했기는 한데, 그건 실제 올빼미들이 아니라, 은화들에 새겨진 올빼미들이었다. 이를테면, 무게가 17그램가량 나가는 아테네의 4드라크메 은화(tetradrakhmon)의 정면엔 밤에 '반짝이는 올빼미 눈 모양을 한 아테나 여신(glaukōpis Athēna)'의 두상이 새겨져 있고, 반대 면엔 올리브 가지 잎의 장식과 올빼미의 형상이 아테네의 약자인 ΑΘΕ와 함께 새겨져 있다. 이 은화는 이런 기본적인 구도를 여러 시기를 두고, 그 화려함을 더해 가며 바뀌어 갔는데, 이 속담에서 말하고 있는 '올빼미(glaux)'는 바로 이 은화들에 새겨진 그것들을 지칭하는 것이었다. 아테네의 은화는 483(이하 BC)년에 오늘날의 이름난 관광지로 비교적 잘 보존된 포세이돈 신전이 서 있는 수니온곶(Sounion) 인근의 라우리온(Laurion; 오늘날엔 Lavrio로 일컬음) 광산에서 대규모의 은광을 발견한 덕에 계속해서 주조해 낼 수 있게 된 것들이었다. 그래서 이

은화들을 glaukes Laureiōtikai(라우리온산의 올빼미들)라 일컫기도 했다. 480년의 저 살라미스해전을 치를 수 있게 한 200척의 '삼단노 전함(triērēs)' 들 중에서 130척을 그때 더 건조할 수 있게 된 것도 실은 이 은광 덕분이었다. 그 덕에 480년 및 479년의 2·3차 페르시아 전쟁에서의 승리에 힘입은 아테네의 급격한 위상 제고는 아테네의 은화들을 비단 아테네에서만이 아니라, 이집트나 아테네의 동맹국들에서도 널리 통용되게 했다. 요즘 표현을 빌린다면, 그건 에게해 및 지중해 연안 일대의 이른바 기축통화였던 셈이다. 아테네의 은화는 1드라크메(drakhmē)=6오볼로스(oboloi) 단위의 것들로서, 1/2오볼로스(hēmiobolion), 3오볼로스(triobolon) 등에서 10드라크메 은화에 이르기까지, 그리고 그 밖의 금화 스타테르(statēr) 등 다양했다. 그 중에서도 특히 2오볼로스(diōbolon) 은화는 곤궁한 시민들에게 극장 입장료(theōrikon)나 민회 참석 수당(ekklēsiastikon)으로 지불하게 되었던 것(diōbelia)이기도 하다. 물론 나중엔 이게 더 상향 조정되기도 했지만.

그러니까, 이 속담의 진짜 뜻은, 당시에 나라 전체가 '헬라스의 학교(tēs Hellados paudeusis)' [2] 또는 '지혜의 전당(to prytaneion tēs sophias)' [3]으로까지 일컬어졌던 아테네로 가면, 출세할 길과 돈 벌 기회는 얼마든지 있는데, 굳이 많은 돈까지 챙겨갖고 아테네로 갈 필요는 없다는 것이겠다. 문제는 그럴 수 있는 능력의 유무일 뿐이었을 테니까. 그런 목적으로 교역 따위의 장사를 하거나 뭔가를 만들어서 파는 장인들이 집결한 곳이 아테네의 외항 피레우스였으니, 과연 이곳

2) Thoukydidēs, II, 41.
3) 《프로타고라스》 편, 337d.

은 에게해 아니 지중해 교역의 중심 항구였다. 딴 나라 사람들이지만, 이런저런 일들로 이곳에 정착한 무리가 이른바 '거류민들(metoikoi: metics)' 이었다. 《국가(정체)》 편 첫머리에서 우리가 접하게 되는 피레우스에서 벌어지고 있었던 일들이 바로 이들과 관련된 것들이기도 하다. 이곳에 거류민들로 정착한 트라케인들의 축제일에 구경을 갔던 소크라테스 일행을 반갑게 맞는 케팔로스 옹은 시켈리아의 시라쿠사이 출신으로 이곳에서 30년간 거주하며 방패 제조공장으로 치부한 상속 재산가였다. 노옹의 큰아들 폴레마르코스에 이끌리어 간 그 저택에는 그의 다른 두 아들들을 비롯해 플라톤의 두 형들과 그밖에도 많은 사람들이 참석했는데, 그 중에는 흑해 입구의 중요 교역도시인 칼케돈 출신의 이름난 소피스테스였던 트라시마코스도 있었다. 《국가(정체)》 편 첫째 권의 끝 쪽에서 소크라테스와 저 유명한 논쟁을 하게 되는 당자가 바로 그다. 올바름(정의: dikaiosynē)이 무엇인지에 대한, 아니 정확히는 그게 어떤 것인지에 대한 지루하다 싶은 대화를 옆에서 듣고 있다가 부아가 치민 그가 '올바름(정의)은 강자의 편익' 이라고 일갈했다. 그러나 곧이어 그 주장의 허점에 대해 정곡을 찌르는 소크라테스에 의해 여지없이 논박당하는 장면을 우리는 접할 수 있어서, 이 대화편 첫째 권의 별칭은 그의 이름으로 불리기도 하는 것이기도 하다.

이 밖에도 플라톤의 대화편들에서 접할 수 있는 몇몇 소피스테스들의 등장 장면들을 보자. 《프로타고라스》 편의 첫머리(319a까지)에는 당시에 아테네에서 제일가는 부자였던 히포니코스의 유산 상속자 칼리아스의 집에 머물고 있던 당대의 거물급 소피스테스들 셋이 한꺼번에 모습을 드러내는 장면이 나온다. 소크라테스가 이들을 만나게 되는 것은 한 젊은이가 어둑새벽에 찾아와서는 자기를 위해서 그가 프로타고라스와 이야기를 나눴으면 하고 졸라서였다. 그러면서 이 젊은이는 그가 자신을 지혜롭도록 만들어 주기로만 한다면, "제 것들로는 아무것도 남기고 싶지 않군요. 친구들의 것들 또한." 하고 말하면서, 성화독촉을 한다. 그래서 소크라테스는 소피스테스가 무엇인지를 그에게 묻는데, '언변에 능란하게 만드는 것에 통달한 사람(epistatēs tou poiēsai deinon legein)'이라고 그는 대답한다. 결국엔 칼리아스의 집으로 가게 된 그는 뜻밖에도 놀라운 장면들을 목격하게 된다. 첫 장면은 회랑에서 왔다 갔다 하는 프로타고라스 바로 뒤를 양편으로 명문가의 수많은 자제들이 뒤따르고, 또 그 뒤를 각 나라에서 수행해 온 사람들이 줄줄이 따르고 있는 것이었다. 그가 그리고 그와 함께하는 사람들이 돌 때마다, 이 경청자들의 무리가 질서정연하게 따라돌며 방해되는 일 없이 제 자리를 지키며 따르는 모습을 소크라테스는 경탄하며 바라본다. 이어서 그는 엘리스 출신의 소피스테스인 히피아스가 맞은편 의자에 앉아 있는 걸 목격한다. 그 둘레의 걸상들에 적지 않은 사람들이 앉아서 그에게 자연 및 천문학적인 문제들에 대해 질문을 하고, 이에 그가 조리 있게 대답하는 장면을 목격한다. 그뿐만 아니었다. 이어서 아마도 감기 몸살로 침상에 누워 있는 케오스 출신의 소피스테스인 프로디코스를 또한 목격한다. 그의 주변에도 많은 젊은이들이 침상들에 앉아 있는 것을 목격한다. 굵은 목소리로 뭔가를 말하고 있었으나, 공간의 울림 때문에 들을 수가 없었다고 한다. 실로 당대의 이름난 소피스테스들과 그들을 따르는 사람들로 가히 장관을 이룬 터에, 이제 프로타고라스와 소크라테스의 대화 시작 부분(316b~319a)을 잠시 요약 형태로 들어 보기로 하자.

"여기 이 히포크라테스는 이곳 사람이며, 아폴로도로스의 아들이고,

유복한 큰 집안의 자제입니다. 그 자신 자질에 있어서 그 나이 또래의 누구와도 필적할 것으로 여겨지고 있습니다. 그는 이 나라에서 자신이 존중받는 사람이 되고자 하는 것으로 제게는 생각되는데, 이는, 그가 선생님과 사제 간이 될 수만 있다면, 최대한 실현을 볼 수 있을 것이라고 그에게는 생각되는 거죠. 그러면 이를 이제 선생님께서 결정하십시오. …"

"… 외지인이 큰 나라들로 가서, 이 나라의 젊은이들 가운데서도 가장 빼어난 자들을 상대로, 다른 사람들과의 어울림(synousia)을 그만두고, … 자기와 어울릴 것을 설득하는 경우, 이런 짓을 하는 자는 조심해야 하죠. 이런 일들에 대해서는 적지 않은 시기와 그 밖의 적대감 그리고 음모가 일기 때문이죠. 그러나 나는 소피스테스 술(術)은 오랜 것이라 주장하오. 옛사람들로서 이에 종사했던 사람들은 이의 거부감을 두려워하여, 가장을 하고 스스로를 가리죠. … 나는 이들과는 반대되는 길을 줄곧 걸어왔으니, 내가 소피스테스이며 사람들을 가르친다는 것도 시인하며, 이 길이 저들의 길보다도 더 나은 조심성이라고, 즉 부인하는 것보다는 오히려 시인하는 것이 더 나은 것이라고 나는 생각하오. 또한 나는 스스로 소피스테스임을 인정함으로써 겁먹을 일은 결코 겪지 않도록 … 이 조심성에 더해 다른 조심할 대책들도 강구했소. 그렇게 해서 나는 이미 여러 해 동안 이 업에 종사해 왔소. 그리고 그 전체 햇수도 나의 경우에는 많소.[4] 나이로 말하자면, 여러분 모두 중의 누구라도 내가 아버지뻘이 아닌 경우는 없을 것이오.[5] 그러니 여러분이 뭔

---

4) 《메논》 편 91e에 의하면, 그는 일흔에 가까워 죽었으며, 40년 동안 그 업에 종사했다고 한다.

5) 그가 태어난 해를 490년으로 잡으면, 469년에 출생한 소크라테스에 비해 21살이 많은 셈이니, 이 경우에도 아버지뻘이 되겠다.

가를 원한다면, 이것들 모두와 관련해서 이 안에 있는 여러분 면전에서 담론을 하는 게 내게는 아주 즐거운 일이겠소."

그리고 나는 그가 프로디코스와 히피아스에게 보여 주고 싶어 하며,[6] 우리가 자신의 찬미자들로서 와 있다는 걸 자랑하고 싶어 하는 게 아닌가 하고 의심을 하게 되었네. 그래서 내가 말했네. "그러면 프로디코스와 히피아스 그리고 그들과 함께 온 일행을 불러서, 우리가 담론하는 걸 듣도록 하지 않을 이유가 뭐가 있습니까?"

"물론 좋아요." 프로타고라스가 말했네.

"그렇다면 여러분께서 앉으셔서 대화를 하시기 위해, 함께하는 자리를 저희가 마련하기를 바라십니까?" 칼리아스가 물었네.

그렇게 해야만 하는 걸로 결정되었네. 우리 모두는 지혜로운 분들의 말을 듣게 될 것이라 해서 기꺼워하며, 스스로 의자와 침상들을 붙잡고서는 히피아스 곁에 배치했네. 거기에 의자들이 이미 있었기 때문이었지. 그러는 사이에 칼리아스와 알키비아데스가 프로디코스를 침상에서

---

6) Prodikos는 키클라데스군도(群島)(Kyklades nēsoi) 중에서는 아테네에 가장 가까운 섬인 케오스(Keos) 출신이다. 여러 차례에 걸쳐 아테네에 사절로 왔던 탓으로, 아테네에서 소피스테스로서 명성을 얻을 기회를 가질 수 있었다. 그는 기원전 5세기 후반에 소피스테스로 활동했다. 특히 '낱말들의 정확성(orthothēs onomatōn)'을, 곧 비슷한 낱말들의 의미를 엄격히 구분하여 정확히 사용할 것을 강조했던 것으로 알려져 있다. 그는 가르침의 대가로 고액의 사례금을 받은 것으로도 유명하다. 그는《프로타고라스》편에서는 실제 대화자로 등장하고, 그 밖의 대화편들에서 여러 번 언급된다.《라케스》편 197d에는 낱말들의 정확한 구별과 관련된 언급이 보이며,《크라틸로스》편 384b에서는 소크라테스가 프로디코스의 50드라크메짜리 강연은 듣지 못하고, 1드라크메짜리 강연만 들어서 아쉬워했던 것 같은 말을 하고 있다. Hippias에 대해서는《정치가》편 299b에서 해당 각주를 참조할 것.

일으켜서는, 프로디코스의 일행과 함께, 모시고 왔네.

우리 모두가 앉았을 때, 프로타고라스가 말했네. "그러면 이제 이분들도 참석했으니, 소크라테스, 좀 전에 그대가 이 젊은이를 위한 언급을 내게 했던 걸 말해 주었으면 하오."

그래서 내가 말한 걸세. "프로타고라스 님, 제 시작은 제가 온 일과 관련해서 방금 시작했던 것과 같은 것입니다. 여기 이 히포크라테스는 선생님과의 함께함을 소망하고 있습니다. 그러니까, 그가 선생님과 함께하게 되면, 그가 무슨 결과를 맞게 될지 기껍게 듣겠다고 하는군요. …"

"젊은이여! 그러니까 자네가 나와 함께 있게 되면, 나와 함께 있게 되는 그 날로, 자네가 더 나아져서 집으로 돌아가는 일이 자네에게 일어날 것이며, 그 다음 날에도 똑같은 이 일이 일어날 걸세. 그리고 날마다 언제나 더 나은 상태로 진전을 볼 것이고."

"프로타고라스 님! … 어떤 점에서 그러며 또한 무엇과 관련해서인가요?"

"… 히포크라테스가 내게 오면, 소피스테스들 중의 다른 누군가와 함께함으로써 겪게 될 바로 그런 일들은 실상 겪지 않을 것이오. 다른 사람들은 젊은이들을 버려 놓으니까요. 그들은 그 학술들을 피해서 나온 이들을, 이들의 뜻을 거스르며, 다시 그 학술들로 이끌고 가서는 몰아넣기 때문이오. 산술과 천문학, 기하학 그리고 시가를 가르침으로써 그러는 거죠." —그와 동시에 그는 히피아스를 힐끗 보았네.— "그러나 그가 내게 오게 되면, 그가 그 때문에 오게 된 것, 그것 이외의 다른 것에 대해 배우는 일은 없게 될 것이오. 그 배울 것은 집안일과 관련해서 자신의 가정을 가장 잘 경영할 수 있도록 해 주는 좋은 조언이며, 또한 나랏일들과 관련해서 나랏일을 처리하고 말함에 있어서 가장 유능력하도록 해 주는 좋은 조언이오."

"그러면 제가 선생님 말씀을 제대로 이해한 건가요? 선생님께서는 나라 경영의 기술을 말씀하시는 걸로, 또한 사람들을 훌륭한 시민들로 만드는 걸 장담하시는 것으로 제게는 생각되니까요."

"실상 바로 그게 내가 내세우는 업(epangelma)이오, 소크라테스!"

또 하나 《고르기아스》 편의 한 장면을 보자. 아마도 고르기아스를 만나기로 한 소크라테스가 늦게 도착한 탓으로, 그가 보여 준 '멋진 언변의 잔치'를 놓쳤음을 그의 추종자인 칼리클레스가 아쉬워한다. 그러나 소크라테스가 정작 원한 것은 그게 아니라, 그와의 대화를 통해 "고르기아스의 기술 또는 전문 지식(tekhnē)의 힘이 무엇인지, 그리고 그가 공언하며 가르치는 것이 무엇인지 알아보고 싶어서"임을 밝힌다. 이에 칼리클레스는 이런 대답을 한다. "뭔들 당자께 직접 물어보시는 것만은 못할 것입니다, 소크라테스 님! 이분께는 이게 과시성 연설(epideixis)의 일환이기도 했으니까요. 어쨌든 방금도 안에 있는 사람들 중에서 누군가가 원하는 것은 무엇이든 묻도록 촉구했으며, 또한 질문하는 모든 것에 대해 대답하게 될 것이라 말씀하셨습니다." 그의 이 대답에서 우리는 소피스테스들이 어느 날 아테네에 나타나서 자기 능력의 과시를 어떻게 하는지를 잘 읽어 낼 수 있다. 이 '과시성 연설'과 뒤이은 질문들에 대한 대답들의 설득력에 따라, 앞으로의 그의 명성과 수업료도 좌우되었을 것은 새삼 말할 필요도 없는 일일 것이다. 자신의 가르침에 대한 보수(misthos)로 당대 최고 액수였던 100므나(mna)를 최초로 받아낸 소피스테스가 바로 프로타고라스였다고 한다.[7] 당시 숙련공의 하루 임금이 1드라크메(drakhmē)였다

7) 《디오게네스 라에르티오스》 9. 52.

고 하는데, 1므나는 100드라크메였다. 그리고 이집트나 흑해에서 아테네의 외항 피레우스까지 한 집 가족과 짐을 실어다 준 뱃삯 액수가 2드라크메였다고 한다. 이로 미루어 그 액수는 실로 어마어마한 것이었던 셈이다. 그래서 그는 자신이 요구한 보수와 관련해서 이런 말을 했다고 한다. "이 때문에 보수를 요구하는 방식도 이런 식으로 했소. 누군가가 내게서 배울 때, 그가 원할 경우에는, 내가 요구하는 돈을 바로 지불하라 했소. 하지만 그리 하고자 하지 않을 경우에는, 신전으로 가서, 그 가르침이 얼마만큼의 값어치가 있는지에 대해 맹세를 하고서, 그만큼을 맡겨두라 했소." (《프로타고라스》 편, 328b~c)

프로타고라스의 제자로 되고자 하는 젊은이는 소피스테스를 '언변에 능란하게 만드는 것에 통달한 사람' 으로 알고 있고, 프로타고라스는 "그가 배울 것은 집안일과 관련해서 자신의 가정을 가장 잘 경영할 수 있도록 해 주는 좋은 조언이며, 또한 나랏일들과 관련해서 나랏일을 처리하고 말함에 있어서 가장 유능력하도록 해 주는 좋은 조언임"을 말하고 있다. 고르기아스도 사실상 똑같은 내용의 말을 하고 있다. '설득할 수 있음' 이야말로 "진실로 가장 크게 좋은 것이며 인간들 자신들에게 있어서 자유의 원인인 동시에, 각자가 제 나라에서 남들을 다스릴 수 있게 해 주는 원인이기도 하다."고 말하는가 하면, '변론술(rhētorikē)이 설득(peithō)의 장인 노릇을 하는 것' 이라고 한다.[8] 장차 송사에 휘말리게 되었을 때, 법정에서 자기 권익을 제대로 지킬 수 있게 함은 물론, 정치적으로 입신양명할 수 있게 해 주는 설득력 있는 변론술, 그걸 제대로 구사할 수 있도록 하는 가르침을 바로 자신들이 제공할 수 있는 것임을 입증해 보이려고 하는 것들이 공개된 장소

---

8) 《고르기아스》 편, 452d~453a.

에서 하는 소피스테스로서의 '과시성 연설'과 이에 이은 자유로운 질의응답이다. 변론술을 앞세운 소피스테스들의 이런 등장은 다름 아닌 당시 아테네인들의 현실적 요구에 부응한 것이다. 앞서 언급한 테미스토클레스의 130척의 전함 건조도 실은 그 은광 수입금을 시민들에게 분배하자는 주장을 물리치고, 당시에 제해권을 두고 언제 치를지 모르는 아이기나와의 한판 싸움에 대비하도록 설득함으로써 가능했던 것인데, 이를 살라미스해전에 이용할 수 있게 되었던 것이다. 그는 아테네의 성벽 재건과 조선소와 항만들의 건설도 조언하며 설득했다. 아테네인들을 언변으로 홀렸다는 페리클레스의 경우는 더 말할 것도 없겠다.

이들 소피스테스들에 대한 평판이 5세기 후반(기원전)에는 아주 부정적으로 바뀌어 있었다. 우리의 이 대화편은 그런 부류(genos)가 하는 일(ergon), 곧 기능이 무엇인지를 밝힘으로써 "소피스테스가 도대체 무엇인지"를 파악하는 작업이다. "그것은 도대체 무엇인가?(ti pot' esti[n];)"라는 물음은 소크라테스에서 시작해서 아리스토텔레스에 이르기까지 한 세기를 관통하며 이어지는 물음의 형태이다. 이런 물음은 그것에 대한 의미 규정 곧 정의(horismos, horos)이고, 이의 의미 규정 형식 또는 이 형식을 갖춘 표현을 logos(formula)라 하며, 이를 확보함으로써 마침내 우리는 그것에 대한 앎 곧 인식(epistēmē)에도 이를 수 있게 된다. 이를테면, '빠름'의 그것은 '짧은 시간에 많은 걸 해내는 힘'(《라케스》 편, 192b)이며, '짝수'의 그것은 '같은 두 부분으로 나뉘는 수'(《법률》 편, 895e~896a)이다. 이런 것들은 간단히 얻는 것이지만, 《국가(정체)》 편에서의 '올바름(정의: dikaiosynē)'의 의미 규정은 첫째 권에서 시작해서 넷째 권 끝 쪽에 가서야 가까스로 얻게 되는 것이다. 그렇더라도 제4권 433e, 434c

에서 그 의미 규정으로 얻게 된 것은 저마다 '제 것의 소유와 제 일을 함' 곧 공동체 구성원으로서 저마다 성향에 따라 '제 할 일을 함(oikeiopragia)'이다. 이는, 비록 오랜 작업 끝에 얻게 된 것이긴 하지만, 간명한 것이기는 마찬가지이다. 올바름 또는 올바른 것 자체(auto ho esti dikaion) 곧 그 '이데아'나 형상(eidos)은 이런 의미 규정을 통해서야 '언제나 똑같은 방식으로 한결같은 상태로 있는' '단일한 보임새(monoeides)'의 것으로서 마침내 우리의 지성(nous)에 알려질 수 있게 된다는 것이다.

그러나 어떤 것의 의미 규정이 되었다고 해서 곧바로 그것에 대한 '인식'이 제대로 되는 것은 아니다. 〈서한 7〉(341c~344c)에서 그가 하고 있는 이와 관련된 언급을 경청해야만 하는 이유도 이에 있다. 그 내용을 중점적으로 정리하면 이런 것이다.

> "존재하는 것들(ta onta) 각각에 대한 인식(앎: epistēmē)이 생기게 됨은 [다음의] 세 가지 것을 통해서이게 마련이니, 인식은 넷째 것[일 따름]이오. 그리고 인식될 수 있는 것(gnōston)이며 참으로 존재하는 것(alēthōs on)인 것 바로 그것을 다섯째 것으로 삼아야 하오. 첫째 것은 이름(onoma)이고, 둘째 것은 의미 규정 형식(정의: logos)이며, 셋째 것은 모상(模像: eidōlon)이요, 넷째 것이 인식이오. 그러니 지금 말한 것을 이해하고자 한다면, 한 가지를 보기로 삼아, 모든 것에 대해서도 그렇게 생각하오. 원(동그라미: kyklos)이라 말하는 게 있고, 이것에 대한 이름은 방금 우리가 발음한 바로 그것이오. 한데, 둘째 것인 이것의 의미 규정 형식은 명사들과 동사들로 이루어져 있소. '모든 방향에 있어서 끝점들에서 중심에 이르기까지 똑같은 거리를 갖는 것'이 동그라미(strongylos)나 원둘레(원주: peripheres) 그리고 원(kyklos)이라

는 이름이 붙여지는 것의 의미 규정 형식이니까요. 반면에 셋째 것은 그렸다가 지우게 되는 것 그리고 선반을 돌려 만들었다가 망가뜨리게 되는 것이오. 이것들 모두는 원 자체(autos ho kyklos)에 관련된 것인데, 이것은 그것들과는 다른 것이어서, 그런 사태들 가운데 어떤 것도 겪지 않소. 넷째 것은 이것들에 대한 인식과 지성(지성에 의한 이해: nous) 및 참된 의견(alēthēs doxa)이오. … 그러나 이것들[9] 중에서도 친족 관계(친근성: syngeneia) 및 유사성(homoiotēs)에 있어서 다섯째 것에 가장 가까이 접근해 있는 것은 지성이고, 다른 것들은 더 멀리 떨어져 있소. 이는 직선 형태와 원주 형태의 경우에도, 그리고 빛깔의 경우에도, 또한 좋음, 아름다움, 올바름의 경우에도, 일체의 인위적인 산물이나 자연적인 산물의 경우에도, 불과 물 및 이와 같은 모든 것의 경우에도, 일체 생물의 경우에도, 그리고 혼들에 있어서의 성품들의 경우에도, 그리고 또 일체의 능동적인 행위나 수동적인 사태의 경우에도 똑같소. 누군가가 그것들 중의 네 가지를 어떻게든 파악하지 못한다면, 그는 다섯째 것의 인식(앎)을 결코 완벽하게 얻게 되지는 못할 것이기 때문이오. 더 나아가 이것들(이들 네 가지 것)은 언어의 무력함으로 해서 각각의 것의 존재(to on) 못지않게 각각의 것과 관련된 어떤 성질(to poion ti)을 드러내려고 하오. 이런 이유들로 해서 지각 있는 사람은 결코 아무도 자신의 지성에 의해서 알게 된 것들(ta nenoēmena)을 무력한 처지에 감히 두려고 들지는, 그래서 개괄적으로 적은 것들이 바로 겪게 마련인 부동의 상태에 그것들을 두려고 들지도 않을 것이오. … 네 가지 것들 각각과 관련해서는 그것이 불명하다는 데 대해 수 없이 많은 할 말이 있겠으나, 가장 중요한 것은, 좀 전에 말했던 것으로, 두 가지가, 곧 존재(to on)와

9) 인식과 지성 및 참된 의견을 가리킨다.

어떤 성질(to poion ti)이 있다는 것이오. 혼이 그 앎(eidenai)을 구하고 있는 것은 그것이 '어떤 것인지' (τὸ ποιόν τι)가 아니라 그것은 '무엇인가?' (τὸ τί)이오. … 이것들 각각이, 즉 이름들과 의미 규정들(logoi) 그리고 시각적 지각들과 그 밖의 감각적 지각들(aisthēseis)[10]이 서로 부딪히게 되고, 선의의 시험들도 거치게 됨으로써, 또한 시기함이 없이 문답들을 하는 가운데 사람의 능력이 미치는 한 최대한으로 진력하다 보면, 각각의 것과 관련해서 지혜(phronēsis)와 지성(지성에 의한 이해: nous)이 간신히 빛을 발하게 되오."

이 인용문의 뒷부분이 말하고 있듯, 어떤 사물에 대한 앎 곧 이해가 그 의미 규정을 확보하는 것만으로 바로 되지는 않는다. 이에 대한 설명을 좀 더 실감하기 위해 비근한 것으로, 이를테면, '집' 을 예로 들어 보자. 국어사전에서 하고 있는 집에 대한 의미 규정은 '사람이 들어서 살 수 있게 만든 것' 또는 '사람이 사는 건물' 이다. 그러나 집에 대한 더할 수 없이 간명한 이 의미 규정은 집에 대한 우리의 이해를 전혀 충족시켜 주지 않는다. 사람만이 아니라, 동물들의 집들도 있다. 새집, 벌집, 개미집 등등. 인간들이 한서를 피할 수 있게 해 주며 비바람을 막아 줄 그리고 가족 단위의 안온한 삶을 최소한이나마 보장해 줄 최초의 공간 확보를 가능케 한 것은 선사시대의 혈거생활이었겠으며, 이런 생활을 1천 년도 넘게 했다고 한다. 그러나 인구의 증가와 함께, 먹을 것을 수렵이나 채집 위주에서 재배를 통해 확보하는 단계, 곧 1만 년 전쯤의 농경시대에 이르게 되자, 거주 공간도 동굴 따위를

10) '시각적 지각들과 그 밖의 감각적 지각들' 은 앞에서 말한 셋째 것인 모상(eidōlon)과 관련된 것들이다.

찾아서 갖는 단계에서 농경지 가까이에 지어서 갖는 집을 마련해서, 거기에서 살게 되었을 것이다. 움집이나 수혈식 주거 또는 귀틀집이 그때의 집들이었겠다. 그러나 거주 지역에 따라 수상 가옥이나 나무 위에 걸친 가옥 등, 더구나 오늘날엔 온갖 형태의 집들과 공동주택들이 온갖 자재로 지어지고 있다. 하고많은 집들이 새로운 형태로 지어지고 없어지기를 반복하며, 다양하게 변모하기도 한다. 인간 생활의 3대 요소 중의 하나인 주거 공간으로서의 집은 인간 생활의 시작과 더불어 다양한 형태로 존재해 오며 온갖 방식의 삶을 담는 기능(ergon)을 하는 공간이었다. 이 기능 수행을 한 분야로 다루는 학문이 건축학일 것이니, 건축학의 적잖은 관심사는 인간의 삶일 것이다. 따라서 철학적 관심사의 일부는 동시에 건축학의 관심사이겠다. 그러니 인간의 가정생활을 수용하는 최소한의 주거공간에서부터 최대한으로는 가장 이상적으로 인간 생활을 수용할 그런 기능을 감당할 창조적 공간으로서의 집에 대한 이해가 어찌 그런 간명한 의미 규정으로 충족될 수 있는 것이겠는가!

그런데 '소피스테스' 나 '정치가' 라는 부류(genos, phylē)는 그나마도 그런 식으로 간명하게 정의할 수 있는 단일한 모습의 것이 아니다. 이들 부류는 여러 가지 모습(eidē, 이의 단수는 eidos임)을 하고 있어서, 여러 측면에서 접근해서 포괄적으로 '파악함(syllabein)' 에 의한 복합적인 결합 형태(koinōnia)의 의미 규정을 통해서 이해가 가능한 것이다. 이런 이해의 틀을 '형상 결합 이론' 이라 일컫는다. 이 이론은 물론 《소피스테스》 편과 《정치가》 편에서 소피스테스의 정체와 정치가의 참모습을 밝히어 드러내는 데 본격적으로 활용됨으로써 이른바 '형상 이론' 의 완성을 보게 된다. 그러나 이 이론은 이 두 대화편에서 갑작스럽게 등장하게 된 이론이 결코 아니다. 플라톤의 이데아 이론은 《파이돈》 편에서 본격적으로 선보이기 시작해서, 그 이론적 골격을 드러내는 《국가(정체)》 편에서 이미 이 결합 이론이 구상되고 있었다고 나는 본다. 그 확신의 근거는 이렇다. 이 대화편 454a에서는 이미 '종(형상)에 따른 나눔' 곧 형상들의 나눔[11]과 관련해서 이런 언급을 하고 있다. "많은 사람이 본의 아니게 논쟁술에 빠지고서도, 자신들이 '쟁론을 하고 있는' (erizein) 것이 아니라 '대화(토론)를 하고 있다' (dialegesthai)고 생각하는 것 같기 때문일세. 그들이 그렇게 생각하는 것은 '언급되고 있는 것' 을 '종(형상: eidos)들에 따라' (kata eidē) 나누고서 검토할 수가 없고, 상대가 말한 것에 대한 반대를, 서로 토론(대화: dialektos) 아닌 쟁론(eris)을 이용해서, 낱말 자체를 붙들고 고집하는 탓일세." 그리고 더욱 놀랄 일은 476a에서 형상 결합(koinōnia)의 문제와 관련해서만이 아니라, 우리의 인위적인 행위나 사물들과의 결합에 대해서도 이런 발언을 하고 있다. "올바름과 올바르지 못함, 좋음과 나쁨의 경우에도 그리고 또 [그 밖의] 모든 형상(形相: eidos)의 경우에도 이는 마찬가지여서, 각각이 그 자체는 하나이지만, 여러 행위 및 물체와의 결합(관여: koinōnia)에 의해서[12] 그리고 그것들 상호 간의 결합에 의해서 어디에나 나타남으로써, 그 각각이 여럿으로 보이네." 더 나아가 형상들 자체의 상호 간 결합과 관련해서도 510b~511c에서 단호하게 이런 언급을 하고 있다.

11) 이에 대해서 나는 《국가(정체)》 편 역주(326쪽 각주 17)에서 "후기 대화편들에 있어서 변증술(dialektikē)의 한 중요한 절차로서 본격적으로 언급하게 되는 형상의 '나눔(diairesis)' 과 관련되는 최초의 언급임"을 밝힌 바 있다.

12) 이와 관련해서는 졸저 《헬라스 사상의 심층》 제5장 '플라톤의 결합 이론' 중에서 '인위적 결합' 항목을 참조하는 게 좋겠다.

"이것의 한 부분에서는 앞서 모방(닮음)의 대상들로 되었던 것들을 혼이 이번에는 영상(모상)들로 이용하여(다루어), 가정(전제: hypothesis)들에서 원리(근원: arkhē)로 나아가는 식이 아니라, 결론(종결: teleutē)으로 나아가는 식으로 탐구를 하지 않을 수 없게 되네. 반면에 다른 한 부분에서는 '무가정(무전제) 원리' (arkhē anypothetos)로 나아가는 것으로서, 가정에서 나아가서 앞부분의 모상들도 없이 형상(eidos)들 자체를 이용하여 이들을 통해서 탐구를 진행하네." … "'이성(logos) 자체' 가[13] '변증술(dialektikē)적 논변' (dialegesthai)의[14] 힘에 의해서 파악하게 되는 것으로서, 이때의 이성은 가정들을 원리들로서가 아니라 문자 그대로 '밑에(hypo) 놓은 것(thesis)' (基盤: hypothesis)들로서 대하네. 즉 '무가정(無假定)의 것' (to anypotheton)에 이르기까지 '모든 것의 원리로'[15] 나아가기 위한 발판들이나 출발점들처럼 말일세. 이성 자체가 이를 포착하게 되면, 이번에는 이 원리에 의존하고 있는 것들을 고수하면서, 이런 식으로 다시 결론(종결) 쪽으로 내려가되, 그 어떤 감각적인 것도 전혀 이용하지 않고, 형상(形相: eidos)들 자체만을 이용하여 이것들을 통해서 이것들 속으로 들어가서, 형상들에서 또한 끝을 맺네."

이 인용구절에 이어 곧바로 이 일을 '큰 일거리(sykhnon ergon)' 로

13) 원문은 autos ho logos인데, 이 경우의 logos를 '추론' 이나 '논의, 논변' 으로 보는 학자들이 더러 있으나, 나는 이를 '자체' 라는 말이 강조하는 바를 살려서, '이성 자체' 로 보고, 이를 511d에 나오는 nous(지성)의 예고로 이해했다.

14) dialegesthai는 이처럼 플라톤 특유의 전문적 용어로 쓰이지 않을 때에는, '대화한다' , '토론한다' 는 뜻으로 쓰이는 말이다.

15) 좋음(善)의 이데아를 가리킴.

말하고 있는데, 아닌게아니라 《소피스테스》 편과 《정치가》 편에서 보다시피 형상 결합의 문제를 큰 일거리로 만나게 된다. 그런데 시기적으로 이 두 대화편들에 앞선 것인 《파이드로스》 편(265d~266c)에서는 이 형상 결합 이론의 일부를 이루는 모음과 나눔의 절차와 관련된 언급을 우리는 또한 만나게 된다. 이 대화편에서 활용되고 있는 '모음(synagōgē)'은 사랑이 일종의 광기(mania)라는 점을 직관하고서, "여러 곳에 흩어져 있는 것들을 포괄적으로 보고서(synorōnta) 한 종류로 모으는 것인데, 이는 각각의 것을 정의함으로써, 언제고 설명하고자 하는 것에 대해서 명백하도록 해 두려 해서인 것이네." 다른 하나인 '나눔(diairesis)'은 한 종류로 모은 것들을 "다시 부류들에 따라, 곧 자연적으로 생긴 관절들에 따라 가를 수 있는 것, 그리고 어떤 부분도, 서툰 푸주한의 방식을 써서, 조각내지 않도록 하는 것이네. … 마치 한 몸에서 양쪽으로 같은 이름의 것들이 생겨, 왼쪽 것들과 오른쪽 것들로 불리듯, 이처럼 제정신이 아닌 상태를 두 논변은 우리 안에 생기는 한 종류로 간주했네. 한 논변은 왼쪽으로 쪼개진 부분, 이 부분을 다시 쪼개기를, 그것들 안에서 일종의 사랑으로 일컫게 되는 걸 발견하게 되어, [그러기를] 그만두지 않았네. 다른 논변은 … 그것과 같은 이름인 것이되, 이번에는 일종의 신적인 사랑을 발견해서 제시하고선, 이를 우리에게 가장 크게 좋은 것들의 원인으로서 칭송했네. … 나 자신이야말로 바로 이것들 곧 나눔들과 모음들의 애호가이기도 하지. … 만약에 누군가 다른 이가 '본성상 하나이며 여럿에 걸친 것인 걸' 들여다볼 수 있는 사람이라 내가 믿게 되면, 이 사람을 … 어쨌든 나는 이제까지 변증술에 능한 이들(dialektikoi)이라 부르고 있지."

이처럼 형상 이론은 《파이돈》 편과 《국가(정체)》 편 그리고 《파이드로스》 편을 통해서 그 이론 체계를 구축하고 있었기 때문에, 《파르메니데스》 편의 제1부에서 플라톤이 형상 이론과 관련된 자기비판을 하고서, 종래의 형상 이론을 포기 또는 수정을 했다고 보는 견해는 황당한 소설일 뿐이다. 이 대화편에서는 형상들이 단적으로 그런 식으로 이해할 성질의 것들이 단연코 아님을 반어적으로 말하고 있었을 뿐이다. 이는 언제나 그랬듯, 소크라테스의 산파술적 깨달음을 위한 도발적 작업이었던 것이라 해야만 할 것이다. 왜냐하면 이데아들 또는 형상들은, 플라톤이 이미 《국가(정체)》 편 6, 7권에서 집중적으로 강조했듯, 기본적으로 그리고 본질적으로, 감각(aisthēsis) 아닌, 지성(nous)의 대상들, 곧 지성에 의해서나 알게 되는 부류(to noēton genos=the intelligible kind)에 속하는 것, 따라서 이 영역의 것들은 단연코 감각에 지각되는 것이 아니라(ta anaisthēta=the insensibles=the supersensibles)는 주장을 망각했을 때나, 그런 생각을 할 수 있겠기 때문이다. 이런 부류의 것을 그리도 강조했거늘, 사람들은 왜 또 그리도 그걸 고집스럽게 외면했는지 참으로 모를 일이다. 이는 특히 아리스토텔레스의 경우에 그 극에 달했다. Guthrie의 말마따나,[16] 형상 이론과 관련된 아리스토텔레스의 플라톤 비판의 전거는 대개는 《파이돈》 편이 되고 있으면서도, 이 대화편(80b, 81b, 83b)에서부터 이데아나 형상이 동시에 '지성에 의해서 알 수 있는 것(to noēton)'으로 언급되고 있다는 사실에 대해서는 그가 철저하게 외면했거나 아니면 전혀 주목을 하지 못했다는 사실을 우리는 새삼 확인하게 된다. 이와 관련해서 우리는, 이를테면, 물에 대한 과학적 접근을 생각해 보자. 아리스토텔레스에 의하면, 물은 질료일 뿐인 것으로서, 감각적으로만 접근할 수 있는 것이며, 따라서 인

16) Guthrie, *A History of Greek Philosophy*, VI, p. 247, pp. 21-22.

식도 불가능하다. 그러나 플라톤은 《티마이오스》 편에서 물뿐만 아니라, 이른바 4원소를 요소삼각형들에 의해 수적인 구조로 설명한다. 이런 수적인 구조는 단연코 '감각에 의해서는 접근할 수 없는(anaisthēton=insensible)' 것이고, '지성(nous)에 의해서나 접근할 수 있는(noēton=intelligible)' 것이다. 이는 오늘날 우리가 물을 분자구조식에 의해서 이해하는 방식과도 같은 접근법이다. 어느 쪽이 더 과학적이며, 어느 쪽이 더 수긍이 가는 학문적 접근법인가? 플라톤은 인식의 문제를 다루는 《테아이테토스》 편에서도, 감각적 지각의 틀 속에만 갇혀 있는 한, 근본적으로 참된 인식에는 이를 수 없음을 사실상 설파하고 있기는 마찬가지이다.

이런 논의는 이쯤에서 일단 접고, 다시 형상 결합 이론으로 돌아가자. 이 이론의 본격적인 작업을 해 보이는 것이 우리의 이 《소피스테스》 편이다. 먼저 소피스테스의 부류(to sophistikon genos)가 구사하는 이른바 소피스테스 궤변술(sophistikē; sophistry)도 일종의 기술이되, 이는 부유하고 유망한 젊은이들의 사냥질, 특히 그런 낚시질이라는 걸 직감하고서, 기술의 분류에 착수한다. 생산 또는 제작 기술과 획득적 기술을 나눈 다음, 생산 또는 제작 기술 쪽은 일단은 제쳐 놓고, 획득적 기술 쪽의 계속되는 사냥 쪽의 분류를 통해서 낚시질, 특히 부유하고 유망한 젊은이들의 사냥에서 소피스테스의 한 면모에 접하게 된다. 이것이 그 첫째 모습이다. 이어서 소피스테스가 얼마나 많은 모습으로 드러나는지(hoposa ēmin ho sophistēs pephantai) 보자. 그 둘째, 셋째, 넷째 것은 혼의 배움과 관련되는 교역상, 그 소매상, 그리고 자기 제품을 파는 자이다. 다섯째 것은 쟁론술의 선수이며, 여섯째 것은 혼과 관련되는 배움들에 장애가 되는 상대방의 의견들을 정화하는 자 같지만, 실은 참된 앎이 아닌 제 딴의 지혜일뿐인 또 다른 의견(doxa)으로 대체하며, 건드리지 않는 것이 거의 없다시피 하지만, 그건 의견 성격의 앎(doxastikē tis epistēmē)일 뿐임을 지적한다. 그러나 일곱째 것으로 밝히게 될 면모는 소피스테스를 결정적으로 가장 잘 드러낼 것인데, 이는 처음에 기술의 분류에서 제쳐 놓았던 생산·제작 기술(poētikē tekhnē) 분야와 관련된 것이다.

이에는 신 곧 자연이 생기게 하는 것들과 인간이 만드는 것이 있다. 자연이 생기게 하는 실제 사물들과 그 그림자 따위 그리고 인간이 만드는 실물과 그 영상이 있다. 이 영상(eidōlon) 제작 기술에는 모상(eikōn) 제작 기술과 환영(phantasma) 제작 기술이 있다. 화가나 조각가는 실제 사물들의 감쪽같은 모방물들을 그림이나 조각으로 만들어 낸다. 반면에 언변의 기술로써 온갖 영상들을 사실처럼 환영으로 그려 가며 들려주는 자들, 그런 요술쟁이 모방자가 소피스테스이다.

"[그리] 보이기는(phainetai) 하지만, 닮지는 않았기에, 환영(phantasma)이라 일컫지만, … '[그리] 보이고(phainesthai)' '[그리] 생각되나(dokein)', '그러하지는(있지는) 않음(아님: einai mē).'" 그리고 "뭔가를 말하나 진실을 말하는 것은 아님." 그런 "거짓을 말하거나 생각함을 '진실로 그러함(진실로 …임 또는 있음: ontōs einai)' 으로 말함." 이런 배경 뒤에 소피스테스는 그 정체를 숨기고 있다. 특히 '그러하지는(…이지는: 있지는) 않음(아님: einai mē)' 을 '진실로 그러함(진실로 …임 또는 있음: ontōs einai)' 으로 말함은 거짓인데, 거짓은 애당초에 성립하지도 않는다고 우긴다. 그래서 부딪치지 않을 수 없게 된 것이 파르메니데스의 존재론이다. 왜냐하면 파르메니데스는 이런 말을 하고 있기 때문이다.

이것이, 곧 있지 않는 것들이 있는 걸로 증명될 일은 결코 없을 것이니라.

도리어 그대는 탐구함에 있어서 그대의 생각을 이 길에서는 접을지어다.

'있지 않는 것(to mē on)'이 위의 인용구에서 뜻하듯 '전적으로 없는 것(to mēdamōs on)' 또는 '어떤 식으로도 있지 않는 것(to mēdamē on)'이라면, 거짓도 성립할 수 없다. 그렇다면 소피스테스를 거짓과 연계시키는 것은 부질없는 일이다. 그러나 바로 앞에서처럼 '있지 않음(einai mē)'을 '그러하지는 않음'의 뜻으로도 말하거나 이해하게 되면, '있지 않는 것'은 '아닌 것(←…이지 않은 것)'으로도, '있는 것(to on)'은 '…인 것'으로도 이해할 수 있게 되니, 이 문제의 양상은 완전히 달라진다. '아닌 것'은 다름의 성질을 나타내는 '타자성'을 지닌 것을 말함이요, '있는 것'은 '실재'요 이것들 각각은 '자기동일성'을 지니기에, '언제나 똑같은 방식으로 한결같은 상태'로 있기에 불변성 곧 '정지(靜止: stasis)'의 본성을 지닌다. 그런가 하면, 생명을 뜻하는 혼도, 지성도 그 활동을 하는 것이기에 '운동(kinēsis)'도 있다. 이것들 모두는 저마다 '실재(to on)'여서, '존재(ousia)'에 관여한다. 이런 상호 관여를 '형상들의 결합(koinōnia)'이라 일컫는다. 물론 운동과 정지는 서로 결합하지 않으나, 이 둘도 존재와 자기동일성, 타자성 등에는 관여한다. 따라서 형상들 각각은 '…인 것(to on)'의 경우도 많지만, '아닌 것(to mē on)'의 경우는 수도 없이 많은데, 이는 형상들 모두가 타자성에 관여해서다. 이처럼 형상들은 서로 관여하는 관계에 있다. 이 결합 관계를 제대로 아는 것이 변증적 지식에 속한다. 앞서《국가(정체)》편의 인용문 "그 어떤 감각적인 것도 전혀 이용하지 않고, 형상(形相, eidos)들 자체만을 이용하여 이것들을 통해서 이것들 속으로 들어가서, 형상들에서 또한 끝을 맺네."가 뜻하는 것도 바로 이것이었다.

말은 이것들을 서로 엮는 데서 성립한다. 그런데 '[사실이] 아닌 것들(ta mē onta)을 생각하거나 말하는 것'에서 거짓과 기만이 성립한다. 기만은 '영상들과 모상들 그리고 환영'을 생각과 말 속에 넘치게 할 수 있다. 소크라테스와 대화를 하고 있는 테아이테토스를 누군가가 "테아이테토스는 앉아 있다"고 말하면, 그는 사실(ta onta)을 사실 그대로 말하고 있는 것이지만, "테아이테토스가 날고 있다"고 말한다면, 그는 사실과는 다른 거짓을 말하고 있는 것이다.

실물 제작 기술은 실물을 만드나, 영상 제작 기술은 영상을 만든다. 그리고 영상 제작 기술에는 모상 제작 기술과 환영 제작 기술이 있는데, 환영 제작 기술은 다시 둘로 나뉜다. 갑이 제 몸과 목소리를 이용해서 을과 닮은 것으로 느끼게 할 경우, 이는 흉내(mimēsis)로 불린다. 그러나 이 경우에도 갑이 을을 알고서 하는 흉내와 제대로 모르면서 하는 흉내가 있겠다. 마찬가지로 올바름 따위의 [사람으로서의] 훌륭함(aretē)에 대한 앎도 인격도 갖추지 못하고서도, 오직 그것에 대한 의견(doxa)에 기반을 둔 흉내쟁이(doxomimētēs) 노릇을 시치미 떼고 하는 자, 그러면서도 마지막으로는 사사로이 짧은 언설로 대화 상대로 하여금 자가당착인 말을 하지 않을 수 없도록 몰고 가는 자가 바로 소피스테스이다. 마침내 독자도 이제 현자(ho sophos)를 흉내 낸 소피스테스(sophistēs)의 면면들을 거꾸로 엮어 가며 묶음 형태로 매듭지으면, 소피스테스에 대한 충실한 의미 규정을 얻게 될 것이다. '형상 결합'이란 이를 뜻하는 말이다.

목 차

I. 첫머리 대화(216a~218b): 《테아이테토스》 편에서의 대화가 끝나면서 또 갖기로 한 다음 날의 모임에서 수학자 테오도로스가 엘레아학파에 속하는 손님 한 분을 소개한다. 이어 소크라테스가 그 고장 사람들이 소피스테스와 정치가 그리고 철학자를 어떤 사람들로 생각하고 말하는지를 묻는다. 손님은 그들 각각에 대한 정의 내림의 어려움을 말하자, 소크라테스는 길 수밖에 없는 대화의 상대로 젊은 테아이테토스를 추천함.

II. 이 대화편에서는 '소피스테스가 도대체 무엇인지'를 파악하는 것을 목표로 삼기로 함.

1. 소피스테스에 대한 의미 규정의 첫 시도(218c~221c): 먼저 소피스테스가 하는 짓이 낚시질을 연상시킨다는 점에서, 낚시 기술이 어떤 것인지를 알기 위해, 이른바 기술의 이분법에 의한 분류를 통해 그 기술의 그 의미 규정까지 얻게 됨.
2. 낚시꾼에 빗댄 소피스테스, 이들의 유사점(221c~223b): 일종의 사냥꾼이라는 점에서는 공통점이 있지만, 부유하고 유망한 젊은이들의 사냥이 소피스테스 궤변술의 특이점임.

3. 이어서 드러난 소피스테스의 여러 모습들(223c~231e): 혼의 배움들과 관련된 상인, 쟁론술의 선수, 상대방의 의견들을 파기케 하는 자 등등.

4. 소피스테스의 또 다른 면모들(232a~237a): 논쟁술의 교사, 모든 것과 관련해서 반박할 수 있는 능력을 가진 자로 보임에 따라 아는 자일 것이라는 오해, 그러나 참된 앎이 아닌 '의견'을 가졌을 뿐인 자. 그림솜씨 하나로 모든 걸 실물처럼 그려 내는 화가처럼, 언변술로써 온갖 영상이나 모상 또는 환영들을 마치 실물처럼 여기게 하는 요술쟁이 곧 모방자로서 그 정체를 숨겨 버린 소피스테스. 이로 해서 맞닥뜨리게 되는 [그리] 보임, [그리] 생각됨, 그러하지는(…이지는 않음, 있지는) 않음, 아님 곧 거짓(einai mē)의 문제 등이 존재론적인 문제와 얽히게 됨.

III. '있지 않음(…이지 않음, 아님: einai mē)'과 '진실로 있음(진실로 그러함, 진실로 …임: ontōs einai)'에 얽힌 문제들(237a~259e)

1. to mē on을 '있지 않는 것', 곧 '전적으로 있지 않는 것(to mēdamōs on)'의 뜻으로만 이해할 경우, 이는 전적으로 '아무것도 아닌 것(mēden)'이므로, 이에 대해서는 아무런 생각도 언표도 할 수가 없으며 반박조차도 할 수 없음을 확인함(237a~239c).

2. 따라서 소피스테스는 영상·모상·환영·거짓 속으로 숨어 버리고서도, '아닌 것(→[사실이] 아닌 것: to mē on)' 곧 '거짓'이란 '있지도 않는 것(=to mē on)'이라고 강변함(239c~241c).

3. 파르메니데스의 주장과 관련된 반론: 그가 말하는 '참으로 하나인 것'이 '모든 방향에서 아주 둥근 구형의 덩어리'로서의 전체라면, 이는 하나처럼 보일 뿐, 부분을 갖는 것이며, '있는 것' 그리고 만물은

여럿임. 실재를 둘러싼 일원론과 다원론, 유물론과 형상론(241d~246b).

4. 지성에 의해서 알게 되는 참된 존재(ousia)를 내세우는 주장: 생명체에서의 혼, 거기에 나타나 있게 되는 올바름이나 지혜, 운동과 정지 등, 이런 것들 모두가 '있는 것들' 임을 확인함(246b~250a).

5. 실재 자체와 운동과 정지(靜止)는, 이것들 자체로는 저마다 '자기동일성' 을 지님과 동시에, 다른 것들과는 서로 달라, '다름' 곧 '타자성' 또한 지니며, 또한 이것들은 저마다 '실재성' 을 지니므로, 그 하나하나가 '있는 것' 임. 따라서 이것들 중에서 운동과 정지, 이 둘만의 상호관계만 빼고, 나머지 경우들에는 서로 '결합 관계' 에 있음. 운동은 정지가 '아닌 것(to mē on)' 이며, 동일성과 타자성 또한 서로가 '아닌 것' 임. 따라서 형상들 각각과 관련해서는 '…인 것' 도 많지만, '아닌 것' 은 그 수가 한이 없으니, 형상들의 이런 결합 관계를 아는 것은 변증적 지식에 속함(250b~259d).

IV. 거짓의 성립과 소피스테스의 전모가 드러남(259e~268d)

1. '아닌 것(o mē on)' · '사실이 아닌 것들(ta mē onta)' 과 판단 및 진술의 섞임. 이로써 입증된 거짓의 성립, 그 속에 숨었던 소피스테스의 정체가 드러나기 시작함(259e~264e).

2. 소피스테스가 보이는 여러 모습들의 엮음(265a~268d).

대화자들

테오도로스(Theodōros): 북아프리카의 키레네(Kyrēnē) 출신의 수학자로서 출생 연대는 470~460년 사이로 보이며, 따라서 그 주된 활동 시기는 5세기 말로 보인다. 그러니까 소크라테스와 거의 동년배로 보면 되겠다. 처음에는 프로타고라스의 제자 겸 동료였는데, 한때는 철학에도 관심을 보이다가, 나중에는 수학으로 완전히 전향했다고 한다. 여기에 함께 등장하는 테아이테토스의 스승이다. 《테아이테토스》 편(147d)에서는 그가 $\sqrt{3}$, $\sqrt{5}$, …, $\sqrt{17}$의 무리수를 제시한 것으로 언급되고 있으며, 거기에서와는 달리 이 대화편 및 이에 이은 《정치가》 편에서는 초입에 잠시 등장할 뿐이다.

소크라테스(Sōkratēs: 469~399): 테오도로스와 거의 동년배로 보아, 두 사람 사이에서도 손님의 경우와 마찬가지로 서로 존칭을 쓰도록 했다.

엘레아인 손님: 남이탈리아의 엘레아(Elea) 출신의 손님으로서, 바로 본문 첫머리에서도 밝히고 있듯, 파르메니데스학파의 사람이다.

이 대화편에서는 대화를 주도하고 있다. 본문에서는 대화자 표시를 원문에서처럼 그냥 '손님'으로 했다.

테아이테토스(Theaitētos: 415년경~369): 아테네 출신의 수학자로서 테오도로스의 제자였고, 나중에는 아카데미아에서 플라톤의 제자 겸 동료이기도 했다. 이 대화편의 첫째 각주에서 밝히고 있듯, 소크라테스의 재판을 앞둔 시점(399년)이니, 이 대화의 설정 시기에는 그가 16세 전후였던 셈이다. 손님과의 대화에서 주로 응답하는 역을 하고 있다. 그는 자신의 이름이 붙은 대화편 《테아이테토스》에서도 소크라테스와의 응답 위주의 대화 상대역으로 등장한다. 그의 생존 시기와 관련해서는 이견이 없지 않으나, 40대 중반까지는 살았던 것으로 보는 게 거의 정설인 셈이다. 유클리드(에우클레이데스: Eukleidēs)의 *Stoikheia(Elements)*에는 그의 수학적 창발성이 적잖이 수용된 것으로 알려져 있는 것 같다.

테오도로스: 소크라테스 님, 어제의 합의에 따라[1] 우리가 당연히도 216a
자신들도 왔습니다만, 여기 이 손님 한 분도 모시고 왔습니다. 엘레아 출신이신데, 파르메니데스와 제논 일파[2]의 동료이시고, 무척 지혜를

1) 《테아이테토스》 편 끝에서, 소크라테스가 기소된 터라, 전날 이와 관련된 진술 때문에 다음날 아침 일찍이 모두가 다시 만나기로 했던 일을 두고 하는 말이다. 그러니까 이때는 소크라테스가 재판을 앞둔 시점이 되겠다. 이 기소와 관련해서는 역자의 《에우티프론》 편 각주 2를 참조할 것.

2) 이른바 '엘레아(Elea)학파'로 불리는 무리의 수장은 파르메니데스(Parmenidēs: 약 515~450 이후)이다. 《파르메니데스》 편(127a~c)에서는 그가 65세 때 40세 무렵의 제자 제논(Zēnōn)과 함께 판아테나이아 대제전(ta megala Panathēnaia)에 맞추어 아테네를 방문하였다가, 갓 스무 살 무렵의 아주 젊은 소크라테스를 만나 대화를 하게 된 걸로 언급되고 있다. 여기에서 그의 철학에 대해 각주로 간단히 처리한다는 것은 무리에 가깝다. 그렇다고 빠뜨리고 넘겨 버리는 것도 주저된다. 바로 b6행에서 엘레아의 손님이 '논박적인(elenktikos)' 걸로 언급되고 있어서, 그 내력을 어떻게든 말하지 않을 수 없게 되어서다. 탈레스에서 파르메니데스에 이르기까지의 헬라스 철학은 자연(physis) 현상들의 변화무상한 다양성 속에도 어떤 법칙성 또는 규칙성이 작용하고 있는 것에 주목하고서, 이를 가능케 하는 근원적이며 본질적인 존재(to on)를 찾는 데 그 초점이 맞추

216a

사랑하시는 분이시죠.

소크라테스: 그렇다면, 테오도로스 님, 선생께선, 호메로스의 말마
따나, 손님 아닌 어떤 신을 무의식중에 모시고 오신 거겠네요? 그는
b 말하죠. 당연한 공경심[3]을 갖추게 되는 인간들에게는 다른 신들도 그
러지만, 특히 누구보다도 손님(나그네)의 신[4]이 동행자가 되어,[5] 인간

어져 있었다. 수(arithmos)를 그런 것으로 말한 피타고라스학파를 제외하고는 대개 그런 존재를 물질적이거나 어떤 '작용'으로 말하고 있다. 어쨌든 이들의 탐구도 존재론적 탐구들이었던 것은 분명하다고 하겠다. 파르메니데스는 이들의 이런 탐구들에 대해 벼락을 내리치는 것 같은 선언을 한다. 그는 이런 자연현상들에 대한 탐구의 길을 진리(Alētheia) 아닌, Doxa(보임 또는 의견)의 길로 치부해 버린다. 그래서 그는 말한다. "생각할 수 있는 탐구의 길들은 둘뿐인데, 그 한 길은 [그게] 있다 그리고 [그게] 있지 않을 수가 없다고 하는 길이고, 설득의 길이지만(진리를 따라 가는 길이기에), 다른 하나는 [그건] 없다 그리고 [그건] 없는 게 필연적이라고 하는 길이다. 따라서 내 그대에게 말하는데, 이는 알지 못할 길이다. 있지 않는 것(to mē eon)은 그대가 알 수도 없겠지만(이는 불가능하니까), 표현해 보일 수도 없기 때문이다."(토막글 2) 그리고선 그는 말한다. "실로 같은 것이 사유될 수도 있고 있을(존재할) 수도 있다." 또는 "사유됨(noein)과 있음(존재함: einai)은 같은 것이기 때문이다."(토막글 3) "있는 것(to eon)을 있다고 말하고 사유해야만 한다."(토막글 6) 그리고선 토막글 8에서는 이것에 대해서만 말할 수 있는 징표들(sēmata)로 이런 것들을 들고 있다. 생성되지 않은 것이어서 소멸될 수 없으며 전체이고 단일하고 완전하며, 충만하다. 따라서 감각의 대상들인 사물들은 실은 참된 뜻에서는 '있지 않는 것(to mē eon)'이며, 그렇게 보이고 생각되는 것일 뿐인 doxa의 영역에 속하는 것들이라 주장했다.

3) 원어는 aidōs이다. 공경·경외·부끄러움·염치 등을 뜻하는 말로, 플라톤이 특히 많이 언급하는 [사람으로서의] 훌륭함(aretē)들 중의 하나이다. 《프로타고라스》 편 320c~323a 및 《법률》 편 726a~729e를 참조할 것. 헤시오도스도 《일과 역일(曆日)》에서 이것과 함께 정의(dikē)를 특히 강조하고 있다. 《정치가》 편 310e의 해당 각주에서 보완적인 언급을 참조하는 게 좋겠다.

들의 오만한 짓들[6]도 질서 존중 행위들도 지켜본다고.[7] 그러니까 아마

4) 헬라스에서 손님(나그네: ho xenos)들에 대한 접대(xenika therapeumata)는 손님들이 받을 권리와도 같은 것이었다. 그래서 손님(나그네)을 보호해 주는 신(ho xenios theos, ho xenikos theos)들이나 수호신(daimon)들이 있다고 그들은 믿었으며, 이들을 모두 거느리는 신이 곧 제우스인 것으로 말하고 있다. 손님을 보호하는 제우스(Zeus xenios, xenios Zeus)는 그런 뜻으로 부르는 제우스의 별칭이기도 하다. 그래서 호메로스의 《오디세이아》 6. 207~8에서는 손님(나그네)들과 거지들 모두는 제우스가 보낸 것으로 말하고 있다. 같은 책 9. 271 및 14. 389 등을 참조할 것. 나그네의 신 곧 '나그네를 보호하는 신'은 곧 제우스를 지칭하는 여러 표현들 중의 하나이다. 《법률》 편 730a에서도 그런 수호신(daimōn)들이나 신들을 거느리는 신으로서의 제우스의 행태와 관련된 언급이 보인다.

5) 다음에 옮기는 《오디세이아》 9. 270~271 중에서 271행의 내용이 이와 같다. "제우스는 탄원자들과 나그네들의 복수를 해 주는 자이며,/ 또한 나그네의 신으로서 공경심을 갖춘 나그네들과 동행하죠."

6) 원어는 hybris의 복수 형태인 hybreis이다. hybris에는, 그 구체적인 상황이나 사례가 명시되지 않은 경우에는, 한 가지로 옮기기가 어려운 여러 가지 뜻이 있다. '히브리스'는 남에 대해서건 자신에 대해서건 난폭함, 즉 지나침을 가리키는 말이다. 타인에 대한 경우에, 그것은 상대방으로 하여금 창피함(aiskhynē)이나 불명예(atimia) 또는 모욕당함(propēlakizesthai; 《법률》 편 866e를 참조할 것)을, 곧 치욕을 느끼게 하는 오만, 오만 무례함, 방자함, 인격적·신체적·성적 폭행 등을 가리키며, 자신과 관련되는 경우에는 폭식(대식), 황음(荒淫), 술에 곯아빠짐 등의 무절제한 행위를 가리킨다. 남에 대한 '히브리스'에 대해서는 아리스토텔레스가 그의 《변론술(수사학: *Rhētorikē*)》 1378b24~29에서 한 의미 규정이 아주 적절한 것이라 하겠는데, 그건 다음과 같다. "hybris는 그걸 당하는 사람에게 창피한 느낌(aiskhynē)을 갖게 하는 행동을 하거나 말을 하는 것인데, 이는 일어난 일 이외에 다른 것이 자기에게 일어나도록 하는 게 아니라, 그저 쾌감을 갖느라 하는 것이다. 이에 대한 앙갚음을 하는 자들은 hybris를 저지르는 것이 아니라 보복(timōria)을 하는 것이다. hybris를 저지르는 자들에게 있어서의 그 쾌감(hēdonē)의 원인은 고약한 짓을 함으로써 자신들이 '더 우월하다(hyperekhein mallon)'는 생각을 하기 때문이다. 이

216b

도 선생의 경우에도, 대단하신 분들 중의 이 한 분이 따라오셔서, 논의에 있어서 하찮은 우리를 지켜보시고서 논박하시게 되겠는데, 논박하기를 좋아하시는[8] 신과도 같으신 분[9]이시겠네요.

테오도로스: 소크라테스 님, 그건 손님의 태도가 아니기도 하거니

때문에 젊은이들과 부자들이 hybris를 저지르는 자(hybristēs)들인데, 이는 hybris를 저지름으로써 [자신들이] 우월하다고 생각하기 때문이다." 그런가 하면 플라톤의 《파이드로스》 편 237e~238c를 보면, 남에 대한 것과 함께 자신과 관련된 '히브리스'에 대한 이런 언급이 보인다. "판단(doxa)이 이성(理性: logos)에 의해서 최선의 것(to ariston)으로 인도되고 억제될 경우에, 이 억제(kratos)에 대해 절제(sōphrosynē)라는 이름이 주어진다. 반면에 욕망(epithymia)이 우리 안에서 비이성적으로(alogōs) 쾌락(hēdonē)으로 이끌리고 지배받게 될 경우에, 이 지배(archē)에 대해 '히브리스'라는 이름이 붙는다. 그렇지만 '히브리스'는 여러 이름을 갖는 것이다. 왜냐하면 그것은 여러 갈래의 것이고 여러 부분을 갖기 때문이다. … 욕망이 먹을 것과 관련해서 최선의 것인 이성 및 다른 욕망들을 제압하게 될 경우에, 이는 폭식(대식)이라 불리며, … 음주와 관련해서 욕망이 참주 노릇을 하며 이것에 사로잡힌 사람을 이런 식으로 이끌고 갈 경우에, 어떤 호칭을 얻게 될 것인지는 분명하다." 히브리스와 관련해서는 역자의 《플라톤의 티마이오스》 21~25쪽을 참조한다면, 더욱 좋겠다.

7) 역시 《오디세이아》 17. 487의 내용과 같다.

8) 원어는 elenktikos인데, 바로 앞에서 테오도로스가 언급한 파르메니데스의 제자 제논(Zēnōn)이 특히 그랬다. 그는 스승의 주장을 옹호함에 있어서, Doxa의 대상으로서 비존재(to mē eon)인 현상 세계를 설명하려는 자연철학자들, 특히 다원론자들의 주장의 핵심을 논박함으로써 하는 방식을 취했다. 곧 다원론자들이 존재(to on)를 하나 아닌 여럿으로 보는 점과 관련해서, 그리고 여럿인 존재들의 운동에 의한 결합과 분리로 인한 다양한 자연현상들의 발생 설명에 대해서 논박하기를, 그들이 주장하는 요지인 운동의 불가능성과 '하나' 아닌 '여럿(多)'의 성립 불가능성을 교묘하고 당혹스런 논리를 구사함으로써 했는데, 이를 흔히 귀류법(reductio ad absurdum)이라 한다.

9) '신과도 같으신 분'의 원어는 'theos tis(신이신 분)'이다.

216b

와, 이분께서는 논쟁들에 열을 올리던 이들보다는 한결 더 절도 있으신 분이시죠. 또한 제게는 이 사람이 결코 신이 아니라, 실은 신과도 같은 분이신 걸로는 생각됩니다. 저는 모든 철학자들을 그런 분들로 일컬으니까요. c

소크라테스: 친애하는 분이시여, 역시 훌륭한 말씀이십니다. 그렇지만 이 부류는 신의 부류보다도 식별하기가 사실상 훨씬 쉽지가 않습니다. 왜냐하면 이들은 다른 사람들의 무지로 해서 아주 '다양한 부류의' 사람들 모습으로 나타나 보이며 '여러 나라를 돌아다니기' 때문입니다.[10] 이들은 위장하지 않은 진짜 철학자들로서 높은 곳에서 그 아래에 있는 사람들의 삶을 내려다보는데, 이들은 어떤 사람들에겐 전혀 무가치한 자들로 여겨지지만, 어떤 사람들에겐 모든 것의 값어치를 다하는 것으로 여겨지죠. 또한 때로는 이들이 정치가들로, 때로 d
는 소피스테스들로 보이기도 하지만, 때로는 어떤 이들에겐 아주 미친 상태에 있다는 생각을 갖게 할 수도 있죠. 하지만 손님께서 괜찮으시다면, 손님께 여쭤보고 싶군요. 그 고장 분들은 이 문제를 어떻게 217a
생각했으며 그들을 뭐라 일컬었는지를.

테오도로스: 바로 어떤 것들을 말씀하시는지요?

소크라테스: 소피스테스와 정치가 그리고 철학자요.[11]

---

10) 여기에서의 인용부호로 묶인 문장은 바로 앞에서 인용한 《오디세이아》 17. 487의 앞 줄 곧 486행의 내용이다.

11) 원어로는 sophistēs · politikos · philosophos 순이다. 플라톤이 이 대화편을 쓸 때만 해도 이후 정치가를 다룬 다음에는 철학자를 다루려 했던 것으로 보아야 할 것이다. 이들 대화편을 통해서 하고자 했던 일이 무엇인지는 바로 다음 각주에서, 비록 간략하게나마, 언급했다. 그런데 《철학자》 편은 끝내 쓰지 않았다. 이에 대한 나의 의견은, 단도직입적으로 말하면, 이렇다. 플라톤은 이 대화편을 하나의 별도 대화편으로는 쓰지 않

217a

테오도로스: 이들과 관련해서 특히 무엇이 그리고 어떤 점이 의문스러웠기에 물으실 생각을 하신 겁니까?

소크라테스: 이것입니다. 그들이 이들 모두를 하나 또는 둘로, 또는 그 이름들이 셋이듯, 세 부류로 나누고서, 부류에 따라 그 각각에 하나의 이름을 붙여 준 것인가요?

테오도로스: 제가 생각하기로는 이분께서 그걸 말씀해 주는 걸 마다하실 턱이 없습니다. 손님, 어떻게 말할까요?

b 손님: 이렇게 말하죠, 테오도로스 님! 마다할 것은 아무것도 없거니와, 이들을 그들이 어쨌든 세 부류로 생각하고 있었다는 걸 말하는 것도 어려운 게 아닙니다. 하지만 그 각각에 대해 그게 도대체 무엇인지 명확하게 정의 내리는 것은 작은 일도 쉬운 일도 아닙니다.[12]

았지만, 아니 그럴 수 있는 성격의 것이 아니라고 보게 되어, 자신이 철학자의 '일(ergon)'과 관련해서 생각하고 있는 것들을 이후의 대화편들 속에 분산시켜 광범하게 다루었다는 것이다.

12) '그것이 도대체 무엇인지를 정의 내림'의 원어는 diorisasthai ti pot' estin이다. "그것은 도대체 무엇인가"를 묻는 것은 어떤 것의 의미 규정(정의: horos, horismos)을 얻기 위한 물음이다. 플라톤의 초기 대화편들은 소크라테스의 이 물음들로 일관하다시피 한다. 플라톤이 해 보이는 의미 규정의 보기들은, 이를테면, 이런 것들이다. '짧은 시간에 많은 걸 해내는 능력(힘)'(《라케스》 편, 192b)이 '빠름'의 의미 규정 형식(logos)을 갖춘 정의이고, '입체가 그 끝에 이르게 되는 것' 곧 '입체의 한계(peras)'가 '형태'의 그것이다. 《국가(정체)》 편, 433e, 434c에서는 '올바름(정의: dikaiosynē)'의 의미 규정을 함에 있어서 기나긴 고찰 끝에 '제 것의 소유와 제 일을 함' 또는 '제 할 일을 함(oikeiopragia)'이라고 아주 간명하게 규정한다. 《법률》 편, 895e~896a에서는 '짝수는 같은 두 부분으로 나뉘는 수'가 그 정의이듯, 혼을 '스스로 자신을 운동케 하는 것'으로 그 의미 규정을 할 수 있다고 한다. 이런 형식을 갖춘 의미 규정을 특히 logos(의미 규정 형식)라고도 한다. 그러나 《소피스테스》 편과 《정치가》 편에서 구하고 있는 의미 규정은 이런 '단일한 모양새(monoeides)'의 것

217b

테오도로스: 그리고 실은, 소크라테스 님, 우연히도 우리가 이리로 오기 전에도 이분께 묻게 되었던 것들과 거의 비슷한 내용의 논의들을 선생께서 하시게 되었습니다만, 이분께서는 지금 선생께 하고 있는 것과 똑같은 구실을 그때도 우리한테 댔죠. 어쨌거나 이분께서는 충분히 다 들으셨으며, 기억을 못하고 있으신 것도 아님은 인정하시니까요.

소크라테스: 그러시면, 손님, 우리가 선생께 청하는 첫 부탁을 어쨌 c
든 거절하진 마시고, 이 정도의 말씀은 우리에게 해 주십시오. 선생께선 누군가에게 설명해 주고자 하는 바를 말하면서 자신의 긴 설명으로 해 나가는 쪽을 선호하시는 쪽인지, 아니면 질문들을 통해서 하시는 쪽인지. 이를테면, 예전에 제가 젊었을 적에, 파르메니데스 님께서 그리하시며 아주 훌륭한 논의를 진행해 가셨는데, 제가 동참했죠. 그땐 제가 젊어서였고, 그분께서는 물론 많이 연로하셨을 때였습니다.[13]

손님: 소크라테스 님, 힘들지 않고 고분고분히 대화할 분을 상대로 d
해서 하는 쪽입니다. 만약에 그렇지 못할 경우에는, 스스로 하는 쪽이

이 아니다. 그것은 '소피스테스'나 '정치가'라는 부류(genos, phylē)가 보이는 여러 가지 모습(eidē, 이의 단수는 eidos임)을 포괄적으로 이해하는 '파악(syllabein)'(218c6~7)으로 해서 얻게 되는 복합적인 결합 형태(koinōnia)의 것이다. 여기서 "작은 일도 쉬운 일도 아닙니다."라고 한 말은 그 예고인 셈이다. 그게 과연 어떤 것인지는 이 대화편의 전개 내용이 결과적으로 밝힐 것이고, 플라톤 철학에서 그게 어떤 의미를 갖는지는 이 대화편의 해제에서 이미 언급했다.

13) 《파르메니데스》 편에서 소크라테스가 파르메니데스와 대화를 하는 대목은 이 대화편의 제1부에 해당하는 137b에서 끝난다. 그리고 이때의 파르메니데스 및 소크라테스의 나이와 관련해서는 216a의 해당 각주 첫머리에서 언급했다.

217d 고요.

소크라테스: 그러시다면, 참석자들 중에서 선생께서 원하시는 분을 선택하실 수 있습니다. 모두가 선생께 순순히 응할 테니까요. 하지만 저를 조언자로 삼으셔서, 젊은이들 중에서 누군가를 고르시죠. 여기 이 테아이테토스나 또는 다른 사람들 중에서라도 선생의 마음에 드시는 누가 있다면요.

손님: 소크라테스 님, 지금 처음으로 여러분과 함께하게 된 저를 일
종의 부끄러움이 사로잡네요. 제가 조금씩 말을 주고받으며 함께 대
e 화를 하지 않고, 제 혼자서든 또는 다른 사람을 상대로든, 이를테면
과시성 연설[14]처럼, 긴 말을 늘어놓으며 연장해 간다니. 사실 방금 말
씀하신 것은, 누군가가 그런 식으로 질문받고서 그게 예상함 직한 그
런 정도의 것이 아니라, 아주 긴 논의거리이기 때문입니다. 또한 한편
으로는 선생께 그리고 이분들께 그 부탁을 들어드리지 않는다는 것
은, 특히 선생께서 말씀하시듯 그리 말씀하시는데, 그러지 않는다는
것은 불손하고 무례한 일로 제게는 보이네요. 어쨌든 대화 상대가 테
218a 아이테토스인 건, 제 자신도 이전에 대화를 했었고 지금 선생께서도
제게 권하기도 하시는 바인지라, 전적으로 받아들입니다.

테아이테토스: 그럼, 손님, 그렇게 하십시오. 소크라테스 선생님께서 말씀하시듯, 모두의 마음에도 드시게 될 겁니다.

---

14) 원어는 epideixis인데, 이는 어느 날 아테네에 나타난 소피스테스들이 해 보이는 '과시성(誇示性) 연설'을 주로 가리키는 말이다. 이에 대해서는 이 대화편의 해제에서 고르기아스와 관련된 언급을 참조할 것. 그리고 소피스테스들의 등장 배경과 이들이 아테네의 정치 상황에 미친 영향 등과 관련해서는 졸저 《헬라스 사상의 심층》 124~131쪽을 참조하면 되겠다.

218a

손님: 이에 대해서는, 테아이테토스, 아무것도 더 말할 게 없는 것 같네. 그러나 이후로 이제는 자넬 상대로 대화가 진행될 것으로 보이네. 그러니 그게 길어서 힘들어 괴롭더라도, 이에 대해서는 나를 탓할 것이 아니라, 여기 계신 동지들을 탓할 일이네.

테아이테토스: 그렇지만 지금으로선 그렇게 지치지는 않을 것으로 b
저는 생각합니다. 그러나 혹시라도 그런 일이 일어난다면, 소크라테스 님과 동명인 여기 있는 소크라테스[15]를 끌어들이게 될 것입니다. 그는 저와 동갑이며 운동도 같이 하는 동료인데, 저와 함께 일하는 데는 많은 경우에 익숙합니다.

손님: 잘 말했네. 그리고 이는 논의가 진행되는 동안 개인적으로 숙고할 일일세. 그러나 이제 자네는 나와 함께 맨 먼저 소피스테스부터 시작해서 공동으로 고찰해야만 할 것 같으이.[16] 논의를 통해서 소피
스테스가 도대체 무엇인지를 찾아서 밝히기를 말이네. 지금 당장에는 c
자네와 내가 이에 대해서는 이름만 공통으로 갖고 있지, 그것으로써 지칭하는 그 일[17]은 아마도 우리 마음속에 저마다 개별적으로 가짐 직

15) 소크라테스와 동명인 이 젊은이는, 여기서 말하고 있듯, 테아이테토스와 동갑이며 김나시온에서 함께 운동도 하는 친구였고, 《정치가》 편에서 '손님'의 대화 상대자로 등장한다. 플라톤의 〈서한 11〉(360년경)로 전하는 서한에는 제자였던 타소스(Thasos)의 라오다마스(Laodamas)가 새로운 식민지의 입법과 관련해서 도움 요청을 해 온 데 대해, 자신이 직접 응할 처지가 못 되고, 그렇다고 이 소크라테스를 보내자니, 배뇨 곤란을 겪고 있어서 그럴 수도 없음을 딱해하는 내용이 보인다.

16) 그러나 《정치가》 편에서는 그 아닌 젊은 소크라테스가 손님의 대화 상대로 된다.

17) 여기에서 '그 일'로 옮긴 것의 원어는 to ergon이다. '소피스테스'라는 이름으로 일컫는 '부류(genos, phylon)'가 하는 '일', 속되게 말해서, 그들이 하는 '짓'이, 곧 그 '기능'이 무엇인지에 대한 우리의 생각 또는

218c

하기 때문이네. 그러나 모든 것과 관련해서는 의미 규정 형식(logos)[18]
은 없이 그 이름에만 동의하게 되기보다는 오히려 언제나 논의를 통
해서 그 대상[19] 자체에 동의하게 되어야만 하네. 하지만 지금 우리가
찾을 생각을 하고 있는 부류 곧 소피스테스가 도대체 무엇인지를 파
악한다는 것은 썩 쉬운 게 아닐세. 그런 반면에 큰 것들을 훌륭히 해
d 내기 위해서는, 큰 것들 자체에 덤비기 전에, 이런 것들과 관련해서는
먼저 작고 쉬운 것들로 이것들을 연습해야만 하는 걸로 옛날부터 모
두에게 생각되어 왔다네.[20] 그러니, 테아이테토스여, 이제 나로서는
우리끼리 이렇게 권고하네. 소피스테스의 부류가 까다롭고 포착하기
가 어려운 걸로 생각하는 우리로서는 먼저 다른 쉬운 방법으로 이의

이해는 각각일 것임을 이 문장은 말하고 있다. 바로 다음 문장에서 이 ergon을 pragma로 바꾸어 말하게 되는 것도 그런 연유에서다.

18) 더 정확히 말하면, 이 경우의 logos는 '의미 규정 형식을 갖춘 정의'를 뜻한다.

19) 원문은 to pragma이다. 이것도 ergon과 거의 같은 뜻이지만, 이 경우에는 '그 대상'으로 옮겨 봤다. 바로 앞에서 ergon에 대한 각주를 참조할 것.

20) 이와 관련해서는 헬라스인들의 속담(paroimia)이 있어서 하는 말이겠다. 그건 "항아리에서 도기 제법(陶器製法: kerameia)을 배운다."는 속담이다. 여기에서 말하는 '항아리(pithos)'는 어쩌면 '독'이라 말하는 것이 더 옳을 것 같기도 한데, 포도주 발효용 술통을 주로 가리킨다. 이는 가을에 수확한 포도를 즙으로 짜 넣고서 여섯 달쯤 발효시키는 길쭉한 형태의 큰 독이다. 나무통의 경우에도 이 낱말이 쓰이나, 이 경우에는 목재를 뜻하는 말이 덧붙여지는 게 원칙이다. 이 속담은 기본적인 것도 배우지 않고 고난도의 어려운 걸 배우겠다고 덤비는 사람들을 빗대어 말하는 것이다. 그러니까 도토(陶土)로 어떤 도기를 빚되, 실패할 경우에 대해 전혀 신경 쓸 필요가 없는 소품들을 부담 없이 만드는 연습부터 할 필요가 있음을 이 속담은 강조하고 있는 것이다. 그리고 이 속담과 관련된 언급은 《라케스》 편 187b 및 《고르기아스》 편 514e에도 보인다.

218d

탐구를 예습할 것을. 자네가 더 쉬운 다른 방도를 달리 어떻게든 말할 수 없다면 말일세.

테아이테토스: 하지만 저로선 말할 수가 없네요.

손님: 그러면 하찮은 것들 중의 어떤 것에 대해서 추구함으로써[21] 이를 더 큰 것의 예[22]로 삼도록 해 보기를 자네는 바라겠네?

테아이테토스: 네. e

손님: 그러면, 잘 알려져 있고 작지만 큰 것들 중의 어느 것에도 못지않은 의미 규정 형식을 갖는 것으로 우리가 무엇을 제시할 수 있겠는가? 이를테면, 낚시꾼을 그럴 수 있겠지. 그러니까 그는 모두에게 알려져 있고 전혀 진지한 큰 관심거리도 되지 않지 않은가?

테아이테토스: 그렇습니다.

손님: 그렇지만 우리는 그가 우리가 바라는 것과 관련해서 우리에게 부적합한 것이 아닌 탐구와 논의를 제공해 주길 희망하고 있네. 219a

테아이테토스: 훌륭히 그럴 것입니다.

손님: 자, 그러면 그 시작을 이렇게 하세나. 내게 말해 주게. 우리가 그를 기술인으로 볼 것인지 아니면 기술은 없는 자이지만, 다른 능력을 가진 자로 볼 것인지?

테아이테토스: 어쨌든 최소한 아무런 기술도 없는 자로 볼 수는 없겠습니다.

---

21) 비근한 것들을 예로 들어 접근하는 방식은 소크라테스가 즐겨 이용하는 것이다.

22) 원어는 paradeigma인데, 이 낱말은 이처럼 단순한 '예'를 뜻할 경우도 있지만, '모상'으로서의 사물과 대비되는 '본'으로서의 이데아 또는 형상을 가리키는 전문 용어로도 쓰임에 유의할 일이다. 영어의 paradigm의 어원이 이것이다.

219a

손님: 그렇지만 모든 기술은 대개 두 종류일 게야.[23]

테아이테토스: 어떻게 말씀입니까?

손님: 농사와 사멸하게 마련인 모든 몸과 관련된 하고많은 보살핌, 그리고 또 조립하고 제작되는 것 곧 우리가 바로 가재도구로 일컫는

b 것들, 또한 모방 기술, 이것들 모두는 한 가지 이름으로 지칭하는 것이 지당할 게야.

테아이테토스: 어떻게 그리고 무슨 이름으로 말씀입니까?

손님: 이전에는 있지 않은 모든 걸 누군가가 있게 할 경우, 우리는 이를 있게 한 자가 '만든다(poiein)' 고 말하는 반면에, 있게 된 것은 '만들어진다' 고 아마도 말할 거네.

테아이테토스: 옳습니다.

손님: 그런데 방금 우리가 열거한 것들 모두는 그것들의 힘[24]을 이만큼 쪽으로 갖고 있었네.

테아이테토스: 실상 그랬죠.

손님: 그러니까 이것들을 우리는 총합해서 생산 또는 제작 기술(poiētikē)로 지칭하세나.

c 테아이테토스: 그러시죠.

---

23) 기술들을 두 종류로 나누는 이 방식에서부터 '둘로 나눔' 이 시작된다. 219d에 dikhēi tmēteon(둘로 나눠야만 한다), 223c에서 dikhēi temnesthai(둘로 쪼개게 될 것임), 그리고 《정치가》 편 302e에서도 dikhotomei(둘로 나눈다)가 보인다. 이른바 '이분법' 곧 '둘로 나눔(dikhotomia)' 이란 용어는 아리스토텔레스 등이 훗날 쓰게 된 것이다. 둘로 나눔에 의한 이의 진행 과정의 한 예는 221c에서 해당 각주의 분류표를 참조할 것. 그리고 여기에서 '두 종류(duo eidē)' 라는 말에서 eidos가 '종류' 를 뜻하는 것과 관련해서는 220a, 246b, 253b, 254a에서의 해당 각주를 참조할 것.

24) 원어는 dynamis로서, 능력·기능·가능성 등의 여러 뜻이 있는 말이다.

219c

손님: 반면에 이것 다음에는, 배우는 종류 전체와 알게 됨의 종류, 돈벌이와 경합 그리고 사냥의 종류, 이것들 중의 어느 것도 만드는 일은 하지 않지. 그 일부는 이미 있는 것들이나 있었던 것들을 언행을 통해 제압하는가 하면, 다른 일부는 제압당하는 걸 허용하지 않아. 이 때문에 이 모든 부분은 일종의 획득적 기술로 말하는 것이 아마도 적절할 게야.

테아이테토스: 실상 그게 적절하겠네요.

손님: 따라서 획득적 기술과 생산 또는 제작 기술이 모든 기술이니, d
테아이테토스, 낚시 기술[25]은 우리가 어느 쪽에 포함시킬까?

테아이테토스: 아마도 획득적 기술 쪽일 게 명백하겠습니다.

손님: 그렇지만 획득적 기술에도 두 종류가, 곧 자발적인 자들 간의 선물들이나 보수 그리고 매매들을 통한 교환적인 종류와 나머지 것, 곧 언행의 면에서 제압당하는 일체의 것, 곧 제압당하는 종류일 걸세.

테아이테토스: 어쨌든 언급된 것들로 미루어 그래 보입니다.

손님: 어떤가? 제압하는 기술도 그러니까 둘로 나누어야[26] 하지 않

---

25) 소피스테스가 하는 일(짓)로 제일 먼저 떠오르는 것은, 쉽게 출세할 방도를 찾고 있는 아테네의 부유한 젊은이들을 상대로, 그 방도로 변론술을 습득케 해 주겠다는 걸 미끼로 그들을 낚는 행위를 하고 있다는 것이다. 아닌게아니라 우리말에도 사람을 '낚는다'는 표현이 있듯, 이 낚시질에 착안해서, 이 비유를 통해 우선적으로 '소피스테스'라는 부류의 한 면모를 드러내 보이려고 해서 시작하게 되는 것이 낚시 기술이 어떤 기술에 속하는지부터 알아보려는 분류작업이다. 여기에서 이런 언급을 한다는 것은, 앞으로 하게 되는 작업들의 진행에 대해 어찌 보면 김 빼는(spoiling) 성격의 것일 수도 있겠지만, 이는 이 첫 작업의 의도 파악에 어리둥절해하는 일을 처음에만은 덜게 함으로써 오히려 앞으로 진행되는 의미 규정 작업에 부쩍 흥미를 갖도록 유도할 의도에서다.

26) 원어는 dikhēi tmēteon이다.

219d

겠는가?

테아이테토스: 어떻게 말씀입니까?

e 손님: 그것에도 공개적인 일체의 것은 경합의 종류로 그리고 그것에서 몰래 하는 모든 것은 사냥의 종류로 보면 말일세.

테아이테토스: 네.

손님: 그렇지만 사냥 기술을 둘로 나누지 않는다는 것은 불합리하겠지?

테아이테토스: 어떻게 그러신다는 건지 말씀하시죠.

손님: 무생물의 종류에 대한 것과 생물의 종류에 대한 것이네.

테아이테토스: 그야 물론입니다. 어쨌든 두 종류의 것들이 있다면 말씀입니다.

220a 손님: 그야 어찌 두 종류가 없겠는가? 그리고 우리로선 어쨌든 무생물의 그것은 잠수 기술의 몇 가지 부분적인 것들과 이와 같은 다른 사소한 것들에 따른 것들은 무명이니 지나쳐 버려야만 하네. 그러나 생물들의 사냥이 있으니, 이를 우리는 생물 사냥 기술로 일컬어야만 하네.

테아이테토스: 그러시죠.

손님: 그러나 생물 사냥은 그러니까 두 종류로 말하는 게 옳지 않겠는가? 육상 동물류[27]의 사냥은 여러 종류와 이름들로 나뉘나, 육상 동물 사냥이지만, 다른 종류는 유영(遊泳)동물의 것으로 전체가 유체 속[28] 생물 사냥이네.

---

27) 헬라스어로 유(類) 또는 부류는 genos(=genus; 복수는 genē)이고, 종(種) 또는 종류는 eidos(=species; 복수는 eidē)이다. 그러나 이 대화편에서는 이 용어들이 이처럼 엄격하게 구분되고 있지는 않고 있다.

28) '유체(流體) 속'으로 옮긴 것은 enygron(fluid)이 물만이 아니라 공기

220a

테아이테토스: 물론입니다.

손님: 그렇지만 우리는 유영동물의 종류 중에서 한 종족으론 날개 b
를 가진 부류를, 다른 종족으로는 수중 생물을 보겠지?

테아이테토스: 어찌 그렇지 않겠습니까?

손님: 그리고 날개를 가진 종족의 일체 사냥은 우리의 경우 새 사냥으로 말할 거라 짐작하네.

테아이테토스: 실은 그리 말하니까요.

손님: 그러나 수중 생물의 사냥은 거의 전체적으로 고기잡이 기술이네.

테아이테토스: 네.

손님: 어떤가? 또한 이 사냥은 그러니까 가장 큰 부분들을 우리가 둘로 나누지 않겠는가?

테아이테토스: 어떤 부분들로 말씀입니까?

손님: 이들 둘 중의 하나는 에워싸는 것들로 사냥을 하나, 다른 하나는 후려침에 의해서 사냥을 한다는 점에 따른 것이네.

테아이테토스: 어떻게 하시는 말씀인지요, 그리고 어떤 식으로 그 각각을 나눠서죠?

손님: 앞 것은 붙잡아 둠을 위해서 어떤 것을 에워싸고서 가두는 일 c
체의 것인데, 이는 에워쌈이라 일컬음이 그럼직하지.

테아이테토스: 물론입니다.

손님: 바로 통발과 투망, 후릿그물과 오구 그리고 이와 같은 것들은 에워싸는 것들 이외의 다른 어떤 것으로 일컬어서는 안 되는 게 아니

도 포함하는 것이지만, enydron(watery)은 '수중(水中)'을 뜻하기 때문이다. 나는 것도 일종의 유영 곧 '유체 속의 유영'으로 보고서 하는 분류이겠다.

220c

겠는가?

테아이테토스: 다른 어떤 것으로도 불러서는 안 됩니다.

손님: 그러니까 잡는 것의 이 부분을 우리는 그물 고기잡이나 이런 유의 것으로 말할 것이네.

테아이테토스: 네.

손님: 그러나 그것과는 다른 것으로는 낚시와 작살에 의한 후려침
d 으로 해서 되는 것인데, 이를 우리는 한 마디로 일종의 후려치는 사냥
으로 일컬어야만 하겠네. 테아이테토스여, 혹여 누군가가 더 나은 다
른 이름을 말할 수 있을까?

테아이테토스: 이름에 대해선 상관하지 마시죠. 그것으로도 족하니까요.

손님: 그러면 후려치기 중에서 밤에 불빛을 이용하면서 하게 되는 종류는 그 당사자들 자신들에 의해 불을 이용한 사냥으로 불리게 되었네.

테아이테토스: 물론입니다.

손님: 그런가 하면 낮에 하게 되는 종류는 끝에 미늘들을 갖는데, 이는 작살들[29]의 경우도 그렇거니와, 모든 낚시질이 그러하네.

e 테아이테토스: 실상 그리 말하니까요.

손님: 그런데 낚시질 중의 후려치기 기술 중에서 위에서 아래로 하게 되는 종류는 주로 작살을 이렇게 이용하므로 일종의 작살질로 불리는 것으로 나는 생각하네.

테아이테토스: 어쨌든 어떤 이들은 그리 말합니다.

---

29) 원어는 triodous인데, 이는 삼지창을 뜻하기도 하지만, 여기에서처럼 세 발 작살을 의미한다. 제대로 된 작살은 세 발에다 끝에는 셋 다에 미늘이 있다고 한다.

220e

손님: 그러나 적어도 아직 남아 있는 것으로는 말하자면 한 가지 종류만이네.

테아이테토스: 어떤 종류의 것인데요?

손님: 이와는 반대되는 후려침의 종류로서, 미늘을 이용하게 되는
것이며, 작살을 이용하는 경우처럼 물고기들의 몸의 아무 부분이나가
아니라, 그때마다 사냥하게 되는 것의 머리와 입 주변을 후려쳐서, 아 221a
래쪽에서 반대로 위쪽으로 낚싯대[30]를 이용해서 잡아 올리게 되는 것
일세. 테아이테토스, 이것의 이름으로 우리가 무엇을 말해야만 한다
고 할 것인가?

테아이테토스: 좀 전에 우리가 찾아내야만 하는 것으로 제시했던 바로 그 일을 이제 완수한 것으로 저는 생각합니다.

손님: 이제 그러니까 낚시 기술과 관련해서 자네와 내가 그 이름
(onoma)에 대해서만 동의한 것이 아니라, 그 일(ergon)과 관련된 의 b
미 규정(logos)도 충분히 얻었네.[31] 일체 기술의 반은 획득 부분이었
고, 획득 부분의 반은 제압하는 것이었으며, 제압하는 것의 반은 사냥
하는 것이었네. 또한 사냥하는 것의 반은 생물 사냥이었고, 생물 사냥
의 반은 수중(유체 속) 사냥이었으며, 수중(유체 속) 사냥의 반은 전
체적으로 아래쪽에서 잡아 올리는 부분으로 고기잡이 부분이고, 고기
잡이 기술 중에서 반은 후려치는 부분이며, 후려치기 기술 중의 반은

30) 여기에서 낚싯대를 rhabdois kai teramōsin으로 이중으로 말하고 있다. 아마도 낚싯줄과 바로 연결된 낚싯대의 가는 부분과 손으로 잡게 되는 굵은 부분을 함께 나타내기 위한 표현일지도 모르겠다는 생각이 든다.

31) 어떤 존재 또는 대상(여기에서는 '일')의 확정과 그 이름(onoma) 그리고 그 '의미 규정 형식을 갖춘 정의(logos)'의 확보는 그것에 대한 앎 또는 인식(epistēmē)을 위한 전제 조건들이다. 이와 관련해서는 해제에서 인용한 〈서한 7〉의 부연 설명을 참조하는 것이 좋겠다.

c 미늘을 이용하는 부분이네. 이 부분 중에서 아래서 위쪽으로 당기는 후려침과 관련된 부분, 이 행위를 닮게 된[32] 이름이 이제 찾게 된 '낚시 기술'로 되었네.[33]

테아이테토스: 그야말로 이것이 전적으로 충분히 명시되었네요.

손님: 자, 그러면 이 본보기에 따라 소피스테스가 도대체 무엇을 하는 사람인지도 찾아내도록 해 보세나.

테아이테토스: 예, 어떻게 해서든 그래야죠.

손님: 우리의 첫 물음은, 낚시꾼을 평범한 사람[34]인 걸로, 아니면 어떤 기술을 가진 사람인 걸로 보아야만 할 것인가 하는 것이었네.

테아이테토스: 네.

d 손님: 그러면 지금에 이르러서도 우리가 이 사람을, 테아이테토스

---

32) 여기에서 '닮게 된 행위'란 '위쪽으로 당기는'으로 옮긴 anaspōmenēn이 '낚아 올리는' 행위를 연상케 하므로, '낚시 기술(aspalieutikē)'이란 이름을 얻게 된 것처럼 말하고 있는데, 다소 억지스런 감이 없지는 않다.

33) 기술의 분류가 낚시 기술에 이르기까지의 이분법에 의한 분류 과정을 도표로 정리해 보면, 다음과 같이 되겠다.

기술 — 생산 또는 제작 기술
↳ 획득적 기술 — 교환적 기술
↳ 제압적 기술 — 경합적 기술
↳ 사냥 기술 — 무생물 사냥 기술
↳ 생물 사냥 기술 — 육상동물류 사냥 기술
↳ 유영동물 사냥 기술 —
— 새(유체로서의 공기 속 유영생물) 사냥 기술
↳ 수중 생물 사냥 기술(고기잡이 기술) — 에워싸고서 하는 사냥(그물 고기잡이)
↳ 후려침에 의한 사냥 — 작살질
↳ 낚시 기술

34) 여기에서 평범한 사람으로 옮긴 것의 원어는 idiōtēs인데, 이는 어떤 전문가에 대비되는 '문외한', 또는 공인에 대비되는 사인(私人)을 뜻한다.

221d

여, 평범한 사람으로 볼 것인지 아니면 단연코 정말로 지혜로운 이[35]로 볼 것인지?

테아이테토스: 결코 평범한 사람은 아닙니다. 실은 선생님께서 말씀하시는 자는 적어도 그 이름의 자격을 갖춘 그런 사람이기에는 전적으로 부족하다는 걸 저는 알고 있습니다.

손님: 하지만 우리로서는 그가 어떤 기술을 갖고 있는 자로 보아야만 할 것 같네.

테아이테토스: 그러면 그가 가진 이 기술은 도대체 바로 무슨 기술입니까?

손님: 아, 이 사람이 다른 쪽 사람과 동류라는 걸 우리가 단연코 모르고 있었네.

테아이테토스: 누가 누구와 말씀입니까?

손님: 낚시꾼이 소피스테스와 그렇다네.

테아이테토스: 어떤 점에선가요?

손님: 두 사람은 일종의 사냥꾼들로 내게는 보이네.

테아이테토스: 다른 한쪽[36]은 무슨 사냥을 하는데요? 다른 쪽은 우 e
리가 이미 말했으니까요.

손님: 방금 우리가 모든 사냥을, 유영하는 부분과 육상 부분으로 나

35) 여기서 '정말로 지혜로운 이'로 옮긴 것의 원어는 alēthōs sophistēs이다. 옛날의 이른바 일곱 현인들(七賢: hoi hepta sophistai)도 그리 불렸다. 그러나 바야흐로 전성기로 접어든 아테네로 명성과 부를 얻기 위해 몰려든 자칭 현자들이었던 소피스테스들은 5세기 말경에는 나쁜 뜻으로 지칭된 부류의 직업인들이었다. 이 대화편의 제목이 지칭하고 있는 것도 바로 이들의 무리이다.

36) 낚시꾼의 사냥에 대해서는 이미 언급했으니까, 정작 소피스테스가 하는 사냥이 무슨 사냥인지를 묻고 있는 것이다.

221e 눔으로써, 양분했던 걸로 나는 생각하네.

테아이테토스: 네.

손님: 그리고 우리가 다루었던 것은 수중의 것들로 유영하는 것들과 관련된 한에서였네. 하지만 육상 부분의 것은 나누지 않고서 제쳐 놓았었네. 여러 형태의 것이라 하고서.

222a 테아이테토스: 분명히 그랬습니다.

손님: 따라서 여기까지는 소피스테스와 낚시꾼이 동시에 획득 기술에서부터 나아가네.

테아이테토스: 어쨌든 그런 것 같습니다.

손님: 하지만 어쨌든 생물 사냥 기술에서는 서로 갈라지네. 하나는 바다와 강 그리고 호수로 향해서, 이것들 안에 있는 생물들을 사냥하게 되는 것이지.

테아이테토스: 물론입니다.

손님: 그러나 다른 하나는 어쨌거나 육상으로, 또 다른 종류의 강들로, 이를테면, 부와 젊음의 풍성한 초원으로 향하여, 이것들 속에서의 동물들을 제압하는 것이네.[37]

b 테아이테토스: 어떻게 하시는 말씀인지요?

손님: 땅 위 사냥의 부분으로는 주된 것들로 둘이 있네.

---

37) '또 다른 종류의 강들, 이를테면 부와 젊음의 풍성한 초원'이란 부유한 젊은이들이 노닐며 성장하고 있는 나라에 대한 비유적 표현이다. 이는 앞서 '생물 사냥 기술'에서 '육상동물류 사냥 기술'은 일단 제쳐 놓고서, '유영동물 사냥 기술'에서 '낚시질'에 이르기까지 진행했는데, 이제 이 과정에 빗대어, '육상동물류 사냥 기술'에서 '부유한 젊은이들의 사냥'을 소피스테스의 한 면모로서 말하고 있는 것이다. 이제부터는 그 분류표에서 오른쪽에 남겨 두었던 갈래들을 처음부터 따라가며, 또는 새로운 분류를 통해서 소피스테스의 면모들을 추적해 가게 된다.

222b

테아이테토스: 그 각각은 어떤 것인가요?

손님: 한쪽은 길들인 것들의 부분이지만, 다른 쪽은 야성적인 것들의 부분이네.

테아이테토스: 길들인 것들의 사냥이란 게 있나요?

손님: 그야 혹시라도 인간이 길들인 동물이라면. 좋을 대로 가정해 보게나. 길들인 동물이라곤 없다든가, 또는 다른 어떤 길들인 동물은 있지만, 인간은 야성의 것이라든가, 또는 자네가 다시 인간은 길들인 동물이라고 말하지만, 인간들에 대한 그 어떤 사냥도 없다고 자네는 생각한다고. 이것들 중의 어느 것이 자네 마음에 드는 주장으로 생각하든, 이를 결정해 주게나.

테아이테토스: 하지만, 손님이시여, 저는 우리를 길들인 동물로 여 c
기며, 인간들에 대한 사냥 또한 있다고 주장합니다.[38]

손님: 그렇다면 길들인 동물 사냥도 두 종류로 말하세.

테아이테토스: 무엇에 따라 그리 말할 것인지요?

손님: 해적질과 인간 납치 행위, 참주 행위 그리고 모든 전쟁 기술, 이 모두를 하나로, 곧 강압적인 사냥으로 규정함으로써야.

테아이테토스: 훌륭합니다.

손님: 반면에 법정 변론술과 대중 변론술 그리고 대화술은, 이 전체
를 또한 하나로, 곧 설득적인 하나의 기술로 일컬음으로써야. d

테아이테토스: 옳습니다.

38) 이와 관련된 것으로 《법률》 편(766a)에 이런 언급이 보인다. "인간은 길들인 동물입니다. 그렇기는 하지만, 바른 교육을 받고 천성이 복 받은 경우에는 더할 수 없이 신 같기도 하고 교화된 동물로 되는 편이지만, 충분히 교육을 받지 못하거나 훌륭히 양육되지 못했을 경우에는, 대지가 키우는 하고많은 것들 중에서도 가장 사나운 걸로 되는 편입니다."

222d

손님: 물론 설득 기술에도 두 부류가 있네.

테아이테토스: 어떤 것들인가요?

손님: 그 하나는 사적으로 하는 것이나, 다른 하나는 공적으로 하게 되는 것이네.

테아이테토스: 실상 그 각각이 한 종류가 되죠.

손님: 그러니까 또한 사사로운 사냥 기술에는 보수 획득의 종류가 있는가 하면, 선물을 제공하는 종류가 있지 않은가?

테아이테토스: 이해가 되지 않습니다.

손님: 그대가 사랑하는 사람들의 사냥에 결코 주목하지 못한 것 같구먼.

테아이테토스: 무엇에 대해선가요?

손님: 그들이 사냥하는 대상들에게 선물을 추가로 준다는 사실 말

e 일세.[39]

테아이테토스: 더할 수 없이 진실입니다.

---

39) 특히 당시에 소년애(paiderastia)에 빠진 사람은 그 대상(ta paidika)에게 애정 공세만이 아니라, 선물 공세까지 했는데, 그런 것들로는 수탉, 수사슴, 개, 산토끼 등이 당시의 도자기 그릇들의 그림들에 보인다. 이 시대에 애틋한 사랑이란 남녀 간의 것이라기보다 동성, 특히 소년애를 뜻하는 것이었다. 남녀 간의 관계는 주로 가족 형성을 통한 후손 잇기의 관점에서 갖는 관심사였다고 보아도 될 것이었다. 그러나 이런 소년애를 사제 간의 관계로 승화시키고 있는 장면을 우리는 《프로타고라스》 편 첫머리에서의 소크라테스의 발언에서 그리고 《향연》 편 215a~222c에서 알키비아데스가 소크라테스와 자신의 관계를 그런 시각에서만 보았던 일을 회한 섞인 회고와 함께 하고 있는 처절한 실토에서 또한 이에 앞선 소크라테스의 에로스(eros)에 대한 발언에서도 확인하게 된다. 더 나아가 소년애를 사제 간의 관계로 승화시킨 제도화가 곧 플라톤의 아카데미아 학원 설립이었고, 대학의 역사는 이에서 비롯했다고 할 것이다.

222e

손님: 그러니까 이를 연애 기술의 종류라 하세.

테아이테토스: 물론입니다.

손님: 그런가 하면 보수 획득의 종류 중에서 호의로 사귀며 전적으로 즐거움으로 미끼를 삼아 보수를 받아 내서 자신의 생계만을 도모한 쪽은, 내가 생각하기로는, 우리 모두가 비위 맞추기나 일종의 즐겁게 하는 기술이라 말함 직하네. 223a

테아이테토스: 어찌 그렇지 않겠습니까?

손님: 그러나 다른 한쪽은 빼어남[40]을 위한 가르침을 공언하되, 금전을 보수로 요구하는데, 그러니까 이 부류는 다른 이름으로 불릴 만하지 않은가?

테아이테토스: 어찌 그렇지 않겠습니까?

손님: 바로 무슨 이름이 이 부류엔가? 말하도록 해 보게.

테아이테토스: 그야 명백합니다. 소피스테스를 우리가 찾아낸 것으로 생각되니까요. 따라서 이를 제가 말함으로써, 그를 적절한 이름으로 부르게 되는 것이라 저는 생각합니다.

손님: 그러니까, 테아이테토스여, 지금 한 논의에 따르면, 그리 보 b
이듯, 제 것으로 만드는 기술에서의 사냥 기술, 이에서의 동물 사냥, 마른 땅에서의 인간 사냥, 그 중에서도 개인 사냥, 돈을 교환하는, 유사(類似) 교육 기술(doxopaideutikē)에 속하는, 부유하고 유망한 젊

40) 원어는 aretē인데, 이 경우에 소피스테스들이 젊은이들에게 가르쳐 줄 것으로 표방한 것이 물론 '아레테'이지만, 그것으로 그들이 뜻한 것은 '[사람으로서의] 훌륭함(goodness)'이 아니라, 이 시대가 요구하는 남다른 '빼어남(excellence)', 특히 변론술 따위에서의 그것, 곧 그런 '탁월성'이었다. 이 '아레테'와 관련된 보완적 설명으로는 267c에서 해당 각주를 참조할 것.

223b

은이들의 사냥이, 지금의 우리 논의가 보여 주듯, 소피스테스 궤변술로 불리어야만 되는 것이네.[41]

테아이테토스: 예, 전적으로 그렇습니다.

c 손님: 그러나 더 나아가서 이렇게도 보기로 하세나. 지금 우리가 찾고 있는 부류는 사소한 기술에 관여하고 있는 것이 아니라, 아주 다채로운 기술에 관여하고 있기 때문이네. 아닌게아니라 앞서의 언급들에서는, 지금 우리가 이를 두고서 말하고 있는 모습(환영)[42]을 제공하는 것이 아니라, 다른 어떤 부류임을 보여 주고 있어서네.

테아이테토스: 바로 어떻게 말씀입니까?

손님: 획득적 기술의 종류는 이중의 것이었다고 생각하는데, 한쪽은 사냥 부분이었고, 다른 쪽은 교환 부분이었네.

테아이테토스: 실상 그랬죠.

손님: 그러면 교환술의 두 종류를 우리가 말할까? 그 하나는 선물을 주는 종류이나, 다른 하나는 매매하는 종류이겠지?

테아이테토스: 그런 걸로 하시죠.

손님: 다시 더 나아가 우리는 매매를 또 둘로 쪼갤 걸세.

d 테아이테토스: 어떤 식으론가요?

41) 여기에서 '소피스테스 궤변술'로 옮긴 것의 원어는 sophistikē (=sophistry)이다. 앞서의 생물 사냥 기술에서 '낚시질'을 찾기 위해서 유영동물 사냥 기술 쪽으로 빠지면서, 제쳐 놓았던 '육상동물류 사냥 기술'로 거슬러 올라가서, 다시 이분화 과정을 밟으며 내려온 끝에, 마침내 찾게 된 '부유하고 유망한 젊은이들의 사냥'이 처음으로 '소피스테스'라는 부류(genos)가 하는 일(기능: ergon)의 한 '면모'임이 밝혀졌다. 앞으로 계속되는 작업은 이 부류가 수행하는 '일'의 나머지 여러 면모들이 속속 드러나게 하는 것이다.

42) 이 번역어와 관련해서는 234e에서 해당 각주를 참조할 것.

223d

손님: 한쪽은 자신의 생산물들을 자신이 파는 쪽으로, 다른 쪽은 남이 생산한 것들을 교환하는 교환 기술로 나뉘는 것이네.

테아이테토스: 물론입니다.

손님: 어떤가? 교환 기술에서 교환이 그 나라에서 이루어지는 것으로, 거의 그 반인 것은 소매로 불리지 않는가?

테아이테토스: 네.

손님: 그러나 어쨌든 다른 나라에서 다른 나라로 사고팔며 교환하는 건 교역으로 불리지?

테아이테토스: 왜 아니겠습니까?

손님: 그런데 교역에서는 우리가 이 점을 감지하지 못했던가? 일 e
부는 그것들에 의해서 몸이 영양 공급을 받으며 그것들을 이용하게도
되는 것들이지만, 일부는 혼이 그러게 되는 것들인데, 이것들을 돈을
매개로 해서 교환한다는 걸.

테아이테토스: 무슨 뜻으로 그 말씀을 하시는 건가요?

손님: 혼과 관련된 경우는 아마도 우리가 모르고 있을 것이네. 다른 쪽의 경우야 짐작건대 우리가 알고 있네만.

테아이테토스: 네.

손님: 그러니까 나라에서 나라로 그때마다 팔렸다가, 다른 곳으로 224a
옮겨져서 또 팔리는 일체의 시가(음악: mousikē)와 회화 및 요술 그
리고 다른 많은 혼의 일부 위안거리들, 또한 이의 다른 일부로서 진지
한 목적을 위해 들여와서 팔게 되는 것들, 이것들을 들여와 파는 사람
은 식료품과 마실 것들을 들여와 파는 행위에 조금도 못지않게 교역
상(상인)으로 일컬어져 마땅하다고 말하세.

테아이테토스: 더할 수 없이 진실을 말씀하십니다.

손님: 그러면 또한 지식들을 몽땅 사서 나라에서 나라로 옮겨 다니 b

224b

며 돈과 교환하는 자도 같은 이름으로 자네는 일컫지 않겠는가?

테아이테토스: 확실히 그렇습니다.

손님: 바로 이 혼의(정신적) 교역 기술의 일부는 과시성인 것[43]이라 말하는 것이 지당하겠으나, 다른 쪽 것은 앞 것 못지않게 우습고, 그렇더라도 이는 지식들을 파는 것이므로, 그 행위와 형제간인 이름으로 일컫는 게 필연적이지 않겠는가?

테아이테토스: 물론입니다.

손님: 그러므로 지식을 파는 것인 이것의 한 부분은 다른 기술들의
c 지식들과 관련되는 것으로서 다른 이름으로 지칭되어야만 하지만, 다른 한 부분은 빼어남[44]과 관련되는 것으로 또 다른 이름으로 지칭되어야만 하네.

테아이테토스: 어찌 그렇지 않겠습니까?

손님: 기술을 파는 것이라는 이름은 어쨌든 다른 것들과 관련된 종류에 어울릴 게야. 반면에 뒤의 것들과 관련된 이름은 자네가 말하도록 해 보게.

테아이테토스: 그야 지금 찾고 있는 바로 이것인 소피스테스라는 부류(to sophistikon genos) 이외의 다른 무슨 이름을 누군들 틀리지 않고 말할 수 있겠습니까?

손님: 다른 어떤 것도 아니지. 자, 그럼 이제 이를 이런 말로 종합해 보세나. 획득적 기술의 부분, 교환 기술의 부분, 매매 기술의 부분,
d 교역 기술의 부분, 언어 및 지식과 관련된 혼의(정신적) 교역 기술의 부분, 빼어남을 파는 부분이 두 번째로 소피스테스 궤변술로 드러났

43) 이는 소피스테스들의 과시성 연설(epideixis)과 관련되는 것으로 하는 말이다.

44) 223a의 해당 각주 참조.

224d

다고.[45]

테아이테토스: 바로 그렇습니다.

손님: 그러나 세 번째로는, 누군가가 여기 이 나라에 정착해서 같은 이것들과 관련된 지식들을 일부는 사서 또는 일부는 스스로 만들어서 팔아, 이로써 생계를 삼을지라도, 이를 방금 말한 바로 그것 이외의 다른 이름으로 자네가 일컫지는 않을 것이라 나는 생각하네.

테아이테토스: 왜 그러지 않겠습니까?

손님: 그러니까 역시 획득적 기술에서 교환 부분, 매매 부분, 소매 e
든 자기 제품의 매매든, 양쪽 다, 이런 것들과 관련된 어떤 부류의 지식 판매이든, 자네는 이를 언제나 소피스테스적인 것으로 일컬을 것으로 보이네.

테아이테토스: 그건 필연적입니다. 논의를 따라가야만 하니까요.

손님: 그러면 지금 우리가 아직도 뒤쫓고 있는 부류가 그래 이런 어떤 것과 닮았는지를 고찰해 보세나.

테아이테토스: 바로 어떤 것과죠? 225a

손님: 획득 기술에서 다투는 어떤 부분이 우리에게 있었네.

테아이테토스: 실은 있었죠.

손님: 그렇다면 이를 둘로 나누는 게 불합리하지는 않네.

테아이테토스: 어떻게 나눈다는 것인지 말씀하시죠.

손님: 그것의 한쪽은 경합하는 것[46]이지만, 다른 한쪽은 싸우는 것

45) 이로써 남다른 '빼어남'을 파는 행위가 '소피스테스'라는 부류가 하는 일의 두 번째 '면모'임이 밝혀진 셈이다. 223b의 해당 각주를 참조할 것.

46) 그러나 경합(hamilla)의 경우에도 시기심(phthonos)의 유무에 따라서 그 양상이 달라질 수 있음을 《법률》 편(731a~b)에서는 이렇게 언급하고 있다. "우리 모두가 훌륭함(빼어남: aretē)과 관련해서는 시기하지 않고

이네.

테아이테토스: 그렇습니다.

손님: 그러니까 싸우는 것에서 몸에 대한 몸의 대결로 일어나는 것에 대해서는, 이를테면 폭력적인 것으로 보고서, 그와 같은 어떤 이름을 말하는 것이 어쩌면 그럼직하고 적절하겠네.

테아이테토스: 네.

손님: 그러나, 테아이테토스여, 논변(logoi)에 대한 논변으로 해서
b 일어난 일을 말다툼인 것 이외의 다른 무엇으로 누가 말하겠는가?

테아이테토스: 다른 어떤 것으로도 말하지 못합니다.

손님: 그렇지만 말다툼(amphisbētēsis)들과 관련된 것은 이중의 것으로 보아야만 하네.

테아이테토스: 어떻게 말씀입니까?

손님: 올바른(정의로운) 것들 및 불의한 것들과 관련해서 공적으로 하게 되는 긴 논변에 대한 긴 논변으로 해서 일어나는 만큼, 이는 법정 논쟁일세.

테아이테토스: 네.

손님: 반면에 사사로운 개인들 간에 질문들과 대답들로 쪼개지는 형태의 것은 다름 아닌 반론적인 것으로 우리가 일컫는 버릇이 든 게

이기기를 좋아하는 마음이게 해야 하죠. 그런 사람이 스스로 경합함으로써, 남들을 비방들로써 깎아 내리지 않고서도, 나라들을 키우기 때문입니다. 그러나 시기하는 사람은, 비방에 의해서 남들보다 우월해야 한다고 생각함으로써, 참된 훌륭함을 위해 스스로도 덜 노력하며, 경합하는 사람들을 부당하게 비난함으로써 의기소침 상태에 빠뜨리고, 또한 이로 해서 온 나라를 훌륭함의 경합에 있어서 단련을 받지 못한 상태로 만듦으로써, 이 나라를 그 명성과 관련해서 더 왜소하게 만드는 데 그 나름의 일조를 하게 됩니다."

225b

아닌가?

테아이테토스: 전혀 다른 게 아닙니다.

손님: 그러나 반론적인 부분 중에서도 계약들과 관련해서 말다툼을 하게 되는 부분은 이와 관련해서 무턱대고 서툴게 하게 되는데, 우리 c
의 논의가 이를 다른 것인 것으로 판별하게 되었기에, 이는 한 종류로 보아야만 하네. 하지만 이것이 이전 사람들에게서도 그 이름을 얻지 못했거니와, 지금의 우리에게서도 그 이름을 얻을 가치는 없네.

테아이테토스: 정말입니다. 너무 잘게 그리고 온갖 것들로 나뉘기 때문입니다.

손님: 그런가 하면, 기술적인 부분으로서, 올바른(정의로운) 것들 자체 및 불의한 것들과 관련해서도 또한 그 밖의 것들 전반과 관련해서도, 말다툼을 하는 것은 이번에는 쟁론적인 것[47]이라 우리가 말해 버릇하지 않았는가?

테아이테토스: 실상 어찌 그렇지 않겠습니까?

손님: 그렇지만 쟁론적인 부분에서 일부는 돈을 낭비하는 쪽이지 d
만, 다른 일부는 돈을 버는 쪽이네.

테아이테토스: 어쨌든 전적으로 그렇습니다.

---

47) 원어는 to eristikon(=eristic)으로서, 소피스테스들의 논쟁 태도를 말하는 특징적 표현이다. 《국가(정체)》 편(454a)에 이에 대한 이런 언급이 보인다. "반론술(논쟁술: antilogikē [tekhnē])의 힘은 정말 뛰어나다네. … 그건 내가 보기에 많은 사람이 본의 아니게 그 속에 빠지고서도, 자신들이 '쟁론을 하고 있는(erizein)' 것이 아니라 '대화(토론)를 하고 있다(dialegesthai)'고 생각하는 것 같기 때문일세. 그들이 그렇게 생각하는 것은 '언급되고 있는 것(to legomenon)'을 '종(種: eidos)들에 따라' 나누고서 검토할 수가 없고, 상대가 말한 것에 대한 반대를, 서로 토론(대화: dialektos) 아닌 쟁론(eris)을 이용해서, 낱말(onoma) 자체를 붙들고 고집하는 탓일세."

225d

손님: 그러면 이것들 각각을 일컬어야 할 이름을 우리가 말해 보도록 하세.

테아이테토스: 그야 그래야죠.

손님: 이것들과 관련된 소일[48]의 즐거움으로 해서 정작 제 자신의 일들은 돌보지 않게 되는 것이지만, 그걸 듣는 사람들 중의 많은 이에게는 그 말하는 방식과 관련해서 즐겁게 들리는 것이 아니어서, 내 견해로는 다름 아닌 쓸데없는 말을 늘어놓는 자로 불리는 것으로 생각하네.[49]

테아이테토스: 아닌게아니라 그런 식으로 불리고 있지요.

e 손님: 그러면 이와 반대되는 것으로서, 사적인 쟁론들로 해서 돈을

---

48) 원어는 diatribē인데, 이는 시간 보내기, 소일, 소일거리, 오락, 그런 목적으로 찾아가는 곳, 공부, 담화, 이야기, 강연, 학원 등을 뜻한다. 특히 소크라테스의 젊은이들과의 대화 행각과 관련해서 이 말이 많이 쓰인다.

49) 그러니까 이런 부류는 자기 재산을 낭비하는 사람들이다. 그런데 실은 소크라테스 자신이 '쓸데없는 말을 늘어놓는 자(adoleskhēs)'로 동시대의 아테네 희극작가들인 에우폴리스(Eupolis)와 아리스토파네스(Aristophanēs)에 의해 지칭되기도 했다. 에우폴리스의 작품들로는 제목들만 19편이 알려져 올 뿐 하나도 온전하게 남아 있는 건 없고, 다만 토막 대사 형태로만 많은 게(500개가량) 전해져 온다. 희극 경연 대회에서 세 번이나 승자가 되기도 했다고 하는데, 그가 다룬 주제들은 아리스토파네스의 것들과 비슷한 것들로 알려져 온다. 그의 토막 대사 352는 이렇다. "그러나 나는 거지꼴로 쓸데없는 이야기나 늘어놓는 소크라테스도 미워한다./ 그는 다른 것들은 골똘히 생각했으면서도,/ 그것으로 자기가 끼니를 해결할 수 있게 될 것에 대해서는 소홀히 했던 사람이지." 또한 아리스토파네스의 《구름》 1484~1485에서도 주인공 스트렙시아데스가 소크라테스의 무리를 '쓸데없는 이야기나 늘어놓는 자들'로 일컬으면서, 그들이 함께 지내는 이른바 '사색하는 곳(phrontistērion)'에 불을 지르는 장면이 그리고 그의 가르침을 '쓸데없는 이야기나 하기(adoleskhia)'(1480)라고 말하는 장면이 나온다.

225e

벌게 되는 부류를 이번에는 자네가 이제 말하도록 해 보게.

테아이테토스: 그야 우리가 다시 또 추적해 온 그 놀라운 사람, 곧
소피스테스가 네 번째로 이제 나타난 것으로 말하지 않고, 그 밖의 다
른 사람을 누군가가 말한다면, 실수하는 게 아니고 무엇이겠습니까?

손님: 다름 아닌 돈을 버는 부류로서, 쟁론술, 반론술, 말다툼 기술, 226a
싸움 기술, 다투는 기술, 획득 기술에 속하는 부류가, 이제 우리의 논
의가 밝혀 주듯, 소피스테스인 것 같네.

테아이테토스: 진실로 그런 것 같습니다.

손님: 그러니 이 사냥감은 복합적이며 속담대로 한쪽 손으론 잡히
지 않는다고 하는 말이 진실임을 자네는 알겠는가?[50]

테아이테토스: 그렇다면 두 손으로 잡아야죠.

손님: 물론 그래야만 하거니와, 또한 힘이 미치는 한은, 어쨌든 이 b
렇게 해야만 하네. 그의 발자취를 이런 식으로 추적함으로써 말일세.
또한 내게 말해 주게. 아마도 우리는 하인들이 하는 일들과 관련되는
낱말들 중에서 몇 가지를 어쩌면 쓸 것 같은데?[51]

테아이테토스: 그야 많이 쓰죠. 하지만 그 많은 것들 중에서 바로
어떤 걸 물으시는지요?

손님: 이런 것들이네. 이를테면, 거른다든가 [체로] 쳐서 가린다거
나 추림 그리고 [키질로] 까부른다는 말을 우리가 하지?

---

50) 여기에서의 '사냥감(to thērion)'은 '뒤쫓는 대상' 곧 소피스테스를 가리킨다. 그런데 여기에서 말하는 속담이 정확하게 어떤 것인지는 불명하다. 어쩌면 두 손으로 덤비면 잡힐 것 같다가도 곧잘 빠져나가는 '장어 잡기(enkheleis thērasthai)'의 어려움에 빗댄 속담이 아닌가 싶기도 하다.

51) 소크라테스가 곧잘 비근한 것들을 예로 들어 말하는 것에 대해서는 218d의 각주에서도 이미 언급했다.

테아이테토스: 물론입니다.

손님: 더 나아가 이것들에 더해 또한 빗다, 잣다. 북의 씨실로 날실들을 갈라놓기,[52] 또한 기술들에 이와 같은 다른 것들이 수없이 많이 있음을 우리는 알고 있네. 그렇지 않은가?

c 테아이테토스: 이것들과 관련해서 어떤 점을 명시하고자 하셔서, 이것들을 보기들로 제시하시고서, 모든 것들과 관련해서 질문을 하시는 건지요?

손님: 내가 말하게 된 모든 것들은 분리하는 것들이라 나는 생각하네.

테아이테토스: 네.

손님: 그러니까 내 주장대로라면, 이것들과 관련해서는 그 모두에 한 가지 기술이 있는 터라, 이는 하나의 이름이 적절하네.

테아이테토스: 무엇이라 일컫는 것이?

손님: 분리 기술로 일컫는 것이네.

테아이테토스: 그것이라 하시죠.

손님: 그러면 다시 이것의 두 종류도 우리가 어떤 식으로건 알아볼

52) '북의 씨실로 날실들을 갈라놓기'의 원어는 kerkizein인데, 이는 북(kerkis)으로 직물을 짜는 행위를 말한다. 직물을 짬에 있어서 먼저 베틀에 날실들이 잉아에 꿰져 나란히 세워지거나 눕혀져 있고, 이것들이 서로 하나 걸러 앞뒤로 갈라섬을 서로 어긋나게 반복적으로 조작하게 되면, 이틈 사이로 북이 반복적으로 왔다 갔다 하면서 씨실을 풀어 준 다음 이를 바디로 쳐줌으로써 직물이 짜이게 된다. 그러나 이는 날실들 쪽의 관점에서 보면, 이것들이 서로 분리되는 작동이다. 그래서 영어로도 이의 동사형 kerkizein의 설명을 to separate the web with the kerkis로 하고 있다. 이는 방직 과정이다. 이에 비해 바로 앞에서 말하고 있는 빗거나 잣는 과정은 방적 과정의 일환이다. 빗는 것(xainein)은 소모(梳毛)하는 과정이고, 잣는 것(katagain=spin)은 모나 솜 등에서 실을 뽑아내는 과정이다.

수 있겠는지 보게나.

테아이테토스: 선생님께선 어쩌면 제게 그리도 신속한 살핌을 지시하시고 계시는 건지!

손님: 그렇긴 하네만, 언급된 분리들에 있어서 일부는 더 나은 것 d
에서 더 못한 것을 분리해 내는 것이었지만, 다른 일부는 같은 것에서 같은 것을 분리하는 것이었네.

테아이테토스: 아마도 지금 말씀하신 대로인 것 같습니다.

손님: 한데, 뒤엣것에 대해 일컫는 이름은 내가 모르네. 그러나 더 나은 것은 남기되, 더 못한 것은 버리는 분리의 이름은 내가 알고 있네.

테아이테토스: 그게 무엇인지 말씀하시죠.

손님: 모든 이런 분리[53]는, 내가 알고 있듯, 모두가 일종의 정화[54]로 말하고 있네.

테아이테토스: 실상 그리들 말하고 있습니다.

손님: 그러니까 정화하는 종류에도 두 가지가 있음을 모두가 보겠 e
지?

테아이테토스: 네, 여유를 갖고 보면, 아마도 그럴 테죠. 하지만 저로서는 지금은 못 알아보겠습니다.

손님: 그렇더라도 몸과 관련된 많은 종류의 정화는 하나의 이름으

---

53) 원어는 diakrisis이고, '분리 기술'은 diakritikē(tekhnē)이다.

54) 원어는 katharmos인데, 이어지는 e6에서는 katharsis로 언급되고 있다. 종교적 목적의 정화, 의학적으로 설사하게 하는 처리, 일반적인 세정이나 깨끗이 함, 《파이돈》 편에서 볼 수 있듯, 인식주관의 순수화 등을 뜻하는 말이다. 그러나 katharmos는 katharsis와 달리 종교적인 '정화 의식(儀式)'을 뜻하기도 한다.

226e

로 포괄하는 게 적절하네.

테아이테토스: 그것들이 어떤 종류의 것들이며 그 하나의 이름은 무엇인가요?

227a 손님: 동물들의 경우, 몸 안의 것들이 체육과 의술에 의해서 옳게 분리되어 정화되는 것들 그리고 몸 밖의 것들, 말하기엔 변변찮은 것들로, 목욕 기술이 제공하는 것들, 이런 것들의 정화일세. 그리고 생명 없는 물체들에 대한 정화로서, 축융 기술이나 일체의 장식 기술이 이것들에 대해 돌보게 되는데, 세부적인 여러 가지 우스운 이름들을 갖네.

테아이테토스: 몹시 그렇죠.

손님: 물론 전적으로 그렇지, 테아이테토스! 그러나 실은 논의의 방법에서는 해면을 이용하는 것이나 약물을 복용하는 것이거나, 우리를 깨끗이 함에 있어서 적게 또는 크게 이롭게 하는가는 아무런 상
b 관도 없네. 모든 기술들의 동류성과 비동류성을 이해하려는 방법이, 지성을 갖추기 위해서는, 이와 관련해서 그 모두를 똑같이 존중하며, 그 유사성과 관련해서 한쪽 것들을 다른 쪽 것들보다 더 우습게 여기는 일도 전혀 없거니와, 추격(사냥) 기술을 설명함에 있어서도 장군의 용병술을 해충 박멸 기술보다 더 고귀한 것으로 전혀 간주하지도 않고, 대체로 더 허세나 부리는 것으로 간주하기 때문이네. 특히 방금 자네가 물었던 것으로, 생명을 지닌 것의 몸이든 또는 생명을 지니
c 지 않은 물체든, 이것들을 정화하게 되어 있는 일체의 기능들을 우리가 무슨 이름으로 부를지는, 곧 어떤 것으로 말하는 게 가장 근사하게 여겨질지는 그것에는 아무런 상관도 없을 것이네. 다만 혼의 정화들과는 구별되는 것으로서, 다른 뭔가를 정화하는 일체의 것들을 포괄하는 것이게 하게. 왜냐하면 그것은 지금으로선 사고(思考)와 관련된

227c

정화를 다른 정화들과 구별하려고 꾀했기 때문이네. 그 방법이 의도하는 바를 우리가 이해하고 있다면 하는 말일세.

테아이테토스: 하지만 저는 이해했습니다. 또한 정화에 두 종류가 있다는 데도 동의합니다. 그 하나는 혼과 관련된 종류이고, 몸과 관련된 종류와는 구별되는 것이라는 점도요.

손님: 아주 훌륭했네. 그리고 그 다음 것도 들어 보게. 방금 언급된
것을 이번에도 둘로 쪼개 보도록 하면서. d

테아이테토스: 선생님께서 인도하시는 대로 따라가면서 선생님과 함께 쪼개도록 해 볼 것입니다.

손님: 혼에 있어서 나쁨(나쁜 상태: ponēria)을 훌륭함(훌륭한 상태: aretē)과는 다른 어떤 것으로 우리는 말하겠지?

테아이테토스: 어찌 그러지 않겠습니까?

손님: 그런데 정화는 한쪽은 남기되, [혼] 어딘가에 변변찮은 것이 있을 경우에는, 이를 버리는 것이었네.

테아이테토스: 확실히 그랬었죠.

손님: 그러니까 우리가 혼에 있어서 나쁨(kakia)[55]의 어떤 제거를 발견하게 될 경우에, 우리가 이를 정화로 말한다면, 우리는 옳게 말하는 걸세.

테아이테토스: 그야 그렇죠.

손님: 혼과 관련해서는 두 종류의 나쁨을 말해야만 하네.

테아이테토스: 어떤 것들인가요?

---

55) kakia는 바로 앞에서 말한 ponēria와 같은 뜻으로 쓰이는 말이다. 기본적으로 어떤 것의 '나쁜 상태(badness)' 곧 '나쁨'을 뜻한다. 덩달아 도덕적인 나쁨이나 비겁함도 이에 포함된다. 이와 반대되는 것이 다름 아닌 aretē 곧 '훌륭함(훌륭한 상태, goodness)'이다.

227d

228a 손님: 몸에 생기는 질병과 같은 것이나 추함[56]과 같은 것이지.

테아이테토스: 이해하지 못했습니다.

손님: 질병과 내분(stasis)이 같은 것이라는 생각을 아마도 자네가 하지 않은 것 같은데?

테아이테토스: 이에 대해서도 제가 뭐라 대답해야 하는지를 모르겠습니다.

손님: 그건 자네가 내분을 본성상 동류인 것의 어떤 타락으로 인한 불화 이외의 다른 것이라 여겨서인가?

테아이테토스: 전혀 다른 게 아닙니다.

손님: 그러나 추함은 어디에고 있는 불균형의 흉한 부류 이외의 다른 것이겠는가?

b 테아이테토스: 결코 다른 것이 아닙니다.

손님: 어떤가? 변변찮은 자들의 혼 안에서 의견들이 욕망들과, 격정이 즐거움들과, 이성이 괴로움들과, 그리고 이런 모든 것들이 서로 불화하는 상태에 있음을 우리가 감지하지 않았던가?

테아이테토스: 예, 충분히 그랬죠.

손님: 그렇지만 어쨌든 이것들 모두는 친근한 것들인 게 필연적이네.

테아이테토스: 어찌 그렇지 않겠습니까?

손님: 그러니까 혼의 내분과 질병을 나쁜 상태(나쁨)라 말함으로써

56) 원어는 aiskhos로서, 심신 중의 어느 쪽에서나 추함, 불구, 기형, 그리고 부끄러움, 창피, 치욕 등을 뜻한다. 따라서 여기에서 '추함'으로 일단 옮긴 것의 뜻은 각주에서 밝힌 뜻들 중의 다른 어떤 것으로 바꾸어 이해해도 될 성질의 것이다. 이하에서도 이는 마찬가지이다. 이의 형용사는 aiskhros이고, 이 형용사의 반대어가 kalos이다.

우리는 옳게 말하고 있네.

테아이테토스: 전적으로 지당하십니다.

손님: 어떤가? 운동에 관여하는 것들이 표적을 정하고서, 이에 적 c
중하려 애쓰지만, 매번 이에서 빗나가 적중치 못하게 될 경우, 이를 우리가 서로 간의 균형(symmetria)으로 인해서라고 말할 것인가 아니면 그와 반대로 불균형(ametria)으로 인해 이 사태를 겪게 된다고 말할 것인가?

테아이테토스: 그야 불균형으로 인해서인 게 명백합니다.

손님: 그렇지만 무엇이건 일체의 혼이 알지 못함은 비자발적임[57]을 우리는 알고 있네.

테아이테토스: 그렇고말고요.

손님: 그렇지만 무지함은 진실(진리: alētheia)에로 내닫는 혼이 이 d
해(synesis)에서 벗어나게 될 경우의 얼빠짐 이외의 다른 아무것도 아니네.

테아이테토스: 그야 물론입니다.

손님: 따라서 지각없는 혼은 추하고 불균형인 것으로 보아야만 하네.

---

57) 혼이 무지(agnoia)나 무식(amathia)의 상태에 있음은 곧 혼이 나쁜 상태(kakia=badness)에 있음을 뜻한다. 따라서 무지는 혼에 있어서의 나쁨이겠고, 어떤 혼도 자발적으로 나쁘게 되고자 하지는 않는다는 말을 하고 있다. 이런 생각을 더 적극적으로 표명하는 소크라테스나 플라톤의 주장을 우리는 여러 군데서 만난다. 이 주장의 한결 더 간결한 형태를 우리는 《티마이오스》 편 86d~e에서 찾아볼 수 있는데, 그것은 이런 것이다. "그 누구도 자의로 나쁘지는 않다(아무도 자의로 나쁜 사람이 되지는 않는다: kakos hekōn oudeis)." 《국가(정체)》 편 382a, 413a~c, 589c 그리고 《고르기아스》 편 509e, 《법률》 편 860d에도 관련된 언급들이 또한 보인다.

228d

테아이테토스: 그런 것 같습니다.

손님: 그러니 혼에는 이들 두 가지 나쁜 것들의 부류가 있네. 그 한 가지는 많은 사람이 나쁨(나쁜 상태)이라 일컫는 것으로, 혼의 질병인 게 아주 명확하네.

테아이테토스: 네.

손님: 그러나 다른 하나를 그들은 무지(agnoia)로 일컫지만, 이게 혼에만 머무는 상태의 것일 경우엔,[58] 이를 나쁨인 걸로 동의하려 하지는 않네.

e 테아이테토스: 그야 물론 찬동해야만 하죠. 선생님께서 혼에 두 부류의 나쁨이 있는 걸로 방금 말씀하심에 제가 의아해했습니다만, 비겁함과 무절제 그리고 불의도 모두 우리 안의 질병으로 여겨야만 하거니와, 많은 온갖 무지의 상태는 추함으로 간주해야만 한다는 것에.

손님: 그러면 몸에 있어서의 이들 두 상태와 관련해서 어떤 두 가지의 기술이 어쨌든 생기지 않았겠는가?

테아이테토스: 그 둘은 무엇인가요?

229a 손님: 추함과 관련해서는 체육이겠으나, 질병과 관련해서는 의술이겠네.

테아이테토스: 그리 보입니다.

손님: 그러니까 오만과 불의 그리고 비겁과 관련해서는 모든 기술들 중에서도 교정술이 당연히 그 성질상 가장 적절하지 않겠는가?

테아이테토스: 인간적인 판단에 따라 말할진대, 그야 그렇고말고요.

손님: 어떤가? 일체의 무지와 관련해서는 가르치는 기술 이외의 다

58) 곧 행동으로는 표출되지 않을 경우를 말한다.

229a

른 어떤 걸 누군가가 말하는 게 더 옳을 수는 없는 일이겠지?

테아이테토스: 그것 이외의 다른 어떤 것도요.

손님: 자, 그러면 가르침의 방식으로는 한 가지만 있다고 말할 것인 b
가, 아니면 여럿이 있지만, 그 중에서도 둘이 가장 중요하다고 말해야만 하겠는가? 생각해 보게.

테아이테토스: 생각하고 있습니다.

손님: 한데, 이런 식으로면 우리가 가장 빨리 찾아낼 것으로 내게는 생각되네.

테아이테토스: 어떻게 말씀입니까?

손님: 무지의 중간을 따라 분할될 것이 있는지를 봄으로써네. 이게 이중의 것이라면, 이를 가르치는 방식 또한 두 부분을 가질 게 필연적이어서, 이의 각각은 그 각각의 부분에 대한 것일 게 명백하네.

테아이테토스: 뭔가요? 선생님께는 지금 찾고 있는 게 행여 명백해지기라도 한 것인가요?

손님: 어쨌거나 무지의 종류로서 크고 딱한 것으로 구별되는 것 c
을, 그것의 다른 모든 부분들과 맞먹는 것을 본 것으로 내게는 생각되네.

테아이테토스: 바로 어떤 것인가요?

손님: 무엇인가를 알지 못하면서 안다고 생각하는 것이네.[59] 이로해서 우리가 생각에 있어서 낭패를 겪는 모든 일이 모두에게 일어나는 것 같네.

테아이테토스: 정말입니다.

---

59) 《소크라테스의 변론》 편 21c~d, 《메논》 편 84a~c 등에 이와 관련된 언급이 보인다.

229c

손님: 특히 이 종류의 무지(agnoia)에 대해서만은 어쨌든 무식(amathia)[60]이란 이름으로 지칭하게 되는 것으로 나는 생각하네.

테아이테토스: 물론입니다.

손님: 그렇지만 이를 없애 주는 가르침의 방식의 부분에 대해서는 뭐라 말해야만 하는가?

d 테아이테토스: 그러니까, 손님이시여, 다른 쪽 것은 장인 기술의 가르침으로 불리지만, 이곳[61]의 이것은 어쨌든 우리에 의해서 교육(paideia)[62]으로 불리는 것으로 저는 생각합니다.

손님: 실은, 테아이테토스, 거의 모든 헬라스인들 사이에서도 그리 불리고 있네. 하지만 우리로선 이것 또한 실은 아직도 고찰해야만 하네. 이제는 더 이상 전체가 쪼갤 수 없는 것인지 아니면 호칭할 가치가 있는 어떤 나눔(diairesis)의 여지가 있는지를 말일세.

테아이테토스: 그렇다면 고찰해야만 합니다.

손님: 그러니까 이것 또한 아직도 어떻게든 쪼개질 수 있을 것으로 내게는 생각되네.

테아이테토스: 무엇에 따라서죠?

e 손님: 대화를 통한 가르침의 방식 중에서도 한쪽은 한결 거친 방식인 것 같으나, 다른 쪽 부분은 한결 부드러운 것으로 보이네.

테아이테토스: 이들 중의 각각을 바로 어떤 것으로 우리가 말할까요?

---

60) agnoia가 무지나 지각없음을 뜻하고, amathia도 무지나 어리석음을 뜻하는 말이지만, 굳이 어원을 따진다면, amathia는 a(없음)+mathein(배움) 곧 '무식'인 셈이다.

61) 아테네를 가리킨다.

62) 그 결과로서의 '교양'을 뜻하기도 한다.

229e

손님: 유서 깊은 아버지들의 것으로, 이를 누구보다도 아들들에게 이용했는데, 여전히 많은 이들이 지금도 이용하는 것이네. 이들이 뭔가 잘못했을 때, 때로는 야단을 치나, 때로는 한결 온유하게 타이름으 230a
로써 말일세. 그러니까 이 모두를 누군가가 훈계하는 것이라 말한다면 지당할 것이네.

테아이테토스: 그렇습니다.

손님: 반면에, 어떤 이들은 저들 나름으로 논거를 제시하며 모든 무지는 비자발적이라고 생각할 것 같거니와, 스스로 정통하다고 여기는 것들에 대해서는 자신이 지혜로운 걸로 여기는 자는 그런 것들 중의 그 어떤 것도 결코 배우려 하지 않을 것이니, 훈계적인 종류의 교육은 많은 수고를 하고서도 그 효과는 적을 것이라 생각할 것 같네.

테아이테토스: 그리 생각하는 게 옳기도 합니다.

손님: 사실 이들은 그에게서 그 자기 판단[63]의 내던짐을 위해 다른 b
방식으로 임하네.

테아이테토스: 바로 어떤 방식으롭니까?

손님: 그들은 누군가가 어떤 것에 대해서 무의미한 말을 하면서도 대단한 무엇인가를 말하고 있기라도 하는 것처럼 생각하는 것들에 대해 질문을 해 대네. 그의 판단(의견)들이 갈팡질팡하는 것들임을 쉽게 알아챈 터라, 그들이 그것들을 논의에 의해 같은 한 곳으로 모아 서로를 비교하게 되면, 이 비교 결과가 이것들이 같은 것들과 관련해서 같은 것들에 대해 같은 관점에서 그것들 자체와 대립하는 것들임

63) 여기에서 '자기 판단'으로 옮긴 것의 원어는 doxa인데, '의견' 또는 '판단'을 뜻하는 말이지만, 이 경우에는 여기에서 '스스로에 대해 내리는 판단 또는 의견'을 뜻한다. 이어지는 대목에서는 개인적인 판단 내지 의견과 관련된 언급을 하고 있다.

230b

을 보여 주네. 이를 보게 된 자들은 자기 자신들에 대해서는 화를 내
c 게 되지만, 남들에 대해서는 온유해지거니와, 바로 이런 식으로 해서 자신들과 관련된 굉장하고 고집스런 판단들에서 벗어나게 되네. 이는 모든 벗어남들 중에서도 듣기에 가장 즐겁고 이를 겪게 된 자에게는 더할 수 없이 확고한 것이지. 여보게, 이들을 정화하는 자들은, 마치 몸과 관련되는 의사들이, 몸에서 장애를 일으키는 것들을 제거하기 전에는, 이에 앞서 제공되는 영양물의 덕을 몸이 볼 수는 없을 것으로 믿듯이,[64] 혼과 관련해서도 똑같은 생각을 하네. 누군가가 논박당하는 자를 논박함으로써 부끄러움에 처하게 하여, 배움들에 장애
d 가 되는 의견(판단: doxa)들을 제거함으로써, 혼을 정화된 상태로 드러나게 하여, 그가 아는 것들만을 알지, 그 이상은 아니라고 생각하게 되기 전에는, 제공되는 배움들의 이득을 혼이 얻게 되지는 못할 것이라고 말일세.

테아이테토스: 그건 가장 훌륭하며 건전한 마음 상태인 게 확실합니다.

손님: 그러니까 바로 이 모든 까닭으로 해서, 테아이테토스여, 우리로선 논박을 정화들 중에서도 최대의 주된 것이라 말해야만 하며, 또
e 한 논박당하지 않은 자는, 설사 그가 대왕[65]이라 할지라도, 가장 중대한 것들에 있어서 정화되지 못한 자이며, 장차 진실로 행복해질 자로서는 가장 순수하고 가장 훌륭해지는 게 어울릴 그런 것들에 있어서 교육받지 못하고 부끄럽게 된 걸로 여겨야만 하네.[66]

---

64) 《고르기아스》 편 504e에도 비슷한 언급이 보인다.

65) 페르시아의 왕을 가리킨다.

66) '논박(elenkhos)'과 관련된 이 언급은 이 문단에서 소피스테스와 관련지어 b까지에 걸쳐 연결되어 있다. 아무래도 이와 관련해서는 최소한도

230e

테아이테토스: 전적으로 그렇습니다.

손님: 어떤가? 이 기술을 이용하는 사람들을 누구들로 우리가 말할 것인가? 실은 내가 그들을 소피스테스들이라 말하기가 두렵네. 231a

테아이테토스: 왜죠?

손님: 이들에게 우리가 [실제보다] 더 큰 영예를 부여하지는 마세나.

테아이테토스: 그렇지만 어쨌든 방금 말씀하신 것들이 그런 누군가와 비슷하네요.

손님: 개와 이리도, 가장 사나운 것이 가장 유순한 것과 비슷하니까. 실수를 하지 않을 사람은 무엇보다도 유사성들과 관련해서 언제나 조심을 해야만 하네. 그 부류[67]가 가장 잘 빠져나가기 때문이네. 그

의 설명은 필요할 것 같다. 이 '엘렝코스'는 소크라테스의 철학 방법인 문답법(dialektikē)과 관련되어 있다. 아무런 논거도 없는 개인의 주관적인 판단이나 의견(doxa)이 앎(지식: epistēmē)일 수는 없다. 오히려 그런 것은 참된 지식 습득에 장애가 되는 것이다. 이 장애 제거를 인식주관의 정화(순수화: katharsis)라 말한다. 이를 도와주는 것이 '논박'이니, 그런 'doxa'를 폐기케 함이다. 이 새로운 '앎'의 습득을 위한 장애물 제거 작업으로서의 논박이 소크라테스의 문답법이 수행하는 일차 작업이다. 이 작업이 끝난 자가 새로운 참 지식을 갖게 되도록, 스스로 그걸 낳도록 도와주는 것이 산파술의 구실이다. 이게 소크라테스의 문답법에서의 둘째 단계인 산파술이다. 그래서 이 과정은 문답하는 이들 간의 지식 공동 탐구(syzētēsis) 성격의 것이다. 이와 관련된 실제적인 상황 전개의 예를 《메논》 편(82a~86b)에서 확인할 수 있을 것이다. 그런데 소피스테스들도 자기에게 배우고자 하는 자들의 어떤 것과 관련된 의견들을 논박하여, 그걸 폐기케 하는 것 자체는, 곧 여기까지는 소크라테스의 경우와 비슷하다. 그러나 이들은 상대의 허약한 '의견'을 한결 논박되기 어려운 더 강한 '의견'으로 대체시켰을 뿐이지, 참된 앎으로 바꾼 것이 아니었다. 그들은 헛된 '제 딴의 지혜(doxosophia)'를 갖고 놀아난 자들이었다.

67) 결국 소피스테스들을 가리킨다.

렇더라도 그들이 이들인 걸로 하세나. 충분히 조심을 할 경우에는 사
b 소한 경계들[68]과 관련된 말다툼은 생기지 않을 것으로 나는 생각하기 때문이네.

테아이테토스: 확실히 생기지 않을 것 같습니다.

손님: 그러면 정화 기술은 분리 기술의 한 부분인 걸로 하되, 정화 기술에서 혼에 관련된 부분이 분리되어 나오게 할 것이고, 이에서 가르침의 기술이 그리고 가르침의 기술에서는 교육의 기술이 분리되어 나오게 하게나. 그러나 교육 기술 중에서도 지금의 논의에서 드러난 헛된 제 딴의 지혜와 관련해서 있게 된 논박은 우리에게 있어서 그 계보상 순종의 소피스테스 기술 이외의 다른 아무것도 아니라고 말하세.

테아이테토스: 그러면 그리 말하죠. 그러나 소피스테스가 이젠 여
c 러 모습으로 나타남[69]으로써 저로서는 당혹스럽네요. 진실을 그리고 자신 있게 말하기로 한다면, 도대체 소피스테스가 사실은 무엇이라고 말해야만 하나요?

손님: 자네로서야 당혹스러워함 직하겠지. 하지만 실은 그 또한 이 논의를 어떤 식으로 빠져나가게 될지에 대해 지금쯤은 몹시도 당혹스러워하고 있다는 생각을 해야만 하네. 그 속담이 옳으니까. 모든 잡음[70]에서 벗어나기는 쉽지가 않다는 속담 말이네. 따라서 이제 그를 역시 최대한 공격해야만 하네.

---

68) 원어는 horoi 곧 horos들인데, horos는 원래 땅의 경계 또는 경계석을 뜻하는 말이다. 이를 언어에 적용하면, 낱말의 '경계 표시' 곧 정의(定義)를 뜻한다. 여기에서는 '낱말들 사이의 미세한 경계들' 곧 그 차이들을 뜻하는 것으로 보인다.

69) '여러 모습으로 나타남'의 원어는 [to] polla pephanthai이다.

70) 그레코로만형 레슬링에서 홀드(hold)를 뜻하는 것으로 보인다.

231c

테아이테토스: 잘 하시는 말씀입니다.

손님: 그러면 맨 먼저 일단 멈추고서 숨을 돌리도록 하세나. 그리고
선 쉬는 것과 동시에 마음속으로 헤아려 보도록 하세. 자, 소피스테 d
스가 우리에게 몇 가지 모습으로 나타났는지를 말일세. 내가 생각하
기로, 첫째로는, 그가 부유한 젊은이들의 돈벌이 사냥꾼으로 발견되
었네.

테아이테토스: 네.

손님: 한데, 둘째로는, 혼의 배움들과 관련된 교역상(상인)으로 그가 나타났지.

테아이테토스: 물론입니다.

손님: 그리고 셋째로는, 그는 이들 똑같은 것들과 관련된 소매상으로 나타나지 않았던가?

테아이테토스: 네, 그리고 넷째로는 그뿐만 아니라 배움들과 관련된 자기 제품을 파는 자로 그가 우리에게 나타났습니다.

손님: 옳게 기억했네. 그러나 다섯째 것은 내가 기억하도록 해 볼
것이네. 그는 논변과 관련된 다툼 기술의 어떤 선수였는데, 쟁론술 e
(eristikē [tekhnē])을 제 영역으로 구획지어서지.[71]

테아이테토스: 실상 그랬죠.

손님: 그렇지만 여섯째 것은 논의의 여지가 있는 것이겠는데, 그렇더라도 그를 혼과 관련된 배움들에 장애가 되는 의견들을 정화하는 자(kathartēs)라고 우리가 그에 대해서 동의한 걸로 했네.

테아이테토스: 그건 전적으로 그렇습니다.

손님: 어떤 사람이 많은 것을 알고 있는 것으로 보이지만, 한 가지 232a

71) 225a~226a에서 언급된 것임.

232a

기술의 이름으로 지칭될 경우, 이 모습(환영)은 건전한 것이 아니고, 어떤 기술과 관련해서 이를 겪고 있는 자는 이 기술에서 이 모든 배움들이 지향하고 있는 바로 그 핵심을 간파할 수 없다는 것이 명백하며, 이 때문에 그것들을 지닌 자를 하나 대신에 여러 명칭들로 일컫게 된다는 걸 자네는 알겠는가?

테아이테토스: 그 점은 지극히 당연한 것 같습니다.

b 손님: 그러니 어쨌든 우리는 탐구에 있어서 게으름으로 해서 이 사
태를 겪지 말고, 소피스테스와 관련해서 언급된 것들 중에서 하나를[72] 먼저 재론하기로 하세. 한 가지 것이 그를 가장 잘 알려 주는 것으로 내게는 보이기 때문이네.

테아이테토스: 어떤 것입니까?

손님: 아마도 우리가 그를 반론자(antilogikos)로 말했던 것 같네.[73]

테아이테토스: 네.

손님: 어떤가? 그는 또한 다른 사람들에게도 바로 이 사람의 교사로 되지 않겠는가?

테아이테토스: 물론입니다.

손님: 그러면 그런 자들이 무엇과 관련해서 반론자들로 만들어 준
다고 또한 주장하는 건지 알아보세나. 그러나 우리의 고찰은 이런 식
c 으로 처음부터 하는 것이게 하세나. 자, 그러니까 다중에겐 보이지 않
는 것들인 신적인 것들과 관련해서 능히 반론을 할 수 있게끔 만들어 준다는 건가?

테아이테토스: 어쨌든 바로 그것들과 관련해서라고들 합니다.

72) 텍스트 읽기에서 ⟨hen⟩을 보충해서 읽는 쪽을 택했다.

73) 225b에서.

232c

손님: 그러면 하늘과 땅에서 보이는 것들 그리고 이런 것들과 관련된 것들은 어떤가?

테아이테토스: 그것들이 아니고 뭐겠습니까?

손님: 한데, 사적인 모임들에서 언제고 생성(genesis)과 존재(ousia)[74]에 대해 전반적으로 뭔가가 언급될 때면, 이들이 논박을 하

---

74) 헬라스어 ousia(우시아)는 라틴어로는 substantia 또는 essentia로, 영어로는 substance 또는 essence로 옮기는 것이다. ousia는 einai(영어 be와 라틴어 esse에 해당)의 여성형 현재 분사 ousa(being)를 명사화한, 이른바 '분사형(分詞形) 명사(participial noun)' 인데, 라틴어 essentia (being, essence)도 이를 따라 만든 분사형 조어(造語)라 한다. 반면에 on은 중성형 현재 분사이고, 여기에 정관사 to를 그 앞에 붙여서 to on(the 'being')의 형태로 '있는(존재하는) 것(…인 것)' 의 뜻으로 쓰게 된 것이다. 일상어로서의 ousia는, 이에 해당하는 라틴어 substantia 및 영어 substance도 그렇듯, 일차적으로 어떤 사람에게 '있는 것', 즉 '자산' 을 뜻한다. 그래서 '우시아를 가진 자들(hoi ekhontes tēn ousian)' 이란 '자산가(a man of substance)들' 을 의미한다. 그런데 이 낱말은 헬라스인들이 철학적 탐구를 시작하면서 다른 의미들을 덧보태어 갖게 된다. 사물들은 외관상 부단히 변화하지만, 이것들에 있어서도 변화하지 않고 지속성을 유지하며 존속하는 것이 있다는 생각을 하게 되면서, 이 말은 속성이나 우유성(偶有性)들(pathē)에 대한 '본질', 생성(genesis)에 대한 '실재성(reality)' 및 '실재성을 지닌 것', 즉 '실재(實在: the real)' 나 '존재(being)' 또는 실체 따위의 의미들을 갖게 된 것이다. 이 경우에는 플라톤의 형상(eidos)이나 이데아와 같은 의미를 갖는 것이 된다. 플라톤의 《국가(정체)》 편의 경우만 해도 이 낱말은 '자산' 의 뜻으로 쓰인 빈도와 이런 철학적 의미의 것으로 쓰인 빈도가 거의 반반일 정도이다. 우리는 이런 의미상의 전용(轉用)을, 즉 '자산' 을 의미했을 뿐인 일상어를 철학적 전문 용어로 전용하게 된 연유를 이렇게 생각해 보면 쉽게 이해할 수 있을 것 같다. 도대체 사물들에 있어서 그것들을 그것들이게끔 해 주는 가장 든든하고 중요한 '자산' 은 무엇일까? 이 물음에 대해, 그것은 사물들에 있어서 없어서는 아니 될 본질적인 것일 것이요, 여기에서 더 나아가 그런 것이야말로 어쩌면 지속성(持續性)을 지닌 참된 것일 거라는 대

232c

는 데 얼마나 능하며 또한 남들을, 자신들이 능한 바로 그것들에 있어서, 능하도록 만들어 준다는 것도 우리는 알고 있지?

테아이테토스: 그건 전적으로 그렇습니다.

d 손님: 다시, 법률 및 일체의 나랏일들과 관련해서는 어떤가? 논쟁에 능한 자들로 만들어 준다고 약속하지 않는가?

테아이테토스: 이들이 이를 약속하지 않을 경우에는, 실상 아무도 이들과 대화를 하지 않을 테니까요.

손님: 모든 기술과 관련되며 각각의 개별 기술에 따른 것들로서, 각 전문가들 자신을 상대로 반론해야만 할 것들은, 이를 배우고자 하는 자를 위해서, 어딘가에 공개된 형태로 문자로 적어 두게 되지.

답을 생각하게 된다면, ousia의 그런 의미 전용은 자연스레 이어질 것 같다. 영어 단어 property가 '자산'의 뜻과 함께 사물이 지닌 '특성'의 뜻도 갖고 있다는 것도 어쩌면 그런 의미 전용을 이해하는 데 조금은 도움이 될 것도 같다. 그런데 우리의 이 대화편은 이 대목에서 '스스로가 스스로를 운동케 하는 것'이 '혼의 본질(ousia)'이며 그 '의미 규정(logos)'이라 해도 부끄럽지 않을 것, 곧 그 의미 규정으로 손색이 없을 것임을 말하고 있다. 아닌게아니라 이는 생명의 역동성을 상징하는 혼에 대한 본질적 의미 규정이라 할 수 있다. 그런데 여기에서와는 달리 247c에서는 이 ousia(우시아)를 '본질'보다는 '존재'로 이해하고 또한 그리 번역하지 않을 수 없게 하는 대목이 나온다. 그리고 《법률》 편 895d~896a에서도 혼의 의미 규정을 얻게 되는 과정과 관련된 언급을 하면서 이런 내용의 말을 하고 있다. 각각의 것을 아는 것과 관련해서 세 가지를 생각해 볼 수 있겠는데, 우선 있는 것(…인 것: to on) 곧 존재(ousia), 존재의 의미 규정(logos) 그리고 이름(onoma)이 그것들이다. 이에서 보다시피 이 경우에도 '우시아'는 '본질'보다는 '존재(ousia=to on)'인 셈이다. 그리고 우리가 흔히 '실체(substantia=substance)'로 번역하는 이 용어와 관련된 아리스토텔레스의 생각에 대해서는 여기에서 언급하지 않기로 하는데, 이에 대해서는 졸저 《헬라스 사상의 심층》 145~146쪽을 참조하는 게 좋겠다.

232d

테아이테토스: 프로타고라스의 레슬링 및 다른 기술들과 관련된 저술들[75]을 말씀하신 걸로 제게는 보입니다. e

손님: 이보게나, 다른 많은 것과도 관련해서네. 그렇지만 반론술의 경우는 요컨대 모든 것과 관련된 논쟁에 대비하는 충분한 어떤 능력인 것 같지 않은가?

테아이테토스: 어쨌든 건드리지 못하는 것은 거의 아무것도 없는 것 같습니다.

손님: 그래 자네는, 맹세코, 이게 가능하다고 생각하는가? 자네들 젊은이들은 아마도 이를 더 날카롭게 볼 수 있겠지만, 우리는 더 흐릿

---

75) Prōtagoras(약 490/485～약 420/415)는 아브데라(Abdēra) 출신으로, 그 생존 연대는 정확치 않고, 《메논》 편 91e를 보면, 거의 일흔 살 정도 산 것으로 전한다. 그는 가장 이름난 그리고 원조 격인 소피스테스로서, 철학사를 통해서도 큰 비중을 갖는 인물이다. 그의 대표적인 책으로 알려진 것은 《진리 또는 반론들(Alētheia ē Kataballontes [logoi])》인데, 그 첫머리에 그의 철학적 주장의 요지를 밝히고 있는 것이 이른바 '프로타고라스적 척도(Prōtagoreion metron)'로 불리는 것이다. 이를 흔히 '인간 척도(homo mensura) 명제'라 말하며, 그 내용은 이러하다. "사람은 만물의 척도(metron)이다. 있는 것들(…인 것들: ta onta)에 대해서는 있다(…이라)고, 있지 않는 것들(…이지 않은 것들: ta mē onta)에 대해서는 있지 않다(…이지 않다)고 하는 척도이다." 이 인간 척도설은 상당한 설명이 필요한 것이지만, 오해를 최소한 피하는 선에서만, 간단한 언급을 하겠다. 이 명제에서 말하는 '사람'은 '각자'이고, 있거나 있지 않음(…이거나 …이 아님)은 각자의 감각적 지각(aisthēsis)에 근거한 것이다. 따라서 각자가 갖게 되는 앎은 의견(판단: doxa)일 수밖에 없고, 모든 의견은 대등하기에 변론술에 의한 설득 또는 제압이 필요하게 된다. 소피스테스들에 대한 사회적 수요가 바로 여기에 있다. 또한 《디오게네스 라에르티오스》 9. 8. 55에는 프로타고라스의 저술 목록으로 '쟁론술'·'레슬링에 관하여'·'수학들에 관하여'·'정치 체제에 관하여'·'명예욕에 관하여'·'빼어남들(aretai)에 관하여'·'저승에서의 것들에 관하여'·'보수를 받아 내기 위한 재판, 반론들 1, 2' 등등이 나열되어 있다.

232e

하게나 보겠기에 묻는 것이네.

233a 테아이테토스: 어떤 걸, 그리고 특히 무엇에 대해서 말씀하시는 건지요? 지금 물으시는 것을 어쩌면 제가 이해하지 못하고 있어섭니다.

손님: 도대체 사람이 모든 걸 알 수 있는지를 물은 걸세.

테아이테토스: 그렇다면 우리가 말하는 사람은 축복받은 부류일 것입니다, 손님이시여!

손님: 그러니까 누군가가 자신이 알지 못하면서 도대체 어떻게 아는 자를 상대로 건전한 걸 말하면서 반박을 할 수 있겠는가?

테아이테토스: 그럴 수는 결코 없습니다.

손님: 그렇다면 소피스테스 궤변술의 마력은 도대체 무엇이겠는가?

테아이테토스: 바로 무엇과 관련해서 말씀입니까?

b 손님: 도대체 어떤 방식으로 자신들이 모든 것에 있어서 누구보다도 가장 지혜롭다는 생각을 젊은이들로 하여금 갖도록 하는 것인지를 말하는 걸세. 왜냐하면 만약에 그들이 옳게 반박을 하지 못했거나 이들에게 그리 보이지 않았다면, 또는 그리 보이기는 하는데, 이번에는 논쟁을 통해서는 조금도 더 현명한 것으로 생각되지 않는다면, 바로 자네의 그 생각대로,[76] 누군가가 그들에게 돈을 지불하고서 이 분야에서 그들의 제자로 되고자 하는 일은 거의 없을 게 명백하네.

테아이테토스: 거의 없겠죠.

손님: 그렇지만 지금은 어쨌든 그리 되고 싶어 하네.

테아이테토스: 그것도 몹시 그럽니다.

c 손님: 그들이 반박하고 있는 것들에 대해서 그들은 알고 있는 것으

76) 232d에서 말한 바이다.

233c

로 이들에게는 여겨지고 있기 때문이라고 나는 생각하네.

테아이테토스: 어찌 그렇지 않겠습니까?

손님: 그들은 어쨌든 모든 것에 대해 반박한다고 우리는 말하겠고?

테아이테토스: 네.

손님: 그렇다면 그들은 모든 것에 있어서 지혜로운 것으로 제자들에게는 보일 걸세.

테아이테토스: 물론입니다.

손님: 어쨌든 실제로는 아니네. 아무튼 이는 불가능한 것으로 드러났으니까.

테아이테토스: 실상 어떻게 그게 불가능한 일이 아니겠습니까?

손님: 그러니까 우리에게는 소피스테스가 모든 것과 관련해서 의견(doxa) 성격[77]의 앎은 가졌으나 참된 앎은 갖지 못한 것으로 드러났네.

테아이테토스: 전적으로 그렇습니다. 또한 이들에 대해 지금 말씀 d
하신 것이 어쨌든 지당한 것 같습니다.

손님: 그러면 이와 관련해서 좀 더 명확한 한 예를 들어 보기로 하세.

테아이테토스: 바로 어떤 것인가요?

손님: 이것일세. 그럼 아주 신중한 마음으로 내게 대답하도록 하게.

테아이테토스: 어떤 것인데요?

손님: 만약에 누군가가 제 주장은 펴지도 반론도 하지 못하지만, 한 가지 기술로 모든 것을 만들 수도 행할 수도 있다고 말한다면—

테아이테토스: 어떻게 모든 걸 그런다는 말씀이신지? e

---

77) 여기에서 '의견 성격의' 로 옮긴 것의 원어는 doxastikē이다.

233e

손님: 우리가 하고 있는 말의 시작 부분부터 자네는 이해하지 못하고 있네그려. '모든 것' 이란 것이 무엇을 뜻하는지 알아듣지 못한 것 같아서네.

테아이테토스: 아닌게아니라 이해하지 못하고 있는 걸요.

손님: 그러니까 자네와 나 그리고 우리에 더해서 다른 동물들과 나무들을 '모든 것' 에 포함되는 것으로 말하고 있는 걸세.

테아이테토스: 어떻게 하시는 말씀인지요?

손님: 가령 누군가가 나와 자네 그리고 모든 생물을 만들 것이라고 말한다면—

234a 테아이테토스: 그가 바로 무슨 뜻으로 '만듦(poiēsis)' 을 말하고 있는 걸까요? 물론 어떤 농부를 말씀하시고 있는 건 아닐 테니까요. 그야 그를 동물들을 만드는 자로도 말씀하시는 터라.

손님: 그러하네. 게다가 바다와 땅, 하늘과 신들 그리고 그 밖의 모든 것이지.[78] 그런데 이것들 각각을 잽싸게 만든 다음에는 아주 헐값으로 파네.

테아이테토스: 뭔가 장난을 하시는군요.

손님: 어떤가? 모든 것을 알며 이를 적은 액수를 받고서도 짧은 시간 안에 남에게 가르쳐 줄 것이라고 말하는 자의 경우에, 이를 장난으로 여겨야만 되지 않겠는가?

테아이테토스: 아마도 전적으로 그리 여겨야만 할 것입니다.

b 손님: 장난의 종류로서 모방하는 것보다도 더 기술적이고 재미있는 것이 있는가?

78) 《국가(정체)》 596e에 모방자로서 화가의 경우를 들어 비슷한 언급을 하고 있다. 596c에도 비슷한 언급이 나오는데, 이 경우는 소피스테스를 두고 하는 말이다.

234b

테아이테토스: 결코 없습니다. 실은 아주 많은 종류의 것을 선생님께서는 모두 하나로 포괄해서 말씀하시는데, 어쩌면 가장 다채로운 것이겠네요.

손님: 그러니까 한 가지 기술로 모든 걸 만들 수 있다고 장담하는 자의 경우, 아마도 우리는 이 사실을 알고 있을 게야. 실제 사물들[79]의 모방물들이며 같은 이름을 갖는 것들을 그림 기술로써 완벽하게 표현해 내고서는, 이것들을 어린 아이들 중에서도 어리석은 자들로 하여금 그 그림들을 멀리서 보게 해 줌으로써, 자기는 자신이 하고 싶어 하는 대로, 이를 실제로 완벽하게 해낼 수 있다고 감쪽같이 속아 넘어가게 할 수 있다는 걸 우리는 알고 있네.

테아이테토스: 실상 어찌 그럴 수 없겠습니까? c

손님: 그러면, 어떤가? 언변과 관련해서는 다른 어떤 기술이 있는 걸로 우리는 생각하지 않는가? 이 기술로써 어리고 또한 아직은 실제와는 멀리 진실에서 떨어져 있는 아이들을 언변을 이용해 귀를 통해 호릴 수 있으니, 모든 것과 관련된 영상들(eidōla)을 말로써 보여주는 거지. 그래서 진실을 말하게 된 것으로, 그리고 그 말을 한 자야말로 모든 것에 있어서 누구보다도 가장 지혜로운 것으로 여기게 만드네.

테아이테토스: 그와 같은 다른 기술이 왜 없겠습니까? d

손님: 그러니, 테아이테토스여, 그때 그 말을 들었던 자들 중에서 많이는 충분한 시간이 지나 나이도 들게 되어, 실물들에 가까이 접하

79) '실제 사물들' 로 옮긴 것의 원어는 ta onta이다. 이는 to on의 복수이니까, '실재들', '있는 것들' 을 뜻하기도 하지만, 일상어로서의 '사물들' 또는 '사실들' 을 뜻하기도 한다.

234d

게 되고, 느낌들[80]을 통해 실감나게 접촉하지 않을 수 없게 되면, 그때 갖게 되었던 생각들을 바꾸게 될 것이, 그래서 큰 것들은 작은 걸로 보이는가 하면, 쉬운 것들은 어려운 걸로 보여, 그때의 언변을 통해서
e 보이던 모든 환영들[81]이 실제 생활을 통해서 일어난 일들로 해서 모든 면에서 뒤집히는 게 필연이 아니겠는가?

테아이테토스: 어쨌든 이 나이의 저로서 판단하기로는 그렇죠. 그러나 저 역시 아직은 진실에서 멀리 떨어져 있는 아이들에 속하는 것으로 생각합니다.

손님: 그러므로 여기 있는 우리 모두는 자네를 그런 겪음들 없이도 그것들에 최대한 근접하도록 할 것이고, 지금도 그러고 있네. 그러면 소피스테스와 관련해서 내 질문에 대답해 주게나. 그는 실물들의 모
235a 방자여서 요술쟁이들 중의 한 사람이란 게 이미 분명한가, 아니면 그가 반론을 펼 수 있는 것으로 생각되는 그 모든 것과 관련해서는 정말로 앎을 지니고 있는 게 아닌가 하고 엉거주춤한 상태에 우리가 있는가?

테아이테토스: 그야 어찌 그렇겠습니까, 손님? 언급된 것들로 미루어 대개는 이미 명백합니다. 그가 장난에 관여하는 숱한 이들 중의 어

80) 원어는 [ta] pathēmata인데, 이 경우에는 '겪음들' 또는 '경험들'로 옮겨도 되는 것이다.

81) 원어는 phantasma의 복수 형태인 phantasmata이다. phantasma를 '환영'으로 번역한 것은 바로 다음(235b~236c)에서 모방 기술(mimētikē) 곧 '영상(eidōlon) 제작 기술(eidōlopoikē)'의 두 종류로 '모상(eikōn) 제작 기술(eikastikē)'과 '환영 제작 기술(phantastikē)'로 나눔에 따라서다. 그러나 223c, 232a에서는 phantasma를 '환영'으로 옮기기에는 주저되는 바가 없지 않아서, 소피스테스의 '모습'으로도 번역해 보았다. 그리고 이와 관련되는 phantasia의 번역어에 대해서는 260c에서 해당 각주를 꼭 참조하길 권한다.

235a

떤 한 사람이란 것은.

손님: 바로 요술쟁이(goēs), 그러니까 모방자(mimētēs)로 그를 간주해야만 하네.

테아이테토스: 실상 어찌 그리 간주해야만 하지 않겠습니까?

손님: 나아가게, 그럼. 이제 우리 일은 사냥감을 더는 놓아 보내지
않는 것일세. 그런 것들에 대해 논변을 이용하는 도구들 중의 어떤 그 b
물 같은 것 속에 거의 잡아 가두게 되었기에, 이제 말하는 것은 어쨌든 결코 빠져나가지 못할 것이야.

테아이테토스: 어떤 것인데요?

손님: 그가 요술쟁이들의 부류[82]에 속하는 한 사람이 아닐까 하는 것일세.

테아이테토스: 그와 관련해서 그 점은 제게도 그런 것으로 같은 생각입니다.

손님: 그러면 영상 제작 기술을 최대한 신속히 나누고서, 그 속으로 내려가서, 만약에 소피스테스가 우리를 바로 맞는다면, 우리의 왕과도
같은 이성의 명령에 따라 그를 체포해서, 포획물을 그것에 넘겨주어 c
전시하도록 결정된 걸세. 그렇지만 만약에 그가 모방 기술의 부분들

82) 원어는 to genos tōn thaumatopoiōn인데, thaumatopoios는 goēs와 마찬가지로 '요술쟁이'를 뜻하지만, 《국가(정체)》 편 514b 이후에서 보듯, '인형극 공연자들'을 뜻하는 말이기도 하다. 이른바 동굴의 비유로 알려진 이 부분에서 이들이 보여 주는 것들은 모두가 실물들(ta onta)들 아닌 모상(eikōn)들이다. 여기에서 말하고 있는 요술쟁이들은 모든 모방자(mimētēs)를 지칭하는 말이겠는데, 소피스테스도 언변을 통한 모방자이기는 마찬가지여서, 그가 제시하는 것은 실물과는 거리가 먼 그 영상(影像: eidōlon)임을 말하려 하고 있는 것이다. 모상 및 영상과 관련해서는 《국가(정체)》 편 6권에서의 '선분의 비유'와 7권에서의 '동굴의 비유'를 통해 실감 있게 접하게 된다.

을 따라 어딘가에 숨어든다면, 그를 받아들이는 부분을 언제나 나누어 감으로써, 그가 붙잡힐 때까지, 그를 따라붙도록 말일세. 이 자도 다른 어떤 부류도 이처럼 개별적으로 그리고 전반적으로 추적할 수 있는 사람들의 추구를 피했다고 자랑하는 일은 결코 전혀 없을 것이네.[83]

테아이테토스: 훌륭한 말씀이거니와, 그건 그런 식으로 해야만 합니다.

손님: 그러면 이미 앞서 했던 나눔에 따라 나로선 두 종류의 모방
d 기술(mimētikē)을 지금도 보게 된 것 같네. 그러나 우리가 찾고 있는 종류의 것이 도대체 둘 중의 어느 쪽에 있는지는 지금으로선 아직 내가 알 수가 없는 것으로 생각되네.

테아이테토스: 하지만 선생님께서 먼저 말씀하시고서, 말씀하시는 그 두 종류가 무엇 무엇인지 나누어 주시죠.

손님: 그것에서 모상 제작 기술(eikastikē)이 하나 보이누만. 한데, 이것은 누군가가 길이와 폭 그리고 높이에서 본의 비율 그대로, 또한
e 이것들에 더해 그 각각에 적절한 색깔마저 부여해서, 모방물의 제작을 끝내게 될 때, 가장 잘 발휘되네.

테아이테토스: 뭔가요? 모방하는 자들은 모두가 이런 걸 하려고 하지 않는가요?

손님: 거대한 제작물을 조형하거나 그리는 사람들은 어쨌든 그러

83) b에서 여기까지의 모방자들의 부류에 대한 그물을 이용한 포획 작전에 대한 비유적 표현과 관련해서 Cornford는 Apelt의 기원전 490년에 있었던 마라톤 전투 직전에 페르시아 군대가 감행한 에레트리아인들의 '저인망 훑기식(sagēneuein)' 소탕에 대한 언급을 인용하고 있다. 이와 관련된 언급은 《법률》 편(698c~d) 및 《메넥세노스》 편(240a~c)에도 보이지만, 헤로도토스의 《역사》(VI, 31)에 나온다.

235e

지 않네. 왜냐하면, 만약에 그들이 아름다운 것들[84]의 진짜 균형을 구현코자 한다면, 위쪽 부분은 실제로 당연한 것보다도 더 작아 보이나, 아래쪽 부분은 더 커 보이겠는데, 이는 한쪽은 우리 쪽에서 멀리서 보 236a
게 되는 것이지만, 다른 쪽은 가까이서 보게 되기 때문이라는 걸 자네는 알고 있네.[85]

테아이테토스: 물론입니다.

손님: 그러니까 그 제작자들은 진짜 것들을 무시하고서, 실제 균형들은 아니나 아름다운 것으로 생각되는 것들을 이제 그 영상물들에 구현하지 않는가?

테아이테토스: 전적으로 그렇습니다.

손님: 그러면 다른 것이지만, 어쨌든 닮은(eikos) 것이기에, 모상(eikōn)으로 일컬음이 옳지 않은가?

테아이테토스: 네.

손님: 그리고 모방 기술 중에서도 이 쪽 부분은, 앞에서 말했듯, 모 b
상 제작 기술로 일컬어야만 하겠고.

테아이테토스: 그리 일컬어야만 합니다.

---

84) 옥스퍼드 고전 텍스트(OCT) 중의 신판 플라톤 전집(Platonis Opera) 제I권에서는, 이전의 Burnet 판에서도 그리고 다른 텍스트들도 e6에서 tōn kalōn(아름다운 것들의)으로 읽고 있는 것을, 유독 Badham을 따라 tōn kōlōn(건물의 전면 또는 측면)으로 읽고 있다. 그러나 이 부분의 이 읽기가 오히려 설득력이 약한 것 같아, 번역에서는 이를 택하지 않고, 이전대로 tōn kalōn으로 읽었다. 왜냐하면 바로 이어서 언급되고 있는 내용들에서 원근법의 이용은 건물이나 조각 또는 화법에서도 두루 확인되는 것이기 때문이다. 아테네의 아크로폴리스에 있는 파르테논 신전 건축 조각도 그런 경우의 것이다.

85) 비슷한 언급들을 하고 있는 대목이 《국가(정체)》 편 602b~d 및 《필레보스》 편 41e~42a에서도 보인다.

손님: 어떤가? 적절한 관점에서의 봄이 아님으로 해서 보이는 것이 아름다운 것을 닮아 보이지만, 만약에 누군가가 아주 거대한 것들을 능히 볼 수 있는 능력을 갖고 있어서, 닮아 보이는 것으로 말하는 그것과는 닮지 않았음도 보게 된다면, 그걸 우리가 뭐라 일컫는가? 비록 그리 보이기는(phainetai) 하지만, 닮지는 않았기에, 환영(phantasma)이라 일컫지 않겠는가?

테아이테토스: 물론입니다.

손님: 그러니까 이 부분은 그림에서도 또한 모든 모방 기술에서도
c 아주 많지 않은가?

테아이테토스: 어찌 그렇지 않겠습니까?

손님: 그러면 모상이 아니라 환영을 만드는 기술은 환영 제작 기술(phantastikē)로 지칭하는 것이 지당하지 않겠는가?

테아이테토스: 그렇고말고요.

손님: 따라서 이것들이 내가 말한 영상 제작 기술(eidōlopoiikē)의 두 종류, 곧 모상 제작 기술과 환영 제작 기술이네.

테아이테토스: 옳습니다.

손님: 하지만 그때[86]도 소피스테스를 어느 쪽에 속하는 것으로 보아야만 할지에 대해 의아해했던 바지만, 지금까지도 명확히 알아볼
d 수가 없고, 참으로 놀라운 사람이고 간파하기가 아주 어렵네. 방금도 아주 용하고 교묘하게 찾아내기가 난감한 부류 속으로 달아나 버렸기 때문이네.

테아이테토스: 그런 것 같습니다.

손님: 그렇다면 자네는 이를 알고서 동의하는 건가, 아니면 논의로

86) 235d에서.

236d

인한 일종의 타성 같은 것으로 해서 재빨리 동의하도록 이끌린 것인
가?

테아이테토스: 어떻게 그리고 무엇과 관련해서 그 말씀을 하시는
건가요?

손님: 여보게, 우리는 정말로 아주 어려운 고찰을 하고 있는 걸세.
이것 곧 '[그리] 보이고(phainesthai)' '[그리] 생각되나(dokein)', e
'그러하지는(있지는) 않음(아님: einai mē)'은, 그리고 뭔가를 말하
나 진실을 말하는 것은 아님, 이것들 모두는 이전에도 지금도 언제나
당혹스러움(難問: aporia)[87]으로 가득하기 때문이네. 거짓을 말하거
나 생각함을 '진실로 그러함(진실로 …임 또는 있음: ontōs einai)'으
로 말할 경우, 이를 발설하고서 모순에 말려들지[88] 않기는 지극히 힘
들 거네, 테아이테토스! 237a

테아이테토스: 왜죠?

손님: 이 진술은 '있지(…이지) 않는 것(아닌 것: to mē on)'이 있
음(…임: einai)을 감히 가정하고 있네. 달리는 거짓(pseudos)이 성립
하지 못하기 때문이네.[89] 그러나 위대한 파르메니데스께서는, 여보게,

87) 여기에서 '당혹스러움(난문)'으로 옮긴 aporia는 어원상으로는 'poros가 없는 상태'를 뜻한다. poros는 강이나 바다 따위를 건널 길이나 방도 또는 방책을 뜻하는데, 이에서 더 나아가 어떤 일의 이룸과 관련된 방도나 방책 그리고 수단을 뜻한다. 따라서 aporia는 장소적인 통과나 헤쳐나감 또는 어떤 일의 어려움, 더 나아가 수단이나 방도 또는 해결책이 없는 상태, 곧 그런 당혹스런 사태나 처지 또는 그런 당혹감, 당황스러움, 어찌할 바를 모르는 상태를 뜻하는가 하면, 또한 그런 처지에 놓이게 하는 문제 자체, 곧 그런 사태를 겪게 하는 난문(難問) 자체를 뜻하기도 한다.

88) '모순'의 헬라스어는 enantiologia이고, '모순에 말려듦'은 enantiologiai synekhesthai이다.

89) 시기적으로 《소피스테스》 편 바로 앞의 것인 《테아이테토스》 편

237a

우리가 아이들이었을 때부터 시작해서 줄곧 이를 당당하게 증언하셨지.[90] 이처럼 산문으로도 운문으로도 말씀하시길—

(189a6~b5d)에서 'to mē on'은 오직 '있지 않는 것'으로만 이해되고 있어서, 이에 대해 '생각함(doxazein)'은 '아무것도 생각하지 않음(mēden doxazein : ouden doxazein)'으로 귀결되고, 따라서 실제로 흔히 하게 되는 틀린 '거짓 판단(pseudēs doxa)'을 allodoxia(착각)로 보게 된다. 그러나 《소피스테스》 편에서는 '있지(…이지) 않는 것(아닌 것 : to mē on)'이나 '있음(…임 : einai)'에서처럼, 헬라스어 on(=being)과 onta(=beings) 및 einai(=be)가 괄호 안의 영어의 경우와 마찬가지로 '있음' 곧 '존재'라는 철학적 의미로도 그리고 일상적인 '…임'의 뜻으로도 쓰이는 것임을 새삼스레 확인함으로써, 이때까지의 존재론적 탐구에서 새로운 전기를 맞게 된다. 탈레스 이래로 헬라스 철학에서 핵심적인 관심사는 '참으로 있는 것' 곧 실재(to on)가 무엇인지에 대한 것이었다. 이른바 자연철학자들은 변화무상한 자연현상들 속에서 이들 다양한 변화를 가능케 하는 근원적인 것으로서의 원리와도 같은 '존재'의 탐구에 매달렸다. 그러나 이 존재론적 탐구는 이제 이 대화편의 다음 대목에서 논급되고 있듯, 파르메니데스에서 그 정점을 찍었으나, 그는 결코 물질적일 수 없는 오직 하나(hen)뿐인 '있는 것(to eon)'만 있고, 그 밖에는 아무것도 없다고 했다. 자연현상들에 대해 합리적 설명을 하려던(logon didonai) 선철들의 노력을 이처럼 모두 무위로 돌리는 상황에서 벗어나기 위해 등장한 것들이 원자론자들을 포함하는 다원론자들의 주장이었다. 그러나 이들의 주장들은, 피타고라스의 '수'를 제외하고는, 여전히 모두가 물질적인 것들에서 그 근원을 찾으려는 것이었다. 그런데 파르메니데스가 말하는 '존재'는, 이 대화편의 첫머리 각주에서 밝혔듯, 사유되는(noein) 것이지, 지각되는 것이 아니다. 이 점에는 플라톤도 동의한다. 그러나 문제는 참으로 '있는 것'이 하나뿐일 경우, 자연현상들은 설명이 불가능하다. 게다가 이 대화편에서 다루려는 문제는 소피스테스의 정체를 밝히는 것이다. 소피스테스는 무엇보다도 거짓(pseudos) 뒤에 숨어 있는 자들이다. 이 양쪽의 문제점들을 밝히고, 철학적으로 해결해 보려는 것이 이제부터의 작업이다.

90) 《파르메니데스》 편 127b~c를 보면, Parmenidēs가 아테네를 방문한 것이 450년경의 판아테나이아 대축제 때였고, 이때 65세 무렵이었던 걸

237a

이것이, 곧 있지 않는 것들이 있는 걸로 증명될 일은 결코 없을 것이니라.[91]

도리어 그대는 탐구함에 있어서[92] 그대의 생각을 이 길에서는 접을지어다.

라고 하셨네. 그러니까 그에게서 증언을 얻고 있네. 그리고 뭣보다도 특히 이 주장 자체가 적절히 질문 공세를 받음으로써 명확히 해 줄 것이네. 그러면 먼저 이것부터, 곧 혹시 자네에겐 이견이 없는지 살피세. b

테아이테토스: 제 경우는 선생님께서 원하시는 대로 정하세요. 논의가 가장 잘 진행되겠는 방식으로 선생님께서 몸소 살피시며, 그 길대로 저도 이끌고 가십시오.

손님: 그야 그럴 걸세. 그럼 대답해 주게. 우리는 '전적으로 없는 것(to mēdamōs on)'이라고 어쩌면 소리 내어 말하기를 감행하겠지?

테아이테토스: 실인즉 왜 하지 않겠습니까?

로 언급하고 있다. 그리고 이때 소크라테스는, 여기서 말하고 있듯, 아주 젊은 나이였다(einai … sphodra neon)고 한다. 그러니까 그의 생존 연대는 '515년경~450년 이후'가 되겠다.

91) '있지 않는 것들이 있는 걸로(einai mē eonta)'는 '…이지 않은(아닌) 것들이 …인 걸로'도 나중에는 이해되어야 하는 것이다. 여기서 eonta는 onta(=beings)의, 그리고 단수 형태인 eon은 on(being)의 이오니아계 방언이다. 그리고 '증명될 일은 결코 없을 것이니라'로 번역한 부분은 '이론적으로 이기거나 압도할 일은 결코 없을 것이라'는 뜻이겠는데, 본문에서 이렇게 번역한 것은 LSJ의 대사전 damazō, V항에서 이 예문을 그리 해석한 것이 선명한 해석이라 여겨 따랐기 때문이다.

92) 텍스트에서는 '탐구함에 있어서'로 번역한 dizēmenos가 이른바 파르메니데스의 철학시 중의 일부분인 토막글(Fr.) 7. 1~2에서는 dizēsios(탐구의)로 되어 있다. 따라서 '탐구함에 있어서 그대의 생각을 이 길에서'는 '탐구의 이 길에서 그대의 생각을'이 본래의 토막글 내용이다.

손님: 그런데 논쟁이나 장난을 위해서가 아니라, 만약에 그의 제자
c 들 중에서 누군가가, 이 '있지 않는 것(to mē on)'[93]이란 낱말을 어디에 적용할 것인지, 진지하게 숙고하고서 대답하도록 요구받는다면, 우리는 무슨 생각을 할 것인지?[94] 그가 무엇에 그리고 어떤 것에 그걸 적용하며 질문자에게 가리켜 보일 것이라고 생각할 것인지?

테아이테토스: 어려운 걸 물으셨거니와, 어쨌든 저 같은 사람에겐 거의 전적으로 대답하기가 난감하네요.

손님: 그렇긴 하겠지만, 적어도 이 점은 곧 있지 않는 것이 있는 것들(ta onta) 중의 어느 것[95]에 적용될 수는 없다는 게 명백하네.

테아이테토스: 어찌 그럴 수 있겠습니까?

손님: 그러니까 그게 있는 것(to on)에는 적용될 수 없는 한, 누군가가 무엇인가인 것(ti)에 그걸 적용할 경우, 옳게 적용하는 건 아닐 것이야.

테아이테토스: 그야 어찌 그럴 수 있겠습니까?

d 손님: 그리고 이 또한 아마도 우리에게는 분명할 것이야. '무엇인가인 것'[96]이라고 말하게 되는 이 낱말도 있는 것에 우리가 매번 적용해서 말하고 있다는 것이. 이걸 마치 일체의 있는 것들에서 벌거숭이 상태로 홀랑 들어내듯 해서, 이것만 말한다는 것은 불가능할 테니까. 안 그런가?

---

93) 텍스트 읽기에서 새 텍스트는 to mē on을 to "mē on"으로 읽고 있으나, 이를 따르지 않았다.

94) 역시 텍스트 읽기에서 ti dokoumen an; eis …으로, 곧 중간에 의문부호(;)를 넣어, 그 전후가 반복 물음이 되는 형태로 새 텍스트가 읽었는데, 번역은 이를 따랐다.

95) 텍스트 읽기에서 〈ti〉의 괄호를 풀고 읽었다.

96) 원어 ti는 영어로 something에 해당한다.

237d

테아이테토스: 불가능하죠.

손님: 그러면 자네가 동의하는 것은 이런 식으로, 곧 뭔가를 말하는 사람은 적어도 하나인 뭔가를 말하는 게 필연적이라고 생각해선가?

테아이테토스: 그렇습니다.

손님: 그야 'ti(무엇인가인 것)'는 '하나'의 표시인 반면에, 'tine(두 개의 무엇인가인 것들)'는 '둘'의 표시이고, 'tines(몇몇의 무엇인가인 것들)'는 '여럿'의 표시임을 그대는 말하고 있으니까.[97]

테아이테토스: 실인즉 어찌 그렇지 않겠습니까?

손님: 그렇다면 '무엇인가인 것이 아닌 것(mē ti)'을 말하는 자는 e
전적으로 '아무것도 아닌 것(mēden)'을 말하고 있는 것 같네.

테아이테토스: 그야 더할 수 없이 필연적입니다.

손님: 그러니까 우리는 다음 것에 대해서도 동의해서는 안 되겠지? 그런 사람은 말을 하긴 하지만, 실은 아무것도 말하지 않는 것이고, 또한 '있지 않는 것(mē on)'을 소리 내어 말하기를 감행하려는 자가 말을 하는 것으로 인정해서도 안 될 것이라고?

테아이테토스: 어쨌거나 그 주장[98]의 당혹스러움의 끝을 보게 되겠군요.

손님: 아직은 큰소리치지 말게. 이보게나, 아직도 남은 게 있으니 238a
까. 그리고 이건 아무튼 그 당혹스러움(난문)들 중에서도 가장 크기도 한 첫째 것이네. 그건 이 주장의 시작 자체와 관련된 것이기 때문이지.

97) 바로 앞의 각주에서 밝혔듯, 헬라스어 ti는 영어 something, 곧 단수로서 '무엇인가인 것'·'어떤 것'을 뜻하는 반면에, 그 둘 곧 양수(兩數: dual)는 tine, 셋 이상을 나타내는 그 복수 형태는 tines이다.

98) '있지 않는 것(to mē on)이 있음(einai)'을 말하는 주장을 가리킨다.

테아이테토스: 어떻게 하시는 말씀입니까? 말씀하시죠, 아무것도 망설이지 마시고요.

손님: 있는 것에는 있는 것들 중의 다른 어떤 것이 덧붙여질(귀속될) 수 있을 게야.

테아이테토스: 사실 어떻게 그렇지 않을 수 있겠습니까?

손님: 그러나 있지도 않는 것에 있는 것들 중의 어떤 것이 도대체 덧붙여질 수 있는 걸로 우리가 말하겠는가?

테아이테토스: 그게 어떻게?

손님: 물론 우리는 일체의 수를 있는 것들에 포함시키네.

테아이테토스: 그 밖의 다른 것도 정녕 있는 것으로 간주해야만 할
b 진대.

손님: 그러니까 우리는 있지도 않는 것(to mē on)에 수의 복수도 단수도 적용하려 하지 않도록 하세나.

테아이테토스: 따라서, 우리의 주장이 그러듯, 우리가 그러려 하지 않는 게 옳을 것 같네요.

손님: 그러면 누군가가 어떻게 있지 않는 것들(ta mē onta)이나 있지 않는 것(to mē on)[99]을 수를 떠나 입으로 소리 내어 말하거나 사유에 의해서 포착할 수 있겠는가?

테아이테토스: 어떻게 한다는 말씀인지?

손님: 우리가 '있지 않는 것들(mē onta)'을 말할 때는, [이것들에]
c 수의 복수를 귀속시키려 하지 않는가?

99) 있지 않는 것들(ta mē onta)이나 있지 않는 것(to mē on)에서 to는 영어 정관사 the에 해당하지만, 헬라스어의 경우, to는 중성 단수를, ta는 중성 복수를 나타내는 정관사이다. onta도 on(=being)의 중성 복수 형태이다.

238c

테아이테토스: 물론입니다.

손님: 반면에 '있지 않는 것(mē on)'을 말할 때는, 그러니까 이번에는 단수를 그러려 하지 않는가?

테아이테토스: 그야 아주 명백합니다.

손님: 그렇지만 '있지 않는 것'에 '있는 것(on)'을 적용함은 어쨌든 정당하지도 않고 옳지도 않네.

테아이테토스: 지극히 참된 말씀을 하십니다.

손님: 그러니까 '있지 않는 것'을 그 자체로는 옳게 소리로 나타낼 수도, 말할 수도, 생각할 수도 없으니, 생각할 수도 말로 나타낼 수도 소리로 나타낼 수도 말로 표현할 수도 없는 것이라는 사실을 자네는 이해하는가?

테아이테토스: 물론 전적으로 이해하고 있습니다.

손님: 그래서 방금 내가 이것과 관련해서 가장 큰 당혹스러움을 말 d
할 것이라 함으로써 잘못 말했는데, 우리에겐 한결 더 큰 다른 어떤 당혹스러움을 말할 게 있는 거겠지?

테아이테토스: 바로 어떤 것인가요?

손님: 이 사람아! 이미 했던 바로 그 말들에서, '있지 않는 것'을 반박하는 사람조차도 당혹스러움에 이런 식으로 빠트려서는, 누군가가 이를 반박하려고 시도할 때는, 그것에 대해서 자기모순의 말을 하지 않을 수 없게 된다는 사실을 알아차리지 못하는가?

테아이테토스: 어떻게 하시는 말씀인지요? 한결 더 명확히 말씀하시죠.

손님: 내게서 더 명확한 걸 살필 필요는 전혀 없네. 나는 있지 않는
것이 단수에도 복수에도 관여할 필요가 없는 것으로 전제하면서도, e
방금도 바로 지금도 이를 이처럼 하나로 말했기 때문일세. '있지 않는

238e 것(to mē on)' 이라 내가 말하니까. 자넨 알 것이야.

테아이테토스: 네.

손님: 게다가 또한 조금 전에도 나는 이를 "소리로 나타낼 수도 없는 것, 말로 나타낼 수도 없으며 말로 표현할 수도 없는 것임(einai)[100]"을 말했네. 이해하겠는가?

테아이테토스: 이해합니다. 어찌 이해하지 못하겠습니까?

손님: 그러니까 어쨌든 '…임(있음: einai)' 을 적용하려 함으로써
239a 앞서 한 말[101]에 배치되는 걸 내가 말하지 않았는가?

테아이테토스: 그리 보입니다.

손님: 어떤가? 내가 to(… 것)를 적용함으로써 그걸 하나로 지칭하지 않았는가?[102]

테아이테토스: 네.

손님: 그러면서 '말로 표현할 수도 나타낼 수도 소리로 나타낼 수도 없는 것' 이라 말하면서, 실은 하나를 가리키는 표현의 말을 내가 썼네.

테아이테토스: 어찌 그렇지 않겠습니까?

손님: 하지만, 만약에 누군가가 정녕 옳게 말하려면, 그것을 하나로도 여럿으로도 규정하지 않아야만 한다고, 아니 '그것' [103]이라고도 단

---

100) 새 텍스트에서는 einai(=be: …임)에다 일부러 인용부호까지 따로 붙였다. 물론 강조하려는 의도에서일 것이다.

101) 238a에서 한 말 곧 "있지도 않는 것에 있는 것들 중의 어떤 것이 도대체 덧붙여질 수 있는 걸로 우리가 말하겠는가?"를 가리킨다.

102) 238e에서 '있지 않는 것(to mē on)' 이라 언급한 것을 두고 하는 말이다. 238b의 해당 각주에서 to와 ta에 대해 언급한 것을 참조할 것.

103) 원어는 'auto' 인데, 이 경우엔 앞에 나온 것을 가리키는 대명사로서 중성 단수이다.

239a

연코 일컫지 않아야만 한다고 우리는 말하고 있는 걸세. 이런 지칭에 따라 일컫는 것도 하나의 종류로 지칭하는 것이겠기 때문이네.

테아이테토스: 어쨌거나 전적으로 그러네요.

손님: 그러니 [그러는] 나를 두고 누가 무슨 말을 하겠는가? 전에 b
도 지금도 있지 않는 것의 논박과 관련해서는 내가 진 걸로 보일 테니까. 그러니 내가 말했던 것처럼, 있지 않는 것에 대한 옳은 표현은 내가 하는 말에서 살필 것이 아니라, 이제 자네에게서 살피세.

테아이테토스: 어떻게 하시는 말씀입니까?

손님: 자, 자네는 젊으니까, 할 수 있는 한 최선을 다해서, 있지 않는 것(to mē on)에 존재(ousia)도 단수도 복수도 덧붙이지 말고, 이것에 대해 옳게 무언가가 표현되도록 잘 그리고 진솔하게 애써 봐 주게나.

테아이테토스: 하지만 그 시도에는 범상치 않은 큰 열의가 저를 붙 c
잡아야 할 것입니다. 만약에 제가 선생님께서 이런 일들을 겪는 걸 보고서도 스스로 그런 시도를 한다면 말입니다.

손님: 하지만 만약에 그러는 게 좋다면, 자네와 나는 제쳐 놓기로 하세나.[104] 이 일을 할 수 있는 사람을 우리가 만나게 될 때까지는 말일세. 그때까진 소피스테스가 그 누구보다도 영악하게 접근할 길이

104) 이쯤에서 엄밀히 말해 '어떤 식으로도 있지 않는 것(to mēdamē on)' (《국가(정체)》 편 477a) 또는 '전적으로 없는 것(to mēdamōs on)'으로서의 '있지 않는 것(to mē on)'에 대한 논의는 일단 여기에서 접고, 이를 '…이지 않은 것' 곧 '아닌 것'의 관점에서 논의하는 국면으로 접어들기로 유도하려는 대목이다. '거짓된(틀린) 판단'이나 그런 주장의 가능성은 이에서 찾을 수 있고, 소피스테스가 자신의 정체를 드러내지 않고 숨어 있는 근거지가 바로 이곳이기 때문이다.

239c

막힌 곳[105]으로 잠적해 버린 걸로 말하세.
테아이테토스: 그야말로 아주 그런 걸로 보입니다.
손님: 그런 까닭으로, 만약에 우리가 그를 일종의 환영 제작 기술을
d 가진 걸로 말한다면, 이런 용어 사용으로 해서, 우리를 역공함으로써
논의를 쉽게 반전시킬 것이니, 그를 우리가 영상 제작자로 일컬을 경
우에는, 도대체 뭘 영상(eidōlon)으로 우리가 말하는지 물으면서 말
일세. 그러니, 테아이테토스여, 이 고집스런 자에게 그 질문에 대해
누가 무슨 대답을 할 것인지 생각해 보아야만 하네.
테아이테토스: 물속과 거울 속의 영상들을, 더 나아가서는 그려진
것들이나 조각된 것들 그리고 어쩌면 이와 같은 다른 하고많은 것들
을 우리가 말할 게 명백합니다.[106]
손님: 테아이테토스여, 자네가 소피스테스를 보지 못한 게 분명하
e 구먼.
테아이테토스: 왜죠?
손님: 그가 눈을 감고 있거나 아예 눈이 없는 걸로 자네에겐 생각될
걸세.
테아이테토스: 어떻게요?
손님: 자네가 대답을 이런 식으로 하게 될 때, 자네가 거울이나 조형
물들 속의 뭔가를 말한다면, 그는 자네 말을 비웃을 것이네. 그가 그것
240a 들을 보는 사람으로 그대가 말할 때, 그는 거울도 물도 시각도 전연 모
르는 체하면서, 말로써 하는 것만 갖고서 자네에게 질문할 거네.
테아이테토스: 어떤 걸 말씀입니까?

105) '접근할 길이 막힌 곳'의 원어는 aporos topos이다.
106) 영상 및 모상과 관련해서는《국가 (정체)》편 510a, 515a, 598b 등에서도 언급되고 있다.

240a

손님: 여럿을 말한 이것들 모두를 통해 한 이름으로 지칭할 생각을 자네가 한 것인데, 이는 그 모두에 대해 하나인 것으로서 '영상' 이라 말한 걸세. 따라서 그걸 말하고선, 그 사람 앞에서 조금도 물러서지 말고 막아 내게.

테아이테토스: 그러니까, 손님, 아무튼 진짜를 닮은 그런 것인 다른 것 이외의 무엇이라 우리가 말하겠습니까?

손님: 하면, 다른 그런 것인 진짜를 그대는 말하는가, 아니면 무엇에 대해 그런 것인 것을 말하는가? b

테아이테토스: 어쨌든 결코 진짜를 말하는 것이 아니라, 닮은 것을 말합니다.

손님: 그러니까 진짜인 것이란 '참으로 있는(…인) 것'[107]을 말하는 것인가?

테아이테토스: 그렇습니다.

손님: 어떤가? 진짜가 아닌 것은 진짜와 대립되는 것인가?

테아이테토스: 물론입니다.

손님: 그러니까 닮은 것(to eoikos)은 '참으로 있지는(…이지는) 않는 것' 을 자네는 말하네. 이걸 어쨌든 진짜가 아닌 것으로 자네가 말하고 있다면 말일세.

테아이테토스: 그렇지만 그것은 어떤 식으로든 있습니다.

손님: 그러니까 어쨌든 진짜로 있지는(…이지는) 않다고 자네는 말하고 있는 거군.

테아이테토스: 진짜로 있는 건 아니니까요. 정말로 모상(eikōn)일

---

107) '진짜인 것' 의 원어는 to alēthinon이고, '참으로 있는 것' 은 ontōs on인데, 이는 '참으로 …인 것' 을 뜻하기도 한다.

240b

뿐이지요.

손님: 그러고 보니 참으로 있는 것이 아니라, 사실은 우리가 모상으로 말하고 있는 것일세.

c 테아이테토스: 있지 않는 것이 있는 것과 그런 식의 엮임 형태(symplokē)로 엮여 있는 것 같으며, 몹시 이상하네요.

손님: 사실 어찌 이상하지 않겠는가? 어쨌든 지금도 이 '탈 바꾸기(epallaxis)'로 해서 여러 개의 머리를 가진[108] 소피스테스가 우리로 하여금 있지 않는 것이 어떤 식으로든 있다고 마지못해서 동의하지 않을 수 없게 만들었음을 자네가 보고 있네.

테아이테토스: 보고말고요.

손님: 그러면 다음은? 그의 기술을 무엇이라 정의함으로써 우리가 자가당착에 빠지지 않을 수 있겠는가?

테아이테토스: 무엇 때문에 그리고 어떤 것을 두려워하셔서 이렇게 말씀하시는지요?

d 손님: 환영[109]과 관련해서 그가 속인다고 그리고 그의 기술은 일종의 기만술이라고 우리가 말할 때, 그때 우리는 그의 기술로 해서 우리의 혼이 거짓된 생각을 한다고 말할 것인지 아니면 도대체 우리가 뭐라 말할 것인지?

테아이테토스: 그것입니다. 실상 다른 무엇을 우리가 말하겠습니까?

---

108) 여러 개의 머리를 가진 짐승과 관련해서는 《국가(정체)》 편 588c에서도 언급하고 있거니와 히드라도 그런 괴물이겠다. 그리고 여기에서 '탈 바꾸기'는 소피스테스가 여러 모습으로 나타남을 빗대어서 하는 말이겠는데, 이 '탈 바꾸기'는 그가 그 정체를 완전히 드러낼 때까지 앞으로도 계속된다.

109) 234e의 해당 각주 및 236b~c를 참조할 것.

240d

손님: 다시 거짓된 생각(판단)(pseudēs doxa)은 사실인 것들(ta onta)[110]과 대립되는 생각을 함일 것인가, 아니면 어떤 생각일까?

테아이테토스: 그렇습니다. 대립되는 것입니다.

손님: 그러면 '사실이 아닌 것들(있지 않는 것들: ta mē onta)'을 생각함은 거짓된 생각을 말하는가?

테아이테토스: 그야 필연입니다.

손님: 그것은 있지 않는 것들을 있지 않다고 생각함인가 아니면 어 e
떤 식으로도 있지 않는 것들을 어떤 식으로는 있다고 생각함인가?

테아이테토스: 만약에 누군가가 뭔가 조금이라도 거짓을 말하려면, 있지 않는 것들(사실이 아닌 것들)이 어쨌든 어떻게든 있어야만 합니다.

손님: 어쨌든 있는 것들이 어떤 식으로도 있지 않는 것으로 생각되지는 않겠지?

테아이테토스: 네.

손님: 이것이야말로 역시 거짓이겠지?

테아이테토스: 그것 또한.

손님: 그리고 내가 생각하기로 진술[111]이 거짓으로 간주되는 건 있
는(…인) 것들을 있지(…이지) 않다고 그리고 있지(…이지) 않는 것들
을 있는(…인) 것들로 말하는데, 이처럼 똑같은 방식으로 해서네. 241a

---

110) 238b에서는 '있는 것들'로 이해할 것이었다. 그러나 이를 여기에서는 '…인 것들' 곧 '사실들'로 이해해야만 하는 것이다. 따라서 앞서 '있지 않는 것들(ta mē onta)'로 이해했던 것은, 바로 다음 문장에서 보듯, 이에 상응해서 '…이지 않은 것들' 곧 '사실이 아닌 것들', '거짓인 것들'로 이해될 것들이 되기도 한다.

111) 누군가의 생각이나 의견 또는 판단(doxa)이 말로 표현된 것이 '진술(logos=statement)'이다.

241a

테아이테토스: 그게 거짓으로 되는 게 실상 어떻게 달리이겠습니까?

손님: 달리는 어떤 식으로도 사실상 불가능하네. 그러나 소피스테스는 이를 시인하지 않네. 양식 있는 이로 하여금 찬동하게 할 무슨 방도가 있겠는가? 이것들 이전에 동의하게 된 것들이 재차 동의를 얻게 된 터에 말일세.[112] 그가 말하는 걸 우리가 이해하고 있는 건가, 테아이테토스?

테아이테토스: 실상 우리가 왜 이를 이해하지 못하겠습니까? 생각들에도 진술들의 경우에도 거짓이 있다고 우리가 감히 말한다면, 우리가 방금 말한 것들에 대립되는 것들을 말하고 있다고 그가 주장할
b 것이라는 걸. 왜냐하면 있지(…이지) 않는 것에 있는(…인) 것을 우리가 자꾸 결부하지 않을 수 없게 되기 때문인데, 이는 뭣보다도 지극히 불가능한 일이라는 건 방금도 우리가 동의한 바입니다.[113]

손님: 자네가 옳게 기억하고 있네. 그러나 지금은 소피스테스에 대해서 무엇을 해야만 할지를 숙의할 바로 그 시간이네. 만약에 우리가 그를 속임수를 쓰는 자들이나 마법사들의 기술 속에 포함시키고서 면밀히 검토한다면, 많은 반격과 당혹스러움에 있어서 실은 얼마나 많은 재주를 그가 지녔는지를 볼 것이네.

테아이테토스: 그야 많겠죠.

손님: 그것들 중의 작은 부분을 이제야 말했는데, 거의 무한정하
c 다네.

테아이테토스: 그게 그러하다면, 소피스테스를 붙잡기는 그러니까

---

112) 237a~238c에서 말한 것들을 238d~239c에서 재차 다짐한 것을 두고 하는 말이다.

113) 238a, e에서도 그랬다.

불가능한 것 같습니다.

손님: 왜 그런가? 우리가 지금 의기소침해져서 물러설 것인가?

테아이테토스: 저로서는 어쨌든 그래서는 안 된다고 주장합니다. 잠깐이라도 그 사람을 어떻게 우리가 붙잡을 수 있다면요.

손님: 그러면 자네는 우리가 이처럼 강력한 주장에서 어떻게든 잠깐이나마 벗어나더라도 용서하고서, 지금 자네가 말했듯, 잠자코 반길 것인가?

테아이테토스: 실상 어떻게 그러지 않겠습니까?

손님: 그러면 나는 이걸 자네에게 한층 더 간청하네. d

테아이테토스: 어떤 것인데요?

손님: 자네가 나를 일종의 부친 살해자[114]가 된 것처럼 생각하지는 말라는 걸세.

테아이테토스: 왜죠?

손님: 아버지 파르메니데스의 주장을 방어하려는 우리로서 이를 시험하는 게 불가피하고, 또한 있지(→ …이지) 않는 것이 어떤 점에서는 있다(→ …이라)고 그리고 다시 있는(→ …인) 것이 어떤 식으로는 있지(→ …이지) 않다고 억지를 부리는 게 불가피하네.

---

114) 파르메니데스의 토막글 3은 "같은 것이 사유될 수도 있고 존재할 수도 있기 때문이다(to gar auto noein estin te kai einai)"라는 것이다. 또한 토막글 7에서는 일체의 경험과 눈, 귀 그리고 혀를 이용하지 말고, "이성으로 판단하라(krinai de logǭ)"고 이른다. 그러니까, 비록 참으로 '있는 것(to eon)'을 하나뿐인 것으로 말하긴 했지만, 이성(logos)과 지성(nous)에 의한 앎의 대상만을 참 존재로 여기도록 말하고 있다는 점에서는, 사상적 계보로 따지자면, 파르메니데스가 엘레아의 손님에게는 물론이고, 소크라테스나 플라톤에게도 사상적으로는 아버지인 셈이라 해서 하는 말이다.

241d

테아이테토스: 논의에서 우리가 그런 분투를 해야만 할 것으로 보입니다.

손님: 흔히 하는 말처럼 이는 장님에겐들 실상 어찌 분명하지 않겠
e 는가? 이것들이 논박되지도 않고 동의도 얻지 못하고서는, 누군가가 거짓 진술들이나 거짓 판단에 대해서 영상들이나 모상들 또는 모방물들이나 환영들 자체로 말하여, 또는 이것들과 관련된 하고많은 기술들에 대해서 말하여, 자기모순의 말을 하지 않을 수 없게 됨으로써, 웃음거리가 되지 않을 수가 거의 없을 것이네.

테아이테토스: 지당하신 말씀입니다.

242a 손님: 그렇지만 이 때문에 이제 우리가 아버지의 주장에 대해 공격하기를 감행하거나, 아니면 혹여 어떤 망설임이 이를 감행하는 걸 막는다면, 아주 그만두어야만 하네.

테아이테토스: 그러나 우리로 하여금 이를 그 어떤 것도 어떤 식으로도 하지 못하게 막지는 못할 것입니다.

손님: 그러면 세 번째로 자네에게 작은 것 하나를 더 청하겠네.

테아이테토스: 말씀이나 하시죠.

손님: 방금 내가 말하면서, 이것들과 관련된 논박에 임해서는 언제나 내가 힘에 부치는 것으로 말했던 것으로 생각하는데, 특히 지금이 그러하네.

테아이테토스: 그리 말씀하셨죠.

손님: 이미 말한 것들이 두렵네. 이것들로 해서 자네에게 내가 매순간 자신의 견해를 요리조리 바꿈으로써 제 정신이 아닌 것으로[115] 여

115) '제 정신이 아닌 것으로'는 원어로는 '미친 걸로(manikos einai)'가 직역이다.

242a

겨지지나 않을까 해서네. 물론 우리가 이 논박을 시도하게 되는 것은 b
자네를 위해서이기 때문이네. 과연 우리가 논박을 해내게 된다면 말일세.

테아이테토스: 그래서 선생님께서 이 논박과 논증(apodeixis)에 착수하시더라도, 빗나가는 일은 아무것도 어떤 식으로도 하시지 않을 것으로 제게는 생각됩니다. 이를 위해서 용기를 내시고서 진행하세요.

손님: 자, 그러면 이 대담한 논의의 출발을 무엇에서부터 시작할 것인지? 여보게, 실은 우리로선 이것이 뭣보다도 반드시 들어서야만 할 길이라 생각되네.

테아이테토스: 바로 어떤 길인데요?

손님: 지금 분명한 것으로 생각되는 것들을 첫째로 검토하는 것이
네. 이것들에 대해서 우리가 어쩌다가 혼란스러워져서, 서로 쉽게 동 c
의해 버리는 일이 없었으면 해서네. 스스로들 명석한 상태에 있다는 이유로 말일세.

테아이테토스: 무슨 말씀인지 더 명확히 말씀해 주십시오.

손님: 파르메니데스도 그리고 있는 것들(실재들: ta onta)이 몇 가지이며 어떤 것들인지를 규정하는 결정에 일찍이 착수했던 모든 사람도 우리를 상대로 대화함에 있어서 안이하게 한 것으로 내게는 생각되네.

테아이테토스: 어떻게 말씀입니까?

손님: 이들은 저마다, 우리가 마치 아이들이기라도 한 것처럼, 우리에게 이야기를 들려주는 것으로 보이네. 어떤 이는 있는 것들(실재들)을 셋으로, 그러나 이것들 중의 어떤 것들은 가끔 어떤 식으로 서
로 싸우지만, 때로는 친해지기까지 해서, 혼인을 하고 자식들을 낳아, d

소산들의 양육까지 보살핀다고 이야길 하지.[116] 그런가 하면 다른 이는 그것들을 둘로, 곧 습함과 건조함(건·습) 또는 따뜻함과 차가움(온·냉)으로 말하고선, 이것들을 함께 거주케 하고 혼인하게 하네.[117] 그러나 우리 쪽의 엘레아학파는 크세노파네스로부터, 아니 더욱 이전부터 시작되는데, '만물(ta panta)'로 불리는 것들이 하나라는 이런 식의 이야기들로 전개하게 되네.[118] 반면에 이오니아와 그 뒤에는

---

116) 아마도 키클라데스군도 중의 하나인 Syros 출신의 페레키데스(Pherekydēs: 544년경에 활약함)가 주장한 내용인 것으로 추정된다. 《디오게네스 라에르티오스》 I, 11에서는 그의 책 첫머리의 시작을 이런 내용인 것으로 밝히고 있다. "Zas(제우스)와 Khronos(시간을 뜻함)는 영원했으며 Kthoniē(=Earth; 대지) 또한 그러했다. 그런데 '크토니에'에게는 Gē(=Earth)라는 이름이 주어졌는데, 제우스가 대지(大地)를 그에게 선물로 주게 되어서다." 이 내용은 Diels/Kranz, *Die Fragmente der Vorsokratiker*, I에 그의 토막글 1로 수록되어 있다. 그 책 제목이 《일곱 개의 거처 또는 신들의 교합 또는 신들의 탄생》(*Heptamykhos ētoi Theokrasia ē Theogonia*)인 것 같은데, 이 '일곱'을 '다섯'으로 말하는 기록도 있다. 제우스는 크토니에와 혼인하면서, 신랑으로서의 혼인 선물로 Gē(대지)와 Ōgēnos(=Ōkeanos; 바다) 그리고 거처가 수놓인 외투를 주었다고 한다. 그리고 크로노스의 씨에서 생긴 요소들로 불·공기·물을 말했다. 이처럼 그는 우주론적 신 이야기(theologia)를 한 사람으로 알려져 있으며, 자연(physis) 현상들과 신들(theoi)에 대한 예언적 발언들도 많이 한 것으로 전한다. 이런 식의 자연과 신들의 탄생과 관련된 언급에 대해 말하고 있는 장면이 《법률》 편 886c에 보인다.

117) 비슷한 주장을 한 사람으로 아르켈라오스(Arkhelaos: 5세기에 활약함)가 있다. 아마도 아테네인이었던 것 같으며, 《디오게네스 라에르티오스》 II, 16, 17에 그의 주장의 요지가 정리되어 있다. 이에 의하면, 그는 만물 생성의 두 원인으로 온·냉을 들며, 생물들은 데워진 흙이 우유 상태로 된 진흙에서 생기는 것으로 말했다.

118) Elea는 남이탈리아, 오늘날의 나폴리에서 좀 아래쪽 해안 지대에 있던 곳으로, 헬라스 이주민들이 세운 나라였다. 이 대화편의 손님이 바로 이곳 출신이다. 엘레아학파(Eleatikon ethnos)라는 명칭은 아마도 이 대

242d

시켈리아의 몇몇 무사들(Mousai)[119]이 양쪽 주장들을 엮어서 있는 것 (실재: to on)을 여럿이기도 하고 하나이기도 하지만, 미워함과 우애 e
로 해서 결속한다고 말하는 것이 가장 무난하다는 생각을 했네. 이들 무사들 중에서도 엄중한 편인 자들은 "갈라지는 것이 언제나 함께 만나게 되기 때문이다"라고 주장하네.[120] 그러나 유연한 편인 자들은 이

화편의 이곳에서의 지칭에서 비롯된 것인 것 같다. 철학사를 통해서 우리가 알고 있는 엘레아학파는 Parmenidēs에서 비롯되는 것이지만, 이 대화편의 이 대목에서는 Xenophanēs(570년경 출생) 이전으로까지 거슬러 올라가는 것으로 언급되고 있다. 크세노파네스는 파르메니데스의 스승으로도 알려져 오지만 확실치는 않다. 그는 헬라스인들이 믿고 있는 신들에 대한 생각을 비판했다. "호메로스와 헤시오도스는 온갖 것들을 신들에게 귀속시켰느니라./ 인간들 사이에서도 수치스런 것들이며 나무랄 하고많은 일들을,/ 도둑질하며 간통하고 서로들 속이기까지."(토막글 11) 아닌 게아니라 신화 속의 그 많은 전통적인 신들은 하나같이 사람의 모습을 하고 사람처럼 생각하고 행동하는 것으로 이해되었다. 오직 영생한다는 것과 초인간적인 힘을 지녔다는 점이 다르다고나 할까. 그는 이처럼 이런 의인론적(擬人論的) 신관(신인동성동형설: anthropomorphism)에 대해 그야말로 신랄한 비판을 했다. "한 신이, 신들 사이에서도 인간들 사이에서도, 가장 위대하며,/ 몸으로나 생각으로나 죽게 마련인 자들과는 같지 않으니라."(토막글 23) 신화로 전하는 다신론적인 신들이 아닌 가장 참된 하나의 신을 말했다는 점에서는 그들이 같은 사상적 맥락을 이은 학파였던 셈이다.

119) Mousa(영어로는 Muse)에는 아홉 자매가 있어서, 곧잘 복수 형태(Mousai=Muses)로 불리는데, 이들은 제우스와 Mnēmosynē 사이에 난 딸들이라 한다. 시가와 춤 그리고 철학이나 천문학 등 모든 지적 탐구도 이들의 소관사이다. 그래서 《국가(정체)》 편 548b~c에는 이런 구절이 보인다. "논의와 철학을 아울러 갖춘 참된 무사에 대해서는 소홀히 하면서도"라는 표현에서 보듯, 여기서도 그런 탐구를 하는 사람을 아예 Mousa로 일컫고 있다.

120) 여기서 말하는 '이오니아의 무사들(Mousai)'을 대표하는 철학자는 Hērakleitos(약 540~약 480)이다. 그는 이오니아의 Ephesos 출신인데,

242e

것들이 언제나 이런 상태에 있는 걸 이완시켰으니, 교대로 한때는 우주(to pan)가 아프로디테(사랑)로 해서 하나로 친근한 사이가 되어
243a 있지만, 때로는 일종의 불화(neikos)로 해서 그것이 여럿으로 그 자체와도 다투는 것이 된다고 주장하네.[121] 그러나 이들 중에서 누군가가

여기에 인용된 글의 내용이 바로 그의 토막글 51의 일부 내용이고, 그 전체 내용은 이러하다. "사람들은 갈라지는 것이 어떻게 해서 그 자체와 호응하게 되는지를 알지 못한다. 마치 활과 리라의 경우처럼, 되돌려 놓는 조화를." 본문에 인용된 "갈라지는 것이 언제나 함께 만나게 되기(sympheretai) 때문이다"라는 문장과 토막글로 전하는 것과는 부분적으로 특히 '호응하게 되는(homologeei)'이 다르지만 기본적으로는 같은 내용이다. 우리는 활의 몸체와 이 몸체의 양쪽 끝에 건 시위에 화살을 메겨 활을 쏜다. 이때 화살을 멀리 보내기 위해서는 이 활의 몸체와 시위의 중심을 최대한 서로 멀어지게 당겨야 할 것이다. 리라(lyra)나 키타라(kithara) 따위의 현악기들을 이용해서 음의 조화를 빚어냄도 같은 이치로 해서다. 현들을 현악기의 맨 아래쪽 끝의 줄 걸이(khordotonon)에 건 다음, 공명 상자의 기러기발(magas)에 걸치게 하고서는, 현악기의 양쪽 팔 끝에 연결된 가로대(zygon)에 일단 맨다. 그리고서는 현들을 이곳에서 줄감개들(kollopes)로 팽팽하게 조이면서 음을 조절하고 나면, 바야흐로 현들을 탈 준비는 된 것이다. 이렇게 준비된 악기를 갖고서, 오른손으로는 채(plēktron)를 이용하여 현들을 타며 왼손 손가락으로는 현들을 누르면서 음정과 진동을 조절하면, 기러기발을 통해 공명 상자에 그 진동이 전해지는 형태가 된다. 그러니까 이런 현들과 현악기의 몸체와의 팽팽한 긴장 관계 그리고 이를 이용한 현들의 퉁김에서 현악기의 조화로운 음이 나오는 이치를 말하고 있는 것이다.

121) '유연한 편'으로 지목된 '시켈리아(시칠리아)의 무사들'을 대표하는 철학자는 시켈리아의 아크라가스(Akragas) 출신인 엠페도클레스(Empedoklēs, 약 492~432)이다. 그도 파르메니데스의 주장대로 참으로 '있는 것(to eon)' 자체는 불변의 것임에 동의했지만, 이를 하나 아닌 넷으로, 곧 물·불·흙·공기로 내세우고, 이것들을 다양한 사물들을 이루는 네 가지 원소들(stoikheia)로 보았다. 이를 상징적인 뜻에서 뿌리들(rhizōmata)이라 말하면서, 이것들의 다양한 결합과 해체 과정이 곧 자연에서의 생성과 소멸의 과정이라 주장하며, 그 원인으로 사랑(Philotēs)과

243a

이 모든 걸 말한 것이 진실인지 아닌지는 어려운 문제이겠으며, 이처럼 오래도록 명성을 누려 오신 분들에 대해 비난을 한다는 것은 크게 엇가는 짓일세. 하지만 저 한 가지를 지적하는 것은 비난받지 않을 일이네.

테아이테토스: 그게 어떤 것인가요?

손님: 많은 우리를 간과하고서 너무 유념하지 않았다는 걸세. 왜냐하면 그들은 우리가 그들이 말하는 걸 이해하는지 또는 이해하지 못해 뒤처지는지는 전혀 생각지 않고, 저마다 제 주장들만 하고 끝내 버리기 때문이네. b

테아이테토스: 어떻게 하시는 말씀인지?

손님: 이들 중에서 누군가가 여럿 또는 하나가 또는 둘이 있다(실재한다)거나 있게 되었다거나 있게 될 것이라고, 그리고 뜨거움이 참과 혼합된다고 주장하거나, 또는 다른 어떤 방식으로 분리와 결합을 전제하면서 발언할 경우에, 테아이테토스, 자네는 신들에 맹세코, 그들이 말하는 바를 조금이라도 이해하는가? 실은 내가 젊었을 적에는, 지금은 당혹스러워하는 이것을, 곧 '있지(실재하지) 않는 것(to mē on)'을 누군가가 말할 때마다 정확히 이해한다고 생각했었네. 그러나 지금은 이것에 대해서 우리가 얼마나 당혹스러운 상태(aporia)에 있는지를 자네가 보네.

테아이테토스: 보고 있습니다. c

손님: 아마도 이제는 '있는 것(실재: to on)'과 관련해서도 마음속으로는 우리가 못지않게 똑같은 상태에 처하여 있게 되었을 것이네.

불화(Neikos)를 제시했다. 이것들의 영향력이 교대로 극대화 또는 극소화되는 과정이 곧 사물들의 생성과 소멸의 과정이라는 주장이다.

243c

다른 쪽 것[122]에 대해서는 그렇지 않지만, 이것에 대해서는 막힐 게 없고, 누군가가 이를 말하게만 되어도 안다고 말했을 것에 대해서 말일세. 양쪽 다에 대해서 똑같은 처지가 된 것 같네.[123]

테아이테토스: 아마도 그렇겠네요.

손님: 이미 언급되었던 다른 것들의 경우에도 이는 똑같은 것으로 우리로선 말한 걸로 해 두세.

테아이테토스: 물론입니다.

손님: 그러니 다른 것들에 대해서는, 그러는 게 좋다면, 차후에 고
d 찰할 것이네. 그러나 가장 중요하고 주된 것인 첫째 것에 대해 이제 고찰해야만 하네.

테아이테토스: 바로 무엇을 말씀하시는지요? 혹시 '있는 것(실재)'을 말하는 이들이 도대체 이로써 무엇을 나타내려는 생각을 하고 있는지를 맨 먼저 검토해야만 한다고 선생님께서 말씀하시고 계신 게 명백한지요?

손님: 자네가 당장에 알아챘네그려, 테아이테토스! 실은 우리가 이런 식으로 탐구를 해야만 한다고 내가 말하고 있는 걸세. 이를테면, 이들이 여기에 참석해 있다고 하고서 이렇게 우리가 질문하는 걸세. "자, 여러분은 만물(모든 것들: ta panta)을 뜨거움과 참 또는 이런 유의 어떤 두 가지 '임(einai=be: 있음)'을 말하는데, 둘 그리고 그 각각 '임'을 말하면서, 그러니까 이들 둘에 대해 이를 적용해서 말하면
e 서, 도대체 무슨 뜻으로 하는 겁니까? 그대들의 이 '임(있음)'을 우리가 무슨 뜻으로 받아들일까요? 저 둘 이외에 세 번째 것으로, 그래서

---

122) 곧 to mē on(있지 않는 것)을 가리킨다.

123) 원문 그대로는 빠트린 부분이 있다고 보아, 끝 쪽에서 약간의 의역을 했다.

243e

우리가 그대들을 따라 모든 것(to pan)을 더는 둘 아닌 셋인 것으로 간주할까요? 실은 어쨌든 둘 중에서 한쪽을 있는(실재하는: on) 것으로 아마도 일컫지는 않고, 양쪽 다를 똑같이 있다(실재한다: einai)고 그대들이 말하겠기 때문이오. 그럴 경우에는 아마도 어느 쪽으로거나 하나만 있지(실재하지), 둘이 있지(실재하지)는 않을 테니까요."

테아이테토스: 진실을 말씀하십니다.

손님: "하지만 그대들은 어쨌든 양쪽 것들 다를 있는(실재하는: on) 걸로 일컫고자 하겠죠?"

테아이테토스: 아마도 그럴 것입니다.

손님: "그러나, 여러분, 그렇더라도 그 둘은 하나로 말하는 것이 244a
가장 안전할 것이오."

테아이테토스: 지당하신 말씀입니다.

손님: "그러면 우리가 당혹스러우니까, 그대들이 이를 우리에게 충
분하도록 명백하게 해 주시오. 그대들이 '있는(실재하는: on)' 이라고
발언할 때, 도대체 무엇을 나타내고자 하는지를. 여러분은 이것들을
오래도록 알고들 있는 게 명백하겠소만, 우리는 이전에는 알고 있는
걸로 생각했지만, 지금은 당혹스러워하게 되었소. 그러니 맨 먼저 바
로 이걸 우리에게 가르쳐 주시오. 여러분이 말하는 것들을 우리가 안
다고 생각하는 일이 없도록 말이오. 사실은 이와 전적으로 반대인 처
지에 있게 되었으면서요." 이들에게 그리고 모든 걸 하나 이상이라 말 b
하는 다른 사람들에게 이것들을 말하고 요구한다고 해서, 이보게, 우
리가 뭔가 엇나가는 짓을 하는 건 아니겠지?

테아이테토스: 조금도 아닙니다.

손님: 어떤가? 모든 걸 하나로 주장하는 자들에게서 도대체 무엇을 있는 것(실재: to on)으로 말하는지 가능한 한 알아보아야만 하지 않

겠는가?

테아이테토스: 어찌 그렇지 않겠습니까?

손님: 그러면 이에 대해서 그들이 대답케 하세나. "그대들은 아마도 하나만 있다(실재한다: einai)고 말하오?" — "실상 우리는 그리 말하고 있소." 하고 그들은 말하겠지?

테아이테토스: 네.

손님: "어떻소? 그대들은 뭔가를 있는 것(실재: on)으로 일컫죠?"

테아이테토스: 네.

c 손님: "그게 바로 그대들이 '하나(hen)'로 일컫는 것이어서, 같
은 것에 두 개의 명칭을 쓰고 있는 건가요, 아니면 어떻게 하고 있나요?"

테아이테토스: 그러니까, 손님이시여, 그들에게 있어서 이것 다음의 대답은 무엇일까요?

손님: 그야 명백하네, 테아이테토스! 이 주장을 한 사람으로서는 지금 받은 질문에 대해서 그리고 그 밖의 다른 어떤 질문에 대해서도 대답하기가 조금도 쉽지 않을 거네.

테아이테토스: 어찌 아니겠습니까?

손님: '하나' 이외에는 아무것도 주장하지 않으면서 두 개의 명칭이 있음에 동의한다는 것은 아마도 우스울 텐데—

테아이테토스: 어찌 그렇지 않겠습니까?

손님: 또한 설명할 수도 없는데, 그것에 어떤 명칭이 있다고 주장하
d 는 사람을 용납한다는 것도 아주 우습네.

테아이테토스: 어째서죠?

손님: 명칭을 사물과 다른 것으로 봄으로써 짐작건대 그는 두 개의 것을 말하고 있는데 —

244d

테아이테토스: 네.

손님: 하지만, 만약에 그가 명칭을 사물과 동일한 것으로 본다면, 그는 어떤 것의 명칭도 말하지 않을 수 없게 되거나, 어떤 것의 명칭을 말하게 된다면, 그 명칭은 명칭의 명칭으로 될 뿐, 다른 어떤 것의 명칭도 아니게 되네.

테아이테토스: 그리 되네요.

손님: 그리고 어쨌든 하나는 하나의 하나일 뿐이며 또한 그 명칭의 하나이네.

테아이테토스: 그건 필연입니다.

손님: 어떤가? 전체(to holon)는 하나인 것(to on hen)과는 다른 것이거나 또는 이것과 같은 것이라고 그들은 말하겠는가?

테아이테토스: 어찌 그리 말하지 않겠으며, 사실 그리 말합니다. e

손님: 그러니까 만약에 전체가, 파르메니데스도 말하듯,

모든 방향에서 아주 둥근 구형의 덩어리를 닮았다면,
중심에서부터 모든 방향으로 같을 것이다. 여기서나 저기서나
조금인들 더 크거나 작아서는 안 되기 때문이지.[124]

'있는 것(실재: to on)' 이 어쨌든 그런 것이라면, 그건 중심과 [둘레의] 끝[점]들을 가질 것이고, 이것들을 갖기에 부분들을 갖는 게 전적인 필연일세. 어떤가?

테아이테토스: 그렇습니다.

손님: 그렇지만 부분들로 나뉘는 것이 그 모든 부분에 대해 하나의 245a

124) 파르메니데스의 토막글 8. 43~45.

245a

속성[125]을 가지며, 또한 바로 이런 식으로 모두 그리고 전체이면서 하나일 수 없게 할 것은 아무것도 없네.

테아이테토스: 왜 아니겠습니까?

손님: 그러나 이런 상태들에 있는 것 자체가 하나 자체인 것이 불가능하지는 않겠지?

테아이테토스: 어떻게 말씀입니까?

손님: 어쨌든 참으로 하나인 것은 그 바른 의미 규정에 따라 전적으로 부분이 없는 것을 말해야만 하는 게 틀림없네.

테아이테토스: 아닌게아니라 그래야만 합니다.

b 손님: 그러나 어쨌든 여러 부분들로 이루어진 그런 것인 것은 그 의미 규정에 합치하지 않네.

테아이테토스: 알겠습니다.

손님: 따라서 '있는 것(실재)' 이 이처럼 하나의 속성을 갖고 있어서 하나이며 전체일 까, 아니면 '있는 것(실재)' 은 전혀 전체가 아니라고 우리는 말할 것인가?

테아이테토스: 어려운 선택을 제시하십니다.

손님: 하지만 자네는 지극한 진실을 말하고 있네. 왜냐하면 '있는 것(실재)' 이 하나인 것(일자: to hen)과 같은 것은 아니면서도 어떤 면에서는 하나인 상태에 있는 것으로 보이며, 만물은 하나보다도 더 여럿일 것이기 때문이네.

---

125) 여기에서 '속성' 으로 옮긴 것의 원어는 pathos이다. 이에 반대되는 말은 ousia(본질)이다. 그런데 이 낱말은 '사물이나 사람에게 일어나는 것' 곧 어떤 조건에 처한 것이 '당하거나 겪는 것' 을 가리키는 말이니, 동사 paskhō가 그 어원이다. 그러니까 사건, 사태, 상태, 감정, 불행, 당한 일, 재난, 조건, 성질, 속성, [능동에 대한] 수동 등을 뜻한다.

테아이테토스: 네.

손님: 더 나아가 만약에 '있는 것(실재)'이 하나인 것으로 인한 이 c
속성을 갖게 됨으로써 전체는 아니지만, 전체 자체는 있다면, '있는 것(실재)'은 자기 결여 상태가 되네.

테아이테토스: 확실히 그렇습니다.

손님: 또한 바로 이 주장대로라면, 자기 결여 상태인 '있는 것(실재)'은 있는 것(실재)이 아니게 될 것이네.

테아이테토스: 그렇습니다.

손님: 그리고 모든 것은 어쨌든 다시 하나 이상이 되는데, 있는 것(실재)과 전체는 저마다의 고유한 별개의 성질을 지니고 있어서네.

테아이테토스: 네.

손님: 그렇지만 만약에 전체란 게 아예 없다면, 이들 똑같은 것들이
있는 것(실재)에도 타당할뿐더러, 있는 것이 있지 않음에 더해 있게 d
되지도 않을 걸세.

테아이테토스: 왜죠?

손님: 있게 된 것은 그때마다 전체가 되었네.[126] 따라서 만약에 전체를 있는 것들 속에 포함시키지 않는다면, 존재(ousia)[127]나 생성(genesis)이 성립하는 것으로 선언해서는 안 되네.

테아이테토스: 그것들은 전적으로 그런 걸로 보입니다.

---

126) '있게 된 것(to genomenon)'은 일단 생성이 완료된 것을 뜻하기에, 이는 곧 생성 과정 속의 부분들이 전체로서 완성된 것을 뜻한다고 해서 하는 말이다.

127) ousia는 존재(esse=being) 이외에도 본질(essentia=essence) 또는 실체(substantia=substance)를 뜻하는 말이지만, 여기서는 '존재'의 뜻으로 쓰이고 있다.

245d

손님: 더 나아가 전체가 아닌 것은 어떤 수량의 것도 될 수 없네. 일정량인 것은, 그게 얼마만큼의 것이건 간에, 이건 그만큼의 전체인 게 필연적이기 때문이지.

테아이테토스: 바로 그렇습니다.

손님: 따라서 있는 것(실재)을 어떤 두 가지라 말하건 또는 한 가지
e 라 말하건, 그리 말하는 사람에게 그 각각이 그 밖의 한없이 많은 난문(難問)들을 품고 있는 것으로 나타나 보일 것이네.

테아이테토스: 이는 지금 드러난 것들로도 거의 명백합니다. 하나가 다른 것과 연결되어 있어서, 언제나 앞서 언급된 것들과 관련해서 더 많고 더 어려운 헤맴을 가져다주기 때문이죠.

손님: 그런데 있는 것(실재) 그리고 있지 않는 것과 관련해서 자세한 검토를 했던 이들을 우리가 모두 다루지는 않았지만, 그렇더라도 충분히 다룬 것으로 하세. 하지만 달리 주장했던 이들은 다시 고찰해야만 하네. 그들 모두를 통해서 있는 것(실재)이 있지 않는 것보다 도
246a 대체 그것이 무엇인지를 말하기가 조금도 수월하지가 않다는 걸 우리가 알았으면 해서네.

테아이테토스: 그렇다면 이들에게로도 나아가야만 합니다.

손님: 그렇지만 이들 사이에는 존재(실재성: ousia)와 관련된 서로 간의 다툼으로 인해서 일종의 '신들과 거인족 간의 싸움'[128] 같은 것

128) '[올림포스] 신들과 거인족 간의 싸움'의 원어는 gigantomakhia인데, 이는 올림포스의 신들과 거인족(Gigantes) 간의 싸움을 가리킨다. 헬라스 신화에 의하면, Ouranos는 1대의 주신(主神)이고, Kronos가 2대 그리고 Zeus가 3대째 주신이다. 한데, 우라노스는 그 뜻이 '하늘'이고, 그를 낳고 또 그의 아내가 된 Gaia는 그 뜻이 '땅' 곧 '대지(Earth)'이다. 우라노스가 제 아이들이 세상에 나오는 것을 싫어해 가이아의 자궁(땅 속)에 가두어 두니, 그 고통이 견디기 힘들어, 가이아가 막내 크로노스를

246a

이 있는 것 같네.

테아이테토스: 어떻게 말씀입니까?

손님: 한 무리는 하늘과 눈에 보이지 않는 곳에서 모든 것을 땅으로 끌어내리는 자들이네. 손으로 바위들과 나무들을 무작스레 거머쥐고

설득해서, 낫을 갖고 있다가 우라노스가 자기와 교접하려고 할 때, 그 남근을 자르게 했고, 이때 땅에 흘린 피로 인해 가이아가 잉태를 하게 되어 낳게 된 자식들이 거인족들이다.(헤시오도스의 《신들의 계보》, 154~210 참조.) 그런데 주신이 된 크로노스는 자기와 아내 Rhea 사이에서 난 자식이 언젠가는 자신의 자리를 빼앗게 될 것이라는 예언을 듣고서, 레아가 아이를 낳는 족족 삼켜 버린다. 그러나 한 아이를 낳는 길로 몰래 크레테 섬의 아이가이온(=이다)산에 숨기고, 대신 배내옷으로 싼 돌을 삼키게 한다. 이렇게 해서 살아남게 된 아이가 제우스이다. 그가 성장해서, Mētis 여신의 도움으로 얻은 약을 크로노스가 먹게 함으로써, 이전에 삼킨 아들과 딸들을 다 토해 내게 하여, 이들과 힘을 합해 크로노스와 그의 형들(곧 우라노스가 낳은 자식들로서 Titanes라 부름. 이들 중에서 맏이인 Okeanos만이 동조하지 않음)을 내몰아, 지하 세계의 제일 밑바닥인 Tartaros에 가두어 버리는데, 십 년이 걸린 이 싸움이 이른바 '티타네스와의 싸움(Titanomakhia)'이다. 이리하여 제우스를 주신으로 한 올림포스 신들의 시대가 열린다.(같은 책, 453~506 참조.) 그러나 크로노스를 비롯한 티타네스가 막상 타르타로스에 갇히게 되자, 가이아가 '거인족들'을 부추겨 제우스를 위시한 올림포스 신들에 도전케 하는데, 이들 사이의 싸움이 '[올림포스] 신들과 거인족 간의 싸움'이다. 그런데 이 거인족의 처치를 위해서는 신과 인간의 힘이 합쳐야만 된다고 해서 헤라클레스의 도움을 받게 되거니와, 올림포스 신들 중에서도 그 주역을 맡은 것은 제우스와 아테나 여신이다. 그러니까 '[올림포스] 신들과 거인족 간의 싸움'에서 '[올림포스의] 신들'로 비유된 사람들은 천상의 것들로 비유되는 비물질적인 것들을 신봉하는 자들로서 훗날의 철학사에서 사용되는 용어로는 관념론자들(idealists)에 해당되겠고, 거인족 또는 247c에서 '[땅에] 뿌려진 [이빨들에서 태어난] 자들(Spartoi)'로 비유된 자들은 지상의 물질적인 것들만을 '존재'로 보는 자들로서, 이른바 유물론자들(materialists)에 해당되겠다.

246a

서는 말일세. 이런 모든 것을 잡고서는 접촉과 어떤 촉감을 제공하는 것, 이것만이 있다(einai)고 확언하네. 물질(sōma)[129]과 존재(ousia)
b 를 동일한 것으로 규정하면서지. 다른 쪽 사람들 중에서 누군가가 물질을 갖지 않는 어떤 걸 있다고 말하기라도 하면, 전적으로 멸시하며, 다른 건 아무것도 들으려 하지 않네.[130]

테아이테토스: 정말 무서운 사람들을 말씀하십니다. 실은 저도 그들 중의 많은 이를 이미 만났습니다.

손님: 그래서 이들을 상대로 반박을 하는 이들은 몹시 조심해서 눈에 보이지 않는 어딘가의 위쪽에서부터 방어를 하네. 지성에 의해서 알게 되는(noēta) 것들[131] 그리고 물질적이지 않은 형상들(eidē)[132]을 참

129) sōma는 영어로는 대체로 body로 번역하는 말이지만, 라틴어 corpus가 그렇듯, 몸, 물체, 물질 등을 뜻한다.

130) 초기에는 이른바 이오니아학파들이, 나중에는 다원론자들이 이에 속하겠고, 이들과 대립되는 철학자들은 초기에는 이탈리아학파의 사람들로 피타고라스학파와 파르메니데스 일파 곧 엘레아학파가 이에 속하겠으며, 나중에는 플라톤과 이를 따르는 자들이 포함되겠다. 그러나 이제 플라톤이 '사유함(noein)'에 관한 한, 사상적으로 파르메니데스에 크게 은혜를 입은 처지이지만, 왜 그와 결별할 수밖에 없는지를 차차 밝히게 된다. 결론적으로 파르메니데스가 '있는 것'을 하나로 말함으로써 생성의 세계를 근원적으로 '있지 않는 것'의 영역으로 부인해 버렸다는 것이다.

131) '지성(nous)에 의해서 알게 되는(noēton=intelligible)'은 감각(aisthēsis)에 '지각되는(aisthēton=sensible)'과 인식론적으로 대비되는 말이고, 이 구별은 플라톤 철학에서 기본적인 것이다.

132) 단수는 eidos이고 *idea*와 같은 뜻으로 쓰인다. 이데아나 형상이 플라톤 특유의 철학적 용어로 본격적으로 쓰이기 시작한 것은 《파이돈》 편에서이며(역주자의 해당 대화편 각주 79 참조), 이를 본격적인 이론으로 확장해서 다루는 것이 《국가(정체)》 편이다. 그러나 우리의 이 대화편은, 앞에서 말한 중기의 두 대화편에서 강조하는 '언제나 똑같은 방식으로 한결같은 상태로 있는' '한 가지 보임새(monoeides)'의 단일한 모습의

246b

된 존재라고 강렬하게 주장하면서지. 그러나 저들의 물질들과 저들의 이른바 진리를 논의를 통해서 잘게 쪼개서는 존재 대신에 일종의 운동 c
형태로서의 생성(genesis)으로 지칭하네. 이것들과 관련해서는 이들 양쪽 사이에 일종의 끝없는 싸움이 언제나 일어났네, 테아이테토스!

테아이테토스: 정말입니다.

손님: 그러면 양쪽 부류에서 그들이 내세우는 존재의 논거(logos)를 차례로 취하기로 하세나.

테아이테토스: 그러면 어떻게 우리가 취할 것인지요?

손님: 형상들 편에서 존재를 내세우는 자들에게서 취하는 게 더 쉽겠는데, 이들이 더 온유하기 때문이네. 그러나 모든 걸 억지로 물질로
끌고 들어가는 자들에게서 취하기는 더 어렵겠는데, 아마도 거의 불 d
가능하기도 할 것이야. 하지만 이들에 대해서는 이렇게 해야만 하는 걸로 내게는 생각되네.

테아이테토스: 어떻게 말씀입니까?

손님: 만약에 가능하다면, 실제로 이들을 더 나은 사람들로 만드는 게 최선이네. 그러나 이게 불가능할 경우에는, 이론상으로 그러도록 해 보세나.[133] 이들이 지금보다는 더 준칙적이고 기꺼이 대답해 줄 것이라 가정하고서 말일세. 더 나은 자들에게서 동의를 얻는 것이, 더 못난 자들에게서 그러는 것보다는 아마도 더 결정적이겠기 때문이네.

형상이나 이데아와는 달리, 실은 하나의 형상은 여러 형상들이 결합(koinōnia) 형태를 이루고 있는 것임을 본격적으로 밝히고 있는 것이다. 이제 우리는 그 이론의 길목에 바야흐로 접어들 참이다.

133) 여기서 '실제로(ergō̧)'와 '이론상으로(logō̧)' 두 경우를 상정하는 것은 실제로 그런 사람들로 만드는 경우와, 이게 불가능할 경우에는, 이론상으로는 이러이러하게 되어야 함을 이치로 따져 천명할 것임을 말하고 있는 셈이다.

246d

하지만 그들에 대해서는 우리가 마음 쓰지 말고, 진실을 찾기나 하세.

e 테아이테토스: 지당하신 말씀입니다.

손님: 그러면 이들 개선된 자들로 하여금 자네에게 대답케 하고서, 이들에게서 얻은 대답을 자네가 설명하게나.

테아이테토스: 그럴 것입니다.

손님: 그럼 그들로 하여금 말하게 하게. 죽게 마련인 동물 따위가 있는 걸로 그들이 말하고 있는지.

테아이테토스: 어찌 그러지 않겠습니까?

손님: 한데, 그들은 이를 생명체[134]라고 동의하지 않겠는가?

테아이테토스: 물론입니다.

손님: 혼(생명)[135]을 있는 것들(ta onta) 중의 한 가지로 치고서겠지?

247a 테아이테토스: 네.

손님: 어떤가? 혼도 어떤 혼은 올바르다고 하지만, 어떤 혼은 올바르지 않다고 하며, 어떤 혼은 지혜롭지만, 어떤 혼은 어리석다고 말하지들 않는가?

테아이테토스: 물론입니다.

손님: 그러나 올바름 〈또는 지혜〉의[136] 소유와 나타나 있게 됨(parousia)[137]에 의해서 그것들 각각은 그런 혼이 되며, 그 반대되는

---

134) 생명체의 원어는 sōma empsykhon인데, 이는 '생명 또는 혼(psykhē)을 안에 지닌 몸 또는 물체' 라는 뜻이다.

135) psykhē(프시케)는 숨→목숨(생명)→혼으로 그 의미 확장을 갖게 된 말이다.

136) 이 읽기 곧 〈ē phronēseōs〉(또는 지혜의)는 이어지는 b에서의 '올바름과 지혜' 와 일치시켜서다. 플라톤의 경우에는 sophia와 phronēsis가 거의 같은 뜻으로 쓰인다. 물론 phronēsis에는 특히 '사려 분별' 의 뜻이 있다.

137) '나타나 있게 됨(parousia)' 은 영어로는 presence(불어로는 présence,

247a

것들의 그것들에 의해서는 그 반대의 혼이 되지 않겠는가?

테아이테토스: 네, 그것들 또한 동의합니다.

손님: 하지만 어떤 것에 있게 되거나 없어지게 될 수 있는 뭔가는 어쨌든 있는 것이라 그들은 말할 것이네.

테아이테토스: 물론 그리 말합니다.

손님: 따라서 올바름과 지혜 그리고 그 밖의 [사람으로서의] 훌륭 b
함(덕: aretē) 및 이와 반대되는 것들, 그리고 특히 이것들이 그 안에 깃들게 되는 혼이 있는데, 이것들 중의 어느 것을 그들은 눈으로 볼 수 있거나 만질 수 있는 것이라 말하는가 아니면 이것들 모두는 눈으로 볼 수 없는 것들이라 말하는가?

테아이테토스: 이것들 중의 어느 것도 아무튼 거의 볼 수가 없는 것이라 그들은 말할 것입니다.

손님: 어떤가? 이런 것들 중에서 어떤 것은 물질을 갖는다고 그들은 말하지 않겠는가?

테아이테토스: 이 모두에 대해서는 더 이상 똑같은 식으로 그들이 대답하지는 않습니다. 그야 혼 자체는 일종의 물질을 갖는 것으로 그들에겐 생각된다고 대답하지만, 지혜와 선생님께서 물으신 그 밖의

독일어로는 Anwesenheit)로 옮기는 것이다. 이는 플라톤이 《파이돈》 편(100c~d)에서 이데아 또는 형상(eidos)과 사물들의 관계 맺음의 방식과 관련해서 methexis(관여) 및 koinōnia(결합)와 함께 쓰는 표현들 중의 하나이다. 이는 형상 쪽에서 본 사물과의 관계 맺음에 대한 표현이다. 이는, 이를테면, 아름다운 사물들에 아름다움(아름다움 자체)의 모습이 어떤 형태로든 '드러나 있게 됨'을 의미하는 것으로 보면 될 것일 것 같다. 그리고 parousia를 '나타나 있음' 아닌 '나타나 있게 됨'으로 옮기는 것은 그것이 이미 끝난 경우들만의 것이 아니라, 그것이 미래의 경우에도 얼마든지 '나타나 있게 됨'을 나타낼 수 있는 표현이어야 하겠기 때문이다.

c 것들 각각이 감히 있는 것들 중에 포함될 게 전혀 아니라고 동의하거나 그 모두가 물질이라고 단언하게 되는 건 부끄러워할 것입니다.

손님: 우리가 보기에 이들은 실상 개선된 사람들인 게 분명하네, 테아이테토스! 그들 중에서도 '[땅에] 뿌려진 [이빨들에서 태어난] 자들'[138]이며 바로 그 흙(땅)에서 태어난 자들은 하나도 부끄러워하지 않고서, 손으로 거머쥘 수 없는 모든 것은 그러니까 전혀 아무것도 아

---

138) '[땅에] 뿌려진 [이빨들에서 태어난] 자들'의 원어는 [hoi] Spartoi이다. 페니키아 지역의 티레(Tyre) 또는 시돈(Sidon)을 통치하던 Agēnōr는 그의 딸 에우로페가 황소로 변한 제우스에게 유괴당하자, 아들들을 시켜 딸을 찾아오도록 하면서, 찾지 못하면 돌아오지 말라고 한다. 그래서 길을 떠나기는 했으나, 누이를 찾을 가망이 없음을 알고 있는 그들은 저마다 헤어져 새로운 왕국을 세운다. Phoinix는 자기 이름을 딴 페니키아를 건설하고, Kilix는 Kilikia를 그리고 Kadmos는 카드메이아, 즉 테베(Thēbai)를 각기 세운다. 카드모스의 건국 신화에는 황당한 면이 있지만, 그건 대충 이런 내용이다. 카드모스는 그의 시종들과 함께 델피에 가서 신탁을 구하는데, 그 신탁의 지시대로 한 암소를 따라가서, 암소가 눕는 곳에 나라를 세우기로 한다. 마침내 한 곳에 이르러 암소가 지쳐 눕게 되자, 그곳에서 페니키아의 옹카(Onka) 여신에 해당하는 아테나 여신에게 제례를 올리기 위해 샘물을 근처에서 떠오게 부하들을 보냈으나, 그곳에는 큰 뱀이 아레스 신의 신성한 샘을 지키고 있다가 이들을 잡아먹게 된다. 이를 알게 된 카드모스는 이 뱀을 처치하게 되는데, 아테나 여신이 시키는 대로 그 뱀의 이빨들의 반을 땅에 뿌렸다가, 나중에 땅을 간다. 땅에서 무장한 사람들(이들은 '뿌려진 자들'이라 해서 Spartoi라 함)이 튀어나오기에, 그들 한가운데 돌을 던졌더니, 그들끼리 싸우며 서로 죽이더니만, 남은 숫자가 다섯이 되자, 싸움을 멈추고 서로들 그리고 카드모스와도 화해를 하게 되었다고 한다. 카드모스는 아레스 신에게 8년간이나 그 뱀을 죽인 데 대한 속죄의 제를 올린 뒤에 아테나 여신의 도움으로 이 땅의 왕이 된다. 그러니까 이들 '[땅에] 뿌려진 [이빨들에서 태어난] 자들'도 기본적으로는 앞서 246a에서 비유된 '거인족(Gigantes)'과 그 성격은 같은 부류인 셈이다. 그래서 Cornford는 이들을 아예 '거인족'에 포함시켜 지칭하고 있다.

247c

니라고 열성적으로 끝까지 주장할 것이네.

테아이테토스: 그들이 생각하는 바를 선생님께서 근사하게 말씀하십니다.

손님: 그러면 우리가 이들에게 다시 물어보세나. 만약에 있는 것들
중에서 조금이라도 비물질적인 것을 이들이 인정하고자 한다면, 그것 d
으로 족하기 때문이네. 왜냐하면 이것들과 물질을 갖는 저것들이 함께 합쳐진 것, 이것을 그들이 보고서 양쪽 다가 있다고 말할 것인지, 이를 이들로서는 말해야만 하니까. 그들로서는 아마도 당황스러워할 것이네. 그들이 이런 상태에 있게 될 경우, 있는 것을 이런 것으로 그들이 받아들이고 동의하려 할 것인지를 우리가 제의를 하게 된다면, 지켜보게나.

테아이테토스: 바로 어떤 것인가요? 말씀하십시오, 그러면 우리가 곧 알게 되겠죠.

손님: 그러니까 내가 말하는 건 어떤 종류의 것이든 어떤 힘
(dynamis)[139]을 가진 것은, 그게 다른 것에 대한 어떤 능동 작용을 하 e
는 것이건 또는 수동하는 것이건 간에, 그리고 그게 지극히 하찮은 것에 의해 아주 작은 정도로 그러는 것이건 간에, 또한 그게 한 번에 그치는 것이건 간에, 이 모두는 '진실로 있다(ontōs einai)'는 것이네. 나는 '있는 것들(사물들: ta onta)'을 힘 이외의 다른 것이 아니라고

139) dynamis에는 힘, 능력, 성능, 기능, 의의, 가능성 등의 뜻들이 있는데, 이때의 '힘' 또는 '가능성'은 능동적인 것만이 아니라, 수동하는 힘이나 가능성도 뜻한다. 이를테면, 앎의 경우엔, 알게 되는 주관 쪽과 알리어지는 대상 쪽이 있겠고, 감각적 지각의 경우에도, 지각하는 쪽과 지각되는 쪽이 있고, 운동의 경우에도, 움직이는 쪽과 움직이게 되는 쪽이 있다. 《파이드로스》 편(270d)에도 이런 힘과 관련된 같은 언급이 보인다.

247e

규정함을 그 정의(定義: horos)[140]로 삼기 때문이네.

테아이테토스: 하지만, 이들이 어쨌든 당장에는 이보다 더 나은 걸 말할 수 없기에, 이를 받아들입니다.

손님: 잘했네. 사실 어쩌면 나중에 우리에게도 이들에게도 다른 게
248a 나타날 수 있을 게야. 그러니 현재로서는 이들을 상대로 한 우리에게 있어서 이것이 합의를 본 걸로 해 두세.

테아이테토스: 그러시죠.

손님: 그러면 다른 사람들, 곧 '형상들의 친구들'[141]에게 가세. 하지

140) 정의(定義)를 뜻하는 헬라스어 horos는 원래 토지나 지역의 경계 또는 그 푯돌이나 푯말 또는 어떤 한계를 뜻하는 말이었다. 헬라스인들은 하나의 낱말과 다른 낱말들을 구별하기 위한 이 '경계 짓기'를 곧 '정의하기(horizesthai, horismos)'라 했으며, 그 결과로 얻게 되는 낱말의 '정의'도 horos라 했다. 그리고 그 '정의된 말'을 logos라고도 했으니, 이 경우에 logos는 '의미 규정 형식(formula)' 또는 '이를 갖춘 말'을 뜻한다.

141) '형상들의 친구들(hoi tōn eidōn philoi)'로 지칭하는 사람들은 도대체 누구일까? 이들은 극단적인 거인족으로 비유된 유물론자들과 대척점에 있는 극단적인 형상론자들로 오직 천상의 것들만을 존재들로 고집하는 자들을 지칭한다고 볼 수 있겠다. 엘레아학파나 어쩌면 《파이돈》 편에서 이데아들을 말했을 때의 플라톤 자신이나 여전히 그 관점에서 벗어나지 못하고 있는 형상론자들이 그들이겠다. 이와 관련해서는 Cornford가 그의 책(242~248쪽)에서 길게 언급하고 있으므로, 이를 참조하는 게 좋겠다. 나로서는 여기에 첨가해서 개인적인 소신을 밝히려 한다. 흔히들 《파르메니데스》 편의 제1부에서는 플라톤 스스로 자신의 형상 이론과 관련해서 자기비판을 하고 있는 것으로 말하고 있다. 그러나 나는 이에 대해 다른 견해를 갖고 있다. 이 대화편 이전의 것인 《국가(정체)》 편 454a에서 이미 '종(형상)에 따른 나눔' 곧 형상들의 나눔을, 그리고 476a에서는 형상 결합(koinōnia)의 문제를, 또한 511b~c에서도 형상들 자체만의 관계 속으로, 곧 그 영역으로 들어가, 마침내 형상들 속에서 결말을 맺는 변증술(dialektikē)의 이행 과정을 언급하고 있다. 비록 단편적으로 언급될 뿐이긴 하지만, 이미 '큰 일거리(sykhnon ergon)'로 또렷이 시사되고 있는 이

248a

만 자네는 이들 쪽의 생각들도 우리에게 대변해 주게나.

테아이테토스: 그럴 것입니다.

손님: "그대들은 생성(genesis)을 존재(ousia)와 따로 구분해서 말하죠? 그렇죠?"

테아이테토스: "예."

손님: "그리고 우리가 생성과는 감각적 지각을 통해서 몸으로 관계하지만,[142] 참된 존재와는 추론(logismos)을 통해서 혼으로 관계하며, 이 존재는 언제나 똑같은 방식으로 한결같은 상태로 있으나,[143] 생성은 그때마다 다르다고 그대들은 말합니다."

테아이테토스: "실상 우리는 그리 말합니다." b

문제가 바로 《소피스테스》 편에서 곧 본격적으로 실질적으로 다루게 되는 문제들이기도 하다. 《파이돈》 편에서 선보인 형상 이론은 《국가(정체)》 편에서 이처럼 그 이론적 보강 구상을 이미 하고 있었고, 따라서 《파르메니데스》 편의 제1부에서는 형상 이론과 관련된 자기비판을 전개했다기보다도, 형상들은 단적으로 그런 식으로 이해할 성질의 것들이 아님을 말하며 타이르고 있는 셈이었으니, 이는 언제나 그랬듯, 소크라테스의 산파술적 깨달음을 위한 도발적 작업이었던 것이라 해야만 할 것이다. 왜냐하면 이데아들 또는 형상들은, 플라톤이 이미 《국가(정체)》 편 6, 7권에서 집중적으로 강조했듯, 기본적으로 그리고 본질적으로, 감각(aisthēsis) 아닌, 지성(nous)의 대상들, 곧 지성에 의해서 알게 되는 부류(to noēton genos)에 속하는 것임을 망각했을 때나 그런 말들을 할 수 있겠기 때문이다.

142) 여기에서 '관계하다'로 옮긴 말의 원어는 koinōnein이다. '관계 맺음', '함께함' 등으로 옮겨도 되겠다. 그러나 이는 251d에서 말하는 형상들끼리의 결합 관계를 말하는 epikoinōnein이나 251e의 koinōnia와는 무관한 표현이다.

143) '언제나 똑같은 방식으로 한결같은 상태로 있다'는 표현은 《파이돈》 편(78c), 《국가(정체)》 편(479a, 484b) 및 《티마이오스》 편(29a) 등에 나오는 표현으로, 이는 형상 또는 이데아와 같은 존재의 불변성을 나타내는 표현들 가운데 하나이다.

248b

손님: “그런데, 지극히 훌륭한 이들이여, 그대들이 양쪽[144]에 대한 이 ‘관계함’을 무슨 뜻으로 말하고 있는 걸로 우리가 말할까요? 그러니까 방금 우리가 말한 게 아닌가요?”

테아이테토스: “어떤 것이죠?”

손님: “서로 만나게 되는 것들로 인한 어떤 힘으로 해서 생기는 수동(pathēma)과 능동(poiēma)[145]이오.” 그러고 보니, 테아이테토스여, 아마도 자네는 이에 대한 그들의 대답을 명확히 알아듣지는 못하겠네만, 나는 어쩌면 익숙함으로 해서 알아들을 게야.

테아이테토스: 그러시다면 무슨 말을 그들이 하고 있습니까?

c 손님: 흙에서 태어난 자들[146]을 상대로 존재와 관련해서 방금 말한 것에 대해 그들이 우리와 동의하지 않고 있네.

테아이테토스: 어떤 것인가요?

손님: 어떤 것에, 지극히 사소한 경우라도, 수동함과 능동 작용[147]의 힘이 있을 경우, 이를 우리가 있는 것들의 만족스런 정의로 삼은 것이라 하겠네.

테아이테토스: 네.

손님: 그런데 이에 대해서 그들은 이런 말을 하네. “생성의 경우에는 수동함과 능동 작용의 힘에 관여하지만,” 존재(ousia)의 경우에는

---

144) 곧 생성과 존재를 가리킨다.

145) 247e에서 ‘능동 작용([to] poiein)’과 ‘수동함([to] pathein)’을 말했는데, 그 능동과 수동의 명사형들이다. 《파이드로스》 편(270d 이후)에도 이런 힘과 관련된 언급이 보인다.

146) 247c 참조.

147) 247e에서의 poiein과 pathein이, 여기에서는 dran과 paskhein, 다시 바로 다음에서는 poiein과 paskhein으로 표현되고 있다. 각기 같은 뜻으로 쓰이는 용어들이다.

이것들 중의 어느 쪽 힘도 적용되지 않는다고 그들은 주장하지.

테아이테토스: 그러면 그들이 뭔가 뜻있는 말을 하고 있는 건가요?

손님: 이에 대해서 우리로선 이렇게 말해야만 하네. 혼은 알게 되지만, 존재는 알려진다는 데 그들이 동의하는지를 더욱 명백하게 그들 d
에게서 듣기를 요망한다고 말일세.

테아이테토스: 그들은 어쨌든 이에 대해 동의할 것입니다.

손님: "어떤가요? 알게 됨과 알려짐을 그대들은 능동 또는 수동 또는 양쪽이라 말합니까? 아니면, 한쪽은 수동이지만, 다른 한쪽은 다른 것이라고? 그것도 아니면, 어느 쪽도 이것들 중의 어느 것에도 관여하지 않는다고 말합니까?"

테아이테토스: "어느 쪽이 어느 것에도 관여하지 않습니다."라고 할 게 명백합니다. 앞서 말한 것들에 배치되는 걸 말하게 되겠기 때문입니다.

손님: 알겠네. 하지만 그들은 이런 말을 할 게야. "알게 됨이 정녕
뭔가에 작용하는 것이려면, 알려지는 것은 반면에 수동함(당함)인 게 e
필연적입니다. 이 주장에 따라, 물론 앎(gnōsis)으로 해서 알려지는 존재는, 그게 알려지게 되는 한, 수동함([to] paskhein)으로 말미암아 그 정도만큼은 변하게 되겠는데, 물론 이는 가만히 있는 것의 경우에는 일어나지 않는다고 우리는 주장합니다." 하고.

테아이테토스: 옳습니다.

손님: 하지만, 맹세코, 뭔가? 온전히 있는 것(to pantelōs on)에는 진실로 변화(운동)[148]와 삶과 혼 그리고 뜻[149]이란 없다고 그리도 쉽

---

148) 이 경우의 헬라스어 kinēsis는 철학적 의미에서의 '운동' 곧 변화를 뜻한다.

149) 원어는 phronēsis인데, 사려 분별이나 지혜 등을 주로 뜻하나, 이 경

248e

249a 게 우리가 수긍해 버릴 것인지? 이것은 생명을 갖지도 뜻을 갖지도 않고, 엄숙하고 성스럽되, 지성도 없고, 변화(운동)도 하지 않고 정지 상태로 있는가?

테아이테토스: 손님이시여, 그렇게 되면 우리가 고약한 주장에 동의하게 되겠는데요.

손님: 그러나 지성은 지니고 있지만, 삶은 없다고 우리가 말할 것인지?

테아이테토스: 그걸 어떻게?

손님: 하지만 이것들 양쪽 다가 그것에 있다고 우리가 말하면서, 이것들을 정작 그것이 혼에 지니고 있는 것으로 우리가 말하지는 않을 것인가?

테아이테토스: 그리고 그게 달리 어떤 방식으로 그것들을 지닐 수 있겠습니까?

손님: 하지만 분명히 지성과 삶 그리고 혼을 지니고 있을진대, 살아 있는 것이면서, 그런데도 변화하지 않고 완전히 정지 상태로 있다고 우리가 말할 것인지?

b 테아이테토스: 이는 모두가 불합리한 걸로 제게는 보입니다.

손님: 따라서 운동(변화)하는 것도 운동(변화)도 있는 것들로 동의해야만 하네.

테아이테토스: 어찌 그렇지 않겠습니까?

손님: 그러니까, 테아이테토스여, 있는 것들 〈모두가〉[150] 운동(변화)할 수 없다면, 지성은 아무것에도 아무것과 관련해서도 아무 데도

우에는 의도나 목적의 의미인 '뜻'으로 옮겼다.

150) 텍스트 읽기에서 〈pantōn〉은 〈 〉를 풀고서 살려서 읽는 게 좋겠다.

249b

있을 수가 없게 되네.

테아이테토스: 바로 그렇게 됩니다.

손님: 그렇지만 만약에 이번에는 모든 것이 운동하고 변화하는 것들이라고 우리가 동의하게 된다면, 이 주장에 의해서도 같은 이것[151]을 있는 것들에서 우리가 제외해 버리게 될 것이네.

테아이테토스: 어떻게 해서 그런가요?

손님: 같은 것과 관련해서 똑같은 방식으로 한결같은 상태로 있는
것이 정지(靜止: stasis) 없이 성립하겠는가? c

테아이테토스: 결코 불가능합니다.

손님: 어떤가? 이것들 없이 지성이 어디에고 있거나 있게 되는 걸 볼 수 있겠는가?

테아이테토스: 전혀 불가능합니다.

손님: 하지만 어쨌든 이 사람, 곧 앎 또는 지혜 또는 지성을 없애고서 뭔가에 대해서 어떤 식으로건 제 주장을 하는 사람을 상대로는 무슨 논변으로든 맞서 싸워야만 하네.

테아이테토스: 물론 그래야죠.

손님: 그러니 지혜를 사랑하는 사람이며 이것들을 존중하는 사람으로서는 이런 까닭으로 해서 하나인 것이나 여러 형상들을 주장하는
사람들의 정지 상태인 만물(to pan)을 받아들이지 말아야만 하는 것 d
이, 또한 다른 한편으로는 있는 것(실재)을 모든 방식으로 변화하는 것이라는 주장도 전적으로 귀담아듣지 말아야 하는 것이 전적인 필연입니다. 아이들의 소원처럼,[152] 하고많은 변화하지 않는 것들과 변화

151) 바로 앞에서 말한 nous(지성)을 가리킨다.

152) 아이들 앞에서 아이들이 갖고 싶어 하는 것들을 누군가가 양손에 들고서, 어느 쪽 것을 원하는지를 물을 경우, 양쪽 다를 달라고 조르는 아이

249d 하는 것들, 양쪽 다가 '있는 것(to on)'이며 만물이라고 말해야만 하는 것이라고.

테아이테토스: 지당하신 말씀입니다.

손님: 어떤가? 우리가 마침내 논의로써 있는 것(실재)을 적절히 파악하게 된 것으로 보이지 않는가?

테아이테토스: 물론입니다.

손님: 이런, 하지만 아닐세, 테아이테토스! 이제야 이것에 대한 이 고찰의 당혹스러움이 얼마나 큰지를 우리가 알게 될 것으로 내게는 생각되누먼.

테아이테토스: 어떻게 또 그리고 그건 무슨 뜻으로 하신 말씀이신
e 지요?

손님: 이보게나, 자네는 지금 우리가 이것에 대해 최대의 무지 상태에 처하여 있으면서도, 무엇이나 뜻있는 말을 하고 있기라도 한 것처럼 우리 자신들에게는 보인다는 걸 그대는 모르는가?

테아이테토스: 어쨌든 제게는 그리 생각됩니다. 그러나 이번에도 우리가 어쩌다가 부지중에 이런 상태에 있게 되었는지 저로서는 전혀 이해가 안 됩니다.

손님: 그러면 더 명확히 생각해 보게. 이제 우리가 이것들에 동의한
250a 터라, 만물을 온·냉이라 주장한 사람들에게 우리 자신들이 그때 제기했던 바로 그 물음들을 제기하는 게 옳겠는지 말일세.

테아이테토스: 어떤 것들인데요? 제게 상기시켜 주세요.

손님: 그야 물론이네. 그리고 나는 이를, 그때 그들에게 물었듯, 자네에게 물음으로써 해 보도록 할 것이네. 조금이나마 우리가 동시에

들에 대한 비유라 하겠다. Cornford의 책 242쪽 각주 1 참조.

250a

진전도 보기 위해서지.

테아이테토스: 옳습니다.

손님: 그럼, 됐네. 운동(변화: kinēsis)과 정지(靜止: stasis)는 서로 극단적으로 대립되는 걸로 자네는 말하지 않는가?

테아이테토스: 어찌 그러지 않겠습니까?

손님: 더 나아가 이것들 양쪽 다가 그리고 그 각각이 실재한다(있다: einai=be)고 또한 말하겠지?

테아이테토스: 물론 그리 말합니다. b

손님: 그러면, 자네가 그것들이 실재한다고 동의할 경우, 그 양쪽 다가 그리고 그 각각이 운동하게 되는 걸로 말하는 건가?

테아이테토스: 결코 아닙니다.

손님: 이것들 양쪽이 실재한다고 말할 때, 이것들이 정지하고 있다는 뜻으로 하는 건가?

테아이테토스: 그것 역시 어찌 그렇겠습니까?

손님: 그러니까 이것들 이외에 셋째 것으로서 실재(있는 것: to on)를 마음속으로 상정하니, 이것에 의해서 정지와 운동이 포괄되고, 존재(ousia)와 이것들의 공동 관여(koinōnia)를 포착하고서는 주목하게 되어, 이처럼 그 양쪽 다가 실재하는 것으로 자네는 말한 건가?

테아이테토스: 운동과 정지가 실재한다(einai)고 우리가 말할 때, c
실재를 진실로 셋째 것으로서 우리가 예감하게 되었던 것 같습니다.

손님: 따라서 실재는 운동과 정지 양쪽 다 아니고, 이것들과는 물론 다른 것이네.

테아이테토스: 그런 것 같습니다.

손님: 그러니까 실재는 그 본성에 따라 정지하지도 않으며 운동하지도 않네.

250c

테아이테토스: 아마도 그렇겠네요.

손님: 그러면 이것과 관련해서 스스로에게 뭔가 명확히 확인해 두고자 하는 이가 자신의 생각을 이젠 어디로 지향해야만 하겠는가?

테아이테토스: 실상 어디로 지향해야만 하나요?

손님: 어느 쪽으로도 지향하기가 여전히 쉽지 않네. 만약에 어떤 것
d 이 운동하지 않는다면, 어떻게 그것이 정지한 것이 아니겠는가? 또는
전혀 정지 상태의 것이 아닌 것이 또한 어떻게 운동하지 않겠는가?
그러나 '실재'는 우리에게 있어서 이것들 양쪽에서 벗어나 있는 것으
로 드러났네. 그러면 이게 가능한가?

테아이테토스: 그렇다기보다는 무엇보다도 불가능합니다.

손님: 그러면 이에 대해서는 이걸 기억해 마땅하네.

테아이테토스: 어떤 것인데요?

손님: 우리가 도대체 무엇에 대해서 '있지 않는 것(…[이]지 않은 것, 아닌 것: to mē on)'이라는 지칭을 적용해야만 하는지 질문받았을 때, 전적인 당혹스러움에 시달렸다는 사실일세. 자넨 기억하고 있겠구먼?

테아이테토스: 실상 어찌 기억하고 있지 않겠습니까?

손님: 그런데 지금 우리는 실재(…인 것: to on)와 관련해서 못지않
e 은 당혹스러움에 처하여 있지 않은가?

테아이테토스: 손님이시여, 혹시 이런 말씀 드려도 된다면, 그보다 더한 당혹스러움에 우리가 처한 것으로 제게는 보입니다.

손님: 그러니까 이로써 여기에서 당혹스러움이 완전히 개진된 걸로 하세나. 그러나 '실재(…인 것)'와 '있지 않는 것(아닌 것)'이 똑같은 정도로 당혹스러움에 얽혀 있기에, 이것들 중의 어느 한쪽이 더 불분명하거나 더 분명한 것으로 밝혀지는 그대로, 다른 쪽도 밝혀질 가망

250e

성이 이제는 있네. 그리고 반대로 그 어느 쪽 것도 볼 수 없을 경우에 251a
는, 우리가 할 수 있는 어떤 방식으로건, 이처럼 양쪽 다의 논의를 동시에 어쨌든 가장 적절하게 자세히 해 나갈 걸세.[153]

테아이테토스: 훌륭히 말씀하셨습니다.

손님: 그러면 같은 것을 두고 도대체 어떻게 해서 이걸 여러 이름으로 그때마다 우리가 일컫는지 말해 보세.

테아이테토스: 바로 어떤 것인가요? 예를 들어 말씀해 주세요.

손님: 우리는 어떤 사람을 여러 가지로 일컬으면서 말하네. 그에게 색깔과 생김새와 크기 그리고 나쁨과 훌륭함을 적용해 가면서 말일세. 그가 이 모든 것과 그 밖의 수도 없이 많은 상태에 있는 사람임을
우리가 말할 뿐만 아니라, 또한 그를 좋다거나 그 밖의 무한한 다른 b
표현들로도 말하네. 그리고 다른 것들도 같은 설명 방식에 따라 이처럼 그 각각을 하나로 상정하고서는 다시 이것을 우리는 많은 명칭들로 여럿으로 말하네.

테아이테토스: 진실을 말씀하십니다.

손님: 이로써 우리가 젊은이들에게 그리고 나이 든 사람들 중에서도 늦게야 배우게 된 자들[154]에게 어쨌거나 성찬을 마련한 것으로 나

153) 텍스트 읽기에서 Burnet 등이 diōsometha로 읽었던 것을 새 텍스트에 따라 diakribōsometha로 읽음으로써 이 부분의 번잡한 읽기가 말끔히 해소된 셈이다.

154) '나이 들어 늦게야 배우게 된 자들'의 예로 콘퍼드는 그의 책 254쪽에서 디오니소도로스와 에우티데모스 형제에게도 적용될 수 있는 말이라고는 하면서도, 널리 의견의 일치를 보고 있는 경우로 그 역시 안티스테네스를 지목하고 있다. 《에우티데모스》 편(272b)에서 소크라테스는 이들 형제가 "이 지혜 곧 논쟁술을 늙어서 [익히기] 시작했다"고 말하면서, 자신도 이들에게서 이를 배우고 싶다고 한다. 이들 형제는 권투와 레슬링이 혼합된 자유형 격투기인 팡크라티온(pankration)에 전능하다는 평을 들

는 생각하네. 이들 모두가 여럿이 하나이고 하나가 여럿이기는 불가능하다며 곧바로 반론하기가 쉽게 되었으며, 또한 사람을 좋다고 말
c 하는 걸 허용치 않고, 좋은 것을 좋다고, 사람을 사람이라고 말하는 건 허용하고선 즐거워하기 때문이네. 테아이테토스, 내가 생각하듯, 자네는 이런 것들에 열을 올리는 사람들을, 때로는 나이 든 사람들을, 그리고 지혜와 관련해서 가진 것이 빈약함으로 해서 이런 것들에 경탄하는 자들을, 특히나 바로 이런 걸 뭔가 대단한 것이라도 발견한 듯이 생각하는 자들을 자주 만났을 테니까.

테아이테토스: 물론입니다.

손님: 그러면 우리의 논의가 존재(ousia)와 관련해서건 그리고 무엇에 대해서건 이제껏 대화를 가졌던 모든 이를 상대로 한 것이 되도록,
d 이들을 상대로 그리고 앞서 우리가 함께 대화했던 그 밖의 다른 사람들을 상대로 하게 되는 말들은 이제 질문 형태의 것들이 될 것이네.

었을 정도였는데, 늦게 논쟁술을 익히고 나서는 이에서도 이들을 당할 자가 없게 되었다 한다. Antisthenēs(약 445～약 360)는 소크라테스를 따르던 제자들 가운데 한 사람으로, 《파이돈》 편(59b)에서는 소크라테스가 옥에서 독배를 비운 날 함께 있었던 것으로 전한다. 훗날 키니코스 학파(hoi Kynikoi, the Cynics)의 창시자로 알려진 아테네의 철학자이다. 아리스토텔레스는 《형이상학》 1024b32～33에서 "안티스테네스는 어리석게도 그것 자체의 logos(규정 표현), 곧 하나의 것에는 하나의 logos 이외의 다른 어떤 것으로도 표현할 필요가 없다고 생각했다."고 말하고 있다고 했는데, 아마도 이 언급이 여기에서의 논의와 관련될 것 같다. 그리고 그에 의하면, 행복은 사람으로서 훌륭한 상태, 즉 덕(aretē)으로 해서 충분히 얻을 수 있는 것이며, 이는 실천적인 행위를 통해서 배울 수 있고 획득할 수 있는 것이요, 일단 그렇게 해서 얻게 된 덕은 언제나 그를 그런 행위자로 살아가게 한다. 쾌락을 멀리하며, 소크라테스적인 삶의 방식을 본받는 금욕적이며 자족적이고 초탈한 삶의 태도는 저 유명한 시노페의 디오게네스에게 큰 영향을 미친다.

251d

테아이테토스: 바로 어떤 것들인데요?

손님: "우리는 존재를 운동 및 정지와 결부시키지도[155] 말고 또한 다른 어떤 것도 다른 어떤 것과도 결부시키지도 말고, 우리의 논의에서 섞이지 않으며 서로 관여할 수 없는 것들인 걸로, 이처럼 이것들을 간주할까요? 아니면, 이것들 모두를 서로 결합 관계를 이룰 수 있는 것들로서 한데 모을까요, 이도 아니라면, 일부의 것들은 그럴 수 있는 것들이지만, 일부의 것들은 그럴 수 없는 것들인가요?" 테아이테토 e
스, 이것들 중에서 도대체 어느 쪽을 이들이 택하게 될 것으로 우리가 말할까?

테아이테토스: 이것들에 대해서 이들을 대신해서 저는 아무것도 대답할 수가 없네요.

손님: 그러면 왜 하나씩 대답하며 그 결과를 고찰하지 않는 겐가?

테아이테토스: 훌륭한 말씀입니다.

---

155) 존재(ousia: to on auto)와 운동(변화: kinēsis) 및 정지(stasis)는 254d 이후에서 동일성(to taúton) 및 타자성(他者性: thateron)과 함께 '아주 중요한 형상들(megista tōn genōn)'로 본격적으로 다루고 있다. 이것들의 상호 결합 관계에 대해 간단하게나마 미리 언급해 두는 게 논의의 흐름을 따라가는 데 도움이 되겠다. 이것들 각각은 플라톤 철학에서 모두 형상 또는 이데아이기에, 하나같이 '존재'에 관여한다. 그리고 '운동 또는 변화'와 '정지'는 상호 배타적이고 대립되는 것들이지만, 둘 다 '존재'에는 관여한다. 그런데 이 둘은 각기 그 본성 자체가 달라서, '타자성'에도 관여하지만, 그것들 자체로는 자기 '동일성'을 유지하기에 이에 또한 관여한다. 이처럼 운동(변화)은 존재와 동일성 및 타자성과 결합을 이루지만, 정지와는 결합하지 않는다. 이렇게 하나의 형상은 여러 형상들과의 결합 형태를 이루기도 하고 그러지 않기도 한다. 따라서 이 대화편에서는 '소피스테스'가 어떤 기능을 하는 부류(genos)인지를 이런 시각에서 여러 측면으로 접근해서 보고서, 그 본질적 면모들을 결합 형태로 엮어서 파악케 된다.

251e

손님: 그리고 원한다면, 첫째로 아무것도 아무것과도 아무것으로도 아무런 결합(koinōnia)의 가능성도 지니지 못한 것으로 이들이 말한 것으로 보세나. "그러니까 운동(변화)과 정지는 어떤 식으로도 존재에 관여하지 않나요?"

252a 테아이테토스: "안하고말고요."

손님: "어떻소? 존재와 결합하지 않는데, 이것들 중의 어느 것인들 존재하겠소?"

테아이테토스: "존재하지 않을 것입니다."

손님: 그러니까 어쨌든 이 동의로 해서 모든 것이 급속히 뒤집혀진 것 같네. 만물을 운동케 한 자들의 경우에도 그리고 만물을 하나로 정지케 한 자들의 경우에도 또한 존재하는 것들을 형상들에 따라 언제나 똑같은 방식으로 한결같은 상태로 있는 걸로 주장하는 자들의 경우에도 동시에 말일세. 왜냐하면 이들 모두가 '존재함(있음: to einai)'을 어쨌든 그것들에 귀속시키고 있기 때문인데, 한쪽은 진짜로 그것들을 운동하게 되는 것으로 주장하나, 다른 쪽은 진짜로 그것들을 정지 상태로 있는 것으로 주장하네.

테아이테토스: 실상 바로 그렇게 주장합니다.

b 손님: 그리고 실은 또 이런 사람들이 있네. 한때는 모든 것을 모이게 했다가, 또 한때는 갈라놓는데, 그것들을 하나로 모으거나 하나에서 무한한 것들로 또는 한정된 원소들(stoikheia)로 나누었다간, 이것들을 되모으지.[156] 이게 교대로 일어나는 걸로 보거나 또는 언제나 일어나는 걸로 보거나 마찬가지야. 만약에 아무런 섞임[157]이 없다면, 이

156) 243a의 해당 각주를 참조할 것.

157) 여기서 말하고 있는 '섞임(symmeixis)'은 바로 앞(251e 끝 쪽)에서 말한 형상들의 '결합(koinōnia)'을 가리킨다.

것들 모두와 관련해서 그들이 헛소리를 하고 있는 것일 테니.

테아이테토스: 옳습니다.

손님: 더 나아가 다른 것의 성질과의 결합으로 해서 다른 것[의 이름]으로[도] 일컫는 것을 전혀 허용하지 않는 자들이 제 주장을 계속해서 진행해 간다는 것이 무엇보다도 우습네.

테아이테토스: 어떻게 말씀입니까? c

손님: 어쩌면 그들은 모든 것과 관련해서 '있음'이나 '떨어져'와 '다른 것들에서' 그리고 '그 자체로'와 또한 그 밖의 수도 없이 많은 다른 표현들을 쓸 수밖에 없게 되겠는데, 이들은 자신들이 하는 설명들에서 이 표현들을 배제할 수도 적용하지 않을 수도 없기에, 자신들을 논박하는 다른 사람들이 필요하지 않고, 속담 그대로, 적을 집안에 두고 있듯, 반박할 자를 제게 갖고 있으니, 마치 기이한 에우리클레스[158] 처럼, 제 안에서 낮은 소리로 말하는 자를 언제나 데리고 다니네.

테아이테토스: 바로 똑같거니와 참된 말씀을 하십니다. d

손님: 어떤가, 우리가 모든 것이 서로 결합하는 능력을 갖도록 허용한다면?

테아이테토스: 그건 저도 해결할 수 있습니다.

손님: 어떻게?

테아이테토스: 만약에 운동과 정지가 서로 수반한다면, 운동 자체도 전적으로 정지할 테지만, 정지 자체 또한 반대로 운동할 테니까요.

손님: 하지만 이것, 곧 운동이 정지하게 되고 정지가 운동하게 된다는 것은 아마도 지극히 필연적으로 불가능하겠지?

---

158) 에우리클레스(Euryklēs)는 아리스토파네스의 《말벌들》 1019~1020에 등장하는 예언자로서 남들의 배를 통해서 그 예언의 소리를 내게 했다고 한다. 여기서는 복화술사로 언급되고 있다.

252d

테아이테토스: 어찌 그렇지 않겠습니까?

손님: 따라서 셋째 것만이 남네.

테아이테토스: 네.

e 손님: 아닌게아니라 이것들 중의 한 가지가 필연적일세. 모두가 섞이거나 아무것도 섞이지 않거나 또는 일부는 섞이지만, 일부는 섞이지 않거나 말일세.

테아이테토스: 어찌 그렇지 않겠습니까?

손님: 하지만 둘은 불가능함이 확인되었네.

테아이테토스: 네.

손님: 따라서 옳게 대답하고자 하는 이는 모두가 셋 중에서 남은 것을 취할 것이네.

테아이테토스: 실상 바로 그럴 것입니다.

손님: 그러니까 일부는 그러지만, 일부는 그러지 않는 경우가 흡사

253a 글자들이 처한 경우와도 같네. 그것들도 일부는 다른 것들과 조화를 이루지 않지만, 일부는 조화를 이루기 때문이라 나는 생각하네.[159]

테아이테토스: 어찌 그렇지 않겠습니까?

손님: 다른 글자들과는 달리 적어도 모음들은 끈처럼 모든 글자들 사이로 끼어들어가니, 이것들 중의 어느 것이 없이는 다른 글자들 중의 어느 것도 다른 것과 조화되는 게 불가능하네.

테아이테토스: 바로 그렇습니다.

손님: 그러면 어느 글자들이 어느 글자들과 결합할 수 있는지는 모두가 아는가, 아니면 이를 능히 하려고 하는 자는 전문 지식(tekhnē)

159) 이는 물론 한글처럼 헬라스의 문자들도 소리글자들이기 때문에 할 수 있는 말이다.

을 요하는가?[160]

테아이테토스: 전문 지식을 요합니다.

손님: 어떤 전문 지식을 요하는가?

테아이테토스: 문법 지식(grammatikē [tekhnē])을 요합니다.

손님: 어떤가? 고음들과 저음들의 경우에도 이러하지 않은가? 이 b
것들이 함께 섞이는 것들과 섞이지 못하는 것들을 알아보는 전문 지식을 가진 자는 음악가이지만, 이를 이해하지 못하는 자는 음악에 소양이 없는 자이겠지?

테아이테토스: 그렇습니다.

손님: 또한 다른 전문 지식들과 관련해서도 다른 부류의 전문 지식 부족의 경우들을 우리는 접하게 될 것이네.

테아이테토스: 어찌 그러지 않겠습니까?

손님: 어떤가? [형상들로서의] 부류들[161]도 서로 간에 마찬가지로 섞임(meixis)과 연관되어 있다는 데 우리가 동의한 터이니, 그 부류들

---

160) 《필레보스》 편, 18b~d에서 문자들과 끈(묶어 주는 것: desmos) 그리고 문법 등과 관련해서 비슷한 언급들을 하고 있다.

161) 여기에서 '[형상들로서의] 부류들'로 옮긴 것의 원어는 genē이고, genē는 genos의 복수 형태이다. eidos(복수는 eidē)와 genos, 둘 다가 마찬가지로 '종류'나 '부류'를 뜻하기도 하지만, 이 대화편에서도 둘을 구분하지 않고 '형상'의 뜻으로도 쓰고 있다. 동의어를 한 가지로만 표현하는 걸 피하는 표현상의 기법으로 보면 되겠다. 여기서는 편의상 genos를 대체로 '부류'로 옮겨 보았다. 그러나 어찌 보면 genos를 '유적 형상'으로, 반면에 eidos는 '종적 형상'으로 구분해서 말할 수도 있는 대목이 267d에 보이기도 한다. 아닌게아니라 콘퍼드도 그의 책(267~272쪽)에서 the generic Form과 the specific Form으로 언급하고 있다. 훗날 아리스토텔레스는 논리학상의 용어들로 genos를 유(類: genus)로, eidos를 종(種: species)의 뜻으로 구분해서 쓰게 된다.

253b

중의 어느 것들은 어느 것들과 화합하지만 어느 것들은 서로 받아들
이지 않는지를 옳게 보여 주고자 하는 이는 어떤 지식(앎: epistēmē)
c 을 갖추고서 함께 논의들을 통한 진행을 해 가야만 하지 않겠는가?
특히 이것들을 전체를 통해서 모이게 해 주는 몇 가지가 있어서[162] 함
께 섞일 수 있도록 한다면, 그리고 다시 나뉨들의 경우에, 전체를 통
한 나뉨(diairesis)의 다른 원인이 있다면 말이네?

테아이테토스: 사실 어찌 지식이 필요하지 않겠습니까? 그리고 어쨌든 아마도 바로 가장 중요한 학문이 필요할 것입니다.

손님: 그렇다면 이제 다시 이걸 우리가 무엇으로 지칭할까, 테아이테토스? 이런, 우리도 모르는 사이에 자유인들의 지식(학문)[163]에 접하게 되어, 소피스테스를 찾다가 철학자([ho] philosophos)를 먼저 찾아내게 된 것 같은데?[164]

---

162) 텍스트 읽기에서 c1의 aut' 는 해독이 불가능해서 빼고서 읽었다.

163) 지식 또는 학문과 관련해서 자유인이라 함은 《테아이테토스》 편 172d 이후에서 길게 언급하고 있는데, 그 요지는 노예처럼 시간에 쫓기며 눈앞의 이해관계와 관련된 일에 온통 매달리는 사람들과는 달리, 평화로운 한가함 속에서 지혜사랑으로 많은 시간을 보내는 이들을 가리켜 말하고 있다.

164) 《정치가》 편 첫머리에는 소크라테스가 테아이테토스와 엘레아인 손님을 소개해 준 테오도로스에게 많은 신세를 지게 되었다며 고마워하니, 테오도로스는 정치가와 철학자에 대한 고찰의 대화마저 마치게 되면, 그 신세는 세 배가 될 것이라고 말하는 장면이 보인다. 246b의 각주에서도 간단히 언급했듯, '언제나 똑같은 방식으로 한결같은 상태로 있는' '한 가지 보임새(monoeides)' 의 단일한 모습의 형상이나 이데아에 대한 접근과는 달리, 이에서 더 나아가 하나의 형상은 구조적으로 여러 형상들이 결합(koinōnia)형태를 이루고 있는 것임을 후기 대화편들에서 본격적으로 밝히고 있는데, 그 대표적인 것들이 《소피스테스》 편과 《정치가》 편이다. 다시 말해, 소피스테스나 정치가가 어떤 존재인지를 알려면, 그들이 하는 일 곧 그 기능(ergon)에 대한 이해를 제대로 알아야만 할 것이다.

253c

테아이테토스: 어떻게 하시는 말씀인지?

손님: [형상들로서의] 부류들에 따른 나눔 그리고 같은 형상을 다른 것이라고도 또한 다른 형상을 같은 것이라고도 생각지 않음은 변증적 지식([hē] dialektikē epistēmē)에 속하는 것이라고 우리는 말하지 않겠는가? d

테아이테토스: 네, 그리 말할 것입니다.

손님: 그러니까 적어도 이를 할 수 있는 이는 하나의 이데아가, 하나하나가 저마다 떨어져 있는 많은 것들을 통해서, 두루 퍼지게 됨을 족히 또렷하게 지각할 것이네. 또한 그는 서로 다른 많은 이데아들이

그런데 그들이 정작 수행하게 되는 일 또는 기능은 실은 '한 가지 보임새'의 것이 아니고, 여러 모습을 보이는 다면적인 것이다. 다시 말해서 '다면적인 모습을 보이는 존재'여서, 그 기능에 대한 이해는 여러 모습 곧 여러 '형상들의 결합(koinōnia)' 형태를 통해서 할 수밖에 없다는 데 이 '형상 결합 이론'이 그 성립 근거를 갖는다. 이를 실증적으로 보여 주고 있는 것이 바로 《소피스테스》 편과 《정치가》 편이다. 플라톤은 이 두 대화편에 이어 《철학자》 편도 한때는 구상하고 있었던 것으로 우리가 추정할 수 있게 하는 것이 방금 인용한 《정치가》 편의 첫머리 대화 장면이다. 그러나 《철학자》 편은 끝내 빛을 보지 못했지만, 《소피스테스》 편의 이 대목에서 그가 생각하고 있는 철학자의 기능과 관련된 중요한 한 면모에 접하게 된다. 그리고 비록 《철학자》 편을 그가 쓰지 않았지만, 이어지는 《정치가》 편은 나라와 관련된 철학자의 실천적 행위가 어떤 형태의 기능으로 구현되겠는지를 보여 주고 있는 것이라 말할 수 있겠다. 게다가 그는 철학자의 여러 모습을 이제까지의 대화편들을 통해서도 여러 모로 이미 보여 주었지만, 그 이후의 《필레보스》 편과 《법률》 편을 통해서도 철학자에게 요구되는 기능들이 어떤 것들일 수 있겠는지를 잇달아 보여 주고 있었다고 보아야 할 것이다. 인생이 여러 모습이듯, 지혜사랑의 화신인 철학자의 모습 또한 그렇기 때문이었을 것이다. 《철학자》라는 한 편의 대화편으로 압축해서 담기에는 너무나도 많은 면모를 지닌 것이 그의 면모이겠기 때문이었을 것이다.

253d

이들 밖의 한 이데아에 의해서 포괄됨도, 그리고 여러 전체의 것들을 통해서 하나 안에서 하나로 합쳐짐도, 또한 많은 이데아들이 아주 따
e 로 떨어짐도 지각할 것이야. 이것이 곧 각각의 종류들이 어떤 식으로는 결합하고(koinōnein) 어떤 식으로는 결합하지 않는지, 부류에 따라 구별할 줄 앎이네.[165]

---

165) 253a 이후에서 여기까지에 걸쳐 '변증적 지식에 속하는 것' 그리고 '자유인들의 지식(학문)'과 '철학자' 및 '변증술에 능함' 등의 언급이 있었다. '변증술에 대한 능함'에 대해서는 바로 다음 각주에서 언급하고 있다. 《국가(정체)》 편 6권 502b에서 7권 끝까지에 걸쳐 언급되고 있는 것은 이른바 '철인 왕'으로서의 철학자의 자격과 관련된 것이다. 그 자격 획득을 위한 교육과정과 최종적인 지혜 획득의 단계에 대한 긴긴 언급에서 이런 사항들에 대한 논급들이 나온다. '철인 왕'으로서의 철학자가 궁극적으로 이르러야 할 '가장 큰(중요한) 배움(to megiston mathēma)'은 '좋음(to agathon)의 이데아'이고, 이것 덕분에 올바른 것들이나 온갖 것들이 유용하고 유익한 것들로 된다고 말하고 있다.(504d~505a) 이것이 정작 왜 그런지와 관련해서는 《필레보스》 편(64d~66b)에서 밝혀지고 있는데, 그 요지는 모든 방면의 좋은 것들은 원리로서의 '좋음'이 '알맞은 때(時宜: to kairon)'에 '적도(適度: to metrion)'와 '균형(to symmetron)', '아름다움(to kalon)' 그리고 여러 가지의 훌륭함(aretē) 등의 형태로 구현되기 때문이다. 그런데 원리로서의 좋음에 대한 앎에 이르기 위해서는 각종의 수학들과 같은 예비적인 교육(propaideia)이 요구되는데, 이는 "이 교과들을 통해서 각자의 혼의 어떤 기관(organon)이 순수화되어(ekkathairetai), [그 동안의] 다른 활동들로 인해서 소실되고 눈멀어 버린 이 기관이, 눈 만 개보다도 더 보전될 가치가 있는 이 기관이 다시 점화(點火)된다는 것을"(527e) 뜻한다. "누군가가 '변증술적 논변(dialegesthai)'에 의해서 일체의 감각(aisthēsis)은 쓰지 않고서 '이성적 논의(이성: logos)'를 통해서 '각각인(x인) 것 자체(auto ho estin hekaston)'로 향해서 출발하려 하고, 그래서 '좋은 것 자체(auto ho estin agathon)'를 '지성에 의한 이해(앎) 자체(autē noēsis)'에 의해서 파악하게 되기 전에는 물러서지 않을 때, 그는 '지성에 의해서[라야] 알 수 있는 것(to noēton)'의 바로 그 끝에 이르게 된다."(532a~b) 이 여정(poreia)이 곧

테아이테토스: 전적으로 그렇습니다.

손님: 하지만 변증술에 능함(to dialektikon)을, 내가 생각하기엔, 순수하게 그리고 옳게 지혜사랑을 하는 이[166] 이외에 다른 누구에게도 자네가 인정해 주지 않을 걸세.

테아이테토스: 실상 누가 다른 사람에게 인정해 주겠습니까?

변증술(dialektikē)이기도 하다. 그래서 변증술은 모든 교과들 위에 놓이는 갓돌로 비유되기도 한다.(534e) "이들 학술들에서는 가정(hypothesis)들이 곧 원리(arkhē)들이어서," 그 이상의 진짜 원리들로는 나아가지 못하는데, 이 단계에서의 지적 상태는 추론적 사고(dianoia)이지, 지성(nous)에 의한 앎(noēsis)의 단계는 못 된다.(511c~d) "지성(nous)에 의해서[라야] 알게 될 종류의 것(to noēton)은 이성(logos) 자체가 변증술적 논변의 힘에 의해서 파악하게 되는 것으로서, 이때의 이성은 가정들을 원리들로서가 아니라 문자 그대로 '밑에(hypo) 놓은 것(thesis)'(hypothesis)들로서 대한다. 곧 '무가정(無假定)의 것(to anypotheton)'에 이르기까지 '모든 것의 원리(근원)'로 나아가기 위한 발판들이나 출발점들처럼 말이다. 이성 자체가 이를 포착하게 되면, 이번에는 이 원리에 의존하고 있는 것들을 고수하면서, 이런 식으로 다시 결론(종결) 쪽으로 내려가되, 그 어떤 감각적인 것도 전혀 이용하지 않고, 형상들 자체만을 이용하여 이것들을 통해서 이것들 속으로 들어가서, 형상들에서 또한 끝을 맺는다." 이 인용문의 마지막 대목에서 말하고 있는 작업과 관련된 의문에 대해 답하고 있는 것이 바로 《소피스테스》 편의 이 대목에서 다루고 있는 형상들의 결합 문제일 것이다.

166) 여기에서 '순수하게 그리고 옳게 지혜사랑을 하는 이'를 변증술에 능한 걸로 인정하겠다고 한다. 《파이돈》 편에서는 혼의 정화(katharsis)가 몇 개의 주제들 중의 하나로 되어 있는데, 이때의 '정화'의 실질적 내용은 인식주관의 '순수화'이다. 곧 감각(aisthēsis)을 통해서는 의견(doxa)만 갖게 되니, 이를 벗어나기 위해서는 혼(psykhē)의 순수화를 통해 혼이 지닌 고차원의 인식주관인 이성(logos), 정확히는 지성(nous)의 능력을 찾아 가짐으로써 가능한데, 이때에야 변증술의 적극적인 구사 단계에 접어들 수 있다는 것이 플라톤의 생각이라 할 것이다. 이에 대한 적극적인 설명을 우리는 앞의 각주에서 이미 접했다.

253e

손님: 그러니까 우리가 철학자를 찾자면, 이와 같은 어떤 영역에서
254a 이제고 이후에고 찾아내게 될 것인데, 이 또한 또렷하게 보기는 어려우니, 이 힘듦은 소피스테스의 경우와는 다른 식으로네.

테아이테토스: 어떻게 되어서죠?

손님: 소피스테스는 있지 않는 것의 어둠 속으로 달아나, 일상적으로 이에 붙들리어 있어서, 그곳의 어둠으로 해서 알아보기가 힘들지. 그렇잖은가?

테아이테토스: 그런 것 같습니다.

손님: 그런가 하면 철학자는 사색으로 해서 언제나 실재의 참모습[167]

167) '실재의 참모습'으로 옮긴 것의 원어는 hē tou ontos idea이다. 이 경우에 idea를 보통 참 존재로서의 '이데아'의 뜻으로 이해해서, 이를 '실재(있는 것: to on)의 이데아'로 옮긴다면, 이는 동어반복 꼴이 된다. 이런 경우의 다른 용례들을 보자. 《국가(정체)》 편 479a~e에는 'idea tis autou kallous'라는 표현과 auto to kalon라는 표현이 있는데, 뒤의 것은 '아름다운 것 자체' 또는 '아름다움 자체'로 옮기면 되겠으나, 앞 것은 문자 그대로 하면 '아름다움(kallos) 자체의 어떤 이데아'로 되는데, 이는 아무래도 어법에 맞지가 않다. '아름다움 자체'가 곧 이른바 '이데아'이기 때문이다. 게다가 '아름다움 자체의 이데아'도 아니고 '어떤 이데아'라니, 이는 아무래도 우스운 표현이다. 그것은 '아름다움 자체의 어떤 본(참)모습'이라 하는 것이 자연스럽다. 같은 대화편 486d에 보이는 'hē tou ontos idea hekastou'도 문자 그대로 옮기면, '각각의 실재(존재: to on)의 이데아'가 되겠는데, 이 또한 어법에 맞지가 않다. 이데아 자체를 곧 존재라는 식으로만 이해하면, 이 경우에 이 말은 '각각의 존재의 존재'라는 식으로 되기 때문이다. '각각의 존재의 본(참)모습'으로 이해하는 게 자연스럽다. 아닌 게 아니라 이런 거북함 때문에 여기에서는 이를 Cornford가 'the nature of reality'로, White는 'the form, being'으로, Benardete는 'the look(idea) of that which is'로, Diès와 Cordero는 'la forme de l'être'로 각기 특이한 방식으로 번역하고 있다. 그런데 idea나 eidos(형상)는 플라톤이나 아리스토텔레스가 전문 용어로 이용하기 전에는 '형태', '모양', '외관', '성질', '특성', '종류', '종(種)', '모습', '보임새',

254a

에 접하는데, 이번에는 이 영역의 눈부신 밝음으로 해서 이를 보게 되는 게 결코 쉽지는 않네. 다중의 혼의 눈이 신적인 것을 바라보면서 견디어 내기는 불가능하기[168] 때문이네. b

테아이테토스: 이 경우 또한 앞의 경우 못지않게 그럴 것 같습니다.

손님: 그러니까 만약에 우리가 여전히 그러기를 바란다면, 철학자에 대해서도 곧바로 더 자세히 고찰하게 될 것이네. 그러나 소피스테스에 대해서는 우리가 충분히 고찰하게 되기 전에 놓아주어서는 안 되는 게 명백한 것으로 생각하네.

테아이테토스: 잘 말씀하셨습니다.

손님: 그러니까 [형상들로서의] 부류들 중에서 일부의 것들은 서로 결합하려 하나, 일부의 것들은 그러려 하지 않으며, 또한 일부는 소수의 경우에나 그리 하나, 일부는 많은 경우에 그리 하지만, 일부의 것

'본모습' 등의 뜻으로 쓰이던 일상어들이었을 뿐이다. 그래서 이것들은 플라톤의 원전 속에서도 여전히 일상 언어로 그대로 쓰이고 있으면서, 이를 기반으로 하여 그 의미가 확장되거나 전용되고 있다. 따라서 플라톤의 전문 용어로 우리가 말하고 있는 '이데아'나 '형상(形相)'도 실은 사물 또는 존재의 '본모습' 또는 '참모습'으로서, 우리의 육안에는 보이지 않으나, 지성이 바라보게(직관: katidein) 되는 것, 곧 '지성(nous)에 의해서나 알게(보게) 되는 것(to noēton)'이라는 뜻으로 그 의미를 확장해서 쓰게 된 말이다. 플라톤은 자기 시대의 철학적 논의의 여러 가지 제약 때문에 오히려 지나치게 철저하리만큼 일상 언어의 틀 속에서 대화편들을 썼다는 사실을 우리는 특히 유념해 둘 필요가 있다. 이런 점은 이것들이 전문 용어들로 본격적으로 쓰이기 시작한 《파이돈》 편에서 얼마든지 확인할 수 있는 일이다. 이 대화편에서의 이 두 낱말이 그때마다 과연 어떤 뜻들로 사용되고 있는지와 관련된 구체적인 용례들은 역자의 《플라톤의 네 대화편》 중에서 《파이돈》 편 65d의 해당 각주를 참조하는 게 좋겠다.

168) 《국가(정체)》 편, 515d~516b에서는 처음으로 실재에 접하게 되는 자는 그것의 눈부심 때문에 그걸 감당해 내지 못하므로, 거기에 적응할 수 있게 될 때까지는 단계적으로 접근하는 걸 권하고 있다.

254b

들은 또한 모두를 통해서 모든 것들과 결합하게 됨을 막을 일이 전혀
c 없으므로,[169] 이후로는 이런 식으로 고찰함으로써 논의를 진행해 가세나. 모든 형상들과 관련해서, 우리가 여러 형상들 속에서 혼란스러워하게 되지 않기 위해서, 가장 중요한 것들로 말하는 것들 중에서 몇몇을 선택해서, 먼저 그 각각이 어떤 것들인지를, 다음으로는 서로의 결합 가능성이 어떠한지를 고찰하면서 말일세. 있는 것(…인 것: 실재)과 있지 않는 것(아닌 것)을 우리가 아주 명확하게 파악할 수는 없더라도, 현재의 고찰 방식이 허용하는 한, 이것들과 관련된 우리의 논의
d 가 적어도 아무런 부족함도 없게 되었으면 해서네. 그래서 만약에 우리가 있지 않는 것을 진실로 있지 않는 것이라 말해도 무탈하게 끝나도록 어떤 식으로건 허용된다면 말일세.

테아이테토스: 그렇다면 그래야만 합니다.

손님: 방금 우리가 말한 그 종류들 중에서는 있는 것(실재) 자체와 정지 그리고 운동이 실로 아주 중요하네.

테아이테토스: 다분히 그렇습니다.

손님: 그렇지만 이것들 중에서 둘은 서로 섞이지 않네.[170]

테아이테토스: 그렇고말고요.

손님: 그러나 적어도 실재(있는 것)는 양쪽 것들과 섞이네. 양쪽 것들이 존재하기 때문이겠지.

---

169) 이를테면, 모든 형상들은 저마다 자기 '동일성'에 관여하며, 다른 형상들과는 다른 것으로서 존재하므로 '타자성'과 '존재(실재)'에 또한 관여한다. 이는 거꾸로 '동일성'도, '타자성'도, '존재'도 이들 모든 형상에 관여하며, 이것들 모두에 관여한다.

170) 이들 세 형상들 중에서 도저히 서로 섞일 수 없는 것은 정지(stasis)와 운동(변화: kinēsis)이지만, 이 둘은 똑같이 실재하기 때문에, 실재와는 결합 곧 섞임이 가능하다.

254d

테아이테토스: 어찌 그렇지 않겠습니까?

손님: 따라서 이것들은 셋이 되네.

테아이테토스: 물론입니다.

손님: 그러니까 이것들 각각은 나머지 둘과는 다른 것이지만, 그것 자체와는 동일한 것일세.

테아이테토스: 그렇습니다. e

손님: 더 나아가 우리가 지금 이렇게 말하고 있는 것들, 곧 '동일함(동일성: to taủton[171])'과 '다름(他者性: thateron)'은 도대체 무엇인가? 이것들 또한 둘인 어떤 종류들로서, 그 셋과는 다른 것들이며, 그것들과는 필연적으로 언제나 함께 섞이는 것들이어서, 다섯인 이것들에 대해 고찰해야만 하는 것이지, 셋인 것에 대해 고찰해야만 하는 것은 아닌 것인가, 그게 아니면, 우리 스스로도 모르는 사이에 우리가 255a
이 '동일성'과 '타자성'을 그것들 중의 어느 하나로서 지칭하고 있는 것인가?

테아이테토스: 아마도 그럴 것입니다.

손님: 하지만 운동(변화)[172]과 정지는 '타자성'도 '동일성'도 아니네.

테아이테토스: 어째서죠?

손님: 우리가 운동(변화)과 정지를 공통으로 무엇이라 일컫건 간에, 이것은 이들 둘 중의 어느 것일 수도 없네.

테아이테토스: 왜죠?

손님: 운동이 정지하게 되고, 정지 또한 운동하게 될 테니까. 양쪽

171) 헬라스어 표기는 ταὐτόν이다.

172) 운동(kinēsis)은 헬라스 철학에서는 '질적 변화(metabolē)'를 포함하는 개념이다. 따라서 '정지(stasis)'의 경우도 그렇다.

255a

경우에 둘 중의 어느 쪽이건 다른 쪽 것이 되면, 다른 쪽 것을 제 본성과는 대립되는 것으로 다시 바뀌지 않을 수 없게 할 것이기 때문인데,
b 이는 대립되는 것에 관여해서네.

테아이테토스: 바로 그렇습니다.

손님: 그렇지만 양쪽 다가 '동일성'과 '타자성'에는 관여하네.

테아이테토스: 네.

손님: 따라서 운동(변화)을 어쨌든 '동일성'이라거나 '타자성'이라고 말하지 말며, 정지 또한 그리 말하지 마세나.

테아이테토스: 정말 그러지 말아야죠.

손님: 그렇지만 만약에 실재(있는 것)와 동일성이 뜻하는 게 아무런 차이가 없다면, 또다시 운동(변화)과 정지 양쪽 다가 있는(실재하는) 걸로 말함으로써, 이들 양쪽 다를 이처럼 동일한 것인 것으로 우
c 리가 일컫고 있네.

테아이테토스: 그렇지만 이는 불가능합니다.

손님: 그러니까 동일성과 실재가 하나이기는 불가능하네.

테아이테토스: 그럴 것입니다.

손님: 그러면 세 형상들에 더해 '동일성(동일함)'을 넷째 것으로 삼을까?

테아이테토스: 물론입니다.

손님: 어떤가? 그럼 우리로선 '타자성(다름)'을 다섯째 것으로 말해야만 하겠지? 아니면 이것과 실재를 하나의 종류에 대한 두 개의 이름들로 생각해야만 하는가?

테아이테토스: 아마도 그렇겠네요.

손님: 그러나 나는 자네가 동의하리라 생각하네. 있는 것들 중에서 어떤 것들은 그것들 자체로 말하게 되지만, 어떤 것들은 언제나 다른

255c

것들과 관련지어서 말하게 된다고.

테아이테토스: 왜 동의하지 않겠습니까?

손님: 하지만 타자성은 언제나 다른 것과 관련지어서네. 안 그런
가? d

테아이테토스: 그렇습니다.

손님: 실재와 타자성이 아주 다르지 않다면, 그렇지 않을 것이네. 그러나 타자성이, 실재가 그러듯, 양쪽 종류[173]에 관여한다면, 다른 것들 중에서도 때로는 다른 것과 관련지어지지 않고서도 다른 어떤 것이 있을 것이네. 그러나 지금 우리에게 있어서 어떤 것이 다른 것은, 그게 무엇이건 간에, 도리 없이 다른 것과 필연적으로 달라서일세.

테아이테토스: 사실이 그렇듯, 말씀하십니다.

손님: 따라서 '타자성'의 본성을 우리가 선택하는 형상들 중에서
다섯째 것으로 말해야만 하네. e

테아이테토스: 네.

손님: 그리고 이것을 어쨌든 이것들 모두를 통해서 뚫고 들어가는 것이라 우리는 말할 것이네. 왜냐하면 개개의 각각이 다른 것들과 다른 건 자체의 본성으로 해서가 아니라, '타자성'의 이데아에 관여함(metekhein)으로 해서이기 때문일세.

테아이테토스: 바로 그렇습니다.

손님: 그러면 이 다섯에 대해서 이런 식으로 하나씩 거론해 가기로 하세나.

테아이테토스: 어떻게 말씀입니까?

---

173) 그것들 자체로 말하게 되는 경우와 다른 것들과 관련지어서 말하게 되는 경우를 가리킨다. '타자성'의 경우, 이의 '다름'은 언제나 다른 것과 관련되어 말하는 것이며, 그 자체만으로는 다를 수가 없기 때문이다.

255e

손님: 첫째로, '운동(변화)' 은 '정지' 와는 아주 다른 것이라고 말일세. 아니면 우리가 어떻게 말할까?

테아이테토스: 그리 말하죠.

손님: 따라서 그것은 '정지' 가 아닐세.

테아이테토스: 어떤 식으로도 단연코 아닙니다.

256a 손님: 하지만 그것은 존재하는데, '실재' 에 관여함으로 해서네.

테아이테토스: 그렇습니다.

손님: 그런데 이번에는 다시, '운동' 은 '동일성' 과도 다른 것이네.

테아이테토스: 그럴 것입니다.

손님: 그러니까 '동일성' 이 아니네.

테아이테토스: 실상 아닙니다.

손님: 그렇지만 그것은 적어도 제 자신과는 동일한 것인데, 이는 모든 것이 '동일성' 에 관여해서지.

테아이테토스: 그야 물론입니다.

손님: 그러니까 '운동(변화)' 은 '동일한 것(ταὐτόν)' 이기도 하고
'동일성(ταὐτόν)'[174]인 것은 아니기도 하다는 데 동의하고서, 못마
땅해해서는 안 되네. 왜냐하면 우리가 이걸 동일한 것이라고 말하면
서 동일성은 아니라고 말할 때, 이는 같은 뜻으로 말하는 것이 아니
b 기 때문이네. 우리가 운동을 동일한 것이라고 말할 경우에는, 제 자
신과 관련된 동일성과의 관여(methexis)로 해서 그렇게 말하지만, 동
일성은 아니라고 우리가 말할 경우에는, 이번에는 타자성과의 결합

174) '동일한 것' 도 '동일성' 도 원어상으로는 같은 ταὐτόν이지만, 앞 것은 보통명사이나, 뒤의 것은 추상명사요, 여기서는 형상을 뜻한다. 그래서 콘퍼드는 앞 것을 the same으로, 뒤의 것을 the Same 또는 Sameness로 구별해서 번역하고 있는데, 적절하다고 생각한다.

256b

(koinōnia)으로 해선데, 이로 해서 동일성에서 분리됨으로써 그것 아닌 다른 것이 되었네. 그래서 이번에는 다시 동일성이 아니라고 말하는 게 옳지.

테아이테토스: 물론입니다.

손님: 그러니까 혹시라도 운동 자체가 정지에 어떤 식으로 관여한다면, 운동을 정지 상태인 걸로 말해도 전혀 이상할 게 없겠지?

테아이테토스: 지당합니다. 만약에 [형상들로서의] 종류들 중에서 어떤 것들은 서로 섞이지만, 어떤 것들은 섞이지 않는다면 말씀입니다.

손님: 그리고 실은 지금의 이 논의 이전에 그 논증에 이미 이르렀는 c
데, 그게 본성상 그러하다는 것을 밝힘으로써 그랬네.[175]

테아이테토스: 어찌 아니겠습니까?

손님: 그러면 다시 말하세. 운동은 타자성과는 다르지? 마치 그게 동일성과도 그리고 정지와도 달랐듯이?

테아이테토스: 그야 필연적입니다.

손님: 그러니까 그것은 어떤 점에서는 다른 것(타자성)이 아니고, 방금 한 논의에 따라서는 다른 것이기도 하네.[176]

테아이테토스: 정말입니다.

손님: 그러면 다음은 무엇인가? 다시 셋과는 다른 것으로 운동을 말하겠지만, 넷째 것과는 다른 게 아니라고 우리가 말할 것인가? 우
리는 이것들을 다섯 종류들이라고 동의하고서, 이것들과 관련해서 우 d
리가 고찰하기로 했었지?

테아이테토스: 어떻게 그럴 수 있겠습니까? 그 수를 지금 밝힌 것

175) 251a~252c에서.

176) 우리말로는 이렇게 표현할 수밖에 없는 이 문장은 바로 앞 a의 각주를 참조하면 이해가 될 것이라 생각한다.

보다 적은 걸로 동의할 수는 없으니까요.

손님: 그러니까 운동은 실재(to on)와 다른 것이라고 주장하는 말을 우리가 해야겠지?

테아이테토스: 그야 조금도 두려워할 것 없이 그래야죠.

손님: 그러니까 운동은 물론 사실상 '실재' [자체]는 아니면서도 '있는(실재하는) 것' 임이 명확한데, 이는 그것이 실재에 관여하기 때문이겠지?

테아이테토스: 지극히 명백합니다.

손님: 그러고 보면 운동에도 그리고 모든 종류들과 관련해서도 '아닌 것(…이지 않은 것: to mē on)'[177]이 필연적으로 있네. 왜냐하면
e 모든 것과 관련해서 다름의 성질(타자성: hē thaterou physis)이 그 각각을 '실재(to on)' [자체]와는 다른 것으로 만듦으로써 '아닌 것(…이지 않은 것: ouk on)' 으로 만들기 때문이네. 따라서 그 모두를 마찬가지로 이처럼 '아닌 것들(ouk onta)' 로 우리가 말하는 게 옳거니와, 또한 그것들이 실재에는 관여하기 때문에, 있으며(einai) 있는 것들(onta)이라 다시 말하는 게 옳아.[178]

테아이테토스: 그런 것 같습니다.

손님: 따라서 형상들 각각과 관련해서는 '…인 것(to on)' 이 많지만, '아닌 것(…이지 않은 것: to mē on)' 은 그 수가 한이 없네

---

177) 232d 이후 to mē on이 '실재' 곧 '있는 것(to on)' 과 대립되는 것으로서 상정되는 '있지 않는 것' 과 관련되는 논의가 이어지다가, 239c에서부터는 '전적으로 없는 것(무: to mēdamōs on)' 으로서의 to mē on에 대한 논의는 일단 접고, '…이지 않은 것' 곧 '아닌 것' 으로서 논의되어 온 셈이다.

178) 이런 언급은 바로 다음 언급과 함께 모든 형상들에 두루 적용되는 것이다.

256e

(apeiron).

테아이테토스: 그런 것 같습니다.

손님: 그러니까 '실재(있는 것) 자체(to on auto)' 또한 다른 것들 (다른 형상들)과 다르다고 말해야만 하네. 257a

테아이테토스: 그야 필연입니다.

손님: 또한 '…인(있는) 것(to on)'은, 다른 것들이 있는 만큼, 그만큼 우리에게는 아니네. 왜냐하면 그것들이 아니기에, 그것은 하나인 자기 자신이며, 수에 있어서 무한한 다른 것들이 또한 아니기 때문이네.

테아이테토스: 아마도 그런 것 같습니다.

손님: 물론, 비록 그렇더라도, 이에 대해 못마땅해해서는 안 되는데, [형상들로서의] 종류들의 본성이 서로 결합 관계(koinōnia)를 갖는 것이기 때문일세. 그러나 만약에 누군가가 이에 동의하지 않는다면, 앞서의 우리의 주장들을 철회토록 납득시키고서, 이후의 것들을 설득케 하라고 하게나.

테아이테토스: 지당한 말씀입니다.

손님: 그러면 다음 것도 보세나. b

테아이테토스: 어떤 것인가요?

손님: 'mē on'[179]을 우리가 말할 때, 우리는 'to on(있는 것, 실재)'에 대립되는 어떤 것을 말하는 게 아니라, 다만 '다른 것'을 말하

179) 바로 번역어를 쓰지 않고, 원어를 쓴 것은 문맥상 그럴 필요성을 느껴서다. 이는 우리말로는 '있지 않는 것' 또는 '…이지 않은 것' 곧 '아닌 것'을 뜻하는데, 이 표현(to 'mē on': 'mē on'이라는 표현)이 본문에서 어떻게 쓰이는지를 직접 확인하면서 제대로 이해하는 것이 이 논의에 대한 이해를 도울 것이라 생각해서다.

257b

는 걸세.

테아이테토스: 어떻게 말씀입니까?

손님: 이를테면, 우리가 어떤 것을 '크지 않다'고 말할 경우, 이때 이 표현으로 같은 것보다는 작은 어떤 것을 우리가 표명하는 것으로 보이는가?

테아이테토스: 그 또한 어떻게 말씀입니까?

손님: 그러니까 부정은 반대를 나타내는 것이라고 말할 경우, 우리가 동의하게 되는 건 다만 이 정도만이네. 다음에 오는 낱말들 앞에
c 자리 잡히는 mē 그리고 ou[180]는 그것들과는 다른 것들 중의 어떤 걸 나타낼 뿐이네. 아니, 그보다는 부정 다음에 발음되는 낱말들이 지시하는 것들이 무엇이든, 이것들과 관련된 사물들과는 다른 것들 중의 어떤 걸 나타내네.

테아이테토스: 전적으로 그렇습니다.

손님: 만약에 자네도 동의한다면, 이런 걸 생각해 보세.

테아이테토스: 어떤 것인데요?

손님: 타자성은, 지식(앎)이 그렇듯, 세분된 것으로 내게는 보이네.

테아이테토스: 어떻게요?

손님: 아마도 지식 또한 하나이겠지만, 그것의 각 부분은 어떤 분야
d 가 별도로 정해져 있어서 그것의 고유한 어떤 명칭을 갖네. 이 때문에 이른바 여러 기술들과 학문들이 있지.

테아이테토스: 물론입니다.

---

180) 헬라스어 mē나 ou는 둘 다 영어 not에 해당되는 부정어이다. mē는 누군가가 어떤 것이 아니라고 생각하는 경우, 곧 그의 생각이나 의지를 나타내는 부정어로 쓰이지만, ou는 어떤 것이 아님을 나타낼 때, 곧 사실이나 진술에서의 부정어로 쓰인다.

257d

손님: 따라서 하나인 타자성의 부분들 또한 똑같은 이 사태를 겪고 있네.

테아이테토스: 아마도 그렇겠죠. 하지만 정작 어떤 식으로 그런지를 우리가 말할까요?

손님: 아름다움(to kalon=the Beautiful)에는 타자성의 어떤 부분이 대립되는 것으로 있네.

테아이테토스: 있습니다.

손님: 그러면 이걸 이름이 없는 것으로 아니면 어떤 명칭을 갖는 것으로 우리가 말할까?

테아이테토스: 갖고 있습니다. 우리가 '아름다움 아님(mē kalon)'이라 소리 내어 말할 때마다, 이것은 아름다움의 성질 이외의 다른 어떤 것과 다른 것이 아니니까요.

손님: 자, 이제 다음 것에 대해 대답해 주게.

테아이테토스: 어떤 것인데요? e

손님: 실재(있는 것: …인 것)들(ta onta) 중의 어떤 한 종류[181]와는 구획된 다른 어떤 것, 그리고 다시 실재들 중의 어떤 것과 대립하게 된 것, 이렇게 해서 성립한 것이 '아름다움 아님(to mē kalon=the Not-Beautiful)' 이겠지?

테아이테토스: 그렇습니다.

손님: 실재에 대한 실재의 대립이 일종의 '아름다움 아님' 인 것 같네.

테아이테토스: 지극히 옳은 말씀입니다.

손님: 그러니까 어떤가? 이 주장에 따라 실재들 중에서 '아름다움'

181) 여기에서 '어떤 한 종류' 는 '아름다움' 의 형상을 뜻한다.

257e

은 더한 의미에서 있지만, '아름다움 아님' 은 덜한 의미에서 있는가?

테아이테토스: 전혀 그렇지 않습니다.

258a 손님: 따라서 '큼 아님(to mē mega)' 과 '큼 자체(to mega auto)' 는 마찬가지로 있는 걸로 말해야만 하네.

테아이테토스: 마찬가지로 있습니다.

손님: 그러니까 '올바름 아님(to mē dikaion)' 도 '올바름(to dikaion)' 과 같게 대해야만 하겠지? 한쪽이 다른 쪽과 어떤 점에서도 더한 뜻에서 있는 건 아니라는 점에서.

테아이테토스: 물론입니다.

손님: 따라서 다른 것들도 이런 식으로 우리는 말할 걸세. 타자성이 실재들 중에 포함되는 것으로 밝혀졌으므로, 그것이 있기에, 그것의 부분들 또한 어떤 것 못지않게 있는 것들로 보는 게 필연적이네.

테아이테토스: 어찌 그렇지 않겠습니까?

손님: 그래서 타자성의 부분(일부: meros)[182]과 실재성의 부분, 이
b 들 서로 대립되는 것들의 대립(대립인 것)은, 만약에 그리 말하는 것
이 가당하다면, 그건 실재 자체 못지않은 존재인 것으로 보이는데, 이
는 실재에 반대되는 걸 뜻하는 것이 아니라, 다만 그것과는 다른 것이
라는, 그 정도를 뜻할 뿐이네.

테아이테토스: 그건 실로 지극히 명확합니다.

손님: 그러면 이걸 우리가 무엇이라 일컬을까?

---

182) '타자성' ← '아닌 것' ← '…이지 않은 것' ← '있지 않는 것(to mē on).' 이는 to mē on이 그 동안의 논의 과정에서 어떻게 표현상의 변화를 보게 되었는지를 보여 주는 것이다. 그런데 바로 앞에서 '큼 아님' 그리고 '올바름 아님' 은 각기 타자성(아닌 것)의 일부, 곧 그것의 부분(meros)이며, to on(실재←…인 것)의 일부이다.

258b

테아이테토스: 그것은 '아닌 것(…이지 않은 것: to mē on)' 인 게 명백합니다. 이는 우리가 소피스테스 때문에 찾고 있었던 것으로, 이게 바로 그것입니다.[183]

손님: 그러니까, 자네가 말하듯, 그것은 다른 것들 중의 어느 것에 비해서도 실재성이 부족하지 않으며, 이제는 자신을 갖고 말해야만 하는가? '아닌 것' 은 자체의 성질을 갖고 굳건히 있다고. 큼은 크고 c
아름다움은 아름답고 큼 아님은 〈크지 않으며〉 아름답지 않음은 〈아름답지 않다고〉 했듯, 이처럼 '아닌 것' 은 똑같이 아닌 것이었으며 또한 아닌 것이며, 많은 실재(있는 것: …인 것)들(ta onta) 중의 한 형상으로 손꼽히는 것이라고? 아니면, 테아이테토스, 우리는 아직도 이에 대해 어떤 불신을 갖고 있는가?

테아이테토스: 아무런 불신도 없습니다.

손님: 그런데 자네는 우리가 파르메니데스께 불복하기를 그 금지 범위를 훨씬 벗어났다는 사실을 알고 있는가?

테아이테토스: 어째서죠?

손님: 우리가 고찰하는 걸 그분께서 금하신 것보다도 더 멀리 나아

---

183) to mē on과 관련된 이때까지의 길고 긴 논의의 이유가 이제야 명시적으로 밝혀진 셈이다. 파르메니데스의 경우에 그것은 '있지 않는 것' 으로서, 이는 문자 그대로 '어떤 식으로도 있지 않는 것(to mēdamōs on)' 이기에 이는 결국 '전적으로 없는 것' 곧 '무(無)' 다. 따라서 이런 뜻의 'to mē on' 은 이미 238c에서 "그 자체로는 옳게 소리로 나타낼 수도, 말할 수도, 생각할 수도 없고, 말로 나타낼 수도 소리로 나타낼 수도 말로 표현할 수도 없는 것"이라 해서 이후의 논의에서는 이미 배제되고, 그것은 무엇 무엇이 '아닌 것' 곧 '다른 것' 을 뜻하는 것으로 이해하도록 유도되었다. 다시 말하면, 'to mē 다음에 오는 것이 아닌 것', 곧 이와는 '다른 것' 을 뜻할 뿐이다. 이를테면, '아름다움(to kalon = the Beautiful)' 에 대립되는 '아름다움 아님(to mē kalon = the Not-Beautiful)' 처럼.

가 탐구하고서 우리가 그분께 보여 드렸네.

테아이테토스: 어떻게요?

d 손님: 그분께서는 이런 말씀을 하셔서네.

이것이, 곧 있지 않는 것들이 있는 걸로 증명될 일은 결코 없을 것이니라.

도리어 그대는 탐구의 이 길에서[184] 그대의 생각을 접을지어다.

테아이테토스: 실상 그리 말씀하시죠.

손님: 하지만 우리는 '아닌 것들(←있지 않는 것들: ta mē onta)'을 있는 걸로 증명했을 뿐만 아니라, '아닌 것(←있지 않는 것: to mē on)'[185]의 형상이 있다는 것도 밝혔네. 우리는 타자성이 있는(실재하

---

184) 여기에서 인용된 텍스트에서는 237a에서 인용된 '탐구함에 있어서'로 번역한 dizēmenos 대신에 파르메니데스의 철학시 중의 일부분인 토막글(Fr.) 7. 1~2에서의 것 그대로 dizēsios(탐구의)로 되어 있어서, 이에 따라 번역했다.

185) 이 문장에서 괄호 안의 번역어들은 파르메니데스의 경우에 해당되는 것들이다. 그리고 '아닌 것'의 형상이란, 바로 다음에서 언급하고 있듯, 곧 '타자성(to thateron; hē thaterou physis)'을 뜻한다. 237a 이후에서 to mē on과 관련된 논의들은 결국 '있지 않는 것'→'아닌 것'→'타자성(hē thaterou physis: thateron)'으로의 그 의미 전환을 밝히고 있다. 이것 또한 실재들 중의 하나이지만, 당연히 '실재 자체(auto to on)'는 '아닌 것'이다. 이는 물론 모든 실재들에도 적용되는 것이다. 그리고 모든 실재가 각기 그것 특유의 것인 것은 저마다 '타자성'에 관여하면서도, '동일성(ταὐτόν)에도 관여해서 자기동일성을 유지하기 때문이다. 이제까지의 논의들은 이런 걸 밝히기 위한 지루한 대화들이었던 셈이지만, 이어지는 대화는 이런 내용들을 다시 총괄적으로 정리하면서, 형상들의 상호 결합관계를 다루게 된다.

258d

는) 것으로 그리고 그 부분 부분이 모든 실재들 서로 간에 분산되어 있는 것으로 증명해 보이고선, 실재에 대해서 타자성의 각 부분이 대 e
립되는 것으로서, 바로 이것이 진정으로 '아닌 것(to mē on)' 이라고 우리는 감히 말했네.

테아이테토스: 손님이시여, 또한 더할 수 없는 진실을 우리가 말한 것으로 제게는 생각됩니다.

손님: 그러니까 누군가가 이렇게 말하는 일은 없도록 해야 할 것이네. 우리가 '실재(있는 것: to on)' 에 대립되는 것으로 '있지 않는 것(to mē on)' 을 제시하고서, 이를 감히 있다고 주장하는 걸로는 말일세. 그것에 대립되는 것과 관련해서는 오래 전에 작별을 고했기 때문
이네.[186] 그런 것이 있건 또는 없건 간에, 또는 그걸 말로 표현할 수 있 259a
건 또는 없건 간에 말일세. 그러나 있는 걸로 우리가 지금 말한 '아닌 것(to mē on)' 에 대해서는 우리가 잘못 말하고 있는 걸로 누군가가 논박함으로써 설득을 하거나, 아니면 그럴 수 없는 한, 그로서도, 우리가 말하듯, 말해야만 하네. [형상들로서의] 부류들은 서로들 섞이며, 실재와 타자성은 모든 것을 통해서 그리고 서로 간에 뚫고 들어가거니와, 타자성은 실재에 관여함으로써 이 관여(methexis)를 통해서 존재하지만, 그러나 그것이 관여하게 되는 실재 [자체]는 어쨌든 아닌 다른 것이라고. 그러나 실재 [자체]와는 다른 것이기에, 필연적으로
'아닌 것(mē on)' 일 수 있음이 지극히 명확하다고. 반면에 실재 [자 b
체](to on) 또한 타자성에 관여함으로써 다른 [형상들로서의] 부류들

186) 237c~239c에서. 곧, to mē on을 '전적으로 없는 것(to mēdamos on)' 으로 보는 건 일단 접고, 이를 '…이지 않은 것' = '아닌 것' →[형상으로서의] '타자성(他者性: thateron=hē thaterou physis)' 으로 이해하도록 유도하는 것이 그 본 내용이다.

과 다른 것이겠으나, 저들 모든 것들과는 다른 것이기에, 이것들 각각이 아니며, 자기 이외의 일체의 다른 것들도 아니네. 그래서 실재 [자체]는 수없이 많은 것들에 대해 또한 수없이 '아니며', 따라서 다른 것들도 각기 나름으로 그러해서, 일체의 것들이 여러 가지 방식으로 '이기도(esti[n]) 하지만,' 여러 가지 방식으로 '아니기도(ouk estin) 하다'는 건 논의의 여지가 없네.

테아이테토스: 정말입니다.

손님: 그러니 이 상반되는 것들에 대해 혹시라도 누군가가 믿지 않는다면, 그로서는 지금 말한 것들보다도 더 나은 뭔가를 고찰해 보고

c 서 말해야만 하네. 만약에 그가 뭔가 어려운 걸 생각하게 되어, 그때마다 다른 것들과 연관시키며 논의들을 끌고 다니며 즐거워한다면, 그는 크게 진지해할 가치도 없는 것에 열을 올리고 있는 것이네.[187] 지금의 우리 논의가 말해 주고 있듯 말일세. 이건 실상 재치 있는 것도 발견하기 어려운 것도 아니지만, 저건[188] 어렵기도 하고 동시에 훌륭하기도 하네.[189]

테아이테토스: 어떤 것인가요?

손님: 앞서도 말했던 것이네. 이런 것들은 누구나[190] 할 수 있는 것들로서 접어 버리고서, [다음처럼] 언급되는 것들 각각을 논박하면서

---

187) 251a~d 참조.

188) 물론 바로 앞 문단에서의 발언 내용을 가리킨다.

189) "어렵기도 하고 훌륭하기도 하다"는 이 표현은 "훌륭한 것들은 어렵다(khalepa ta kala)"는 헬라스인들의 격언을 연상시킨다.

190) 텍스트 읽기에서 ⟨panti⟩는 괄호를 풀고서 그 뒤의 dynata와 연계해서 살려서 읽었다. '이런 것들은 누구나 할 수 있는 것들로서'는 이어지는 d2의 "그러나 …"로 연결되는 문장의 내용이 더 자세히 말해 주고 있다.

259c

따라갈[191] 수 있어야만 한다는 걸세. 누군가가 다른 것을 어떤 점에서
는 같다고 말할 때 또한 같은 것을 다르다고 말할 때, 이것들 중의 어 d
느 것이 그가 말하는 그런 경우를 그런 식으로 겪게 되는지를 말일세. 그러나 어떤 식으로건 같은 것을 다른 것으로 그리고 다른 것을 같은 것으로, 또한 큰 것을 작은 것으로 그리고 작은 것은 큰 것으로 그리고 또 닮은 것을 닮지 않은 것으로 보이게 하고선, 이런 식으로 반대되는 것들을 논의 속에 마냥 끌어들이면서 즐거워한다는 것, 이것은 참된 논박도 아니거니와, 이제 막 실재들[192]에 접하게 된 누군가의 갓 태어난 생각인 게 분명하네.[193]

테아이테토스: 바로 그렇습니다.

손님: 그리고, 여보게, 실은 모든 걸 모든 것에서 분리하려 꾀한다
는 것은 특히 부적절할뿐더러 전적으로 교양 없고 비철학적인 자나 e
하는 짓이지.

테아이테토스: 왜죠?

손님: 모든 것에서 그 각각을 떼어 놓는다는 것은 모든 말(logoi)[194]

---

191) 이때의 '따라감(epakolouthein)' 은 '이해함' 을 내포하는 것이다.

192) 원어는 ta onta(있는 것들: to on의 복수 형태)인데, 234b~235a에서는 '실제 사물들' 곧 '실물들' 로 옮겼던 것이기도 하다. '사실들' 이나 '진실' 그리고 '사물들' 로도 옮기는 말이다. 이어지는 260b에서도 언급되고 있는 것과 같은 쓰인 것으로 보아, '실재들' 로 일단 옮겼다. 이 말이 여러 뜻들로 쓰이고 있는 실례를 역주서 《파이드로스》 편 각주 233에서 확인할 수도 있겠다.

193) 234c~e를 참조할 것. 234d에서 '실물들(ta onta)에 접함' 과 여기에서 '실재들에 접함' 은 원어로는 같다.

194) 여기서 logoi는 logos의 복수 형태로서, 단순한 낱말이 아닌, 모든 서술 형태의 말을 뜻한다. 진술로서의 logos는 이어지는 260b에서 언급되고 있다.

259e

을 완벽히 소멸시킴일세. 형상들 상호 간의 엮음[195]을 통해서 말이 우리에게 있어서 성립하기 때문이네.[196]

---

195) '엮음'으로 옮긴 원어는 symplokē이다. 이는 형상들 상호 간의 '관여(methexis)'나 '섞임(meixis, symmeixis)' 또는 '결합(결합 관계: koinōnia)'과는 전혀 다른 용어이다. 이를테면, '아름다움'으로서의 형상은 그 자체로 '자기동일성'·'타자성'·'실재(실재성)'·'정지'·'단일성' 등에 관여하거나 이것들과 결합 관계에 있다. 아름다운 사물들은 물론 아름다움의 형상에 관여하고. 반면에 '형상들의 엮음'을 통해서는 진술이 성립한다. 예컨대, 이 대화편의 끝 부분에서 '소피스테스'라는 부류가 어떤 기능(ergon)을 하는 인간 유형인지에 대한 긴 진술을 만나게 되는데, 이는 그의 여러 기능들의 형상들을 엮음으로써 제시하는 종합적 진술이다. 물론 진술(logos)에는, 콘퍼드가 말하듯(p. 300), 긍정적인 것도 부정적인 것도 다 포함된다.

196) 여기에서 "형상들 상호 간의 엮음을 통해서 말 곧 진술이 성립한다."고 한다. 그런데 우리가 일상적으로 하는 이야기로서의 말은 실상 어떤가? 플라톤 시대의 아테네인들도 그랬듯, '형상들 간의 엮음'에 대한 의식이라곤 전혀 없이, 아니 형상 자체에 대한 아무런 의식 없이 우리는 말을 하고 있다. 따라서 이에 대한 언급을 여기서 안 하고 그냥 넘길 수는 없는 일일 것 같아, 부연 설명을 하는 게 좋겠다. 형상 또는 이데아와 관련해서는 254a의 각주에서 약간의 언급을 했다. 플라톤의 이데아 내지 형상은 몇 가지의 기본적인 특성을 갖고 있다. 그것은 무엇보다도 우선 참된 존재(to on) 즉 실재이다. 그리고 그것은 사물들에 대해 어떤 형태로건 원인적인(aition) 구실을 한다. 그래서 형상은 앎 즉 지식의 대상이 된다. 또한 플라톤 철학의 특성상 이런 형상은 특히 실천이나 기술적 제작의 문제와 관련될 때는 자연스레 본(paradeigma)의 성격을 갖게 된다. 그리고 마지막으로, 초기의 소크라테스적 대화편들은 물론이거니와 중기 및 후기의 일부 대화편들에 있어서까지 형상에 대한 의미 규정(horismos)을 통한 접근은 이를 개념 또는 보편자(to katholou=the universal)로 보게도 한다. 바로 아리스토텔레스가 그랬다. 물론 이런 성격도 갖는 것으로 보는 건 옳지만, 덩달아 이를 그런 것에 불과한 것으로 보는 건 플라톤 철학 자체를 철학사에서 지워 버리는 만행이 될 것이다. 이와 관련해서는 졸저 《헬라스 사상의 심층》(201~202쪽)을 참조하는 게 좋겠다.

259e

테아이테토스: 진실을 말씀하십니다.

손님: 그러니 지금 적기에 이들과 맞서 싸우게 되었으니, 우리는 형 260a
상이 다른 형상과 섞이지 않을 수 없도록 하게 된 걸세.

테아이테토스: 바로 무슨 목적 때문인가요?

손님: 말이 우리들에게 있는 부류의 것들 중의 하나이게 하려 해서네. 이를 앗기게 되면, 가장 중대한 것, 곧 철학을 앗기게 될 것이기 때문이네. 그 밖에도 당장엔 말이 무엇인지에 대해 우리가 서로 합의를 보아야만 하네. 만약에 우리가 이걸 앗기게 되어 아주 없어지게 되면, 우리는 아마도 더는 말을 할 수 없게 될 것이네. 만약에 우리가 어
떤 것과의 어떤 것의 그 어떤 섞임도 없는 것으로 서로 동의하게 될 b
경우, 그걸 앗기게 될 것이네.

테아이테토스: 그 말씀은 어쨌든 옳습니다. 그러나 방금 무엇 때문에 우리가 그것에 대해 서로 합의를 보아야만 한다는 것인지는 제가 모르겠습니다.

손님: 그야 이런 식으로 따라오면, 아마도 가장 쉽게 알게 될 걸세.

테아이테토스: 어떻게 말씀입니까?

손님: 그러니까 '아닌 것(to mē on)' 은 우리에게 있어서는 다른 것들 중의 한 종류로 판명되었는데, 모든 실재(있는 것: …인 것)들(ta onta)에 흩어져 있네.

테아이테토스: 그렇습니다.

손님: 그렇다면 그 다음으로는 이게 판단(doxa) 및 진술(logos)과 섞이는지를 고찰해야만 하네.[197]

197) '판단' 과 '진술' 의 차이는 앞 것이 혼이 생각한 바를 말로는 표현하지 않은 경우의 것이지만, 뒤엣것은 이를 말로 표현한 경우의 것이다.

260b

테아이테토스: 왜죠?

c 손님: 이것들과 그것(아닌 것)이 섞이지 않으면, 모든 것이 참인 게 필연적이지만, 섞일 경우에는 거짓판단과 거짓진술이 생기네. [사실이] 아닌 것들(ta mē onta=those that are not)을 생각하거나 말하는 것, 이것은 생각과 말 속에 생기는 거짓이기 때문이라 나는 생각하네.

테아이테토스: 그렇습니다.

손님: 어쨌든 거짓(pseudos)이 있다면, 기만(apatē)도 있네.

테아이테토스: 네.

손님: 더 나아가, 기만이 있기에, 영상(eidōlon)들과 모상(eikōn)들 그리고 [그리] 보임(나타나 보임: phantasia)[198]으로 모두 가득 차 있을 게 필연적이네.

테아이테토스: 실인즉 어찌 그렇지 않겠습니까?

손님: 그런데 소피스테스는 이 영역으로 도피했으면서도, 거짓은

198) phantasia(260c 이후)를 무슨 말로 옮겨야 할 것인지를 두고, phantasma(환영: 234e 이후. 이곳의 해당 각주를 참조할 것)의 번역어와 함께, 한 주가 넘게 고심을 한 것 같다. 일단 하나의 번역어를 정한 다음에는 원고 속의 이들 번역어를 모두 바꾸기를 지겨울 정도로 반복했다. 그런 식으로 원문들의 반복된 숙독 끝에, 최종적으로 이들 번역어를 채택하기로 결정하게 된 실마리는 236b~e에서 찾을 수 있었다. "비록 그리 보이기는(phainetai) 하지만, 닮지는 않았기에, 환영(phantasma)이라 일컫지 않겠는가?(ar' ouk, epeiper phainetai men, eoike de ou, phantasma;)"라는 문장에서 '[그리] 보인다(phainetai)' 와 236e에서 역시 '[그리] 보인다(phainesthai)' 는 동사가 나온다. Liddell, Scott, and Jones의 *A Greek-English Lexicon*에서는 phantasia 항목에서 이를 이 동사들의 '동사적 명사(verbal noun)' 로서, appearing=to phainesthai로 첫머리에서 규정하고 있다. 이의 '동사적 명사' 로는 우리말의 '나타나 보임' 이나 '[그리] 보임' 이 될 것이다. 264b에서 해당 각주도 참조할 것.

260c

전혀 있지도 않다고 부인하게 된 것으로 우리가 말했던 것 같네.[199] 왜 d
냐하면 '있지 않는 것(to mē on=what is not)' 은 누군가가 생각할 수
도 말할 수도 없기 때문이라는 거지. '있지 않는 것' 은 어떻게도 존재
(ousia=being=existence)에 관여할 수 없으니까.

테아이테토스: 그런 말을 그가 했죠.

손님: 그러나 이제는 '아닌 것(to mē on)' 이 실재(to on=that which is)에 관여하는 것으로 밝혀졌기에, 이 점에서는 그가 아마도 더는 싸우려 하지 않을 게야. 그러나 아마도 그는 말할 게야. 종류(형상)들 중에서 어떤 것들은 '아닌 것' 에 관여하지만, 어떤 것들은 관여하지 않거니와, 바로 진술과 판단이 그것에 관여하지 않는 것들에 속한다고. 그래서 그가 종사하고 있는 것으로 우리가 말하는 영상 제작 기술과 환영 제작 기술이란 전적으로 없는 것이라고 다시금 악착같이
주장하겠는데, 판단과 진술은 '아닌 것' 에 관여하지 않아서고, 이 결 e
합이 성립하지 않고서는, 거짓은 전혀 없기 때문이라는 거네. 따라서 이런 까닭으로 첫째로 진술과 판단 그리고 [그리] 보임이 도대체 무엇인지 면밀히 검토해야만 하는데, 이는 이것들이 드러나게 됨으로써
이것들의 '아닌 것' 과의 결합을 우리가 명확히 보기 위해서네. 이를 261a
보게 되면, 거짓이 있음을 우리가 증명하게 될 것이고, 증명을 하게 되면, 소피스테스를 거짓 속에 묶어 두자 해서네. 정녕 붙잡아 둘 수 있다면 말일세. 아니면 풀어 주고서 다른 부류에서 찾으세.

테아이테토스: 손님이시여, 소피스테스에 대해 처음에 말씀하셨던 바가, 곧 그 부류는 붙잡기가 힘들다고[200] 하신 것이 그야말로 정말인

199) 237a 이후에서.

200) '붙잡기가 힘들다' 로 옮긴 것의 원어는 '사냥하기가 힘들다(dysthēreuton)' 인데, 사람을 사냥한다는 게 젊은이로서 말하기엔 너무 거친

261a

것 같습니다. 실은 온갖 장애물들[201]로 가득한 걸로 보이거니와, 그것들 중에서 어떤 걸 앞에 내던지기라도 하면, 당자에게 이르기 전에 먼저 이 장애물을 상대로 싸워 내지 않으면 안 되기 때문입니다. 이제 가까스로 '있지 않는 것(→아닌 것: to mē on)'을 '있지 않는(→아닌) 것'으로 함으로써 장애물을 통과했습니다. 그러나 또 다른 장애물이
b 던져졌거니와, 진술과 관련해서 또한 판단과 관련해서도 거짓이 있는 것으로 증명해야만 하는 거고요. 그리고 이것 다음에도 아마도 다른 것을, 또한 그것 다음에는 또 다른 것을 그래야 하겠고요. 그래서 결코 끝이 보이지 않을 것 같습니다.

손님: 용기를 내게, 테아이테토스! 작은 것일지라도 할 수 있는 사람은 언제나 앞으로 나아가야만 하네. 이런 경우들에서 의기소침한 사람이 다른 경우들에야 무엇을 할 수 있겠는가? 그런 경우들에서 아무것도 이루지 못하거나 도리어 후퇴를 당했을 경우는 말일세. 속담
c 에서 말하듯, 그런 사람이 결코 '나라를 취하기'는 아마도 어려울 게야. 그러나 지금은, 이보게, 자네가 말하는 이 장애물을 넘었으니, 실로 우리에게 있어서 가장 큰 성벽은 정복되었고, 다른 것들은 이제는 더 쉽고 더 작은 것들일세.

테아이테토스: 훌륭한 말씀입니다.

손님: 그러면, 방금 말했듯, 첫 진술과 판단을 갖고 보세나. '아닌

표현이라 여겨, 완곡한 표현으로 옮겼다. 226a에서는 추적 대상으로서의 소피스테스를 아예 '사냥감'으로 비유해서 말하고 있다. 그리고 그 추적의 어려움과 관련해서는 처음 말했던 것은 218c, 226a 등에서다.

201) 여기서 '장애물'로 옮긴 헬라스 원어는 problēma이다. 앞에 '던져진 것', '장애물', '방벽', '과제' 등을 뜻하는 말인데, 《국가(정체)》편 530b에서는 학문에서의 '문제'를 뜻하는 것으로 이미 쓰이고 있다.

261c

것(to mē on)’이 이것들과 관계를 맺게 되는지를, 또는 이것들 둘 다가 전적으로 진실인지를, 그래서 어느 쪽도 결코 거짓이 아닌지를 더욱 명확히 헤아려 보기 위해서 말일세.

테아이테토스: 옳은 말씀입니다.

손님: 자, 그러면, 형상들 및 문자들과 관련해서 우리가 말했던 것 d
처럼,[202] 낱말(명사)들과 관련해서 다시 마찬가지로 고찰해 보세나. 지금 우리가 찾고 있는 것은 이 방면 어딘가에서 나타날 것이기 때문이네.

테아이테토스: 그러니까 낱말들과 관련해서 어떤 대답을 해야만 하나요?

손님: 그것들 모두가 서로 조화를 이루는지 또는 전혀 조화하지 않는지, 또는 일부는 그러지만, 일부는 그러지 않는지를.

테아이테토스: 적어도 이건 명백합니다. 일부는 그러지만, 일부는 그러지 않는다는 것이요.

손님: 아마도 자네는 이런 걸 말하고 있는 걸세. 잇따라 말하게 되
는 것들이 뭔가를 나타내게 되는 것들은 조화를 이루지만, 연속해서 e
말하게 된 것들이 아무것도 뜻하지 않으면, 조화되지 않는다는 걸.

테아이테토스: 무슨 뜻으로 그 말씀을 하시는지요?

손님: 자네가 이해하고서 동의한 것으로 내가 생각했던 것일세. 존재(ousia)와 관련해서 음성으로 나타내는 것들로는 우리에게 아마도 두 종류가 있을 것이기 때문이네.

테아이테토스: 어떻게요?

손님: 한 종류는 명사들로 불리는 것이지만, 다른 것은 동사들로 불 262a

202) 253a～c에서.

262a

리는 것이네.

테아이테토스: 각각을 말씀하시죠.

손님: 행위들에 대한 표현인 것을 우리는 동사라 말할 게야.

테아이테토스: 네.

손님: 그 행위들을 행하는 자들 자신들에 대해 붙여지는 음성 표현을 명사라고 하고.

테아이테토스: 바로 그렇습니다.

손님: 따라서 연속해서 말하게 되는 명사들만으로는 결코 진술이 이루어지지 않으며, 다시 명사들과 분리된 동사들만을 말하는 것으로도 그건 이루어지지 않네.

테아이테토스: 그걸 저는 모르겠습니다.

b 손님: 실은 방금 자네가 다른 것에 마음이 간 상태에서 동의한 게
명백하네. 바로 이걸 내가 말하려 했으니까. 이런 식으로 이것들을 이
어서 말하는 것은 진술이 아니라는 걸세.

테아이테토스: 어떻게요?

손님: 이를테면, "걷는다 달린다 잔다", 그리고 행위들을 나타내는 기타 동사들, 이것들 모두를 누군가가 차례로 말한다 할지라도, 아무런 진술도 이루지 못하네.

테아이테토스: 실상 어떻게 그럴 수 있겠습니까?

손님: 그렇다면 다시 이렇게 말할 경우에도, "사자 사슴 말", 그리
고 행위들을 행하는 것들의 명사들을 일컫게 되는 경우의 하고많은
c 것들, 그리고 바로 이런 식의 연속으로는 아무런 진술도 결코 성립하
지 않네. 이런 식으로 또는 저런 식으로 발성된 것들은 어느 경우에
도 아무런 행위도 아무런 무위(無爲)도, 있는(…인) 것 또는 아닌 것
의 존재도 나타내지 않네. 누군가가 명사들과 동사들을 섞기 전에는

262c

말일세. 그때에야 그것들이 조화를 이루고 그 첫 결합이 곧 진술이 되니, 어쩌면 진술들 중에서는 처음 형태의 가장 짧은 것이겠네.

테아이테토스: 어떻게 그리 말씀하시는 건지?

손님: 누군가가 "사람은 배운다"고 말할 때, 이 진술은 가장 짧고 처음 형태의 것이라고 자네는 말하겠는가?

테아이테토스: 저로서는. d

손님: 이제야 그가 사태들(ta onta), 곧 현재 또는 과거 또는 미래의 것들에 대해 밝히고 있기 때문이겠으며, 그는 명사로써 뭔가를 지칭할 뿐만 아니라 뭔가를 완성했는데, 이는 동사들을 명사들과 엮음으로써 하는 것일세. 이 때문에 이걸 우리는 '진술한다(legein)' 고 말하지, '명사로써 지칭한다(onomazein)' 고만 말하지는 않거니와, 특히 이 '엮음(plegma)' 에 대해 '진술(logos)' 이라는 명칭으로 일컬었네.

테아이테토스: 옳은 말씀입니다.

손님: 따라서, 마치 사물들이 어떤 것들은 서로 조화하나 어떤 것들은 그러지 못하듯, 이처럼 음성을 나타내는 표시들 또한 어떤 것들은 조화하나, 어떤 것들은 조화하지 못하지만, 이것들 중에서 조화하는 것들은 진술을 이루네. e

테아이테토스: 그건 전적으로 그렇습니다.

손님: 그러면 사소한 이것마저.

테아이테토스: 어떤 것인데요?

손님: 진술이 있을 경우, 진술은 어떤 것에 대한 진술인 게 필연적이지, 어떤 것에 대한 것이 아니기는 불가능하네.

테아이테토스: 그렇습니다.

손님: 그러니까 또한 그것은 어떤 성질의 것이어야만 하네.

테아이테토스: 어찌 그렇지 않겠습니까?

262e

손님: 그러면 우리 자신들에게 유념하도록 하세.

테아이테토스: 어쨌든 그러도록 하죠.

손님: 그러면 명사와 동사를 이용해서 한 인물을 행위와 결합해서 하나의 진술을 자네에게 내가 말할 것이네. 이 진술이 누구에 대한 것인지, 자네가 내게 말하는 것이야.

263a 테아이테토스: 능력껏 그럴 것입니다.

손님: "테아이테토스는 앉아 있다." 이 진술은 길지 않겠지?

테아이테토스: 길지 않고, 적당합니다.

손님: 그러면 자네가 할 일은 그게 무엇에 대한 그리고 누구에 대한 것인지를 말하는 것일세.

테아이테토스: 그건 저에 대해서 그리고 저에 관련된 것인 게 명백합니다.

손님: 그럼 다시 이건 어떤가?

테아이테토스: 어떤 것인데요?

손님: 지금 내가 상대로 대화를 하고 있는 "테아이테토스가 날고 있다"는 건.

테아이테토스: 이것 또한 저에 관련된 것이며 저에 대한 것이라고밖에 달리 아무도 말하지 않을 것입니다.

손님: 그러나 진술들 각각은 어쨌든 어떤 성질의 것인 게 필연적이라고 우리는 말하네.

b 테아이테토스: 네.

손님: 따라서 이들 [두] 진술들 각각도 어떤 성질의 것이라고 말해야만 하겠지?

테아이테토스: 하나는 거짓이지만, 다른 하나는 참이라고 아마도 말해야겠죠.

손님: 이것들 중에서 참인 것은 자네와 관련해서 사실들(ta onta)[203]을 사실인 그대로 말하고 있네.

테아이테토스: 물론입니다.

손님: 그렇지만 거짓인 것은 [자네와 관련해서] 사실들과 다른 것들을 말하고 있네.

테아이테토스: 네.

손님: 그러니까 그건 사실이 아닌 것들을 사실들로 말하고 있네.

테아이테토스: 그런 셈입니다.

손님: 그렇지만 그건 자네와 관련해서 사실들과는 다른 것들인 것들을 말하고 있는 거네. 각각의 것과 관련해서 '[사실]인 것들(onta)'도 많겠지만, '[사실] 아닌 것들(ouk onta)'도 많기 때문일세.[204]

테아이테토스: 바로 그렇습니다.

손님: 자네와 관련해서 내가 말한 나중 진술은, 첫째로, 도대체 진 c
술이 무엇인지를 우리가 정의한 바에 따르면, 이는 가장 짧은 것들 중의 하나인 게 지극히 당연하네.

테아이테토스: 방금 우리가 그리 동의했습니다.

손님: 둘째로, 그것은 적어도 어떤 것에 대한 것이네.

테아이테토스: 그렇습니다.

손님: 그게 자네에 대한 것이 아니라면, 어쨌든 다른 누구에 대한 것도 아닐세.

테아이테토스: 실상 어찌 그럴 수 있겠습니까?

---

203) 여기에서 '사실들'로 옮긴 것의 원어 ta onta(=the beings)는 앞에서 '있는(…인) 것들', '실재들', '사물들', '사태들' 등으로 번역하기도 한 것이다. 누군가에게 있는 '재산'을 뜻하기도 한다. 259d의 해당 각주 참조.

204) 256e 참조.

263c

손님: 적어도 아무것에 대한 것도 아니라면, 그건 전혀 진술이 아닐 것이야. 아무것도 아닌 것에 대한 진술이면서, 진술이기는 불가능한 것들에 속하는 것임은 우리가 이미 밝혔기 때문이네.

테아이테토스: 지당하신 말씀입니다.

d 손님: 그러니 자네와 관련해서 진술된 것들이, 다른 것들을 같은 것들로 그리고 '아닌 것들(mē onta)'이 '…인 것들(onta)'로 진술되었으니, 동사들과 명사들로 이루어진 이런 결합은 전적으로 사실상 그리고 진실로 거짓 진술이 되는 것 같네.

테아이테토스: 확실히 더할 수 없이 진실입니다.

손님: 그러면 다음 것들, 곧 생각과 판단 그리고 '[그리] 보임'은 어떤가? 이 부류들은 모두가 우리의 혼들에 거짓된 것들로서도 참된 것들로서도 생긴다는 게 이미 명백하지 않은가?

테아이테토스: 어떻게 말씀입니까?

손님: 이렇게 하면 더 쉽게 알게 될 걸세. 먼저 이것들이 도대체 무엇인지, 그리고 이것들 각각이 어떤 점에서 서로들 다른지를 자네가
e 파악한다면 말일세.

테아이테토스: 그러도록 해 주시죠.

손님: 그러니까 생각(dianoia)과 진술(logos)은 같은 것이지. 앞것은 혼(마음)이 스스로를 상대로 소리를 내지 않고 속으로 하게 되는 대화라는 점을 제외하고서는 말일세. 바로 이게 우리에 의해서 'dia noia'[205]라 불리게 된 것이겠고?

---

205) 여기에서 새 텍스트는 dianoia를 dia noia의 형태로 분리해서 그 어원을 연상케 하는 식으로 표기케 하고 있는데, 이는 문법적으로는 파격이고, 맞지도 않다. 이때 dia는 영어 through의 뜻으로 쓰이고 있다. 굳이 그 뜻을 살린다면, '마음속 생각으로'와 비슷한 뜻으로 이해하면 되겠다.

263e

테아이테토스: 분명히 그렇습니다.

손님: 하지만 입을 통해서 음성과 함께 나오는 생각의 흐름은 진술로 일컬어지겠고?

테아이테토스: 정말입니다.

손님: 더 나아가 진술들에는 또한 [이런 것이] 있음을 우리는 알고 있네. 곧 …

테아이테토스: 어떤 것인가요?

손님: 긍정(phasis)과 부정(apophasis)일세.

테아이테토스: 알고 있죠.

손님: 그런데 이 사태가 혼 안에서 생각에 따라 침묵과 함께 생길 264a
때, 이를 자네는 판단 이외에 무엇이라 일컬을 수 있겠는가?

테아이테토스: 그야 어떻게?

손님: 그러나 판단이 누군가에게 그것 자체로 있게 된 것이 아니라, 그게 감각적 지각을 통한 것이라면, 그건 뭔가? 다시 그런 사태를 '[그리] 보임' 이외의 다른 어떤 것으로 말하는 것이 글쎄 옳을 수 있겠는가?

테아이테토스: 전혀요.

손님: 그렇다면 진술은 참되기도 하고 거짓되기도 하니까, 그리고
저 셋 중에서 생각은 혼이 스스로를 상대로 하는 대화였으나, 판단은 b
생각의 결과이고, '[그리] 보인다(나타나 보인다: phainetai)' 고 우리가 말하는 건 감각적 지각과 판단의 혼합이니까,[206] 이것들 또한 진술

《법률》 편 916a에서는 신체(sōma)와 대립되는 뜻으로도 쓰이고 있지만, 일반적으로 '생각' 또는 '사고' 를 뜻하며, 《국가(정체)》 편에서는 '추론적 사고' 를 뜻하는 전문 용어로 쓰이기도 한다.

206) '판단' 과 '진술' 그리고 '[그리] 보임' 과 관련해서 비슷한 언급을 하

과 동종인 터라, 이것들 중에서 물론 더러는 때로 거짓일 게 필연적이네.

테아이테토스: 어찌 그렇지 않겠습니까?

손님: 그러니까 우리가 방금 두려워했던 바인 예상보다도 더 앞서 거짓된 판단과 진술이 발견되었음을 자네는 알게 되었구먼? 우리가 이걸 찾느라 아주 끝이 안 보이는 일에 맞닥뜨리지나 않을까 하고서 말일세.

테아이테토스: 저는 알아차렸습니다.

손님: 따라서 남은 것들에서 우리가 의기소침해하는 일이 없도록
c 하세나. 이것들이 밝혀졌으므로, 앞서의 형상들에 따른 나눔들[207]을 상기하세나.

테아이테토스: 바로 어떤 것들인가요?

손님: 우리는 영상 제작 기술의 두 종류, 곧 모상 제작 기술과 환영

고 있는 장면이 《필레보스》 편 38c~e에 보이는데, 이것들의 거짓된 또는 참된 경우들에 대한 언급도 39c에까지 걸쳐서 하고 있다. 가령 멀리 나무 그늘 밑 바위 곁에 '나타나 보이는' 것이 사람인지 사람의 조상(彫像)인지와 관련해서 말할진대, 그걸 눈으로 봄은 '감각적 지각'이고, 그걸 마음속으로 사람 또는 조상으로 '생각'하고 '판단'하는 데 그치지 않고, 이를 음성으로 말하게 되면 이는 '진술'이 되겠다. 따라서 이에는 '거짓' 또는 '참'도 수반된다. 그리고 phantasia는 동사 phainetai의 동사형 명사라고 앞서의 이와 관련된 각주에서 말했다. 《테아이테토스》 편 152b~c에서는 공기를 춥게 느끼는 사람에겐 그게 그리 나타나 보이고, 그렇게 느끼지 않은 사람에겐 그렇지 않게 나타나 보인다고 하며, 이처럼 'phainetai(나타나 보인다, 그리 보인다)'는 곧 'aisthanetai(지각된다)'이니, phantasia(나타나 보임=그리 보임)와 aisthēsis(지각)도 '동일한 것'이라 말한다. 그런가 하면, 아리스토텔레스는 phantasia를 '상상'의 뜻으로 쓰고 있다(《혼에 관하여》 428a25~6).

207) 235d~236d에서.

제작 기술을 나눴지.

테아이테토스: 네.

손님: 그리고 우리는 소피스테스를 둘 중의 어느 쪽에 우리가 위치케 할 것인지 당혹스럽다고 말했네.[208]

테아이테토스: 그건 그랬었죠.

손님: 우리가 이로 해서 당혹스러워하고 있는 터에, 한결 더한 어지러움이 덮쳤으니, 모두에게 말다툼거리가 되는 주장이 등장한 걸세. 그건 모상(eikōn)도 영상(eidōlon)도 환영(phantasma)도 전혀 없다는 건데, 이는 거짓이란 어떤 식으로도 어디에도 결코 없기 때문이란 d
거지.

테아이테토스: 진실을 말씀하십니다.

손님: 그러나 이제 거짓 진술도, 거짓 판단도 있음이 밝혀졌으므로, 실물들(실재들: ta onta)[209]의 모방물들이 물론 있을 수 있으며, 이런 마음 상태에서는 기만술도 생길 수 있네.

테아이테토스: 가능합니다.

손님: 더 나아가 소피스테스가 이들 둘 중의 어느 한 쪽에 속한다는 것은 앞에서 우리가 합의를 본 바네.

테아이테토스: 네.

손님: 그러면 제시된 부류를 두 갈래로 나누면서, 언제나 나뉜 것의 오른쪽 부분을 따라 진행하도록 하세나.[210] 소피스테스의 결합 관계를 e

---

208) 235d 및 236c~e에서.

209) 263b에서 해당 각주를 참조할 것.

210) 219b에서 시작된 기술과 관련된 나눔에서 생산 또는 제작 기술과 획득적 기술을 나눈 다음, 265a에서도 언급하고 있듯, 사냥 기술과 경합, 교역술 그리고 이와 같은 종류의 것들에서 소피스테스의 여러 면모를 추

264e

붙잡고서, 그에게서 다른 부류와의 공통점들은 모두 떼어 내되, 고유
265a 한 성질만 남겨서, 우리 자신들에게, 다음으로는 이런 종류의 방식에 그 성질상 가장 근접한 사람들에게도 보여 주게 될 때까지 말일세.

테아이테토스: 옳은 말씀입니다.

손님: 그러니까 그때 우리는 제작 또는 생산기술과 획득적 기술을 나눔으로써 시작하지 않았던가?

테아이테토스: 네.

손님: 그리고 획득적 기술 부분의 사냥 기술과 경합, 교역술 그리고 이와 같은 종류의 것들에서 소피스테스가 우리에게 나타나 보였었지?[211]

테아이테토스: 물론입니다.

손님: 그러나 이제 모방 기술이 그를 포함하므로, 이 제작 기술을
b 맨 먼저 둘로 나누어야만 한다는 게 명백하네. 모방은 확실히 일종의 제작이긴 하지만, 실은 영상들의 제작이지, 각각의 것들 자체의 제작은 아니라고 우리는 말하기 때문이네. 안 그런가?

테아이테토스: 전적으로 그렇습니다.

손님: 첫째로, 제작 기술에는 물론 두 부분이 있는 걸로 하세나.

테아이테토스: 어떤 것들인가요?

손님: 한 부분은 신적인 것이나, 다른 쪽은 인간적인 것이네.

적하면서, 반드시 오른쪽으로 분류된 부분을 따라서만 진행된 것은 아니다. 왼쪽에 남겨진 부분은 그것대로 필요에 따라 다시 분류 과정을 거치게 되기 때문이다. 물론 제거될 것을 왼쪽으로 분류해 둔다면, 그렇게 진행되겠지만. 따라서 여기에서 말하고 있는 것은 제거할 것은 왼쪽에 두고, 취할 것은 오른쪽으로 남기면서 진행하자는 제안이 되겠다.

211) 221c~225a 참조.

테아이테토스: 아직은 모르겠네요.

손님: 제작(생산) 기술은, 정녕 자네가 처음에 말한 것들[212]을 우리가 기억한다면, 이전에 없던 것들이 나중에 생기게 되는 데 원인이 되는 그런 일체의 힘이라고 우리가 말했었지.

테아이테토스: 기억합니다.

손님: 모든 죽게 마련인 동물들, 특히 지상에서 씨앗들과 뿌리들에 c
서 자라는 온갖 것들, 그리도 땅 속에서 구성된 생명 없는 가용성 또는 불용성 물체들, 이전에는 없었던 이것들이 나중에 생긴 게 신 아닌 다른 누군가가 창조한[213] 것이라고 우리가 말하지는 않을 게야? 혹은 많은 사람의 견해와 표현을 빌려—

테아이테토스: 어떤 것인데요?

손님: 자연이 이것들을, 아무런 의도 없이 자라게 하는, 어떤 자연적인 원인으로 해서 생기게 한 것인지? 아니면 이성과 신에게서 유래하는 신적인 앎을 동반한 것일까?

테아이테토스: 저는 아마도 나이 탓으로 자주 생각이 이쪽저쪽으로 d
바뀝니다. 아닌게아니라 지금 선생님을 바라보면서 선생님께서는 신

212) 219b에서 말했던 바이지만, 이는 콘퍼드가 언급하고 있듯, '무에서의 창조(creatio ex nihilo)'는 아니다. 특히 플라톤의 경우에 '만듦(poiēsis)' 곧 창조나 일체의 제작 행위는 주어진 것이 있어서 가능하다. 그의 우주론이 전개되고 있는 《티마이오스》 편에서조차도 공간과 그 속에 원소들로 형태를 갖추기 이전의 그것들의 '흔적'과 같은 미립자들이 있어서 데미우르고스(dēmiourgos: 우주 창조자)의 창조가 가능했던 걸로 말하고 있다.

213) 여기에서 '창조한'의 원어는 dēmiourgountos인데, 앞의 각주에서도 언급된 dēmiourgos는 원래 '장인(匠人)'을 뜻하고, 장인의 제작 행위를 dēmiourgia라 하는데, 이의 현재분사형 동사의 속격(genitive)이 dēmiourgountos이다.

265d 의 뜻에 따라 이것들이 생기게 되는 것으로 생각하신다는 걸 제가 알아보고서, 저도 그렇게 여기게 되었습니다.

손님: 훌륭히 말했네, 테아이테토스! 그리고 만약에 내가 자네를 나중에 생각을 달리할 사람들의 부류에 속하는 것으로 여긴다면야, 강력한 설득력을 갖는 주장으로 지금 동의케 만들도록 해 볼 것이네.
e 그러나 자네의 성향을 내가 간파하고 있기에, 우리 쪽의 주장 없이도 자네의 성향이 방금 이끌리는 것으로 자네가 말하는 것들로 나아갈 것이므로, 나는 그냥 둘 것이네. 시간 낭비일 테니까. 그러나 나는 이른바 자연적인 것들은 신적인 기술에 의해 만들어지나, 이것들로써 인간들에 의해 만들어지는 것들은 인간의 기술에 의한 것으로 보고, 바로 이 이치에 따라 제작 또는 생산 기술에는 두 종류가, 곧 인간적인 것과 신적인 것[214]이 있는 걸로 보네.

테아이테토스: 옳습니다.

손님: 그러면 둘인 이것들 각각을 다시 둘로 나누게.

테아이테토스: 어떻게 말씀입니까?

266a 손님: 그때 전체 제작 또는 생산 기술을 수평으로 나누었듯, 지금은 다시 수직으로 나눔으로써 말일세.[215]

테아이테토스: 나뉜 걸로 하시죠.

손님: 이렇게 해서 이것의 부분들 모두는 넷이 되는데, 둘은 우리 쪽 것들 곧 인간의 것들이지만, 다른 둘은 신들 쪽의 것들 곧 신적인 것들이네.

테아이테토스: 네.

---

214) 곧 인위적인 것과 자연적인 것을 뜻한다.

215) 《파이드로스》 편 265e~266b에도 이런 나눔과 관련된 약간의 언급이 보인다.

266a

손님: 하지만 다른 방식으로 다시 나뉘게 된 것들은, 그 각각의 부분에서 한 부분씩 분리된 것으로 그 사물 자체를 만드는 부분이지만, 남은 두 부분은 영상 제작 부분들로 말하게 되는 게 가장 적절할 게야. 바로 이런 식으로 제작 또는 생산 기술이 다시 둘로 나뉘네.

테아이테토스: 어떤 식으로 그 각각이 나뉘는지 다시 말씀해 주
세요. b

손님: 아마도 우리도 다른 생물들도, 그리고 불과 물 그리고 이것들과 동류의 것들[216]로 자연적으로 성장하게 된 것들도, 그것들 각각이 그 자체로 모두 신의 피조물들임을 우리는 알고 있네. 그게 아니라면, 어떻게?

테아이테토스: 그렇습니다.

손님: 하지만 이것들 각각에는, 이것들 자체는 아닌, 이것들 각각의 영상들이 따라붙는데, 이 영상들도 신적인 고안에 의해서 생긴 것들일세.

테아이테토스: 어떤 것들인데요?

손님: 꿈속의 것들 그리고 대낮의 자생적인 환영들로 불리는 것들,
곧 그 햇빛 속에서 어둠이 생길 때의 것인 그림자, 제 빛과 다른 것의
빛이 광택이 나며 윤기가 나는 것들 주변의 한 곳으로 모여서, 앞쪽의 c
정상적인 시선과 반대되는 지각을 제공하는 모양을 만들어 내게 될
때의 반사 영상[217]일세.

테아이테토스: 아닌게아니라 이들 두 가지는 신적인 제작의 산물들

216) 이를테면, '4원소들' 과 같은 성격의 것들을 뜻한다.

217) 거울이나 매끄러운 것들의 표면에 형성되는 영상과 관련해서는 《티마이오스》 편 46a~c에서 긴 설명을 하고 있다. 콘퍼드는 이에 대해 그의 주석(327쪽)에서 도형을 이용해서 설명하고 있다.

266c

이죠. 실물과 그 각각에 뒤따르는 영상입니다.

손님: 그러면 우리 인간 쪽의 기술은 어떤가? 우리는 건축술에 의해서는 실물의 집을 만드나, 회화 기술에 의해서는 다른 집을, 이를테면, 깬 상태에서 만들어진 인간의 꿈을 구현해 낸다고 말하지 않겠는가?

d 테아이테토스: 물론입니다.

손님: 그러니까 다른 것들의 경우에도 이처럼 우리의 제작 기술의 두 가지 제작물들에 따라, 한 쪽은 실물 제작 기술의 실물이나, 다른 쪽은 영상 제작 기술의 영상(eidōlon)이라 우리는 말하네.

테아이테토스: 이제 한결 더 잘 이해했습니다. 또한 두 종류의 기술을 두 갈래로도 보게도 되고요. 한쪽 부분을 따라서는 신적인 부분과 인간의 것인 부분을, 그리고 다른 부분을 따라서는, 한편은 실물들 자체의 산물이나, 다른 한편은 닮은 것들의 산물임을요.

손님: 그러면 영상 제작 기술에서 모상 제작의 종류와 환영 제작의 종류가 있을 것으로 보았던 걸 상기토록 하세.[218] 거짓은 실제로 거짓이며 그 성질상 실제로 있는 것들 중의 한 가지임이 밝혀진다는 전제
e 하에서 말일세.

테아이테토스: 실상 그랬었죠.

손님: 그러니까 그게 그렇게 밝혀졌거니와, 바로 이것들로 해서 이들 두 종류를 이제 우리가 다툴 일 없이 셈에 넣게 되겠구먼?

테아이테토스: 네.

267a 손님: 그러면 환영 제작의 부분을 다시 둘로 나누세.

테아이테토스: 어떤 식으론가요?

손님: 한쪽은 도구들을 이용해서 되는 것이지만, 다른 한쪽은 환

218) 236c 및 264c에서.

267a

영을 만드는 자가 스스로를 그 도구(수단)로 제공함으로써 되는 것이네.

테아이테토스: 어떻게 말씀입니까?

손님: 누군가가 자네의 자태를 자신의 몸을 이용해서 또는 목소리를 제 목소리를 이용해서 많이 닮은 것으로 느끼게 하려고 할 경우, 환영 제작 기술의 이 부분은 아마도 흉내(mimēsis)로 불리는 게 최적일 것이라 나는 생각하네.

테아이테토스: 네.

손님: 그러면 환영 제작 기술의 이 부분을 흉내 내기 부분으로 일컫고서 따로 떼어 놓으세. 반면에 나머지 모두와는 상냥하게 작별하고서, 다른 이에게 맡겨, 이를 하나로 모아, 이것에 적절한 어떤 이름을 b
부여하게 하세.

테아이테토스: 한쪽은 떼어 놓게 하되, 다른 쪽과는 작별케 하죠.

손님: 그리고 실은 이 부분이 아직도 이중의 것이라고 생각하는 게 적절하네, 테아이테토스! 무엇 때문인지 생각해 보게.

테아이테토스: 말씀하시죠.

손님: 흉내를 내는 자들 중에서 어떤 이들은 자신들이 흉내 내는 바를 알고서 이를 행하지만, 어떤 이들은 알지도 못하고서 그러네. 하지만 모름(agnōsia)과 앎(gnōsis)보다도 더 중요한 무슨 구별을 우리가 거론하겠는가?

테아이테토스: 아무것도 없습니다.

손님: 그러니까 방금 말한 것은 아는 것들에 대해 흉내 낸 것이 아니었던가? 자네의 모습과 자네를 알고서야 누군가가 흉내를 낼 테니까.

테아이테토스: 어떻게 그렇지 않겠습니까? c

손님: 그러면 올바름(정의), 요컨대 [사람으로서의] 훌륭함(덕:

267c

aretē)[219]의 특색[220]은 어떤가? 많은 이들이 이를 알지는 못하지만, 어

219) aretē와 관련해서는 졸저 《적도(適度) 또는 중용의 사상》 53~58쪽에서 충분히 설명한 바 있어서, 가급적 이를 참조하는 것을 권한다. 그러나 당장의 편의를 생각해서, 여기에서는 간명하게 정리해 두겠다. 이를테면, 호메로스의 《일리아스》에서 '아레테'는 우선 온갖 '빼어남(excellence)'을 뜻한다. 다음으로 그것은 전쟁 영웅들의 '용기'(8. 535, 13. 237, 20. 242)를 뜻한다. 그래서 훗날 사람들이 '용기'의 뜻으로 쓰게 되는 andreia라는 말을 그에게서는 따로 찾아볼 수 없다. 시대가 바뀌면서 그것은, 전쟁터에서의 관점에서만이 아니라, 사람 자체의 관점에서 '사람다움' 곧 사람으로서의 '훌륭함(goodness)'을 더 많이 뜻하게 되었고, 이를 우리는 곧잘 '덕(virtue)'으로 일컫기도 한다. 그 반대는 '나쁨(나쁜 상태: kakia = badness)'이다. 또한 이에서 더 나아가 온갖 도구를 비롯한 인위적인 것들이나 생물 등을 포함한 자연적인 것들에도 그리고 인간의 활동이나 직업에 따라서도 그 기능(ergon)이 있고, 이에 따른 '훌륭함'이 있다. 칼이나 침상, 아울로스(aulos) 따위의 악기 또는 공동체, 눈이나 귀, 몸, 군인 등, 심지어는 토양 따위에도 그 기능과 연관된 '아레테'는 있게 마련이다. 여기서도 '몸의 aretē'를 말하고 있다. 따라서 원칙적으로 '아레테'는 독립적인 것이 아니라, 반드시 '[…의] 훌륭한 상태' 또는 '[…(으)로서의] 훌륭함'이라는 말의 기본 틀에서 벗어나지 않는 범위의 것이므로, 사람의 경우에는 이에 '사람'을 대입시켜 '[사람의] 훌륭한 상태' 또는 '[사람으로서의] 훌륭함'이라 함이 논의의 보편성에 부합하는 것이 되겠다. 물론 사람에게 적용되는 '아레테'를 우리말로 번역할 경우에, 의미 전달의 편리함을 위해서라면, 우리에게 익숙한 '덕'으로 옮기는 것이 좋겠으나, 의미 전달의 정확성과 보편성을 위해서는, 그것이 모든 종류의 사물에 두루 적용되는 것임을 고려해서, 적어도 헬라스 사상의 경우에는 '[…의] 훌륭한 상태' 또는 '[…으로서의] 훌륭함'으로 옮기는 것이 옳다. 그리고 흔히들 '정의'로 번역하는 dikaiosynē를 플라톤의 경우에는 '올바름'으로 내가 번역하는 것과 관련해서는 우선 《국가(정체)》 편 331c의 각주, 434a~435b의 본문 및 해당 각주, 그리고 권말의 759~767쪽에서 그 타당성을 확인하는 것이 좋겠다. 그리고 331c에서 시작되는 이 논의의 발단이 되는 언급, 곧 "올바름을 정직함과 남한테서 받은(맡은) 것은 갚는(되돌려 주는) 것"이라는 언급의 역사적 맥락과 이 문제의 전반에 걸친 긴 논급은 졸저 《적도(適度) 또는 중용의 사상》

267c

떤 식으로는 이에 대한 의견은 갖고 있어서(doxazontes)[221] 자신들에게 생각되는 바인 이것을 자신들에게 있는 것으로서 나타나 보이도록 하는 데 열성을 보이려 최대한 애를 쓰네. 언행을 통해서 최대한 그 흉내를 내면서 말일세.

테아이테토스: 그야 아주 많은 이들이 그러죠.

손님: 그러니까 모두가 결코 올바르지는 못한 터라, 그런 것으로 여겨지게 하는 데는 실패하지 않는가? 아니면 이와는 전적으로 반대인가?

테아이테토스: 전적으로 그 반대입니다.

손님: 따라서 이 흉내 내는 자(mimētēs)를, 곧 그런 걸 모르는 자를 d
저 아는 자와는 다른 사람으로 말해야만 한다고 나는 생각하네.

테아이테토스: 네.

손님: 이들 각각에 적절한 명칭을 어디에서 누군가가 얻게 될까? 물론 그게 어려운 건 명백하네. 종류들에 따른 부류들의 나눔에 대한 오랜 일종의 나태와 무신경이 선인들에게 있었기 때문인 것 같네. 그래서 아무도 그 나눔을 시도하려고도 안 한 거네. 바로 그래서 명칭들에 대한 충분한 공급이 없게 된 건 필연이지. 그렇더라도, 좀 더 대담하게

73~102쪽에서 또한 만날 수 있겠다.

220) 여기에서 '특색'으로 옮긴 것의 원어는 skhēma인데, 이 경우에는 '특성'으로 옮겨도 되겠다. 그 밖에도 모양·모습·보임새·외양·외관·면모·표정·도형 등등의 뜻들이 있다. 그런데 여기에서처럼 올바름 등 일체 aretē의 skhēma라는 표현은 idea가 외모·외양·보임새·모습 등의 뜻들도 갖고 있다는 사실을 연상케 해서 흥미롭다.

221) 앞에서는 doxa를 진술(logos) 등과 구별해서 말할 때는 '판단'으로 옮겼으나, 이 경우는 '앎(epistēmē)'과 구별해서 말하기 때문에 '의견'으로 옮겼다.

267d

e 말한다면, 구별을 위해서 '의견(doxa)은 갖춘 흉내'를 '의견에 기반을 둔 흉내 기술(doxomimētikē)'[222]로 지칭하되, '앎(epistēmē)을 갖춘 흉내'는 '식견을 갖춘 흉내(historikē mimēsis)'로 지칭하세나.

테아이테토스: 그러시죠.

손님: 따라서 앞 것을 이용해야만[223] 하네. 왜냐하면 소피스테스는 아는 자들(hoi eidotes)에 속하는 것이 아니라, 바로 흉내 내는 자들(hoi mimoumenoi)에 속하기 때문이네.

테아이테토스: 의당 그렇습니다.

손님: 그러면 바로 의견에 기반을 둔 흉내쟁이(doxomimētēs)를, 마치 철물을 그러듯,[224] 건전한지 또는 그 안에 의심스런 것을 품고 있는지, 살피세.

테아이테토스: 살피십시다.

손님: 그런데 역시 아주 큰 게 있구먼. 이들 중에서도 단순한 자는

268a 자신이 의견을 갖고 있을 뿐인 이것들을 아는 것으로 여기고 있기 때문이네. 그러나 다른 쪽 사람의 특성은 논의들에서 구른 덕분에 많은 의심을 하며 또한 남들을 상대로 아는 체했던 것들을 자신이 모르고 있지 않나 하는 두려움을 갖고 있네.

테아이테토스: 선생님께서 말씀하신 각각의 부류는 분명히 있습

---

222) 비슷한 형태의 복합어로 231b에 doxosophia(제 딴의 지혜)가 있었는데, 《필레보스》 편 49d에도 이 표현과 doxokalia(제 딴의 준수함)가 보인다.

223) 여기에서 이용한다는 것은 다시 분류하는 데 이용함을 뜻한다. 이는 물론 소피스테스가 정확히 어느 부류에 속하는지를 더 정확히 밝히기 위해서다.

224) 아마도 철물을 두들겨 보면서 결함을 점검하거나 불순물 제거를 위한 제련 과정을 거침을 빗대서 하는 말인 것 같다.

268a

니다.

손님: 그렇다면 한쪽은 단순한 흉내쟁이로, 다른 쪽은 시치미 떼는 흉내쟁이로 우리가 간주하지 않겠는가?[225]

테아이테토스: 어쨌든 그럴 것 같습니다.

손님: 다시 뒤의 부류를 우리가 하나, 아니면 둘로 볼 것인가?

테아이테토스: 선생님께서 보시죠.

손님: 살피고 있네. 내게는 둘이 분명히 보이네. 대중을 상대로 공 b
개적으로 긴 언설로 시치미를 뗄 수 있는 자를 내가 보네만, 또한 사사로이 짧은 언설로 대화 상대로 하여금 자기 모순되는 말을 하지 않을 수 없도록 하는 자를 보네.

테아이테토스: 지극히 옳은 말씀을 하십니다.

손님: 그러면 누구를 우리가 더 긴 연설자로 선언할까? 정치가일까 아니면 대중 연설가(dēmologikos)일까?

테아이테토스: 대중 연설가입니다.

손님: 하지만 다른 쪽[226]은 우리가 뭐라 말할 것인지? 현자로 말할 것인가 아니면 소피스테스인 자로 말할 것인가?

테아이테토스: 아마도 우리가 그를 현자로는 말할 수 없겠죠. 그

225) 단순한 흉내쟁이는 haploos mimētēs이고 시치미 떼는 흉내쟁이는 eirōnikos mimētēs이다.

226) 여기서 말하는 '다른 쪽'은 앞에서 말한 '사사로이 짧은 언설로 대화 상대로 하여금 자기 모순되는 말을 하지 않을 수 없도록 하는 자'를 가리킨다. 소피스테스들의 장기는 상대의 주장을 무력화하되, 제 주장을 강한 주장으로 내세우는 것이었다. 이 경우의 주장들은 어느 쪽 것이나 의견(doxa)일 뿐이기는 마찬가지였다. 그래서 아리스토텔레스는 그의 《변론술(수사학: *Rhētorikē*)》 B 24. 1402a 24~6에서 '약한(못한) 주장을 더 강한(나은) 주장으로 만듦(ton hēttō logon kreittō poiein)'을 '프로타고라스의 약속 또는 공언(公言: epangelma)'으로서 말하고 있다.

c 를 우리가 아는 자(知者: ho eidōs)로는 간주하지 않았으니까요. 그러나 그는 현자(ho sophos)의 흉내쟁이여서, 현자를 살짝 바꿔서 된 명칭을 얻게 될 게 명백하거니와, 이제는 제가 충분히 알게 되었습니다. 이 사람을 진실로 저 아주 진짜 소피스테스로 일컬어야만 한다는 걸.

손님: 그러면 그의 명칭을, 앞서처럼, 우리는 끝에서 시작 쪽으로 함께 엮어 가며 함께 묶을까?

테아이테토스: 물론 좋습니다.

손님: 모순되는 말을 하게 하는 기술에, 시치미 떼는 부류에다 의견에 기반을 둔 흉내쟁이의 부류, 영상 제작 기술에서 유래되는 환영 제
d 작 부분에서 신적인 것이 아닌 인간 쪽의, 이에서도 언설로 요술을 부리는 부분, '이런 계보와 혈통'[227]인 자를 진짜로 소피스테스라고[228] 말하는 이가 가장 진실한 것들을 말하는 것으로 보이네.

테아이테토스: 그건 아주 분명합니다.

227) 호메로스의 《일리아스》 6. 211.

228) 물론 이에는 뭣보다도 '부유하고 유망한 젊은이들의 사냥질(낚시질)' 에 이르기까지의 내용도 소급해서 포함해야 할 것이다.

《정치가》 편

《정치가》 편(*Politikos*) 해제

훗날 사람들이 이 대화편에 붙인 부제는 〈Basileia에 관하여〉이다. basileia는 왕국이나 왕정 또는 왕의 지위 등을 뜻하는 말이다. 하지만, 이 대화편의 내용에 따라 '왕도(王道)'라 하는 게 오히려 좋을 것 같다는 생각을 해 본다. 《정치가(*Politikos*)》 편은 이 책에 함께 실린 《소피스테스(*Sophistēs*)》 편에 바로 이어지는 것으로서, 플라톤의 이른바 후기 대화편들의 무리에 속하는 것이다. 후기 대화편들이란, 앞서 《소피스테스》 편의 해제에서 말했듯, 《티마이오스(*Timaios*)》, 《크리티아스(*Kritias*)》, 《소피스테스》, 《정치가》, 《필레보스(*Philēbos*)》 그리고 《법률(*Nomoi*)》인데, 이것들은 플라톤이 60대 초입은 훌쩍 지나 80(347년)에 생을 마감할 때까지의 시기에 걸친 것들로 추정되는 것들이다. 밀랍 서판에 유고 상태로 남았던 《법률》 편에 시기적으로 가장 가까운 것이 《필레보스》 편이고, 이 대화편은 바로 이 앞의 것으로 추정되는 것이다.[1]

이 대화편의 첫머리에서 밝히고 있듯, '소피스테스'에 이어 탐구할

1) 《소피스테스》 편 해제 참조.

것을 '정치가'로 결정함에 따라, '철학자(*Philosophos*)'는 일단 그 뒤로 밀려나는 형태를 취하지만, 이는 결국 다루어지지 않고, 그 후속 대화편들로《필레보스》그리고《법률》이 이어진다. 그러나, 비록 대화편으로서의 '철학자'는 집필되지 않았지만,《정치가》편에서는 현실, 특히 나라 통치와 관련해서 '철학자'가 수행함 직한 실제적인 기능이 어떤 것이어야 할지와 관련된 중요한 문제들이 다루어지고 있고, 또한 그 문제들은《필레보스》편 및《법률》편에서도 본격적인 과제로서 다루어지고 있다고 할 것이다. 따라서 씌지 않은 그 대화편의 내용을 이룸 직한 문제들이 실질적으로 어느 정도는 다루어진 셈이어서, 그 아쉬움은 그런대로 채워질 것이라 보아도 될 것이다. 그렇다면, 우선 앞서의《소피스테스》편(253b～254b)에서 언급되고 있는 철학자의 모습부터 점검해 보기로 하자.

"[형상들로서의] 부류들도 서로 간에 … 섞임(meixis)과 연관되어 있다는 데 우리가 동의한 터이니, 그 부류들 중의 어느 것들은 어느 것들과 화합하지만 어느 것들은 서로 받아들이지 않는지를 옳게 보여 주고자 하는 이는 어떤 지식(앎)을 갖추고서 함께 논의들을 통한 진행을 해 가야만 하지 않겠는가? 특히 이것들을 전체를 통해서 모이게 해 주는 몇 가지가 있어서 함께 섞일 수 있도록 한다면, 그리고 다시 나뉨들의 경우에, 전체를 통한 나뉨의 다른 원인이 있다면 말이네? … 이제 다시 이걸 우리가 무엇으로 지칭할까? 이런, 우리도 모르는 사이에 자유인들의 지식(학문)에 접하게 되어, 소피스테스를 찾다가 철학자를 먼저 찾아내게 된 것 같은데? … [형상들로서의] 부류들에 따른 나뉨 그리고 같은 형상을 다른 것이라고도 또한 다른 형상을 같은 것이라고도 생각지 않음은 변증적 지식에 속하는 것이라고 우리는 말하지 않겠는가? … 그러니까 적어도 이를 할 수 있는 이는 하나의 이데아가, 하나하나가 저마다 떨어져 있는 많은 것들을 통해서, 두루 퍼지게 됨을 족히 또렷하게 지각할 것이네. 또한 그는 서로 다른 많은 이데아들이 이들 밖의 한 이데아에 의해서 포괄됨도, 그리고 여러 전체의 것들을 통해서 하나 안에서 하나로 합쳐짐도, 또한 많은 이데아들이 아주 따로 떨어짐도 지각할 것이야. 이것이 곧 각각의 종류들이 어떤 식으로는 결합하고 어떤 식으로는 결합하지 않는지, 부류에 따라 구별할 줄 앎이네. … 하지만 변증술에 능함을, 내가 생각하기엔, 순수하게 그리고 옳게 지혜사랑을 하는 이 이외에 다른 누구에게도 자네가 인정해 주지 않을 걸세. … 그러니까 우리가 철학자를 찾자면, 이와 같은 어떤 영역에서 이제고 이후에고 찾아내게 될 것인데, 이 또한 또렷하게 보기는 어려우니, 이 힘듦은 소피스테스의 경우와는 다른 식으로네. … 소피스테스는 있지 않는 것의 어둠 속으로 달아나, 일상적으로 이에 붙들리어 있어서, 그곳의 어둠으로 해서 알아보기가 힘들지. … 그런가 하면 철학자는 사색으로 해서 언제나 실재의 참모습에 접하는데, 이번에는 이 영역의 눈부신 밝음으로 해서 이를 보게 되는 게 결코 쉽지는 않네. 다중의 혼의 눈이 신적인 것을 바라보면서 견디어 내기는 불가능하기 때문이네."

이 인용문에서 밝힌 철학자는 요컨대 형상들의 결합 관계에 특히 밝은 사람, 변증적 지식에 통달한 사람이다. 그리고 여기서 말하고 있는 '실재의 참모습에 접하게' 되는 '눈부신 밝음의 영역'은 물론 '지성(nous)에 의해서라야 접하게 되는 부류(to noēton genos)'의 그런 영역(ho noētos topos)을 뜻한다는 것을 우리는 《국가(정체)》 편을 통해서 알고 있다. 또한 그가 최종적으로 접하게 되는 궁극적 원리는 '좋음(to agathon)의 이데아' 곧 '좋음 자체'요, 이게 철학자가 깨닫

게 되는 '가장 큰 배움(to megiston mathēma)' 임도 우리는 이미 알고 있다. 그렇다면 《정치가》 편 이후의 대화편들인 《필레보스》 편과 《법률》 편에서 접할 수 있는 철학자의 모습은 또 어떤 것일까? 다행히도 우리는 이들 두 대화편들에서 본격적으로 접하게 될 철학자의 두 면모와 관련된 언급들을 만나게 된다. 그러고 보면, 《정치가》 편에서는 플라톤이 생각하고 있는 참된 정치가의 모습은 바로 나라와 관련되는 실천적 행위(praxis)의 면에서 접할 수 있을 것으로 기대되는 철학자 곧 철인의 모습이라 말해야 할 그런 것이라 함이 옳을 것이다. 그럴뿐더러 《국가(정체)》 편에서 제시되었던 '철인 왕' 이 실질적으로 '정치가' 로서 나라 통치를 하게 된다면, 어떤 형태로 하게 될 것인지도 이 대화편들이 아울러 보여 주는 것이 될 것이라고도 말할 수 있을 것이다.

먼저 《필레보스》 편에서 본격적으로 다루어지는 '알맞은 정도' 곧 적도(適度: to metrion) 문제와 관련되는 대목을 《정치가》 편(283c~285a)에서 먼저 보자. '좋음' 이 구현되는 방식이 바로 이런 형태의 것이기 때문이다.

> "일체의 지나침(hyperbolē)과 모자람(elleipsis)을 보세. 이와 같은 담론들과 관련해서 그때마다 하게 되는 말들이 필요(마땅한 정도: to deon) 이상으로 긴 것들이거나 그 반대인 것들일 경우에, 이를 합리적으로 칭찬하거나 나무랄 수 있도록 말일세. … 길고 짧음 그리고 일체의 지나침(hyperokhē) 및 모자람과 관련해서네. 이것들 모두와 관련해서는 측정술(metrētikē)이 있는 걸로 나는 생각하니까. … 그러니까 이걸 두 부분으로 나누세. 그야 물론 지금 우리가 촉구하고 있는 것과 연관해서 필요하기 때문이네. … 그 한 부분은 상호 간의 크고 작음의 관계에 관련된 것이지만, 다른 하나는 창출(생성)의 필수적인 성립에 관련

된 것이네. … 그러니까 더 큰 것은 본성상 더 작은 것 이외의 다른 어떤 것보다도 더 크다고 말해서는 안 되며, 또한 더 작은 것은 더 큰 것보다 작지, 다른 어떤 것보다도 더 작다고 말해서도 안 되는 것으로 자네에겐 생각되지 않는가? … 다음은 어떤가? 우리는 적도(適度: 알맞은 정도: to metrion)의 본성(physis)을 초과하거나 이에 미치지 못하는 일이 또한 우리의 언행들에서 실제로 일어나는 걸로 말하며, 무엇보다도 이에서 우리 중의 어떤 이들은 나쁜(못난) 사람들로서 또 어떤 이들은 훌륭한 사람들로서 차별되겠지? … 따라서 큼과 작음의 이들 두 형태의 존재들과 판단들을 인정해야만 하지만, 방금 우리가 말했듯, 서로에 대비해서만 그러지 말고, 오히려 지금 말하고 있듯, 서로에 대비한 걸 말하기도 해야 하지만, 적도와 대비한 것 또한 말해야만 하네. 왜 그런지를 우리는 알고 싶겠지? … 만약에 어떤 이가 더 큼의 성격을 더 작음과의 대비(對比) 이외에 다른 어떤 것과의 대비에서도 허용치 않는다면, 적도와의 대비는 결코 없게 될 걸세. … 그러니까, 이 주장에 의할진대, 기술들 자체도 이것들의 일체 생산품들도 우리가 절멸시킬 것이며, 특히 지금 추구되고 있는 정치가의 통치술과 거론된 직조 기술도 소멸시키지 않겠는가? 왜냐하면 이와 같은 일체의 기술은 어쩌면 적도보다 '더함과 덜함(to pleon kai elatton)' 을 없는 것으로서가 아니라, 그 실행과 관련하여 어려운 것으로서 조심스러워하며, 바로 이런 방식으로 적도를 보전함으로써, 그것들이 훌륭한 것들과 아름다운 것들을 이루어 내게 되기 때문이네. … 따라서 만약에 우리가 정치가의 통치술을 사라지게 한다면, 이다음의 우리의 왕도적인 지식의 탐구가 그 길을 잃게 되지 않겠는가? … 그렇다면, 《소피스테스》 편에서 '아닌 것(←있지 않는 것·없는 것: to mē on)이 있는(einai) 것' 으로 우리가 몰아붙였듯, 이 길로 우리의 논의가 빠져나갔으므로, 이처럼 지금도 '더함과 덜함' 을 그것들 상호 간의 관계에서만이 아니라 적도 창출(hē tou metriou genesis)과의 관계에서도 측정 가능케 되도록 몰아붙여야만 하지 않겠는가? 이게 합의를 보지 못하면, 정치가도 행위들과 관련된 것들에 대한 다른 어떤 전문가도 생기지 않을 것이라는 데는 말다툼의 여지가 없을 것이네. … 모든 기술은 그러니까 같은 처지인 걸로 생각해야만 하며, 큼과 함께 덜함을 측정함에도 서로 간의 관계에서만이 아니라 적도 창출과의 관계에서도 해야 하는 걸로 또한 생각해야 한다는 거네. 적도가 있기에 기술들이 있으며, 또한 기술들이 있기에 이것 또한 있지만, 이것들 중의 어느 한쪽이 없으면, 이것들 중의 어느 쪽도 결코 있게 되지 못할 것이기 때문이지. … 우리가 측정술을 나눌 거라는 건 명백하네. 이미 말했듯, 이런 식으로 둘로 가름으로써 그러겠는데, 수(數)·길이·깊이·너비·속도를 그 반대인 것과의 관계에서 측정하는 일체의 기술들을 그것의 한 부분으로 간주하지만, 그것의 다른 한 부분은 적도(to metrion)·적합(적정: to prepon)·때 맞음(適期·時宜: kairos)·마땅함(적절함, 필요: to deon) 그리고 양 극단에서 중간(to meson)에 위치하게 된 것과의 관계에서 측정하는 일체의 기술들이네. … 때로는 세련된 이들 중의 많은 이가 뭔가 지혜로운 걸 말한다는 생각으로 말하는 바는 발생하는 모든 것과 관련해서는 측정술이 있다는 것인데, 바로 이것이 방금 말한 것이네. 그야 기술에 속하는 모든 것은 어떤 방식으로건 측정술에 관여하고 있기 때문이지."

'나라(polis)'라는 공동체(to koinon)를 전반적으로 그리고 최종적인 단계에서 통할해야만 하는 정치가의 통치술(politikē)이 요구하는 판단과 선택 그리고 결단은 바로 이런 '적도'나 '적절함' 그리고 '때 맞음' 등과 관련된 것들일 것임은 분명하다. 이런 문제는 바로 철학적 과제다. 그래서 《필레보스》 편에서는 이 세상에 있는 온갖 것들을 그 자체로는 '한정되지 않은 것 또는 한도 지어지지 않은 것(to apeiron)'으로 간주하면서, 이런 문제들을 다루게 된다. 이를테면, 소리의 경우를 보자. 소리는 그 자체로는 한정되지도 한도 지어지지도 않은 것이다. 그런 소리를 몇 가지의 음소로 한정 또는 한도 지음으로써 음소문자가 되고, 문자 체계가 성립된다. 또한 막연히 소리일 뿐이었던 것이 음의 높낮이와 율동에 따라 음악이 이루어진다. 즐거움도 그런 것이기는 마찬가지이다. 이런 것들을 무엇과 관련해서 어떤 분야에서 어떤 형태로 추구하느냐에 따라, 천태만상의 인생과 문화가 전개된다. 이런 문제를 비단 나라 통치에 국한되지 않고, 전반적으로 다루고 있다는 점에서 철학자의 근원적 관심사의 한 면에 우리가 또한 접하게 된다. 이런 것들의 한도 선택 또는 한정이 곧 척도(도량: metron)와 적도(適度: to metrion), 시의(時宜, 時中: to kairion), 균형 상태(to symmetron)와 아름다움(to kalon) 등과 관련되어 있다고 하겠기 때문이다.

그런가 하면 다음과 같은 언급에서는 플라톤이 《국가(정체)》 편에서 선보이고서, 이 《정치가》 편에서 그 참모습을 그려 보이고 있는 '철인 왕'이 현실적으로는 실현 불가능한 하나의 '본(paradeigma)'일 뿐이라는 한계를 인정하고서, 이제 현실적으로 그것에 가장 가까운 '차선의 것'으로 《법률》 편 저술을 이미 구상하고 있었음을 감지할 수 있겠다. 또한 그러면서도 딱 부러지게 '철인 왕'의 출현 가능성에 대한 기대 자체를 아주 접어 버리고서, 그런 정치인이 수행할 수 있음 직한 나라 통치 행위에 대한 고찰까지 부질없는 일이라 단정해 버리고 말 일은 아니라는 판단에서 그는 이 논의를 끝까지 이어 간다. 플라톤의 이런 심정을 잘 읽은 곰페르츠(Gomperz)는 《정치가》 편을

'《국가(정체)》 편에서 《법률》 편으로 가는 길 중간에 있는 집'[2]으로 말했는데, 정말 그럼직한 비유일 것 같다. 이는 바로 다음 인용문에서도 새삼 확인되는 점이기도 하다.

> "아무도 [사람으로서의] 훌륭함(덕: aretē)과 전문 지식을 갖추고서 통치하며 올바른 것들과 율법에 맞는 것들을 모두에게 옳게 배분하고자 하며 또한 그럴 수 있을 정도의 그런 통치 자격을 갖춘 자로 결코 될 수는 없는 것으로 불신하네. … 우리가 말하는 그런 사람이 정작 생길 때는, 애정으로 반기게 될 것이며, 바른 나라체제를 행복하게 조종해 가는 엄밀한 뜻에서 유일한 자로서 통치하게 될 것이네만. … 하지만 이제 실제로 그런 사람이 생기지 않을 경우에는, 우리가 말하듯, 나라들에 왕이, 이를테면, 벌집들에서처럼, 바로 신체적으로나 혼에 있어서 특출한 한 왕이 생기지 않을 경우에는, 그야말로 함께 모여서, 가장 참된 나라체제의 형적을 추적해 가면서, 법규들을 초안해야만 할 것 같네."(301c~e)

그래서 그가 《법률》 편에서 구상한 나라의 "입법자는 세 가지 것을 목표로 삼고서, 곧 법 제정을 하는 나라가 자유로우며 자체적으로 우애롭고 지성을 갖추게 되도록 입법해야만 된다."(701d)고 하며, 각각의 법률에는 지성이 배분되고 적도가 반영되어야 함을 강조했다. 그러고서도 법의 현실적 한계를 고려해서 제안하는 것이 '[새벽녘] 야간 회의(ho nykterinos syllogos)'라는 협의 기구의 구성이다. 이는 정선된 나라의 원로들과 엘리트들이 매일 새벽녘에 모임을 갖고 나라의

2) '참고 문헌'에서 밝힌 Gomperz의 책, 183쪽.

중대사들을 협의하는 기구로 구상된 것이다. 이 회의체는 당시로서는 한 나라가 최대한으로 그 시대의 지성을 결집할 수 있는 장치였던 셈이다. England가 이 회의체가 '나라의 지성(the nous of the state)' 으로 될 것인 걸로 말한 것도[3] 그래서였다. "이 회의체가 《국가(정체)》 편의 철인 왕들의 반영(a reflection)이라는 걸 알아보지 못하는 플라톤의 독자들은 별로 없다"[4]고 Morrow가 말한 것도 그런 뜻에서 옳다고 할 것이다. 아닌게아니라 플라톤이 〈서한 7〉이나 《국가(정체)》 편을 통해서 말한 한 나라에서의 '해악의 종식' 을 위한 '철인 왕' 의 등장은 한 사람에 국한해서 말한 것이 아니다. '지혜를 사랑하는 부류(to philosophon genos)' (501e)를 언급하고 있기 때문이다. 445d에서도 '특출한 한 사람' 아닌, 여럿일 경우의 '최선자들의 정체(aristikratia)' 를 말하고 있기는 마찬가지이다.

이제 이 대화편 자체와 관련된 언급을 하는 걸로 해제를 끝내야 할 것 같다. 형상 결합 문제 자체를 다루는 것은 《소피스테스》 편에서의 과제였다. 반면에 이 대화편에서는 이를 정치가의 기능 자체에만 국한해서 하고 있어서, 이에 대해서만 언급하는 것으로 그치겠다. 267d에서 정치가의 통치술을 '인간들의 공동 양육 지식' 으로 일단 규정하니까, '공동 양육' 에 관한 한, 너도나도 온갖 부류의 인간들이 자신들도 그런 일에 종사한다고 주장하며, 언쟁을 하게 된다. 이에 목자 또는 목부와 왕의 차이를 말하느라, 저 '큰 신화(megas mythos)' 를 원용해 본다. 곧 제우스 선대의 크로노스(Kronos) 치세에서는 인간들을 포함한 온갖 동물들이 흙에서 태어나, '절로 되는 삶(automatos

3) E. B. England, *The Laws of Plato*, Vol. II. p. 309.

4) '참고 문헌' 에서 밝힌 Morrow의 논문, 319쪽.

bios)'을 살았었다. 그러나 우주의 재반전이 일어난 제우스 시대에는 인간들이 스스로의 힘으로 자라고 낳으며 영양도 취하지 않을 수 없게 된다. 거친 짐승들 사이에서 생존에 위협을 느끼며 "스스로 자신들의 삶을 영위하며 스스로에 대해 마음 써야만 했다." 그 결과로 마침내 인간들은 인간 공동체의 형성을 보게 되었으니, '전체적인 인간 공동체(koinōnia)에 대한 마음 씀'이 '왕도적 통치술(basilikē)' 또는 '정치가의 통치술(politikē)'이다. 따라서 '신적인 목자'의 예를 든 것은 큰 잘못이었다.(이상은 267d~276c의 요지임)

"참된 왕도적 통치 지식은 그것 스스로 행하는 것이 아니라, 실제로 행할 수 있는 전문 지식들을 통할해야만 하니까. 나라들에 있어서의 중대사들의 시작과 추진을 적기(適期: enkairia) 및 적기 아님(akairia)과 관련하여 판단하고서 말일세. 반면에 다른 전문 지식들은 각기 지시받은 것들을 행하여야만 하는 거고. … 따라서 이런 까닭으로 방금 우리가 살펴본 전문 지식들은 서로도 그것들 자체도 통할하지 않지만, 각기 그것 특유의 어떤 활동과 관련되어 있어서, 그 활동들의 특이성에 따라 특유한 이름을 갖는 것은 정당하네. … 반면에 이것들 모두를 통할하고 법률과 나라에 있어서의 일체의 것에 마음 쓰며 그리고 모든 것을 지극히 바르게 하나로 짜는 전문 지식은 그 공동체의 호칭으로 그것의 기능을 포괄해서 '나라 통치 지식(politikē)'으로 우리가 일컬어 지당할 것으로 보이네."(305c~e)

그 공동체가 '나라' 곧 polis이며, 이 공동체의 조직을 바르게 통할하는 이가 참된 '정치가(politikos)'이다. 그런데 이 대화편에서는 정치가의 나라 통치술의 비유적 설명을 위해서 직조 기술을 또한 예로 이용하는데, 이는 이 대화편의 거의 2/3의 범위(276d~끝 부분)에 걸쳐 지속적으로 언급되고 있는 것이다. 나라를 총괄적으로 통치하는 통치자는 마치 모직물을 짜는 이와 같은 기능을 한다고 해서다. 모직물을 짜는 데는 먼저 소모(梳毛) 과정을 거쳐, 날실과 씨실을 뽑는 방적 과정과 이것들로 모직 옷감을 짜는 방직 과정이 있다. 날실과 씨실을 얻은 다음의 모직물의 짜임은 굵고 튼튼한 날실들이 잉아가 들림에 따라 교대되는 윗날과 아랫날 사이로 북에 담긴 부드럽고 가는 씨실을 통과시킨 다음, 바디로 조이는 과정을 되풀이함으로써 되는 것이다. 나라 통치는 이런 과정을 거치는 모직물 짜기를 닮은 것이기 때문에, 날실과 씨실에 해당되는 전문 관리들(arkhontes)의 선발과 통합이 핵심적 과제다. 날실에 해당하는 성격과 씨실에 해당하는 성격을,

> "한 사람의 관리가 필요한 곳일 경우에는, 이 양쪽을 겸비한 감독자를 선발하여서네. 반면에 여럿이 필요한 곳일 경우에는, 이들 각각의 일부를 함께 섞어서고. 왜냐하면 절제 있는 관리들의 성격은 몹시 조심스럽고 올바르며 안전하지만, 열정과 어떤 날카롭고 행동적인 대담성이 부족하기 때문이네. … 반면에 용감한 성격들은 올바름과 조심스런 면에서는 저들보다는 부족한 편이나, 행위 면에서의 대담성은 각별하네. 그러나 나라들과 관련된 모든 것이, 공사 간에 이들 양쪽 것들이 갖추어지지 않은 경우에, 훌륭하게 되는 건 불가능하네. … 그러면 이것이 고른 짜임새에 의해 함께 짜인 직물의 완성, 곧 나라 통치 행위(politikē praxis)의 완성에 이르는 것이라고 말하세. 용감하며 절제 있는 사람들의 성격을 왕도적 전문 지식이 한 마음(homonoia)과 우애(philia)에 의해서 이들의 공동의 삶을 이끌 때, 모든 직물들 중에서도 가장 위대하며 최선의 것을 완성하고, 그 나라들에 있는 다른 모든 사람을, 노예도 자

유민도 이렇게 짠 것으로 감싸서 모두를 지키며, 가능한 행복한 나라가 되는 데 알맞은 정도에 어떤 면에서도 아무것도 부족함이 없게 다스리고 지도하게 될 때 말일세."(311a~c)

그런 두 성격이 강한 각각의 가문의 후손들이 혼인을 통해 서로 엮임으로써 조화를 이룬 성격을 갖도록 하는 것을 '인간적인 끈(desmos)'이라 일컫고, 한 사람에게 있어서의 이런 조화로운 성격 형성이 양육과 교육에 의해 가능하게 되는 것은 '신적인 끈'에 의한 것이라 일컫는다.(310a~e) 이들 두 성격의 조화와 관련해서는《국가(정체)》편(411e~412a)에서도 비슷한 언급을 하고 있다. "바로 둘인 이것들을 위해서 어떤 신이 두 가지 교과목을 인간들에게 준 것 같다. … 즉 시가와 체육을 [혼의] '격정(기개)적인 면'(to thymoeides)과 '지혜를 사랑하는(애지적인) 면'(to philosophon)을 위해서, 부수적인 경우가 아니고서는, 혼과 육신을 위해서가 아니라, 그 둘을 위해서, 곧 그 둘이 '적절할 정도'(to prosēkon)만큼 조장되고 이완됨으로써 서로 조화를 이루도록 하느라고 준 것 같다."고.

목 차

I. 첫머리 대화(257a~258b): 《소피스테스》 편에 이어, 엘레아 출신의 손님이 대화의 주제를 '정치가'로 정하고, 대화 상대로는 젊은 소크라테스를 정함.

II. 정치가의 통치술에 대한 첫째 정의(258b~268d): 인간 무리의 공동 양육 지식이 정치가의 통치술이며 그런 목자 및 양육자를 정치가로 규정함. 그러나 인간사들과 관련된 그런 기술과 그런 사람은 온갖 분야에서 자임하고 나올 것임.

III. 큰 신화의 원용을 통한 정치가의 정의 시도(268d~277c): 크로노스 치세에 흙에서 태어난 인간들의 절로인 삶에서 목자들이었던 수호신들. 우주의 반전과 함께 시작된 인간들의 자구책 마련. 인간 공동체의 양육보다는 마음 씀 쪽에서 정치가의 모습을 찾는 것이 더 바람직함을 말함.

IV. 직조 기술의 예를 통한 정치가의 기능 설명(277d~311c)

1. 예를 통한 설명의 필요성(277d~280e): 나라들과 관련된 마음 씀을

두고 왕 또는 정치가의 부류와 말다툼을 하는 수도 없이 많은 자들을 떼어 내기 위한 예로서 제시되는 직조 기술.

2. 직물 짜기에서 구별해야 할 보조적인 원인들과 직접적 원인(280e~283a): 모직물 직조를 위한 선행 과정으로서의 모 방적 과정 곧 날실과 씨실 만들기, 또한 이에 선행하는 소모(梳毛) 과정 등을 거침.

3. 직조 기술을 '씨실과 날실을 짜 넣는 기술'로 간단히 말하지 않고, 길게 설명하는 까닭은 담론에서 요구되는 '마땅한(필요한) 정도(to deon)'의 문제 다룸 때문임. 따라서 제기되는 지나침 및 모자람 곧 적도(알맞은 정도)와 관련되는 측정술의 문제(283b~287a).

4. 정치가 또는 왕에게서 특히 분리해야 할 제관(祭官)들과 소피스테스들(287b~291c).

5. 바른 통치 및 바른 나라체제(291d~311c)

  1) 다른 나라체제들과의 근본적 구별 기준은 통치와 관련된 전문 지식의 유무에 따른 것임(291d~293e): 전문 지식을 갖춘 의사에 비유된 통치자.

  2) 지혜를 갖춘 왕 또는 정치가가 우세한 통치와 법률이 우세한 통치: 법률 없이 통치함의 정당성에 대한 문제제기(293e~294a).

  3) 차선책으로서의 법 제정과 법의 한계(294b~301e): 법은 많은 사람을 위해 그리고 많은 경우에 대비한 것이며 인간사도 가만히 있지 않음. 그러나 지혜로운 통치자가 현실적으로 출현할 수 없는 한, 가장 참된 나라체제의 형적을 추적해 가면서 법규들을 초안하는 것이 차선책임.

  4) 왕 또는 정치가의 부류와 최종적으로 구별되어야 할 부류들(301e~305e): 성문화된 1인 통치와 귀족 정체 그리고 민주 정체, 성문화되지 않은 참주 정치와 과두 정체 그리고 민주 정체, 이것들

에 관여하는 자들로 지성도 전문 지식도 갖추지 못한 저들 정치인들과는 따로 분리되는 바른 정체의 정치가; 나라 통치 지식과는 같은 부류의 것들이지만, 그 영역 분할과 함께 그 시행 시기 등의 적기(適期) 등과 관련해서 공동체를 위해서는 모두 통할해야만 할 것들 곧 장군의 지휘술 및 전술, 재판관의 전문 지식 그리고 왕도적인 전문 지식과 함께하는 웅변술.

6. 다시 직조 기술에 비유된 왕도적인 직조로서의 나라 통치 지식 또는 왕도적 통치 지식(305e~311c): 날실에 비유된 성격과 씨실에 비유된 성격의 혼화가 한 사람에게서 이루어진 경우와 두 부류의 인물들의 혼화를 통한 관리들의 확보.

대화자들

소크라테스(Sōkratēs: 469~399): 테오도로스와 거의 동년배로 보아, 두 사람 사이에서도 손님의 경우와 마찬가지로 서로 존칭을 쓰도록 했다.

테오도로스(Theodōros): 북아프리카의 키레네(Kyrēnē) 출신의 수학자로서 출생 연대는 470~460년 사이로 보이며, 따라서 그 주된 활동 시기는 5세기 말로 보인다. 그러니까 소크라테스와 거의 동년배로 보면 되겠다. 처음에는 프로타고라스의 제자 겸 동료였는데, 한때는 철학에도 관심을 보이다가, 나중에는 수학으로 완전히 전향했다고 한다. 여기에 함께 등장하는 테아이테토스의 스승이다. 《테아이테토스》편(147d)에서는 그가 $\sqrt{3}$, $\sqrt{5}$, ⋯, $\sqrt{17}$의 무리수를 제시한 것으로 언급되고 있으며, 거기에서와는 달리 《소피스테스》 편과 이 대화편에서는 초입에 잠시 등장할 뿐이다.

손님: 《소피스테스》 편에서 대화를 주도했던 엘레아인 손님을 가리킨다. 남이탈리아의 Elea 출신의 손님으로서, 바로 본문 첫머리에서

도 밝히고 있듯, 파르메니데스학파의 사람이다. 이 대화편에서도 대화를 주도하고 있다. 본문에서는 대화자 표시를 원문에서처럼 그냥 '손님'으로 했다.

젊은 소크라테스: 달리 알려진 바가 없다. 다만 257c에서 테아이테토스와 같은 체력 단련장(gymnasion)에서 체력 단련을 함께 하며 서로 체력 단련의 상대가 되어 주는 청년(syngymnastēs)이라는 것만 알려져 있다.

소크라테스: 테오도로스 님, 테아이테토스도 그렇지만 손님 또한 알게 해 주셔서 선생께 많은 신세를 졌습니다.[1] 257a

테오도로스: 하지만, 소크라테스 님, 선생께서 신세를 지시는 건 어쩌면 그 세 배가 되겠습니다. 선생께 정치가와 철학자에 대한 정의 내림마저도 저분들이 끝내드리게 될 때는요.[2]

소크라테스: 이럴 수가, 친애하는 테오도로스 님! 산술과 기하학에 더할 수 없이 뛰어나신 분께서 이 일을 이렇게 말씀하시는 걸 우리가 들은 걸로 말할까요?

테오도로스: 어떻게 하시는 말씀인가요, 소크라테스 님? b

소크라테스: 이 사람들 각각을 같은 가치를 갖는 걸로 보셔서죠. 이들은 댁들의 전문 분야에서의 비율[3]에 따른 것보다도 서로가 그 값어

---

1) 《소피스테스》 편에서 이들의 대화에 참여할 수 있게 되었던 일을 두고 하는 말이다.

2) 《소피스테스》 편 217a 및 b의 해당 각주를 참조할 것.

3) 《소피스테스》 편에서 '소피스테스'에 대한 정의를 내리고, 이어서 이 대화편에서 '정치가'에 대한 정의를 내린 다음, '철학자'에 대한 정의까

257b

치에 있어서 월등하게 차이가 나죠.

테오도로스: 우리의 신인 아몬에 맹세코,[4] 잘 그리고 옳게 말씀하셨습니다, 소크라테스 님! 또한 산술과 관련된 잘못도 아주 적확하게 나무라셨습니다. 그리고 이에 대해서는 나중에 선생께 되갚아드릴 것이고요. 하지만, 손님이시여! 선생께서는 우리에게 은혜를 베푸시는 데
c 결코 주저 마시고, 그 다음으로, 정치가든 철학자든 어느 쪽을 먼저 선택하시는데, 일단 선택하신 다음에는 완결지어 주십시오.

손님: 그건 그래야죠, 테오도로스 님! 일단 착수를 한 터이니, 이들에 대한 완결에 이르기 전에는 물러서지 말아야만 합니다. 하지만 여기 이 테아이테토스의 경우는 정작 제가 어떻게 해야만 할지?

테오도로스: 뭘 갖고 말씀하시는지?

손님: 이 사람을 그와 함께 신체 단련을 하는 사람인 여기 이 [젊은] 소크라테스와 우리가 바꾸고서 쉬게 할까요? 아니면 어떻게 조언해 주시겠습니까?

지 내린다면, 그 은혜가 세 배로 되겠다고 해서 한 말인데, 그 각각에 대한 고마움, 곧 그 신세짐은 단순히 산술급수적인 또는 더 확대해서 기하급수적인 것일 수는 없다는 뜻으로 하는 익살인 셈이다. 왜냐하면 '소피스테스'의 위상보다는 '정치가', 더구나 '철학자'의 그것이 그런 정도의 비례관계로는 말할 수 없을 정도로 월등한 차이를 보이는 것이라 해서 하는 말일 것이다.

4) 헬라스인들의 맹세의 경우와 달리, 이 경우에는 신의 이름을 밝히는 형태로 옮겼다. 테오도로스는 북아프리카의 키레네 출신이다. Ammōn (Amana, Amun)은 처음에는 이집트의 Waset(오늘날의 Luxor)지역에서 섬기던 큰 신이었으나, 나중에는 이집트인들의 주신의 하나로 섬기게 되었으며, 올림포스의 제우스신에 해당하는 신으로 여기게 되었다. 리비아 사막의 Siwa 오아시스가 있는 곳의 그 성소에서 신탁을 얻는 의식이 행하여졌다고 하는데, 알렉산드로스 대왕도 이곳에서 신탁을 구했다고 한다.

257c

테오도로스: 선생께서 말씀하시듯, 바꾸세요. 둘은 젊은 터라, 쉬고 나면, 모든 노고를 더 수월하게 감당해 낼 테니까요.

소크라테스: 손님, 더구나 둘 다가 저와는 어딘지 유사점을 갖고 있 d
는 것으로 보이네요. 한 사람은 외모에서 저와 닮아 보인다고[5] 여러분
께서 실상 말씀하십니다만, 다른 한 사람의 경우에는 그 호칭이 같은 258a
이름이어서, 그 부름이 일종의 친근함을 제공하네요. 그러니 우리는 논의들을 통해서 어쨌든 우리가 친족임을 언제고 열심히 알아보도록 해야만 하고요. 실상 테아이테토스와는 제 자신이 어저께 대화에 동참하기도 했고 지금도 대답하는 걸 들었습니다만, 소크라테스는 어느 쪽도 아닙니다. 하면, 그도 살펴보아야만 하겠네요. 그러니까 내게는 그가 차후에 대답키로 하고,[6] 지금은 선생께 대답케 하시죠.

손님: 그건 그럴 것입니다. 소크라테스, 그러면 자넨 소크라테스 님 말씀을 듣고 있는가?

젊은 소크라테스: 네.

손님: 그러면 저분께서 하시는 말씀에 동의하는가?

젊은 소크라테스: 물론입니다.

손님: 자네 쪽 사정이 방해가 될 일은 없을 것으로 보이네만, 내 쪽 b
은 아마도 더더욱 지장을 초래할 일이 없을 게야. 하지만 내가 보기엔, 우리 두 사람으로선 소피스테스 다음으로 정치가를 탐구해야만

5) 소크라테스는 들창코에 퉁방울눈을 가졌던 추남으로 알려져 있다. 크세노폰의 《향연》(V. 5~6)에서는 소크라테스가 스스로 들창코 덕분에 모든 방향에서 풍기는 냄새들을 맡을 수도 있고, 퉁방울눈 덕에 옆 것들도 잘 볼 수 있다고 자랑 아닌 자랑을 하고 있는 장면이 나온다.

6) 구상 중이었던 다음 대화편 《철학자》에서는 소크라테스가 대화의 주도자로 예정되어 있었던 셈이다.

할 것 같네. 그러니 내게 대답해 주게나. 그리고 이 사람도 식자들[7] 중의 한 사람으로 우리가 보아야만 할 것인지 아니면 어떻게 보아야만 할 것인지 말해 주게나.

젊은 소크라테스: 그렇게 보아야만 합니다.

손님: 그렇다면, 우리가 앞서 소피스테스를 고찰했을 때처럼, 지식(epistēmē)들을 나눠야만 하겠군?[8]

젊은 소크라테스: 아마도 그렇겠습니다.

손님: 하지만, 소크라테스, 그 나눔은 전혀 같은 식으로가 아닌 것으로 보이네.

젊은 소크라테스: 무슨 뜻인지요?

c 손님: 다른 식으로라네.

젊은 소크라테스: 어쨌든 그런 것 같습니다.

손님: 그러면 정치가의 통치술의[9] 길을 어디에서 찾게 될까? 이를 찾아내서는, 이를 다른 길들에서 분리한 다음, 이것에 한 종류[10]로서

7) 여기서 '식자들'로 옮긴 것의 원어는 'hoi epistēmones'이다. 곧 바로 다음에서 말하는 '지식(epistēmē)을 가진 자들'을 가리킨다.

8) 《소피스테스》 편에서는 '지식(epistēmē)' 보다는 '기술(tekhnē)'의 분류에서 시작했다(219a 이후). 그러나 이 둘은, 곧잘 그러듯, 이 대화편에서도 '전문 지식(expertise)'의 뜻으로 동의어처럼 쓰이고 있다. '지식들을 나눔'은 곧 그것들을 종류별로 나눔을 뜻한다.

9) '정치가의 통치술'로 번역한 것의 원어는 politikē [tekhnē]이다. 그냥 '치술(治術)'로 번역하면, 어떤 형태의 나라 통치인지가 불명하겠기에 그리했다. 이 대화편에서 문제 삼고 있는 통치는 어디까지나 '참된 정치가의 통치술'을 뜻하는 것이기 때문이다.

10) 여기에서 '종류'의 원어는 *idea*이고, 바로 다음 두 경우의 '종류'의 원어는 eidos이다. 여기에서 이것들이 '이데아'나 '형상'으로 번역되지 않는 것과 관련해서는 《소피스테스》 편 254a의 각주를 참조하면 되겠다.

258c

의 표시를 하고서, 다른 갈래의 길들에도 다른 하나의 종류로서 표시한 다음, 우리의 혼(마음)이 모든 지식을 두 종류인 걸로 생각하게끔 만들어야만 해서네.

젊은 소크라테스: 그건 진작 선생님의 일이지, 제 일은 아닌 걸로 저는 생각합니다, 손님!

손님: 하지만 실은, 소크라테스, 이건 자네 일이기도 한 것이어야 d
지. 이게 우리에게 명확해지는 때에는 말일세.

젊은 소크라테스: 좋은 말씀입니다.

손님: 그러니까 산수 및 이것과 동류인 다른 몇몇 학술(tekhnē)들은 행위(praxis)들과는 동떨어진 것들이고, 앎[11]만을 제공하겠지?

젊은 소크라테스: 그렇습니다.

손님: 그런 반면에 목공 기술이나 일체의 수공 작업과 관련된 전문 기술들은, 마치 본디 그 실행들에 있어서 함께 지니고 있기라도 한 것
처럼, 그 [전문] 지식을 갖고 있어서, 이전에는 없었던 물체들을 이것 e
들에 의해서 생기게 하네.

젊은 소크라테스: 물론입니다.

손님: 그러니 이런 식으로 일체의 지식(학문)들을 나누게. 한쪽 것은 행위적인 것으로, 다른 쪽 것은 다만 인식적인 것으로 말일세.[12]

---

11) 여기에서 '앎'으로 옮긴 것은 to gnōnai(=to know) 곧 동사적 의미의 것이다.

12) '행위적인 지식(학문)'의 원어는 hē praktikē epistēmē인데, 이는 흔히 그러듯, '실천적인 지식'으로도 옮길 수 있겠으나, 그 원형인 praxis는 '행위'를 뜻하기 때문에 일차적으로 이 번역어를 택했다. 인식적인 지식의 원어는 hē gnōstikē epistēmē이다. 원형 gnōsis는 '앎'·'인식'을 뜻한다. 아리스토텔레스의 《형이상학》 E(6)권 1025b25~6에서는 모든 사고(dianoia)를 praktikē(실천적, 행위적), poiētikē(제작적), theōrētikē(이

258e

젊은 소크라테스: 전체로서는 하나인 지식을 이들 두 종류인 걸로 하죠.

손님: 그러면 정치가와 왕 그리고 주인, 더 나아가 가장, 이들 모두를 한 가지로 일컬을 것인지, 아니면 이것들이 그 명칭들로 불리는 그 만큼의 많은 기술들이 있는 걸로 우리가 말할 것인지?

젊은 소크라테스: 어떤 식으론가요?

259a 손님: 이런 식으로네. 만약에 누군가가 공의(公醫)로서 활동하는 이들 중의 누군가에게 사인(私人)이면서도[13] 능히 조언을 할 수 있다면, 그가 조언하는 사람의 그것과 똑같은 기술의 명칭으로 그에 대해서도 일컫게 되는 것이 필연적이지 않겠는가?

젊은 소크라테스: 네.

손님: 어떤가? 나라를 다스리는 자에게, 자신은 사인이면서도, 충고를 해 줄 만큼 유능한 자일 경우, 그가 누구이든, 이 사람이 통치자 자신이 가져야만 하는 지식을 지니고 있다고 우리가 말하지 않겠는가?

젊은 소크라테스: 그리 말할 것입니다.

론적, 觀想的)인 것들로 분류하고 있다.

13) '공의(公醫) 또는 공인으로서 활동하는 사람'은 ho dēmosieuōn이라 하고, 그리 지냄은 dēmosieuein이라 하며, '사인(私人)으로서 또는 개인 의원으로서 활동하는 사람'은 ho idiōteuōn이라 하고, 그리 지냄은 idiōteuein이라 한다. 《소크라테스의 변론》 편 32a, 《고르기아스》 편 514d~e, 515b 등에도 이런 표현들이 보인다. 역시 공의의 선발과 관련된 언급이 《고르기아스》 편 455b에서 잠시 비치거니와, 크세노폰의 《회상록》 IV, ii, 5에는 자신을 공의로 뽑아 줄 것을 청하는 자의 황당한 모두 발언이 보인다. 그런가 하면, 헤로도토스(《역사》 III, 131)에 의하면, 명의로 알려진 크로톤의 데모케데스(Dēmokēdēs. 6세기에 활약함)에게는 여러 나라가 경쟁적으로 높은 보수를 지불했다고 한다.

259a

손님: 하지만 적어도 참된 왕의 지식은 왕도적인 것[14]이겠지? b

젊은 소크라테스: 네.

손님: 한데, 이 지식을 가진 자는, 그가 통치자(arkhōn)이건 또는 사인이건 간에, 어쨌든 이 전문 지식에 따라 왕다운 자([ho] basilikos)로 부르는 게 전적으로 옳겠지?

젊은 소크라테스: 그야 어쨌든 당연합니다. b6

{손님: 그렇다면 정치가의 통치술과 정치가다움 그리고 왕도적인 지식과 왕다움, 이것들 모두를 우리가 같은 하나로 포괄하게 되겠구먼?

젊은 소크라테스: 그야 명백합니다.}[15]

손님: 또한 더 나아가 가장과 주인은 같은 것일세. b7

젊은 소크라테스: 물론입니다.

---

14) '왕도적인 지식'으로 번역한 것의 원어는 basilikē [epistēmē=tekhnē]이니, 곧 '왕을 왕답게 하는 [전문적] 지식'이겠다. 흔히 우리가 말하는 '왕' 또는 '군왕'에 해당하는 헬라스어는 basileus(=king)이다. 이 낱말의 형용사는 basilikos(=royal=kingly: 남성형 형용사) 또는 basilikē(여성형 형용사)이다. 그런데 이 대화편에서는 이 형용사들을 그냥 일반적인 뜻으로 쓰지 않고, 바람직한 의미의 것들로 쓰고 있다. 이를테면, 이 대화편 맨 마지막 구절(311c10)에서 이 대화편의 목표인 ho basilikos anēr(왕도를 구현하는 사람: 왕다운 사람) 곧 ho politikos [anēr](정치가)의 의미 규정을 최종적으로 내리는데, 이 둘을 같은 뜻의 것으로 말하고 있다. 이는 바로 다음에서도 그리고 280a에서 hē basilikē tekhnē(=epistēmē)와 hē politikē tekhnē(=epistēmē)를 곧 정치가의 통치술과 왕을 왕답게 하는 전문적 지식이 같은 것임을 말하는 데서도 확인된다. 여기에서 '왕도적'이란 번역어를 쓴 것은 왕의 왕다움 곧 왕으로서의 바람직한 도리를 제대로 수행하는 걸 염두에 두고서 택한 것이다.

15) 여기에서 { }로 묶은 대화는 이전의 Burnet 판을 비롯해서 다른 판들에서는 d4~6으로 읽히는 것인데, Oxford의 새 텍스트에서는 이리로 옮겨 왔다. 어쩌면 이렇게 읽는 쪽이 더 낫겠다 싶어, 이를 따랐다.

259b

손님: 이건 어떤가? 큰 규모의 가정과 작은 덩치의 나라는 그 다스림(arkhē)과 관련되어서는 어떤 점에서 차이가 없지 않은가?

젊은 소크라테스: 아무런 차이도 없습니다.

c 손님: 그러니까 방금 우리가 살핀 바로는, 이것들 모두와 관련해서는 하나의 전문 지식(epistēmē)이 있는 게 분명하네. 이걸 누군가가 왕도적인 지식으로 또는 정치가의 통치술로 또는 가정 경영술로 일컫건 간에, 우리가 그와 의견을 달리할 것은 아무것도 없을 것이네.

젊은 소크라테스: 실상 그럴 것이 무엇이 있겠습니까?

손님: 그렇지만 이 점은 명백하네. 모든 왕이 통치권 유지에 있어서 손이나 몸의 모든 부위로써 할 수 있는 것들은 혼의 이해력이나 힘에 비해 작은 것들이라는 사실 말일세.

젊은 소크라테스: 그건 명백합니다.

손님: 따라서 왕은 수공 기술이나 행위적인 것 전반보다는 인식적
d 인 것에 더 친근하다고 우리가 말하기를 자네는 바라는가?

젊은 소크라테스: 물론입니다.

손님: 그러면 이것들 다음으로 인식적인 지식(hē gnōstikē epistēmē)을 나눈다면, 우리가 차례대로 진행하게 되는 건가?

젊은 소크라테스: 전적으로 그렇습니다.

손님: 그렇다면 이 지식에서 우리가 어떤 갈림[16]을 지각하게 될지 유의하게나.

젊은 소크라테스: 어떤 것인지 말씀하시죠.

e 손님: 이런 것일세. 짐작건대 우리에겐 셈법(산술)[17]이란 게 있지.

---

16) 원어는 diaphyē인데, '분기점'이나 《파이돈》 편(98c)에서처럼 '관절' 따위를 뜻하는 말이다.

17) 원어는 logistikē이다. 영어 arithmetic을 우리는 '셈'만이 아닌 수의

259e

젊은 소크라테스: 네.

손님: 어쨌든 그건 전적으로 인식적인 전문 지식들 중의 하나인 것으로 나는 생각하네.

젊은 소크라테스: 어찌 그렇지 않겠습니까?

손님: 그러면 수들에 있어서의 차이를 알게 되는 셈법에는, 그것이 알게 된 것들을 판단하는 것 이상의 어떤 기능을 우리가 부여하지 않지 않는가?[18]

젊은 소크라테스: 그야 물론입니다.

손님: 그리고 실은 모든 도편수는 자신이 일을 하는 것이 아니라, 일하는 사람들의 통솔자이네.

젊은 소크라테스: 네.

손님: 그는 아마도 앎을 제공하게 되지, 수공을 제공하게 되지는 않을 것이네.

젊은 소크라테스: 그렇습니다.

손님: 따라서 그는 인식적인 지식에 관여한다고 말하는 게 옳을 것 260a
이야.

젊은 소크라테스: 그렇고말고요.

성질도 어느 정도 다룬다고 해서 '산수'로 옮기면서도 '산술'로도 또한 옮긴다. 그러나 이의 원형인 헬라스어 arithmētikē는 수(arithmos) 자체를 다루는 이른바 '수론'을 뜻한다. 계산적 측면에서 수를 다루는 이른바 '셈법' 또는 '산술'을 logistikē라 하고, '수론'은 arithmētikē라 한다. 이런 구별은 《고르기아스》 편 450d와 《국가(정체)》 편 525a에도 보인다. 그런가 하면, 《필레보스》 편 56c~57d에서는 logistikē와 arithmētikē를, 그리고 뒤의 것도 '다중의 것(산술)'과 '철학자들의 것(수론)'으로 그 순수성 등에서 구별하고 있다.

18) 곧 그 차이를 셈하는 걸로 셈법 곧 산술은 그 일이 끝난다.

260a

손님: 하지만 이 경우에 판단하는 자로서는 [그것으로써] 끝내도 안 되며, 계산하는 사람이 계산에서 벗어나듯, 일에서 벗어나서도 안 되고, 일하는 사람들이 지시받은 일을 다 끝내게 될 때까지는, 그들 각각에 어쨌든 적합한 것을 지시하는 것이 적절하다고 나는 생각하네.

젊은 소크라테스: 옳습니다.

손님: 그러므로 이와 같은 일체의 지식들과 셈법에 연계되는 하
고많은 것들은 인식적인 것들이지만, 이들 두 부류는 [한쪽이] 판단
(krisis)으로 해서, [다른 쪽은] 지시(epitaxis)로 해서 서로 다르지 않
b 은가?

젊은 소크라테스: 그런 것으로 보입니다.

손님: 그러고 보니 일체의 인식적인 지식을 한 부분은 지시적인 것으로, 다른 한 부분은 판단하는 것으로 우리가 일컫는다면, 제대로 나뉜 것이라고 우리는 말하겠지?

젊은 소크라테스: 적어도 제 판단으로는 그렇습니다.

손님: 하지만 무언가를 공동으로 하는 사람들에게 있어서 한 마음이 되는 것(homonoein)은 반길 일일세.

젊은 소크라테스: 어찌 그렇지 않겠습니까?

손님: 이를 우리 자신들이 함께 하고 있는 한, 다른 사람들의 생각들은 어쨌거나 상관하지 말아야만 하네.

젊은 소크라테스: 물론입니다.

c 손님: 그러면, 자, 이들 두 전문 지식들 중에서 왕도를 구현하는 사
람[19]을 우리가 어느 것에 위치케 해야만 하겠는가? 우리가 그를 관망

---

19) 원어는 ho basilikos [anēr]이다. 259b의 해당 각주를 참조할 것.

260c

자의 경우처럼, 판단하는 전문 지식 쪽에 위치케 할 것인가, 아니면 오히려, 어쨌든 주인 노릇을 하고 있는 자로서, 지시하는 쪽에 속하는 자로 위치케 할 것인가?

젊은 소크라테스: 실상 어떻게 오히려 이쪽에 위치케 하지 않겠습니까?

손님: 그러면 지시하는 전문 지식이 다시 어딘가에서 갈라지는지를 고찰해야만 하네. 그리고 내게는 여기 어딘가에서 그럴 것으로 생각되네. 소매 상술이 자작 생산물 판매술과 구별되듯, 왕도를 구현하는 d
부류[20]도 전령사들의 부류와 구별되는 것 같네.

젊은 소크라테스: 어떻게 말씀입니까?

손님: 소매상들은 아마도 이전에 팔린 남의 생산품들을 받아서는 두 번째로 다시 팔지.

젊은 소크라테스: 분명히 그렇습니다.

손님: 그러니까 전령사 부류 또한 남의 생각들을 지시 사항들로 받아서는 이를 다시 두 번째로 남들에게 지시하네.

젊은 소크라테스: 더할 수 없이 정말입니다.

손님: 어떤가? 우리가 왕도적 통치술(basilikē)을 통역술, 삼단노
전함 지휘술, 예언술, 전령술 및 이것들과 동류인 그 밖의 많은 기술, e
곧 정작 지시를 내릴 수 있는 일체의 기술들과 같은 것으로 묶을 것인지? 아니면, 방금 우리가 비유했듯, 스스로 지시를 내리는 사람[21]들의 부류는 거의 그 명칭이 없으니까, 그 명칭도 우리가 비유해서 말하기를 바라는가? 그리고 이것들을 이런 식으로 우리가 나누기를 바라는

20) 원어는 to basilikon genos이다. 이에 대해서도 바로 앞에서 밝힌 해당 주석을 참조할 것.

21) 원어는 autepitaktēs로서, 플라톤 고유의 용어이다.

260e

가? 왕들의 부류는 스스로 지시를 내리는 기술로 간주하되, 다른 모든 것에 대해서는 상관치 말며, 이것들에 대한 명칭은 다른 누군가가 정하도록 내맡기고서 말일세. 왜냐하면 우리에게 있어서의 탐구는 통치자(ho arkhōn)를 위한 것이었지 그와 반대되는 자를 위한 것이 아니었기 때문이네.

261a 젊은 소크라테스: 그야 물론입니다.

손님: 따라서 그것들과 이것이, 자신의 것과는 대조적인 남의 것으로 해서 구별됨으로써, 적절히 갈라졌기에, 만약에 이것에서 허용되는 어떤 분할을 우리가 아직도 갖고 있다면, 이것 자체를 또 다시 나눔이 불가피하겠는가?

젊은 소크라테스: 물론입니다.

손님: 아닌게아니라 그걸 우리가 갖고 있는 걸로 보이네. 바로 따라오면서 함께 나누지.

젊은 소크라테스: 어떻게 말씀입니까?

손님: 우리가 생각하는 그 모든 통치자는 지시를 이용함으로써 어
b 떤 생김(genesis)[22]을 위해서 지시하는 사람들임을 우리가 보게 되지 않겠는가?

젊은 소크라테스: 어찌 그러지 않겠습니까?

손님: 그렇지만 생기는 모든 것을 둘로 나눔은 전혀 어렵지가 않네.

젊은 소크라테스: 어떻게 말씀입니까?

---

22) genesis는 철학 용어로는 흔히 '생성(becoming)'으로 번역하는 것이다. 산출, 생산, 성립, 생장, 출생, 창출, 발생 또는 그 기원 등을 뜻하는 말이다. 여기에서 '생김'으로 옮긴 것은 이 대화편이 지향하는 바른 정체(政體)나 훌륭한 시민들의 '생김'이 참된 통치자에 의해서나 가능함을 말하고 있기 때문이다.

손님: 이것들 모두의 일부는 무생물들이지만, 일부는 생물들일 게야.[23]

젊은 소크라테스: 네.

손님: 하지만 바로 이것들로써 인식적인 것의 지시적 부분을, 정녕 우리가 나누고자 한다면, 나눌 것이네.

젊은 소크라테스: 무엇에 따라서인가요?

손님: 그것의 일부는 무생물들의 산출에 대해서 배치하되, 다른 일부는 생물들의 생김에 대해서 그리해서네. 그리고 이렇게 함으로써 c
모두가 이제 둘로 나뉘게 될 것이야.

젊은 소크라테스: 전적으로 그렇겠습니다.

손님: 그러면 이것들 중에서 한쪽 것은 그냥 두되, 다른 쪽 것은 다시 집어 드세나. 그리고선 일체를 둘로 나누세.

젊은 소크라테스: 둘 중에서 어느 쪽 것을 다시 집어 들어야만 하는 걸로 말씀하시는 건지?

손님: 전적으로 동물들과 관련해서 지시하는 쪽인 걸로 생각하네만. 왕도적인 지식의 부분은 물론, 건축가의 그것처럼, 결코 무생물들을 관할하는 것이 아니라, 더 고귀한 쪽의 것으로서, 동물들 쪽에서
이것들 자체와 관련해서 그 힘을 언제나 갖는 것이기 때문일세. d

젊은 소크라테스: 옳습니다.

손님: 하지만 동물들의 태어남은 그리고 그 양육은 단독 양육인 것이 있는가 하면, 무리로 키우는 것들에 대한 공동의 마음 씀을 볼 수 있을 게야.

---

23) 무생물들은 ta apsykha(혼 곧 psykhē를 지니지 않은 것들)이고, 생물들은 혼 곧 목숨을 지닌 것들이라는 뜻에서 ta empsykha라 한다.

261d

젊은 소크라테스: 옳습니다.

손님: 하지만 어쨌든 정치가는, 소몰이꾼이나 마부처럼, 개인을 양육하는 자가 아니라, 말이나 소를 떼로 키우는 자를 오히려 더 닮았음을 우리가 보게 될 것이네.

젊은 소크라테스: 어쨌든 방금 말씀하신 그대로인 것으로 보입니다.

e 손님: 그러면 동물의 양육에서 많은 함께하는 것들에 대한 공동 양육을 일종의 무리 양육이나 집단 양육술로 우리가 호칭할 것인지?

젊은 소크라테스: 어느 쪽이나 우리의 논의에는 부합하겠죠.

손님: 어쨌든 훌륭하네, 소크라테스! 만약에 자네가 명칭들에 대해서는 신경을 쓰지 않음을 견지한다면, 노년에는 지혜가 더 풍부한 사람으로 드러나 보일 것이네. 그러나 지금은, 자네가 권유하듯, 이를 해야만 하네. 그러니까 무리 양육 기술이 어떤 점에서는 이중의 것임을
262a 누군가가 보여 주고서, 두 배수의 것들 속에서 찾고 있는 것을 이제 그 반쪽 것들 속에서 찾도록 만들 것이라는 걸 자네는 알아채고 있는가?

젊은 소크라테스: 애써 볼 것입니다. 제게도 인간들의 양육과 짐승들의 양육은 다른 종류의 것이라고 생각됩니다.

손님: 어쨌거나 자네는 아주 열성껏 그리고 대담하게 나눴네. 하지만 적어도 이 사태를 되도록이면 다시는 겪지 마세나.

젊은 소크라테스: 어떤 것이기에?

손님: 하나의 작은 부분을 크고 여럿인 것들에 맞서게 분리하지도
b 말고, 종(종류: eidos)[24]을 떠나서 하지도 말게나. 하지만 부분이 동시

---

24) eidos는 원래 모양, 형태, 모습, 외관, 종류 등의 뜻들에서는 *idea*와 같다. '이데아' 와 같은 뜻이지만, 아리스토텔레스는 '이데아' 대신 형상(形相)을 쓴다. 여기에서는 단순한 '부분(meros)' 과 '종(種, 종류)' 을 엄격히 구분하고 있다. 258c에서 해당 각주를 참조할 것.

262b

에 종을 갖도록 하게. 사실, 만약에 옳게만 한다면, 찾고 있는 것을 다른 것들로부터 바로 분리하는 것이 최선이네. 마치 자네가 조금 전에 나눔(diairesis)이 가능하다고 생각하고서 논의를 서둘렀듯 말일세. 그게 인간들로 나아가는 것임을 보고서였지. 하지만 실은, 이보게, 잘게 자르는 것은 안전하지 않지만, 중간들을 가르면서 나아가는 것이 더 안전하거니와, 오히려 더 종류들[25]을 누군가가 만나게도 될 것이네. 이것이 탐구들에도 전적으로 차이를 생기게 하네. c

젊은 소크라테스: 손님, 그건 어떤 뜻으로 말씀하시는 건지요?

손님: 자네의 자질에 대한 호의에서 더욱 더 자세하게 말하도록 해야겠네, 소크라테스! 그렇긴 하나 지금 당장에 아무런 부족함도 없이 설명한다는 건 불가능하네. 그러나 명확성을 위해서 이를 뭔가 조금이나마 더 진전시키도록 해야만 하겠네.

젊은 소크라테스: 그러니까 우리가 방금 나누기를 하면서 무엇을 옳게 하지 못한 것으로 말씀하시는 건가요?

손님: 이런 것일세. 이를테면, 누군가가 인류[26]를 둘로 나누려고 하

---

25) 원어는 *ideai*(*idea*의 복수 형태)이다. 바로 앞의 각주 참조.

26) 원어는 tànthrōpinon genos(인간 부류)이다. 262e에서는 to tōn anthrōpōn genos(인간들의 부류)로 표현되고 있다. 물론 둘 다 '인류'로 번역해 마땅하겠다. 여기에서는 eidos와 마찬가지로 종류나 부류를 뜻하기도 하지만, 아리스토텔레스 이후의 논리학 용어로는 eidos가 '종(種: species)'을, genos가 '유(類: genus)'를 뜻한다. 그렇더라도 이 대화편에서처럼, 앞 것을 '종류'로 번역하되, 뒤의 것은 '부류'로 번역함으로써 용어 자체도 구별하겠지만, 어쩌면 '유적(類的)'인 의미를 살리는 쪽으로 쓸 수 있을 것 같다. 아닌게아니라 '나눔(diairesis)'이란 유(類: genos) 또는 유적 형상(類的形相)을 종(種: eidos) 또는 종적 형상으로 나누는 것과 관련된 것이다. 여기에 같이 묶인 《소피스테스》 편도 이 《정치가》 편에서도 결국엔 '나눔'의 최종 단계에서의 종적 형상에서 우리가

d 면서, 이 고장 사람들 중의 많은 이가 나누듯, 헬라스 민족은 한 종족
으로 모든 인종으로부터 분리하되, 다른 모든 종족에 대해서는, 그 수
도 한정되지 않고 서로들 섞이지도 못하며 언어도 같지 않은 종족들
에 대해서는 이를 하나의 호칭으로써 '이방인족(이민족)'[27]이라 일컫
는데, 이 하나의 호칭으로 해서 이를 하나의 종족이라 생각하는 경우
지. 또는 이번에는 누군가가 1만을 모든 수에서 떼어 냄으로써, 하나
의 종류로서 분리해 내서, 수를 두 종류에 따라 나눈다고 생각하는 거
e 지. 그리고선 바로 나머지 모두에 하나의 이름을 정해 줌으로써, 이
호칭으로 해서 이것 또한 그것과는 따로 다른 하나의 부류가 되는 것
으로 생각하는 거고. 하지만 누군가가 수는 짝수와 홀수로 나누는 반
면에 인류는 남자와 여자로 나눈다면, 아마도 더 훌륭할 것이며, 한결
더 종류들에 따라서 양분하는 것일 게야. 그러나 나뉜 것들의 각각을
부류(genos)와 동시에 부분(meros)으로 확인하고서[28] 당혹스러워하

찾고자 하는 대상을 만나게 된다. 이 대화편도 《소피스테스》 편에서처럼 그 추적 과정을 보여 주고 있다.

27) 원어는 [to] barbaron [genos](=the barbarian race)이나, 헬라스 민족은 to Hellēnikon [genos]이다. 그리고 '헬라스 말을 쓰지 않는 이방인들' 곧 '비헬라스인들'은 [hoi] barbaroi(=the barbarians)라 일컬었다. 헬라스인들([hoi] Hellēnes)과는 달리, 헬라스 말을 쓰지 않는 '이방인들'은 그들과 접촉이 많았던 페르시아인들을 주로 가리키는 말이기도 했으나, 이에는 다소 경멸적인 뉘앙스가 섞여 있다고 할 것이다. 이를테면, 아리스토텔레스의 《정치학》 1252b8~9에는 이런 구절이 보인다. "시인들이 말하길, '이방인들(barbaroi)은 헬라스인들이 다스리는 게 합당하다'고 하는데, 이는 이방인과 노예가 성향으로는 같다고 해서다."

28) 이와 관련해서는 다음의 263b의 끝부분에 나오는 이 문장을 참조할 것. "어떤 것의 종류가 있을 때엔, 이것은 바로 그 어떤 것의 종류로 말하게 되는 그 사물의 부분이기도 함이 필연적이네. 그러나 부분이 종류일 그 어떤 필연성도 없네."

262e

는 때는 리디아인들이나 프리기아인들[29] 또는 다른 나라 사람들을 모든 인간들에 대립케 나눌 경우이지. 263a

젊은 소크라테스: 지당하신 말씀입니다. 하지만, 손님, 바로 이걸, 곧 누군가가 부류와 부분, 이것들이 같은 것이 아니라 서로 다른 것이라는 걸 어떻게 하면 더 명확히 알게 될까요?

손님: 아주 훌륭한 젊은이여, 자네가 주문하는 건 사소한 것이 아닐세, 소크라테스! 우리는 제시된 논의에서 지금도 필요 이상으로 벗어나 헤맨 터지만, 자넨 우리로 하여금 아직도 더 헤매게 되는 걸 지시하고 있네. 그러니 이제는, 그러는 게 당연하듯, 되돌아가세나. 그러나 이는 여가를 봐서, 마치 추적자들처럼, 다시 우리가 추구할 것이 b
네. 그렇더라도 이번에는 어쨌든 이걸 철저하게 지켜 주어야 할 것이니, 결코 내게서 이것이 명확하게 규정된 걸 자네가 들은 걸로 생각지는 말 것이야.

젊은 소크라테스: 어떤 것이기에?

손님: 종류(種: eidos)와 부분은 서로 다른 것이란 거네.[30]

젊은 소크라테스: 그게 무슨 뜻인지요?

손님: 어떤 것의 종류가 있을 때엔, 이것은 바로 그 어떤 것의 종류로 말하게 되는 그 사물의 부분이기도 함이 필연적이네. 그러나 부분이 종류일 그 어떤 필연성도 없네. 그런 식으로보다는 오히려 이런 식

---

29) 이 무렵의 페르시아 제국의 서북쪽에 Phrygia가 그리고 서남쪽에 Lydia가 있었으나, 먼저 프리기아가 리디아의 일부로 흡수되었으며, 결국엔 리디아도 페르시아의 일부로 흡수되었다.

30) 정의할 수 있는 종류 곧 종(種)에는 '더 이상 나뉠 수 없는 최종적인 종(atomon eidos)'이 있지만, 부분은 그렇지 않다. 이를테면, '이성적 동물로서의 인간'이 그런 종인데, 이의 부분들은 관점에 따라 그만큼 많을 수 있다.

263b

으로 내가 주장하는 걸로 언제나 말해 주게, 소크라테스!

젊은 소크라테스: 그건 그럴 것입니다.

c 손님: 그러면 이것 다음 것을 내게 말해 주게.

젊은 소크라테스: 어떤 것인가요?

손님: 우리로 하여금 이리로 이끈 일탈의 출발점일세.[31] 그건 뭣보다도 자네가 무리 양육이 어떤 식으로 나뉘어야만 하는지를 질문받고서는, 몹시 서둘러 동물들의 부류는 둘이고, 그 하나는 인류이지만, 다른 하나는 다른 모든 동물의 부류라고 대답한 게 발단이 되어서라고 나는 생각하기 때문이네.

젊은 소크라테스: 정말입니다.

손님: 그래서 그때 자네가 한 부분을 떼어 내고서는 나머지 모든 것
들의 부류를 남겨 놓는 것이, 이것들을 짐승들로 일컬음으로써 이것
들 모두에 대해 같은 명칭을 붙여 줄 수 있다고 생각해서라는 것이 내
d 게는 명백해 보였네.

젊은 소크라테스: 그것들 또한 그랬습니다.

손님: 그렇지만, 더할 수 없이 대담한 자여, 혹시라도 지혜로운 다른 어떤 동물이 있다면, 이를테면 두루미 종류[32]나 또는 다른 어떤 그런 동물이 그리 생각되듯, 자네도 했듯이, 아마도 똑같이 이름 붙여서는, 두루미들을 한 부류로 다른 동물들에 대립시키고선 제 스스로 우

31) 이 잘못된 나눔의 일탈은 261e~262a에서의 무리 양육에서 시작됐다.

32) 두루미가 겨울을 나기 위해 남하할 때나 다시 북쪽으로 돌아갈 때, 이들의 이동을 이끄는 선도(hēgemōn) 역의 새를 필두로, 마치 비행 편대처럼, 이동하는 게, 또는 여왕벌을 따라 이동하여 집단생활을 하게 되는 벌들의 공동체 생활이 지혜로운 행동으로 보인다 해서 하는 말이다. 그런 생각을 엿볼 수 있게 하는 대목이 아리스토텔레스의 《동물들에 대한 탐구》 I, 488a12~13 및 X, 614b18~23에 보인다.

쫓대는 한편으로는 다른 동물들을 인간들도 함께 같은 것으로 포괄해서 다른 어떤 것도 아닌 짐승들로 일컬을 것이야. 그러니까 이런 모든 e
것에 대해 잘 대비하도록 애써야만 하네.

젊은 소크라테스: 어떻게요?

손님: 동물들의 부류 전체를 나누지는 않음으로써야. 이런 일을 덜 겪기 위해서지.

젊은 소크라테스: 사실 전혀 그러지 말아야죠.

손님: 아닌게아니라 그때도 그렇게 해서 실수를 한 거네.

젊은 소크라테스: 왜죠?

손님: 지시적인 것이 그 한 부분이었던 인식적인 지식의 부분은 아마도 동물 양육, 그야말로 군거 동물들의 부분이었네. 안 그런가?

젊은 소크라테스: 네.

손님: 따라서 이미 그때 일체의 동물은 길들인 동물과 야생동물로 264a
나뉘었네. 왜냐하면 그 성향에 있어서 길들여질 수 있는 것들은 순한 것들로 불리나, 좀처럼 길들여질 수 없는 것들은 야성적인 것들로 불리기 때문이지.

젊은 소크라테스: 훌륭한 말씀입니다.

손님: 하지만 우리가 추구하는 전문 지식은 길들인 동물들 안에 있었으며 또한 있기에 그야말로 군거 사육 동물들에서 찾아야만 하네.

젊은 소크라테스: 네.

손님: 그러니까 그때처럼 전체 다를 보면서 나누지도 말며, 정치가의 통치술에 우리가 그야말로 빨리 이르기 위해서 서두르지도 마세
나. 그게 우리로 하여금 지금도 속담[33] 그대로의 사태를 겪게 만들었 b

33) "너무 서둘다가 도리어 더 늦어진다."는 내용의 속담(paroimia)이겠

기 때문이네.

젊은 소크라테스: 어떤 것인데요.

손님: 우리가 침착하게 잘 나누질 않아서 더 더디게 이루게 되었다는 거지.

젊은 소크라테스: 손님, 어쨌거나 역시 훌륭하게 된 겁니다.

손님: 그건 그런 걸로 해 두세. 그렇지만 다시 처음부터 집단 양육 지식[34]을 나누도록 해 보세. 이를 충분히 논의함으로써 자네가 열의를 보이고 있는 이것도 논의 자체가 자네에게 아마도 한결 더 잘 명시해 줄 것이기 때문이네. 그러니 내게 말해 주게나.

젊은 소크라테스: 바로 무엇을 말씀입니까?

손님: 이걸세. 혹시라도 자네가 사람들에게서 종종 듣기는 했는가
c 하고. 물론 자네가 직접 보진 못했을 것이야. 나일강의 양어장에서 그리고 왕궁[35] 호수의 양어장에서 일어나는 일은. 자네는 아마도 못들에서 목격했을 테지만.

젊은 소크라테스: 이것들이야 많이 보기도 했거니와, 앞 것들도 여러 사람에게서 들었습니다.

손님: 또한 더 나아가서는, 비록 자네가 테살리아평야[36] 둘레를 유

다. 우리 속담에 "급히 먹는 밥이 목이 멘다."는 게 있다.

34) 원어는 koinotrophikē epistēmē이다.

35) 여기에서의 왕궁은 페르시아의 왕궁을 뜻하는 것으로 보인다. 당시에 통상으로 '왕(basileus)'은 '대왕(ho megas basileus)' 곧 페르시아의 대왕을 뜻했다. 《고르기아스》 편, 470e 그리고 《소크라테스의 변론》, 40e 등에서 '대왕'으로 언급되고 있다.

36) Thessalia는 헬라스 본토 북동부의 광활한 평야 지대로서, 그 평야의 면적은 헬라스에서 최대이다. 테살리아 동북쪽으로 올림포스(Olympos)산과 오사(Ossa)산을 가르는 긴 계곡을 템페(Tempē: 오늘날의 발음으로는 '뗌비')라 하고, 그 사이를 흐르는 강을 페네이오스(Pēneios: 오늘날

264c

람하지는 못했더라도, 거위 양식과 두루미 양식에 대해서는 어쨌든 들었을 것이고 그것들이 실재한다는 것도 믿고 있네.

젊은 소크라테스: 물론입니다.

손님: 사실 이 모든 걸 내가 물은 까닭은 군거 동물들의 양육에 수 d
중의 것과 육지의 것이 또한 있기 때문이네.

젊은 소크라테스: 실상 있으니까요.

손님: 그렇다면 자네도 집단 양육 지식은 이런 식으로 양분해야만 한다는 데, 곧 이것들 각각에 이 지식의 각 부분을 할당하는데, 한쪽은 수중 동물 양육 부분으로, 다른 쪽은 육지 동물 양육 부분으로 일컫고서 그런다는 데 동의하겠구먼?

젊은 소크라테스: 저로서야 그러죠.

손님: 그리고 실로 또한 왕도적인 부분이 어느 쪽 전문적 지식에 속하는지는 굳이 이런 식으로 우리가 찾지는 않을 것이네. 그야 이는 모
두에게 명백하기 때문이네. e

젊은 소크라테스: 어찌 그렇지 않겠습니까?

손님: 군거 동물 양육의 육지 동물 양육 부류는 물론 누구나 나눌 수 있을 것이야.

젊은 소크라테스: 어떻게요?

손님: 날개를 가진 종류와 걸어 다니는 종류로써 나누는 거지.

의 발음으로는 '삐니오스')라 한다. 이 강은 서쪽의 핀도스(Pindos)에서 발원하여 테살리아의 들판에 풍부한 물을 공급하며 가로질러 흐르다가, 이 계곡을 지나 테르마만(Thermaikos Kolpos)으로 빠진다. 이 지역은 대륙성 기후여서, 남쪽의 해안 지대의 들판과는 달리 비옥하여 곡식 농사가 잘 되고, 말 등의 가축 사육이 용이했다. 오늘날엔 면화 산지이기도 하다.

264e

젊은 소크라테스: 더할 수 없이 진실입니다.

손님: 어떤가? 정치가의 통치술 부분은 걸어 다니는 종류와 관련해서 찾아야만 하지 않겠나? 말하자면, 지극히 어리석은 자조차도 이렇게 생각하지 않겠는가?

젊은 소크라테스: 저로서야.

손님: 그러나 걸어 다니는 종류를 양육하는 기술은, 짝수처럼, 양분되는 것으로 보여 주어야만 하네.

젊은 소크라테스: 그건 명백합니다.

265a 손님: 하지만 우리의 논의가 출발되어 지향해 가는 쪽으로는 두 길이 나 있는 것으로 보이는 것 같네. 그 하나는 빠른 길로서, 큰 것에 대비되는 작은 부분이 나뉜 길이지만, 다른 하나는 앞서 말했던 바로 그 길로서, 최대한 가운데를 쪼개야만[37] 하는 것인데, 이것은 더 낫기는 하나, 더 먼 길이지. 따라서 우리는 어느 쪽을 원하건, 이 길을 갈 수 있네.

젊은 소크라테스: 하지만 어떤가요? 양쪽 다 가 볼 수는 없나요?

손님: 동시에야, 놀라운 친굴세. 그렇지만 차례로는 가능한 게 명백하지.

b 젊은 소크라테스: 그렇다면 저로서는 차례로 하는 쪽을 선택합니다.

손님: 그야 쉽지, 남은 부분이 짧으니까. 하지만 그 요구가 이 진행의 시작 단계거나 중간 단계에 있는 우리에게 하는 것이라면, 어려울 게야. 그러나 지금은 이렇게 하는 것이 좋겠기에, 먼 길을 먼저 가세나. 덜 지친 터라, 이 길을 더 수월히 갈 것이니까. 그러면 이제 그 나

---

37) '가운데를 쪼갬'의 원어는 mesotomein이다.

눔을 주목하게나.

젊은 소크라테스: 말씀하시죠.

손님: 군거 동물들이면서 길들인 것들 중에서 걸어 다니는 것들은 자연적으로 둘로 나뉘네.

젊은 소크라테스: 무엇에 의해선가요?

손님: 출생상 한쪽은 뿔이 없는 것들이나, 다른 한쪽은 뿔이 달린 것들임으로 해서네.

젊은 소크라테스: 그리 보입니다. c

손님: 그러면 걸어 다니는 것들을 양육하는 지식을 나누고서, 그 각각의 대상인 부분에 대해 설명을 곁들이게나. 왜냐하면 만약에 자네가 이것들에 이름을 지어 주고자 한다면, 자네에겐 필요 이상으로 번거로운 일이 될 것이기 때문이네.

젊은 소크라테스: 그렇다면 어떻게 말해야만 하나요?

손님: 이렇게야. 걸어 다니는 동물들을 양육하는 지식이 둘로 나뉘고, 이 한 부분은 이 무리의 뿔 달린 쪽에 할당되고, 다른 부분은 뿔이 없는 쪽에 할당되는 걸세.

젊은 소크라테스: 이것들은 이런 식으로 말한 대로 된 걸로 하죠. d
아주 충분히 설명되었으니까요.

손님: 또한 더 나아가 우리에게 있어서 왕은 뿔이 없는 풀죽은 어떤 무리를 돌본다는 사실이 또한 명백하네.

젊은 소크라테스: 사실인즉 어찌 그게 명백하지 않겠습니까?

손님: 그러면 이 무리를 쪼개어 내서 생긴 것을 그에게 할당토록 해 보세나.

젊은 소크라테스: 물론입니다.

손님: 그래서 자네는 이를 갈라진 발굽과 '이른바 갈라지지 않은

265d 발굽'[38]으로써 또는 이종교배와 고유종 교배로써 나누길 바라는가? 아마도 자네가 알고 있을 테니까.

젊은 소크라테스: 어떤 걸 말씀입니까?

e 손님: 말들의 종류와 나귀의 종류는 자연적으로 서로에게서 출산을 한다는 거네.

젊은 소크라테스: 네.

손님: 하지만 무리 중에서 아직 남은 것인 길들인 동물들의 무리는 종류 간에 교배하질 않네.

젊은 소크라테스: 어찌 안 그렇겠습니까?

손님: 어떤가? 그렇다면 정치가는 이종교배종에 아니면 고유종 교배종에 마음 쓰는 것으로 보이는가?

젊은 소크라테스: 잡종 교배가 아닌 종에 마음 쓰는 게 명백합니다.

손님: 그러면 이걸 앞서의 경우처럼 우리가 둘로 구별해야만 할 것 같네.

젊은 소크라테스: 아닌게아니라 그래야만 하겠습니다.

266a 손님: 하지만 길들인 무리를 이룬 동물은 두 부류를 제외하곤 거의 모두가 이미 나눠졌네. 개의 부류는 무리를 이루어 사는 동물들에 포함시키기엔 적합지 않기 때문이지.

젊은 소크라테스: 실상 그렇지 못하니까요. 그러나 그 두 부류는 바로 무엇에 의해서 우리가 나눌 것인가요?

손님: 바로 이로써 테아이테토스와 자네가 나눠 마땅하기도 하지. 자네들은 기하학도 이해하기 때문이네.

---

38) 원어는 [genos] to kaloumenon mōnyx로서, mōnyx는 한자 표현으로는 '단제류(單蹄類)'로 번역할 것이겠다. '통짜발굽'이라 하면, 어떨지?

266a

젊은 소크라테스: 무엇에 의해서죠?

손님: 대각선과 다시 대각선의 대각선에 의해서일 게 틀림없네.

젊은 소크라테스: 어떻게 하시는 말씀이신지?

손님: 우리 인간들의 부류가 갖는 구조는 걸어감에 있어 제곱근이 b
(=기능상: dynamei) 2(=$\sqrt{2}$)피트(두 발)인 대각선의 경우와 다르겠는가?[39]

젊은 소크라테스: 다르지 않습니다.

손님: 하지만 나머지 부류의 구조는 제곱근으로는 다시 또 우리 제곱근의 대각선이네. 정녕 그게 2피트(두 발)의 두 배(네 발) 구조를 타고났다면 말일세.[40]

젊은 소크라테스: 어찌 그렇지 않겠습니까? 더구나 선생님께서 설명하시고자 하시는 바를 제가 거의 이해하고 있는 걸요.

---

39) 여기에서 '제곱근이 2(=$\sqrt{2}$)피트인 대각선(hē diametros hē dynamei dipous)'은 설명이 필요한 부분이겠다. '제곱근'으로 옮긴 원어는 dynamis(square root)인데, 이는 '능력'·'힘'·'기능' 등을 뜻하기도 한다. 그리고 헬라스어로 '발'을 뜻하는 pous(복수는 podes)는 영어 foot(복수는 feet)와 마찬가지로 길이의 단위를 뜻하기도 한다. '제곱근이 2피트인(dynamei dipous=기능상 2족인)' 곧 '$\sqrt{2}$'인 대각선(diametros)은 한 변이 '1'인 정사각형의 것이다. 그리고 '2피트'는 '2족' 곧 '두 발'로 걷는, 그런 '기능' 즉 '능력'을 가진 동물들 중의 한 부류인 인간을 가리켜 하는 언급이다. 물론 이에는 '날개가 없는'이 단서로 붙어야 할 것이다. 새들도 '두 발'이기 때문이다. 따라서 이에 대한 언급은 e에서 하게 된다. 이런 말을 하고 있는 것은 이 대화편의 첫머리(257a~c)에서 테오도로스의 셈법에 대해 소크라테스가 한 언급의 경우처럼, 여기서도 테오도로스와 테아이테토스가 기하학에 밝은 사람들인 데다 젊은 소크라테스는 테아이테토스의 친구이기 때문에 하는 일종의 재담인 셈이다.

40) 다시 $\sqrt{2}$인 한 변을 갖는 정사각형의 대각선은 2 곧 $\sqrt{4}$이므로, '제곱근이 4피트인(기능상 4족인)' '네 발' 짐승을 가리키는 셈이다.

손님: 그런데 이것들에다 우스갯거리로 될 다른 어떤 것이 우리의
c 분리들에서 생긴 걸 우리가 또한 보고 있는 거겠지, 소크라테스?

젊은 소크라테스: 어떤 것인가요?

손님: 우리 인간 부류는 동물들 중에서도 가장 진솔하며 동시에 가장 편안한 부류와 같은 운명을 타고 났으며 함께 경주를 했네.[41]

젊은 소크라테스: 알겠거니와 아주 이상한 결과네요.

손님: 어떤가? 가장 느린 것들이 가장 뒤에[42] 도착하는 게 합당하지 않은가?

젊은 소크라테스: 네, 그야 그렇죠.

손님: 한데, 우리는 이 사실을 알아차리지 못하고 있는 건가? 왕이
d 무리와 함께 뛰어가며 사람들 중에서도 편한 삶에 가장 잘 단련된 자와 함께 달리기를 하고 있는 것으로 한결 더 우습게 보인다는 걸.

젊은 소크라테스: 실상 전적으로 그러네요.

손님: 소크라테스, 소피스테스와 관련된 탐구에서 그때 말한 그것[43]이 이제 더 명백하기 때문이네.

젊은 소크라테스: 어떤 것인데요?

손님: 이와 같은 논의 방식은 더 고귀한 것에 대해 그렇지 못한 것보다 더 관심을 보이지도 않으며, 더 큰 것에 비해 더 작은 것을 조금도 덜 존중하지도 않고, 언제나 그것 자체로 가장 참된 것에 이른다는

---

41) '함께 경주를 했다'는 것은 이제까지 분류 과정을 함께 거쳐 왔다는 뜻이겠다.

42) '가장 뒤에'의 헬라스어는 hystata인데, hys는 '돼지'를 뜻한다. 두발짐승과 네발짐승이 이제야 분리되었음을 농으로 말하고 있는 것이다. 또한 이 농담은 hystata를 '가장 돼지답게'의 함의를 갖는 듯이 말하고 있는 것이라고도 볼 수 있겠다.

43) 《소피스테스》 편 227a~c 참조.

266d

걸세.

젊은 소크라테스: 그리 보입니다.

손님: 그렇다면 그 다음은 자네가 내게 왕의 정의(定義: horos)에
이르는 더 짧은 길이 그때 어느 것이었는지를 질문하기 전에, 먼저 내 e
자신이 자네를 선도할까?

젊은 소크라테스: 물론 그러셔야죠.

손님: 그러니까 내가 말하는 바는, 걸어 다니는 동물의 부류를 그때 바로 네 발 동물의 부류에 대응해서 두 발 동물의 부류를 나누어야만 했으나, 인류가 여전히 날개 달린 부류와만 함께 분류되어, 두 발 무리를 다시 날개가 없는 것과 날개가 있는 것에 의해 나누어야만 하고, 이게 일단 나뉘게 되어, 인간 양육술이 이제 명확해지면, 정치가이며 왕도를 구현할 사람을, 이를테면 전차를 모는 자처럼, 나라에 데려다 앉히고서, 나라의 고삐를 그의 것으로서 그에게 넘겨주어야만 하는데, 이는 그 지식에 속하는 것이기 때문이네.

젊은 소크라테스: 훌륭했습니다. 그리고 마치 빚처럼 제게 논의[의 267a
빚]을 갚으셨습니다. 논의 일탈에 대해선, 이를테면, 이자처럼 보태서
그걸 완불하셨고요.

손님: 자, 그러면 처음으로 돌아가서 정치가의 전문 지식 명칭에 대한 의미 규정(logos)[44]을 끝까지 엮어 내세.

---

44) 266e에서 horos를 '정의'로 옮겼고, 여기에서 logos를 '의미 규정'으로 옮겼다. horos는 원래 토지나 지역의 경계 또는 그 푯돌이나 푯말 또는 어떤 한계를 뜻하는 말이었다. 이를테면, 아테네의 아고라에는 tholos(협의회의 의장단 등이 식사하던 곳)라는 원형건물 터가 있는데, 바로 그 옆에는 지금도 하나의 경계석(境界石)이 세워져 있는데, 거기엔 이렇게 적혀 있다. "나는 아고라의 경계(horos)이다"라고. 헬라스인들은 이에서 더 나아가 하나의 낱말과 다른 낱말들을 구별하기 위한 이 '경계

267a

젊은 소크라테스: 물론 그래야만 합니다.

손님: 그러니까 우리에게 있어서 인식적인 지식의 첫 부분은 지시적인 것이었네. 그러나 이것의 한 부분은, 비유해서, 스스로 지시를
b 내리는 것으로 일컬어졌네. 한데, 동물 양육술은 다시 스스로 지시를 내리는 것에서 분리되었는데, 이게 그 부류들 중에서 가장 작은 것은 아니네. 그리고 동물 양육술에서 무리 양육의 종류가, 반면에 무리 양육의 종류에서는 다시 걸어 다니는 종류가 분리되었네. 하지만 걸어 다니는 종류에서는 무엇보다도 뿔 없는 생물의 양육술이 분리되어 나왔네. 다시 이의 한 부분이 삼중 이상으로 엮이는 게 필연적이네. 만약에 누군가가 이를 하나의 명칭으로 모으고자 한다면, 곧 비교배종
c 양육 지식으로 일컬음으로써 말일세.[45] 그러나 이에서 나뉜 부분은 두 발 무리 쪽의 인간 양육 부분이 아직 유일한 것으로 남았는데, 바로 이것이 이제껏 찾던 것이며, 동일한 것이 왕다움(basilikon)과 정치가다움(politikon)으로 지칭되네.[46]

짓기'를 곧 '정의하기(horizesthai, horismos)'라 했다. 그 결과로 얻게 되는 것이 정의(horos)이다. 그리고 그 '의미 규정' 곧 '정의된 말'을 logos 곧 '의미 규정 형식(formula)' 또는 '이를 갖춘 말'이라고도 한다. 이 대화편에서는 참된 뜻에서의 정치가(politikos) 또는 '왕도를 구현하는 사람(basilikos)'이 어떤 구실을 하는 사람인지, 그 면면을 핵심적으로 밝혀 간다. 따라서 그 중에서도 가장 핵심적인 것을, 마치 실을 꿰듯, 처음부터 끝까지 엮어 보이려는 것이 이제 할 일임을 밝히고 있다.

45) '비교배종+양육+지식'은 세 단계의 나눔을 통해 하나의 계통으로 엮은 것이다.

46) 이 문단은 일종의 요약 형태의 정리인 셈이다. 그리고 여기에서 '왕다움(basilikon)과 정치가다움(politikon)'의 괄호 안 원어는 중성 형태이다. 이를 각기 남성명사로 바꾸어 [ho] politikos [anēr]로 하면, '정치가'를, ho basilikos anēr는 '왕다운 사람' 곧 '왕도를 구현하는 사람'을 뜻하게 된다.

267c

젊은 소크라테스: 전적으로 그렇습니다.

손님: 그러면, 소크라테스, 지금 자네가 말했듯, 그렇게 정말로 이게 우리에게 이루어진 것인가?

젊은 소크라테스: 바로 어떤 걸 말씀하시는 건가요?

손님: 제기된 주제가 아주 충분히 언급된 것인가? 아니면 바로 이 점에서 역시 탐구가 가장 미흡한 것인지, 곧 의미 규정이 어느 정도 되긴 했지만, 어쨌든 아주 완전히 끝맺어지지는 않은 것인가? d

젊은 소크라테스: 어떻게 하시는 말씀인지?

손님: 나는 지금 내가 생각하고 있는 바로 이걸 한결 더 명백히 우리 둘에게 해 두고자 하네.

젊은 소크라테스: 말씀해 주셨으면.

손님: 그러니까 우리가 방금 보게 되었던 많은 무리 양육의 기술들 중의 하나가 정치가의 통치술이며 어떤 한 무리에 대한 마음 씀이 아니었던가?

젊은 소크라테스: 네.

손님: 하지만 우리의 논의는 이것이 말들도 또는 다른 어떤 짐승들의 양육도 아닌, 인간들의 공동 양육 지식[47]으로 규정했네.

젊은 소크라테스: 그랬습니다.

손님: 그러면 모든 목자들과 왕들의 차이점을 우리가 고찰하세나. e

젊은 소크라테스: 그게 어떤 것일까요?

손님: 가령 다른 목자들 중의 누군가가, 다른 기술의 명칭으로 불릴 자이면서도, 누군가와 그 무리의 공동 양육자라고 주장하며 그리 행세할 경우지.

---

47) 원어는 anthrōpōn koinotrophikē epistēmē이다.

267e

젊은 소크라테스: 어떻게 말씀입니까?

손님: 이를테면, 교역상들과 농부들 그리고 곡물을 마련하는 모든 이들, 그리고 또 이들에 더해 체력 단련을 시키는 자들과 의사들의 부
268a 류가, 이들 모두가 인간사들과 관련된 목자들, 곧 우리가 정치가들로 일컬었던 사람들에 맞서 대판으로 언쟁을 할 것이라는 걸 자네는 아는가? 자신들이 인간의 양육에 대해, 비단 인간들의 무리만이 아니라 통치자들 자신들까지에 대해서도 마음 쓴다고 말일세.

젊은 소크라테스: 그러니까 그들이 옳게 말하는 걸까요?

손님: 아마도. 이 또한 우리가 고찰할 걸세. 그러나 우리는 이런 사실을 알고 있네. 적어도 소를 치는 사람에게 이런 것들과 관련해서는 아무도 말다툼을 하지 않을 것이지만, 소 목장주는 그 자신이 소 떼의 양육자이며, 그가 그들의 의사이고, 그가 이를테면 교미를 도우는 자
b 요, 태어나는 것들의 태어남과 출산과 관련된 조산술을 유일하게 아는 자이네. 그러므로 더 나아가서 자기가 키우는 것들이 천성으로 놀이와 음악에 대한 낌새를 보인다면, 다른 누구도 더 잘 달래거나 홀리어서 진정시킬 수 없을 것이네. 자신이 키우는 무리의 음악을 악기를 갖고서 또는 맨 입으로 가장 훌륭하게 다룸으로써 말일세. 또한 이는 다른 무리의 목부들의 경우에도 같은 식이네. 안 그런가?

젊은 소크라테스: 지당하신 말씀입니다.

손님: 그러니 어떻게 왕과 관련된 우리의 의미 규정이 옳고 온전해
c 보이겠는가? 우리가 그를 수도 없이 많은 다른 반론자들에서 분리해 내고선 그만을 인간 무리의 목자 및 양육자로 삼는 경우에 말일세.

젊은 소크라테스: 결코 그리 보이지 않겠죠.

손님: 그러니까 우리가 왕다운 모습(skhēma basilikon)이 어떤 것인지를 제대로 말하지 못하지 않았는가 하고 좀 전에 의아해하면서

268c

두려워했던 것은 옳지 않았는가? 정치가에게 몰려들어서는 그와 동류 목자 일을 함을 주장하는 자들을 떼어 내고서 저들에게서 그만을 분리해서 순수한 모습으로 우리가 보여 주기까지는, 정치가를 어쩌면 정확하게 정의 내리는 일을 우리가 끝맺지 못하는 게 어쨌든 확실하지 않은가?

젊은 소크라테스: 실상 지당한 말씀입니다. d

손님: 그렇다면, 소크라테스, 우리로서는 이를 해내야만 하네. 우리가 논의를 창피스럽게 끝내지 않으려고 한다면 말일세.

젊은 소크라테스: 하지만 적어도 그러진 않아야죠.

손님: 그러면 다시 출발점을 달리해서 다른 어떤 길을 따라서 진행해야만 하네.

젊은 소크라테스: 바로 어떤 길인가요?

손님: 다분히 농담[48]을 섞은 것일세. 큰 신화[49]의 큰 부분을 원용하

48) 원어는 paidia는 아이들의 놀이나 오락 그리고 농담을 뜻하지만, 이 경우엔 아이들이 듣기 좋아하는 '옛이야기'로 이해하는 게 좋겠다. 바로 이어지는 e에서는 그런 뜻으로 쓰이고 있다.

49) 곧 이어서 언급하게 되는 이 '큰 신화(大神話: megas mythos)'는 펠롭스(Pelōps)의 두 아들인 아트레우스(Atreus)와 티에스테스(Thyestēs)의 왕위 다툼으로 해서 일어난 일들과 관련된 것이지만, 이들의 불화는 아버지 펠롭스가 저지른 악행에 대한 저주에서 비롯되는 것이다. 펠롭스는 피사의 왕 오이노마우스의 딸 히포다메이아에게 구혼하나, 왕은 딸을 내놓지 않으려는 심사로, 결혼을 하겠으면, 전차를 몰며 던지는 자신의 창을 피할 수 있어야 한다는 조건을 단다. 이에 펠롭스는 마부 미르틸로스를 왕녀와 먼저 동침하게 해 주겠다는 둥 감언이설로 꾀어, 전차의 바퀴 비녀장을 빼놓게 함으로써 왕이 전차에서 떨어져 죽게 한다. 그러나 그는 이 마부와의 약속도 지키지 않고, 오히려 그를 바다에 던져 죽게 했다가 저주를 받게 된다. 아트레우스의 아내 아에로페는 남편보다 디에스테스를 좋아해, 남편이 남몰래 상자 속에 숨겨 두고 있는 황금 양털을 넘

268d

거니와, 나머지는, 앞서처럼, 부분을 언제나 부분에서 분리해 감으로
e 써 정상의 찾는 것에 이르는 것이지. 그렇게 해야만 하지 않겠는가?

젊은 소크라테스: 물론입니다.

손님: 그러면 내 이야기를 아주 주의해서 듣게나. 마치 아이들처럼. 옛이야기를 듣는 시기에서 자네가 완전히 벗어난 지 아주 여러 해가 되지는 않았을 테니 말일세.

젊은 소크라테스: 말씀해 주시죠.

손님: 옛날부터 전해 오는 이야기들로 많은 다른 것이 있었으며 또한 있을 테지만, 특히 아트레우스와 티에스테스의 다툼과 관련된 조짐도 그런 것이었지. 사람들이 그때 일어난 걸로 말하는 바를 아마도 자네가 듣기도 하고 기억도 하고 있을 것이기 때문이네.

젊은 소크라테스: 아마도 황금 양과 관련된 증표를 말씀하시는군요.

269a 손님: 결코 그게 아니라, 해의 짐과 뜸의 바뀜 그리고 다른 별들의
변화와 관련되어, 그러니까 지금은 해가 뜨는 쪽인 이곳으로 그때는 해가 졌으나, 뜨는 건 반대쪽에서였지. 그러나 이제 신이 그때 아트레우스를 위한 증거를 보여 주느라 이를 지금의 방식으로 바꿨다는 이

겨준다. 마침 미케네의 왕위 계승 문제가 생겼으나 모두들 결정을 내리지 못하자, 황금 양털을 가진 자가 왕으로 되도록 하자는 제의를 티에스테스가 하고, 그것이 자기에게 있는 것으로 믿고 있는 아트레우스는 선뜻 동의한다. 그러나 황금 양털이 없어진 것을 안 그가 난감해하자, 평소 그를 어여삐 본 제우스가 아트레우스로 하여금 엉뚱하게도 태양과 플레이아데스 성단(星團)의 운행 방향을 바꾸어 놓는 자가 왕으로 되도록 하자는 제안을 하게 만든다. 이 제안을 하자, 그가 미친 줄로 안 티에스테스는 선뜻 동의하나, 이 기적은 일어나고 만다. 이렇게 해서 형제 중 한 사람은 왕으로 되고, 다른 한 사람은 국외로 추방된다. 이 이야기는 에우리피데스의 《오레스테스》(988~1006) 및 《엘렉트라》(699~745)에 나온다. 이 신화와 관련해서는 《법률》 편(713b~e)에서도 언급되고 있다.

269a

야기 말이네.

젊은 소크라테스: 그것 또한 실상 이야기들 하고 있죠.

손님: 더 나아가 크로노스가 다스린 치세에 대해서는 우리가 많은 걸 들었네.

젊은 소크라테스: 그야말로 많은 걸 들었죠. b

손님: 어떤가? 이전 사람들은 흙에서 태어났지 서로에게서 태어나지는 않았다는 건?

젊은 소크라테스: 그것 또한 옛날이야기들 중의 하나죠.

손님: 그러니까 이것들 모두는 같은 사태가 발단이 된 것들로, 이것들 이외에도 수도 없이 많은 것들이, 그리고 이것들보다 한결 더 놀라운 일들도 있네. 그러나 많은 세월이 지남으로 해서 이것들 중의 일부는 소멸되었지만, 일부는 흩어진 채로 저마다 서로 따로 이야기되고 있네. 하지만 이것들 모두에 원인이 되는 사태는 아무도 말하지 않았
는데, 하지만 이제 말해야만 하네. 이를 말하게 되면, 왕이 어떤 존재 c
인지의 설명에 기여할 것이네.

젊은 소크라테스: 아주 훌륭한 말씀이거니와, 남김없이 말씀해 주세요.

손님: 듣게 될 것이네. 이 우주[50]가 운행하는 걸 한때는 신이 직접 인도하며 회전을 도우기도 했지만, 그 회전주기들이 그것에 적절한

50) '이 우주'의 원어는 to pan tode인데, to pan이 '전체(the whole)'를 뜻할 뿐이므로, '이(tode)'라는 지시 대명사를 덧붙임으로써 우주를 확실히 지칭케 하고 있는 표현으로 쓰고 있는 것이다. 바로 다음(d)에서는 '우주'를 kosmos로도 지칭하고 있는데, 이는 '우주' 또는 '세상'을 뜻하는 말이다. 이와 관련해서는 273b에서 해당 각주를 또한 참조하는 것이 좋겠다.

269c

시간의 한도에 어느새 이르게 되었을 때, 그때 스스로 운행케 내버려 두니, 우주는 다시 저절로 반대 방향으로 돌게 되었는데, 그것은 살아
d 있는 것이며 이를 처음에 창조한 이에게서 지혜도 얻게 되어서네.[51] 이것에 있어 이 되돌아감은 천성으로 타고난 것인데, 이런 이유로 필연적인 것일세.

젊은 소크라테스: 바로 어떤 이유인가요?

손님: '언제나 똑같은 방식으로 한결같은 상태로 있으며 동일함'[52]은 모든 것들 중에서도 가장 신적인 것들에만 해당되는 것이지, 물질의 성질은 이 계열에는 속하지 않네. 한데, 우리가 하늘(천구: [ho] ouranos) 및 우주(kosmos)[53]로 일컫는 것은 이를 창조한 이에게서 많은 축복받은 것들을 나눠 받기는 했지만, 어쨌든 물질 또한 나눠 갖게
e 되었네. 이 때문에 이것으로서는 변화와 완전히 무관하기는 불가능하지만, 가능한 한, 같은 곳에서 같은 방식으로 한 가지 운동을 하게 되었네. 그 때문에 그것은 반전(反轉)운동을 하게 되었는데, 이는 이전의 운동에서 가장 적은 벗어남이어서야. 그러나 스스로 저 자신을 언제나 회전시킨다는 건 모든 운동하게 되는 것들을 인도하게 되는 자를 제외한 다른 어느 것에도 다소간에 불가능하네. 때로는 달리 운동한다는 것도, 다시 반대로 운동을 한다는 것도 합당치 않지. 바로 이

51) 우주에 대한 이런 생각은《티마이오스》편 30a~b에도 보인다.

52) '언제나 똑같은 방식으로 한결같은 상태로 있으며 동일함'의 원어는 to kata taủta kai hōsautōs ekhein aei kai taủton einai인데, '언제나 똑같은 방식으로 한결같은 상태로 있음(to kata taủta kai hōsautōs ekhein aei)'의 형태로 된 표현은《파이돈》편(78d)과《국가(정체)》편(479a) 그리고《티마이오스》편(29a) 등에서 형상 또는 이데아나 '지성에 의해서 알게 되는 것(to noēton)'에 적용되는 표현들 중의 하나였다.

53) 이들 둘은《티마이오스》편(28b)에서도 동의어처럼 쓰이고 있다.

269e

모든 까닭으로 우주가 스스로를 늘 회전시킨다고도, 이것이 신에 의해서 늘 반대되는 두 방향의 회전을 하게 된다고도, 또한 어떤 두 신 270a
이 서로 반대되는 생각을 하고서 이를 회전시킨다고도 말해서는 안 되고, 방금 말했던 바만이 역시 남네. 한때는 다른 신적인 원인이 동반해서 인도하게 됨으로써, 창조자[54]에게서 다시 삶을 얻고서 불멸성을 회복해 갖게 되는가 하면, 또한 다른 때에 스스로에게 제 스스로의 힘으로 가게 내맡겨질 때는, 때 맞추어 그런 상태의 것으로 내맡겨졌기에, 다시금 수만 주기 동안 역방향으로 진행하게 되는데, 이는 그야말로 더할 수 없이 크고 균형을 갖춘 것이 지극히 작은 발판[55]을 딛고서 회전함으로 해서네.

젊은 소크라테스: 어쨌거나 말씀하신 것들 모두가 그야말로 몹시도 b
그럼직하게[56] 말씀하신 걸로 보입니다.

손님: 방금 이야기하게 된 것들에서 추론해 봄으로써 우리가 이 사태를 이해해 보도록 하세나. 우리가 이 모든 놀라운 것들의 원인이라 말한 것 말일세. 그러니까 실은 그건 바로 이것일세.

젊은 소크라테스: 어떤 것인가요?

손님: 우주의 운행은 한때는 지금 회전하고 있는 방향으로 이동하

---

54) 우주를 '창조한 이'를 269d1에서는 ho synarmosas으로 그리고 269d9에서는 ho gennēsas로 일컬었다. 앞 것은 '짜 맞춘 이', '결합한 이'를, 뒤의 것은 '탄생시킨 이'를 각기 뜻한다. 그런데 여기에서 '창조자'로 옮긴 말의 원어는 dēmiourgos이다. 이는 흔히 '장인(匠人: craftsman)'을 뜻하는 말이다. 이 '데미우르고스'와 관련해서는 273b의 해당 각주를 또한 참조할 것.

55) 팽이의 경우처럼, 회전축의 중심에 대해서 하는 말이다.

56) 플라톤의 우주론을 다룬 대화편 《티마이오스》에서는 우주의 생성 및 운행과 관련해서 그 설명을 '그럼직한 이야기(eikōs mythos)' 또는 '그럼직한 설명(eikotes logoi)'이라는 전제 아래서 하고 있다.

270b

나, 다른 한때에는 그 반대 방향으로 이동한다는 걸세.

젊은 소크라테스: 바로 어떻게요?

손님: 이 반전은 하늘에서 일어나는 모든 회귀들 중에서 최대의 가
c 장 완전한 회귀[57]로 생각해야만 하네.

젊은 소크라테스: 확실히 그리 보입니다.

손님: 따라서 가장 큰 변화들도 그때 그 안에 거주하고 있는 우리에게 일어난다는 생각을 해야만 하네.

젊은 소크라테스: 그것 또한 그럴 것 같네요.

손님: 하지만 크고 많은 온갖 일어나는 일들을 동물들의 본성이 견디어 내기가 어려울 것임을 우리가 알지 못하겠는가?

젊은 소크라테스: 어찌 모르겠습니까?

손님: 그러니까 당시에 다른 동물들의 최대 파멸 사태들이 필연적으로 일어나기도 했지만, 특히 인류는 작은 일부가 생존했네. 이들과
d 관련해서는 그 밖에도 많은 놀랍고 새로운 사태들이 일어났지만, 지금의 것과 반대되는 방향의 회귀가 일어났을 때, 그때의 우주의 반전에 뒤따른 이것이 최대의 것이었네.

젊은 소크라테스: 어떤 것이었나요?

손님: 무엇보다도 맨 먼저 동물들 각각의 나이 자체가 멈춰 버리고, 죽게 마련인 모든 것이 외견상 더 늙어 가던 걸 멈추고, 반대쪽으
e 로 변화해 갔네. 이를테면, 더 젊어지고 더 부드러워진 것이지. 나이 먹은 자들의 흰 머리카락들이 검어지는가 하면, 수염 난 자들의 뺨은, 저마다 지난날의 젊은 시절로 돌아감으로써, 다시 매끈해졌으나, 젊

57) '회귀'로 번역한 원어는 tropē이다. 이 용어는 남·북회귀점에서의 태양의 회귀를 가리키기도 한다. 《티마이오스》 편 39d 참조.

270e

은이들의 몸들은 유연해지고, 밤낮으로 점점 더 작아져 가더니 갓난
애의 체격으로 되어 버리니, 혼들도 몸들도 닮아 버렸지. 그러나 여기
서부터 시들어 버리더니 어느새 완전히 사라져 버렸다네. 반면에 그
시기에 급작스레 죽게 되었던 자들의 시신은 같은 이 사태들을 겪고
서 신속히 훼손되어 며칠 사이에 보이지 않게 되었고. 271a

젊은 소크라테스: 그러면, 손님, 그때 동물들의 출생은 어떤 것이었
나요? 어떤 방식으로 그들이 서로에게서 태어났나요?

손님: 소크라테스, 그야 명백하지. 그때는 서로에게서 태어나는 게
자연적인 것이 아니었고, 이는 한때 있었던 걸로 말하는 흙에서 태어
난 종족으로, 흙에서 되돌아간 것이네.[58] 한데, 이 일은 우리의 첫 조
상들에 의해서 기억되었는데, 이들은 끝나는 이전의 회전과 다음 시
대가 인접했던 시기의 반전의 시작 초기에 태어났던 사람들이지. 실 b
은 이들이 우리에게 이 이야기들의 전달자들로 되었지만, 오늘날 많
은 사람은 이를 믿지 않는데, 옳지 않아. 이는 이제부터 우리가 숙고
해 보아야만 한다고 나는 생각하니까. 연로한 자들이 유년의 상태로
돌아감에 이은 것은 사망한 자들에서, 땅 속에 누워 있는 자들에서 다
시 거기에서 재구성되어 소생하게 된 자들이니, 이는 반대 방향으로
도는 생성의 회귀를 따른 것이었네. 그리고 그들이 이런 식으로 흙에
서 태어난 자들임은 필연적이니, 그 명칭[59]도 그 이야기도 이렇게 해 c

58) "흙에서 되돌아갔다"는 것은 죽어서 흙에 묻혔다가 우주의 반전으로 다시 흙에서 태어나 새롭게 삶을 살아가게 되었다는 말이다. 여기서 '흙'으로 옮긴 gē(=earth)는 영어의 경우와 마찬가지로 '땅'과 '지구' 그리고 '육지'를 뜻하기도 한다. 그리고 '흙에서 태어난 종족'의 원어는 to gēgenes genos이다.

59) 곧 방금 말한 '흙에서 태어난 종족'이란 명칭을 말한다.

271c

서 갖게 된 것일세. 신이 이들 중에서 다른 운명으로 인도하지 않은 자들[60]을 제외하고는 말일세.

젊은 소크라테스: 물론 이는 앞서의 일들에 뒤따르는 것입니다. 하지만 크로노스 치세에서의 삶이라고 손님께서 말씀하시는 것은 저 회귀 때의 것인가요 아니면 이 회귀 때의 것인가요? 왜냐하면 별들과 해의 반전은 각각의 회귀들에 일어나게 될 게 명백하기 때문입니다.

손님: 이 이야기에 자넨 훌륭하게 따라왔네. 그러나 인간들에게 모
d 든 것이 저절로 생겼는지에 대해서 자네가 물었는데, 이는 전혀 현재 상태의 회전에 속하는 것이 아니고, 이 또한 이전의 회전에 속하는 것이었네. 왜냐하면 그때 처음에는 신[61]이 전체 회전에 마음 쓰며 통할했으며, 또한 영역들의 경우에도 이는 마찬가지였는데, 우주의 나뉜 부분들은 신들에 의해서 모든 면에서 통할되었네. 특히 동물들은 종에 따라 그리고 무리로, 마치 목자들처럼, 신령들(수호신들)[62]이 나눠 맡

---

60) 이를테면, 전설적인 아킬레우스나 메넬라오스 그리고 디오메데스 등의 영웅들의 혼들이 사후에 겨울도 없는 축복받은 자들의 섬들(makarōn nēsoi)에서 아무런 근심 걱정 없이 살게 되는 은총을 신들에게서 입었다고 헬라스인들은 믿었다.

61) 이 신은 그때의 주신인 크로노스를 가리키는 것으로 보는 게 옳겠다.

62) 여기서 '신령들' 또는 '수호신들'로 옮긴 것의 원어는 daimones(단수는 daimōn임)이다. daimōn은 일찍이는 우리가 흔히 운명과 연관해서 생각하게 되는 그런 신력(神力)이나 신 또는 신적인 존재를 주로 가리켜 왔다. 그런데 헤시오도스의《일과 역일(曆日)》(*Erga kai Hēmerai*) 121~126을 보면, 지금 이 대화편의 이 대목에서 말하는 것과 비슷한 대목을 몇 군데서 만나게 된다. 올림포스에 거처를 가진 신들이 최초로 만든 인간의 종족은 황금족이었는데, 이들은 크로노스가 하늘에서 다스리던 시절의 인간들이었다고 한다. 한데, 대지가 이들을 덮어 버려 죽게 되었고, 이들은 순결한 다이몬들(daimones hagnoi)로 불리며, 사멸하는 인간들의 수호자들(phylakes)로 되었는데, 인간들에게 나쁜 일들도 막아 주는 자들

271d

았네. 이들 각각은 자기가 먹여 살리는 각각의 것들에 모든 면에서 자족케 하는 존재여서, 이들은 사납지도 않았고 서로의 먹이가 되지도 않았으며, 이들 사이에는 전쟁도 반목도 전혀 없었네. 이와 같은 질서 e
체계(katakosmēsis)에 뒤따르는 그 밖의 다른 것들로는 수도 없이 많은 걸 말할 수 있을 것이네. 그야 어쨌든 인간들의 절로 되는 삶[63]에 대한 이야기는 이런 것이라네. 신이 직접 이들을 감독하며 먹여 살렸네. 마치 오늘날 인간들이 한결 더 신적인 동물이어서 자기들보다 하찮은 다른 부류들을 돌보듯이. 한데, 신이 먹여 살렸기에, 나라체제(politeia)들도 없었고, 처자들의 소유 또한 없었지. 모두가 흙에서 소생했기에, 이전의 일들을 아무것도 기억하지 못해서였네. 그러나 이 272a
와 같은 것들이라곤 아예 없었지만, 열매들은 과일나무들과 많은 다른 식물들에서 풍성하게 갖게 되었는데, 이것들은 농사로 해서 자란 것들이 아니라, 흙에서 절로 산출된 것들이지. 그런가 하면 벌거숭이로 침구도 없이 대부분을 야외 생활로 지냈네. 계절들은 이들에게는

(alexikakoi)이며 또한 부도 가져다주는 자들(ploutodotai)이라 한다. 훗날(기원전 5세기 무렵부터) 운이 좋은 사람을 eudaimōn(좋은 '다이몬'과 함께하는)이라 하는 반면에 운이 나쁜 사람을 kakodaimōn(나쁜 '다이몬'과 함께하는)이라 하게 된 것은 어쩌면 비슷한 생각에서 유래한 것이라 할 수 있겠다. 수호신으로서의 '다이몬'에 대한 언급을 우리는 플라톤의 대화편 《파이돈》 편(107d~e) 및 《국가(정체)》 편(617d~e, 620d~e)에서도 만나게 된다. 그런가 하면 그의 《향연》 편(202d~203a)에서는 신들과 인간들 사이에서 매개 역할을 담당하는 존재들을 '다이몬들'이라 하며, 이들에는 온갖 부류의 많은 것이 있는데, 에로스(Erōs)도 그 가운데 하나라고 말하고 있다. 그런데 《티마이오스》 편(90a~c)에서는 놀랍게도 인간에게 있어서 각자의 지성(nous)이야말로 바로 그의 수호신 곧 '다이몬'이라 말하고 있다. S. Hornblower and A. Spawforth, edd., *The Oxford Classical Dictionary*, third ed., Oxford, 1996. 참조.

63) '절로 되는 삶'의 원어는 automatos bios이다.

272a

아무런 고통을 주지 않는 상태로 혼화되었었고,[64] 땅에서 자라난 풍성
b 한 풀밭의 보드라운 잠자리도 가졌었네. 소크라테스, 물론 자네는 크로노스 치세[65]의 사람들의 삶에 대해서 듣고 있는 걸세. 그러나 제우스 시대의 이야기인 지금의 이 시대는 자네가 당면해서 체험해 왔었네. 자네는 이 두 시대 중에서 어느 쪽이 더 행복한 삶인지 판정할 수 있겠으며 또한 그러고 싶은가?

젊은 소크라테스: 천만에요.

손님: 그러면 내가 자네를 위해 어떤 식으로든 판단을 해 주길 바라는가?

젊은 소크라테스: 물론입니다.

손님: 그러니까 만약에 크로노스 시대의 양육자들이, 자신들에게 이처럼 많은 여가와 비단 인간들만이 아니라 짐승들을 상대로 해서도
c 말로 교류할 수 있는 능력이 있어서, 이것들[66] 모두를 지혜사랑을 위

64) 여기에서 '계절들이 … 혼화되었다(ekerato)'는 표현은 계절과 관련된 헬라스인들의 독특한 생각과 관련된 표현이다. 옛날 헬라스인들이 지중해 연안에 광범위하게 퍼져 살던 곳들의 기온은 대체로 온화한 편이었다. 그런데 온화한 날씨를 가능케 하는 것은 무엇보다도 특히 온도와 습도의 혼화(krasis)로 인해서라고 그들은 생각했던 것이다. 그래서 그들은 좋은 기후나 온화한 날씨를 eukrasia(훌륭한 혼합 상태)라 했다. 헬라스인들의 이주(katoikia) 지역들은 무엇보다도 이를 우선적으로 고려한 곳들이었다.

65) 크로노스 치세와 관련된 비슷한 언급은 《법률》 편 713a~e에도 보인다.

66) 여기에서 '이것들(toutois)'은 앞에서 말한 '여가(skholē)'와 '말로 표현할 수 있는 능력(dynamis)'을 가리킨다. 이것들이 둘 다 여성 명사이기 때문에, 정확한 텍스트 읽기의 관점에서 말한다면, tautais로 받는 것이 원칙이겠으나, 이런 경우에는 자연적인 성이 없는 경우들이니까, 중성으로 받은 것이겠다.

272c

해 이용했다면, 또한 서로 간에도 짐승들과도 교류하면서, 그리고 모
든 생물한테서 혹시 어느 것이 어떤 특유의 능력을 갖고 있어서 지혜
를 모음에 다른 것들과의 어떤 차이점을 감지했다면, 그때의 인간들
이 지금의 인간들보다도 행복과 관련해서 헤아릴 수 없을 정도로 차
이가 남을 쉽게 판별할 수 있을 걸세. 그러나 만약에 이들이 먹을 것
과 마실 것을 [뱃속에] 실컷 채운 상태로 서로 그리고 짐승들과도, 오
늘날 이들과 관련해서 이야기들 하고 있는, 바로 그런 이야기들이
나 했다면, 이 경우 또한, 내 판단이 그렇듯, 쉽게 판별할 수 있을 걸 d
세. 그렇지만 이런 것들은 제쳐 놓기로 하세. 그때 인간들의 지식들
과 말의 필요성과 관련된 욕구들이 어떠했는지를 능히 알려 줄 보고
자가 우리에게 나타나기까지는 말일세. 그러나 이 신화를 우리가 일
깨운 목적을 말해야만 하겠는데, 이는 이것 다음의 것으로 나아가 그
끝을 맺자고 해서일세. 이 모든 것의 시간이 완결되고 변화가 일어나
야만 했을 때, 각각의 혼이 그 각각에 할당된 그만큼의 씨앗들로 땅 e
에 떨어져 반복된 그 태어남을 다함으로써, 특히 흙의 종족이 이미 모
두 소진됐을 때, 바로 그때 우주의 조타수가, 말하자면, 키의 손잡이
를 놓아 버리고서, 그의 관망대로 물러났으니, 이제 정해진 자연적인
욕구가 우주를 다시 반전시켰네. 따라서 주신[67]과 함께 영역들에 걸
쳐 함께 통할하는 모든 신들도 일어나는 사태를 이미 알고서, 우주의
저들 관할 영역 또한 덩달아 회전케 했네. 우주가 반전하게 되고 충 273a
돌이 일며, 시작과 끝의 상반된 돌진 사태가 벌어지니, 그 내부에 많
은 요동을 일으키는 한편으로 온갖 동물들의 또 다른 파멸을 보게 했

67) 원어는 ho megistos daimōn(가장 위대한 신성 또는 신력)인데, 이는 다른 신들(theoi)과 구별하느라 이런 표현을 쓴 것 같다. 271d에서는 그냥 '신(ho theos)' 으로 언급했었다.

273a

지. 이런 사태들 뒤에 충분한 시간이 지난 다음에, 소란과 혼란스러움은 어느덧 그치고 요동들도 평온을 되찾고서 원래의 제 진로로 복
b 원되어 나아갔네. 스스로 제 안에 있는 것들에 마음 쓰며 제 스스로도 통제했는데, 그 창조자 그리고 아버지[68]의 가르침을 가능한 한 기억해서였지. 처음에는 물론 더 정확히 이행했지만, 마지막에는 둔감하게 그랬네. 우주에 있어서 이런 것들의 원인은 그 구성의 물질성인데, 이는 그 옛날 언젠가의 그 본성에 동반된 성질로서, 지금의 우주[69]에 이르기 이전에는 큰 무질서 상태에 있었기 때문이네. 우주는 그 구성자로 해서 모든 훌륭한 것들을 갖게 되었지. 그러나 그 이전의 처지
c 로 해서, 곧 하늘에서 생긴 거칠고 불공정한 것들, 이것들을 우주 또한 그로 해서 갖게 되고 동물들에도 생기게 했네. 그래서 그 조타수와

---

68) 《티마이오스》 편(42e)에서도 같은 표현들이 보인다. 우주 창조자를 '아버지'로 표현하는가 하면 여기에서처럼 dēmiourgos로 지칭하고 있다. 이로 미루어서도 이 대화편이 《티마이오스》 편과 같은 연대의 것임을 짐작할 수 있게 한다. 원래 '데미우르고스'는 장인(匠人: craftsman)을 뜻하는 말이지만, 플라톤은 이 말을 광범위하게 사용하고 있다. 주어진 것들을 갖고 무엇인가를 만드는 자를 두루 그리 말하고 있다. 심지어는 어떤 가치의 '구현자'까지도 그리 지칭한다(《국가(정체)》 편 500d 참조).

69) 여기까지 '우주'를 '전체'를 뜻하는 to pan(269c, 270b, d, 272e) 또는 ho kosmos(269d, e, 271d, 273a)로 일컬어 왔다. 단지 269d에서는 'ho ouranos(천구, 하늘) 및 kosmos'로 말하고 있다. "지금의 우주에 이르기 이전에는 큰 '무질서 상태(ataxia)'에 있었다"는 말은 태초에는 우주가 제대로 된 kosmos가 아니었다는 말이겠다. kosmos는 원래 '질서(taxis)'와 여인들의 '장식'을 뜻하는 말로, '질서 체계가 갖추어진 아름다운 것'으로서의 우주로 지칭하게 된 것은 피타고라스에서 비롯된다. 그러나 우리가 '우주'로 번역하는 kosmos는 오늘날 우리가 알고 있는 그런 규모의 것이 아니라, 막연히 이 세계를 가리키는가 하면, 《에피노미스》 편(987b)에서는 항성들을 품은 천구층(天球層)을 지칭하고 있다.

273c

함께 우주는 그 안의 동물들을 양육했는데, 변변찮은 것들은 작은 것
들로 생기게 하되, 좋은 것들은 큰 것들로 생기게 했네. 그러나 그 조
타수와 헤어져서도 그것에 내맡겨진 가까운 그 기간 동안은 줄곧 더
할 수 없이 훌륭하게 모든 걸 잘 이끌어 갔지만, 시간이 경과하고 그
안에 망각이 더 일어나며 예전의 부조화 상태가 우세하게 되어, 시간
이 다 되니, 이게 퍼지고, 좋은 것들은 적어졌네. 반면에 이와 반대되 d
는 것들의 혼합은 많이 일어나게 하니, 이의 그리고 이 안에 있는 것
들의 파멸의 위험에 이르게 되었네. 이것에 질서를 갖게 한 신은 바로
그 때문에 그리고 그때 이미 이것이 여러 가지로 곤경에 처했음을 보
고선, 혼란의 폭풍우를 만나 해체되어 같지 않음의 난바다 속으로 빠
져 버리지 않도록 배려를 해서, 다시 그 키들을 조종하는 조타수 자 e
리에 앉아서는, 병들고 이전의 그것 자체의 회전에 내맡겨져 있던 것
을 되돌려서, 이것으로 하여금 질서를 갖추게 하고 바로잡아 주어서
불사하며 늙지 않는 것으로 만들었네. 이렇게 해서 모든 것의 이 종말
이야기가 끝났네. 그러나 왕에 대한 설명을 위해서는 우리가 앞서의
이야기를 붙들고서 하는 것으로도 충분하네. 왜냐하면 우주가 오늘날
의 생성으로 가는 길로 다시 방향을 바꾸니, 나이 드는 사태가 이번에
다시 멈춰 버리고선, 그때까지의 사태들과는 반대인 새로운 사태들을
보였기 때문이네. 동물들 중에서 작아서 거의 사라져 버릴 것들이 성
장했는가 하면, 흙에서 새로 태어난 것들의 몸들은 흰머리가 되어 다
시 죽어서 흙 속으로 사라져 버렸으니까. 또한 다른 모든 것들도 변화
하며, 우주의 상태를 모방하며 따라갔는데, 특히 잉태와 출산 그리고 274a
양육의 모방 형태가 모든 것에 필연적으로 덩달아 뒤따랐네. 동물이
땅 속에서 다른 요소들의 결합으로 해서 태어나는 것이 더는 불가능
했으니, 우주가 제 회전의 전권자이도록 지시받았듯, 바로 이처럼 마

찬가지로 그 부분들 자체도, 가능한 한, 스스로의 힘으로 자라고 낳으
b 며 영양도 취하도록 같은 인도 아래 지시를 받았네. 한데, 우리의 모
든 대화가 비롯한 바로 그 목표에 이제야 우리가 어느새 이르렀네. 다
른 짐승들과 관련해서는, 그 각각이 어떤 모습들에서 그리고 어떤 원
인들로 해서 변화를 했는지, 많은 것을 길게 이야기할 수 있겠기 때문
이네. 반면에 인간들과 관련해서는 이야기는 더 간결하고 그 취지에
도 적합하네. 왜냐하면 인간들은 우리를 소유하며 돌보았던 그 신[70]의
마음 씀을 앗긴 상태였고, 반면에 많은 짐승들은 그 천성들이 거친 것
들이 더 사나워졌지만, 이들 인간들은 허약하고 보호도 받지 못하게
c 되어 이것들한테 약탈을 당하고도, 초기에는 여전히 아무런 방책도
없고 아무런 기술도 없었기 때문이었네. 저절로 얻게 되었던 먹을 것
도 부족한 상태가 되었으나, 어떻게 마련할 줄을 몰랐는데, 이는 이전
에는 그러지 않을 수 없도록 하는 아무런 필요성도 없었던 탓이었지.
이 모든 것으로 해서 그들은 큰 곤경에 처했네.[71] 바로 이 때문에 옛
날부터 이야기로 전하는 신들 쪽에서의 선물이 필요한 가르침 그리고
d 교육과 함께 우리에게 주어졌네. 불이 프로메테우스[72]에게서, 그러나

70) 여기에서 '그 신(ho daimōn)'으로 옮긴 것은 272e에서 언급한 '주신(ho megistos daimōn)' 곧 크로노스를 가리킨다.

71) 초기 원시 상태에서의 인간들의 딱한 처지와 이에서 벗어남에 몇몇 신들의 도움을 받게 되는 것과 관련해서 플라톤이 말하는 아주 실감나는 설화 또는 신화는 《프로타고라스》 편(320c~322b)에도 보인다.

72) Promētheus와 그의 아우 Epimētheus는 티탄(Titan)들(Titanes) 중의 하나인 이아페토스(Iapetos)의 아들 형제들이다. 이들 형제와 관련된 신화는 헤시오도스의 《일과 역일(曆日)》 47~105행 및 《신들의 계보》(*Theogonia*) 507~616행에 나온다. Promētheus는 '미리 내다보며 생각하다'는 뜻을 지닌 것이고, Epimētheus는 '일을 그르치고 나서야 나중에 생각이 미치다'는 뜻을 지닌 것이다.

기술들은 헤파이스토스[73]와 그의 동료 기술자[74]에게서, 그런가 하면

73) Hēphaistos는 불(火)과 대장일의 신으로서 인간에게 불을 이용하는 기술을 전수한 신이다. 제우스와 Hēra 사이에 태어난, 또는 헤라 단독으로 낳았다는 아들이다. 날 때부터 다리를 절름거려서, 여신이 늘 창피하게 여기다가, 마침내 올림포스에서 내던져 버렸다. 헤파이스토스는 이에 대한 보복으로 교묘하게 만든 황금 옥좌를 어머니에 대한 선물인 것처럼 보내어 앉게 하는데, 헤라가 거기에 앉자, 그 의자에 숨겨 놓은 사슬에 손발이 묶여 버렸다. 그러나 헤파이스토스 이외에는 아무도 그 사슬을 풀 수 없으매, 디오니소스가 그에게로 가서 술로 취하게 만든 다음, 나귀 등에 태워 다시 올림포스로 데려감으로써, 헤라가 풀려나게 되었다고 신화는 전한다.

74) 여기서 말하는 동료 기술자(syntekhnos)는 아테나 여신을 지칭한다. 오늘날의 아고라 유적지에서 서북쪽 Agoraios Kolonos 언덕에는, 헬라스의 신전들 중에서는 그 외관을 가장 잘 보존한 채, 아름다운 자태로 우뚝 서 있는 신전 하나가 있다. 'Thēseion(테세우스 신전)' (기원전 5세기)으로도 불리는 이 신전은 실은 '헤파이스토스와 아테나의 신전' 으로 알려져 있는데, 이는 금속 공예에서의 그들의 동료 관계를 말해 주고 있다. 이들의 동료 관계는 《프로타고라스》 편 321c～e에서도 언급되고 있다. Athēna(Athēnē) 여신은 아테네(Athēnai)의 수호신이며, 전쟁의 여신이고, 온갖 기예(技藝)를 관장하며 지혜의 권화(權化)이기도 하다. 아테네인들에게 올리브 나무를 선물한 것도 여신이었기 때문에, 아테네의 아크로폴리스(akropolis)에 있는 파르테논(Parthenōn) 신전은 여신을 모신 신전이다. Parthenōn은 '처녀(parthenos)인 아테나를 모신 방' 이란 뜻이다. 여신은 주신(主神) 제우스와 지혜의 여신(Mētis) 사이의 딸이다. 제우스는 그와 메티스 사이에 태어나는 자식들이 자기에게 위협이 될 것이라는 경고를 가이아(Gaia)와 우라노스(Ouranos)에게서 받고서, 메티스가 임신하자 혹시나 자기보다 강한 아들을 낳으면 어쩌나 싶어 메티스를 삼켜 버렸다. 그러나 때가 되어 어쩔 수 없이 헤파이스토스가 도끼로 제우스의 머리를 열자, 아테나가 완전히 무장을 갖춘 상태로 전쟁의 함성을 지르며 나왔다고 한다. 여신은 'Pallas Athēnē' 로도 불리는데, '팔라스' 는 창을 '휘두르는 자' 또는 '처녀' 를 뜻한다고도 한다. 고대 로마 신화의 '미네르바' 에 해당하는 아테나 여신은 또한 'glaukōpis Athēnē' 로도 불리는데, '글라우코피스' 는 '번득이는 눈을 가진' 이란 뜻이다. 그래서

274d

씨앗들과 식물들은 또 다른 신들[75]에게서 주어졌네. 그리고 인간의 삶을 확립케 한 이 모든 것은 이것들로 해서이니, 방금 말했듯, 신들 쪽에서의 마음 씀이 없게 되었으므로, 온 우주가 그러듯, 스스로들 자신들의 삶을 영위하며 스스로에 대해 마음 써야만 했네. 언제나 우주를

그랬는지는 모르겠으나, 번득이는 눈을 가진 올빼미는 아테나 여신의 영물이요, 아테네의 상징이기도 해서, 그들의 큰 은화에는 여신과 올빼미 그리고 올리브 가지가 새겨져 있었다.

75) 곡물들의 씨앗들은 '데메테르(Dēmētēr)와 코레(Korē)의 선물들'이라 했다. 데메테르는 크로노스(Kronos)와 레아(Rhea) 사이에 태어난 딸로서, 모든 곡물을 포함한 채소 따위 농산물의 여신이다. 여신과 제우스 사이에 태어난 딸 페르세포네(Persephonē)는 그냥 '그 딸', '그 처녀' 또는 '그 소녀'라는 뜻으로 Korē로도 일컫는다. 이 딸을 지하 세계를 관장하는 신인 하데스(Hąides)가 납치해 가자, 어머니는 딸을 찾아 온 세상을 떠돌다가, 지친 상태로 노파로 변장한 채 엘레우시스(Eleusis)에 왔는데, 이곳의 왕 켈레우스(Keleus)와 왕비 메타네이라(Metaneira)의 환대를 받고, 이들의 신생아를 돌보아 준다. 여신은 이 아이를 영생케 하려고 불 속에서 아이를 들고 그 사멸성(死滅性)을 불태워 버리려 하나, 그 현장을 왕후한테 들키고 만다. 이에 여신은 사실을 말하고, 이후로 저를 기리는 종교적 의식을 행하도록 지시하는데, 이것이 곧 엘레우시스(Eleusis) 비교(秘敎)의 기원이다. 이 아이를 데모폰(Dēmophōn)이라고 하는가 하면, 일설에는 트리프톨레모스(Triptolemos)라고도 한다. 그야 어쨌든 여신은 엘레우시스의 왕자들 중의 하나였던 트리프톨레모스로 하여금 자기를 섬기는 종교를 전승케 하며, 그에게 곡물의 씨앗들을 주어, 세상 사람들에게 이로써 농사짓는 법을 전파케 한다. 그런데 하데스는 코레 곧 페르세포네를 지하 세계로 납치해 가서 아내로 삼은 다음, 겨울 동안(1년의 1/3)만 자기와 함께 머물게 하고, 봄이면 다시 지상으로 어머니 곁으로 보냈다고 한다. 이는 농사와 관련된 자연의 순환, 곧 봄에서 가을까지의 농사철 그리고 농사철이 아닌 겨울로의 바뀜과 연관시킨 신화적 허구인 셈이다. 그리고 여기서 씨앗들 이외의 것들로 말하는 식물의 대표적인 것은 포도와 올리브이겠는데, 올리브는 아테나 여신의 중요한 상징물들 중의 하나였고, 포도는 디오니소스의 선물이었다.

274d

본받고 따르길 이제는 이런 식으로 살고 자라지만, 그때는 그런 식으
로 한 거네. 이로써 이 신화의 끝을 맺는 걸로 하게. 하지만 앞서의 논 e
의에서 왕다우며 정치가다운 이(ho basilikos te kai politikos)를 설명
해 보이면서 우리가 얼마나 큰 실수를 했는지를 보게 하는 데 이를 유
용한 것으로 우리가 이용할 걸세.

젊은 소크라테스: 그러니까 어떻게 그리고 얼마나 큰 실수가 우리에게 있었다는 말씀인지?

손님: 어떤 점에서는 비교적 가벼운 것이지만, 어떤 점에서는 몹시 소중하고 그때 것보다도 훨씬 크고 광범한 것일세.

젊은 소크라테스: 어떻게 해섭니까?

손님: 지금의 우주 회전과 출산 아래서의 왕과 정치가에 대한 질문
을 받고서는, 우리가 대답하기를 그 반대 회전 때의 인간 무리의 목
자[76]를 말했는데, 이것도 죽게 마련인 자 대신에 신을 말했다는 것, 이 275a
점에서 우리는 아주 잘못했었지. 또한 그를 우리는 온 나라의 통치자
로 밝혔지만, 어떤 식으로 통치하는 자인지는 말하지 않았다는 것, 이
점에서 이번에는 말한 바가 진실이기는 하지만, 전체도 명확히도 말
하지는 못했는데, 이 때문에 앞 경우보다는 역시 가벼운 실수를 우리
가 한 걸세.

젊은 소크라테스: 정말입니다.

손님: 따라서 나라 통치의 방식을 이처럼 규정함으로써 우리가 정치가를 완벽하게 말하게 될 것임을 기대할 수 있을 것 같네.

젊은 소크라테스: 훌륭한 말씀입니다.

---

76) '인간 무리의 목자'의 원어는 poimēn tēs anthrōpinēs agelēs이다. 275c에서는 ho theios nomeus(신적인 곧 신인 목자)로도 말하고 있다.

b 손님: 하지만 신화까지 원용한 것은 이런 이유로 해서였네. 곧 무리 양육(agelaiotrophia)과 관련해서는 지금 우리가 찾고 있는 자와 모두가 이를 두고 말다툼을 한다는 걸 보여 주었으면 해서만이 아니라, 이 사람 자신을 더 또렷하게 보기 위해서도, 곧 목자들과 소를 치는 자들의 예(paradeigma)를 따라, 인간 부양에 대한 마음 씀[77]을 맡는 자로서 유일하게 이 지칭의 자격을 갖기에 적절한 것으로 확인하기 위해서이기도 하네.

젊은 소크라테스: 옳은 말씀입니다.

손님: 하지만, 소크라테스, 이것, 곧 신적인(신인) 목자(ho theios
c nomeus)[78]의 모습은 왕의 경우보다 한결 더 위대한데, 현생대의 이 지상에 있는[79] 정치인들(politikoi)은 그 자질에 있어서 통치를 받는 자들과 훨씬 많이 닮았으며, 교육과 양육의 경우에도 더더욱 같은 정도로 받은 것으로 나는 생각하네.

젊은 소크라테스: 아마도 전적으로 그렇겠습니다.

손님: 하지만 그들의 자질이 이런 경우의 것이건 또는 앞의 경우의 것이건 다소간에 전혀 탐구할 필요가 없네.

젊은 소크라테스: 실상 어찌 그렇지 않겠습니까?

손님: 그러면 다시 이런 식으로 돌아가세. 스스로 지시를 내리는 기술이라 우리가 말한 것은 실상 동물들에 대한 것이며, 이는 확실히 개
d 별적이 아니라, 공동으로 하는 마음 씀이며, 이를 우리는 물론 그때

---

77) '인간 부양에 대한 마음 씀'의 원어는 epimeleia tēs anthrōpinēs trophēs이다.

78) 곧 크로노스를 가리킨다.

79) 이는 크로노스 아닌 제우스 치세의 이 지상에 살고 있는 현생 인류를 두고 하는 말이다.

275d

바로 무리 양육 기술로 지칭했네. 기억할 게야?[80]

젊은 소크라테스: 네.

손님: 그러니까 이 어딘가에서 우리가 아주 잘못한 거야. 왜냐하면 그 어디에서도 우리는 정치가를 포함시키지 않았으며 정치가라는 지칭도 하지 않았고, 우리도 모르게 그 지칭이 빠져 버렸기 때문이네.

젊은 소크라테스: 어쩌다가요?

손님: 각각의 무리들을 양육함에는 아마도 다른 모든 무리 양육자들이 관여하겠지만, 정치가는 관여하지 않는데도, 그 명칭을 우리가
적용했네. 모두에게 공통된 명칭들 중에서 어떤 걸 적용해야만 하는 e
데도 말일세.

젊은 소크라테스: 진실을 말씀하십니다. 정녕 그런 것이 어쨌든 있다면요.

손님: 부양이나 또는 다른 어떤 활동에 대한 아무런 규정도 하지 않은 터에, 적어도 보살핌(therapeuein)[81]이 어떻게 그 모두에 공통되는 것이 아니었을 수 있었는지? 그걸 무리 관리 기술이나 그 보살핌 기술 또는 어떤 마음 씀의 기술로 모두와 관련해서 지칭했다면, 다른 것들과 함께 정치가를 포괄할 수 있었네. 우리의 논의가 그래야만 하는 걸로 이를 시사하고 있었기 때문이지.

젊은 소크라테스: 옳습니다. 그러나 이번에는 이것 다음의 나눔이 276a
어떤 식으로 진행될 것인지요?

손님: 앞서 우리가 나눴던 것들과 똑같은 방식으로네. 곧, 무리 양

80) 이 문장에서 '스스로 지시를 내리는 기술'은 autepitaktikē tekhnē이다.

81) 여기에서 '보살핌'으로 옮긴 원어는 therapeuein으로서, 이는 동사 형태의 부정사(不定詞: infinitive)이고, 이의 순수 명사 형태는 therapeia (=service, tending)이다.

276a

육 기술을 걸어 다니며 날개 없는 것들에 의해서 그리고 비교배종 및 뿔 없는 것들에 의해서 했듯, 아마도 똑같은 이것들에 의해서 무리 관리 기술도 나눔으로써 오늘날의 왕정과 크로노스 치세를 우리의 논의에서 포괄하게 되었을 걸세.[82]

젊은 소크라테스: 그리 보입니다. 다시 그 다음 것이 무엇일지 찾게 되는군요.

손님: 무리 관리 기술의 명칭을 이처럼 말하게 되었더라면, 마음 씀
b (epimeleia)[83]이란 아예 있지도 않다고 누군가가 말다툼을 벌이는 일
이 도대체 우리에게 일어나지도 않았을 것이라는 게 명백하네. 그때
우리에게는 이 양육적인 명칭을 받을 만한 자격이 있는 그 어떤 기술
도 없다고 하며 말다툼을 벌이게 된 것이 그때는 옳았듯이 말일세. 만
약에 그런 어떤 것이 있었다면, 왕들 중의 누군가에게보다는 많은 이
에게 우선적으로 그리고 더욱 어울릴 걸세.

젊은 소크라테스: 옳습니다.

손님: 하지만 적어도 전체적인 인간 공동체에 대한 마음 씀은 다른
그 어떤 것도 왕도적 통치술(basilikē)보다 더하며 우선하는 것이라고
c 주장하며 모든 인간들에 걸친 통치술이려고 하지는 않을 걸세.

젊은 소크라테스: 옳은 말씀입니다.

손님: 그렇지만, 소크라테스, 그 다음으로는 바로 끝 무렵에 이번에는 큰 실수를 또 저질렀네.

젊은 소크라테스: 어떤 것인데요?

---

82) 이 문단에서 '무리 양육 기술'의 원어는 agelaiotrophikē이고, '무리 관리 기술'의 그것은 agelaiokomikē이다.

83) '마음 씀'으로 번역한 epimeleia는 영어로는 care에 해당되겠다. 275e의 각주에서 therapeia의 영어 상당어에 대한 언급을 참조할 것.

손님: 이걸세. 그러니까 무엇보다도 두 발 무리의 어떤 양육 기술이 있다는 걸 비록 우리가 생각했더라도, 이걸 대뜸 왕도적 통치술 그리고 정치가의 통치술(politikē)로서 손색없이 완결된 것으로 일컬어서는 안 되는 것이었다네.[84]

젊은 소크라테스: 실은 뭘 해야만 했나요?

손님: 첫째로, 우리가 말하는 바는, 그 명칭을 바꿔야 한다는 것이네. 양육(trophē)보다는 마음 씀 쪽으로 오히려 옮겨 가서는, 이를 나 d
누는 걸세. 작지 않은 쪼개질 부분들이 아직도 있을 것이기 때문이네.

젊은 소크라테스: 어떤 것들일까요?

손님: 하나는 신적인(신인) 목자와 인간으로서 마음 쓰는 이(ho anthrōpinos epimelētēs)를 나누는 방식으로네.

젊은 소크라테스: 옳습니다.

손님: 그런가 하면 나뉜 이 마음 씀의 기술(epimelētikē)을 다시 양분하는 게 필수적이었네.

젊은 소크라테스: 어떤 식으론가요?

손님: 강제적인 것과 자발적인 것에 의해서지.

젊은 소크라테스: 왜죠?

손님: 우리가 이런 식으로 앞서 또 실수를 해서라고 생각하네. 필요 e
이상으로 순진해서 왕과 참주를 같은 것으로 모았는데, 이들 자신들도 같은 사람들이 아니며 각자의 통치 방식에서도 다르네.

젊은 소크라테스: 정말입니다.

손님: 하지만 이제, 내가 말했듯, 다시금 바로잡아서, 인간으로서 마음 쓰는 기술(hē anthrōpinē epimelētikē)을, 강제적인 것과 자발적

84) 이와 관련된 언급은 267a~c를 참조할 것.

276e

인 것에 의해서 우리가 둘로 나눌까?

젊은 소크라테스: 그야 물론이죠.

손님: 강제당하는 자들의 통치는 참주적인 것으로, 반면에 스스로
도 자발적이고 자발적인 두 발 동물들의 무리 관리 기술을 정치가의
통치술로 우리가 일컫는다면, 이 전문 지식을 지니고서 마음 쓰는 이
를 이번에는 어쩌면 진실로 왕이며 정치가인 이로 우리가 제시해 보
이는 것이겠는가?

277a 젊은 소크라테스: 손님, 이렇게 해서 적어도 정치가와 관련된 설명
이 완벽하게 된 것으로 우리에겐 보입니다.

손님: 우리에겐 훌륭한 것일 게야, 소크라테스! 그러나 이는 자네
에게만이 아니라, 자네와 함께 내게도 공통되게 그리 생각되어야만
하네. 그러나 내 판단으로는 지금으로선 왕의 모습이 우리에게 결코
완전해 보이지 않고, 마치 상을 만드는 조각가들이 때로는 필요 이상
으로 작품에 더 많이 그리고 더 크게 각각의 부분들을 서둘며 첨가함
b 으로써 적기를 맞추지 못하고 늦어 버리듯, 지금 우리도 그야말로 빨
리 함에 더해 큰 규모로 앞서의 논의 진행의 실수를 명시해 보이고자
해서, 왕의 경우에는 큰 예들을 드는 게 적절한 걸로 여기고서, 놀라
운 규모의 신화를 집어 들고서, 필요 이상으로 그것의 큰 부분을 이용
하지 않을 수 없게 되었네. 이 때문에 우리는 그 설명을 길게 했으며
그 이야기에 전혀 결말도 맺지 못하고, 속절없이 우리 이야기는 마치
c 이런 꼴이었네. 그건 동물을 윤곽도로 그리는 것으로 충분해 보이는
데도, 이를테면, 물감들과 색깔들의 혼합으로 해서 아직도 선명함을
얻지 못하고 있는 꼴인 거지. 그러나 모든 동물은 그림이나 일체의 수
공예보다는 말로 그리고 대화로 설명하는 것이 이를 따라올 수 있는
자들에겐 더 적합하네. 그렇지 못한 다른 사람들에게야 수공예를 통

277c

한 것이 그럴 테지만.

젊은 소크라테스: 그건 옳습니다. 그러나 어떤 면에서 아직 충분히 언급되지 않은 것으로 말씀하시는지 우리에게 설명해 주세요.

손님: 이보게, 큰 주제인 어떤 걸 예들을 들지 않고서 충분히 밝히 d
어 보인다는 건 어렵네. 우리들 각자는 이를테면 꿈속에서는 다 알다가도, 다시 깨어나서는 마치 깡그리 모르는 것 같으니까.

젊은 소크라테스: 어떤 뜻으로 그런 말씀을 하시는 것인가요?

손님: 지식과 관련된 우리의 처지를 몹시 이상한 방식으로 지금 내가 건드린 것 같아 보이기도 하고.

젊은 소크라테스: 어째서죠?

손님: 이 사람아, 이게 내게 예의 예를 다시 들게 했다네.

젊은 소크라테스: 왜죠? 어쨌거나 저를 위해서 아무것도 주저 마시 e
고 말씀해 주세요.

손님: 자네도 어쨌거나 따라올 준비를 했으니 말해야지. 방금 문자를 익히게 될 때의 아이들을 아마도 우리는 알고 있을 테니까—

젊은 소크라테스: 어떤 것인데요?

손님: 가장 짧고 가장 쉬운 음절들에서는 문자들 각각을 충분히 구별하게 되고, 또한 그것들에 관해 진실도 말할 수 있게 되네.

젊은 소크라테스: 어찌 그렇지 않겠습니까? 278a

손님: 그러나 같은 이것들을 다른 음절들에서는 이번에는 잘못 알고서는 판단과 말에서 잘못하게 되네.

젊은 소크라테스: 그러고 말고요.

손님: 그렇다면 이들을 아직 알지 못하는 문자들로 가장 쉽게 그리고 가장 훌륭하게 인도하는 건 이런 식으로가 아니겠는가?

젊은 소크라테스: 어떤 식으론가요?

손님: 맨 먼저 이들을 이 같은 문자들을 그 안에서 옳게 알아보게
되었던 것(음절)들로 되이끌고 가되, 그런 다음에 이들을 아직 알지
b 못하는 것(음절)들 옆에 데려다 놓고서는, 비교케 함으로써 양쪽의
문자 결합들에서 똑같은 닮음과 그런 성질이 있는 걸 보여 주는 것이
네. 이러기를 그들이 알지 못하고 있는 모든 것들 옆에 옳게 판단한
것들을 병치해서 보여 주게 될 때까지 하는 걸세. 한데, 이처럼 보여
주게 됨으로써, 이것들은 예들이 되어,[85] 모든 음절들에서 모든 문자
들의 각각을, 다른 문자들과는 다르기에, 다른 것으로 일컫게 되지만,
또한 언제나 똑같은 방식으로 그것 자체와는 같은 것이기에, 동일한
c 것으로 일컫게도 되게 만드네.

젊은 소크라테스: 그건 전적으로 그렇습니다.

손님: 그러니까 우리는 이 사실을 충분히 파악한 게 아닌가? 곧, 다른 것에 떨어져 나와 있는 같은 것인 것을 옳게 판단하고서 [원래의 것과][86] 함께 모이게 해서 그 각각에 대해 그리고 양쪽에 대해 하나의 옳은 판단을 내리게 될 때, 어쨌든 그때 예의 성립을 보게 된다는 걸 말일세.

젊은 소크라테스: 그리 보입니다.

---

85) W. R. M. Lamb이 시사하듯, "병치(竝置)해서(paratithemena) 보여 주게 될(deikhthē) 때까지 하는 걸세. 한데, 이처럼 보여 주게 됨으로써(deikhthenta), 이것들은 예(보기)들(paradeigmata)이 되어"에서 'para(옆에, 비교해서)+deigma(=sample, 例示: 이의 복수 형태가 deigmata임)'를 갖고 농언을 하고 있는 셈이기도 하다.

86) 여기서 '[원래의 것과]'는 원문에는 없는 것이나, 이해를 돕기 위해 드러내서 보충한 것이다. '다른 것에 떨어져 나와 있는 같은 것인 것을 옳게 판단하고서'에서 다른 음절이나 다른 단어 또는 다른 문장을 가리킨다고 보면 되겠다.

278c

손님: 그러면 만약에 우리의 혼이 만물의 문자들 곧 요소들[87]과 관
련해서도 똑같은 이 상황에 처해 있다면, 우리가 놀라워하겠는가? 때 d
로는 진실에 의해서 어떤 것들에 있는 하나하나의 각각과 관련해서는
확고하지만, 또한 때로는 다른 것들에 있는 모든 것들과 관련해서 다
시 흔들리게 된다면, 또한 똑같은 결합들을 어떻게든 옳게 판단하는
가 하면, 똑같은 이것들이 큰 규모나 쉽지 않은 사물들의 음절들로 옮
겨지게 되면, 다시 알지 못한다면 말일세.

젊은 소크라테스: 그야 조금도 놀랄 일이 아닙니다.

손님: 그렇다면, 이보게, 누군가가 틀린 판단에서 시작하고서도, 진
실의 조그만 부분엔들 이르러 지혜를 획득할 수 있겠는가? e

젊은 소크라테스: 그건 거의 불가능합니다.

손님: 이게 이러할진대, 나와 자네가 이렇게 할지라도 물론 우리
는 전혀 잘못하는 게 아니겠지? 전반적인 것의 본성을 먼저 다른 작
은 예에서 따로 보려고 꾀하되, 그 다음엔 바꿔서 가장 큰 것인 왕의
예로 옮겨 가서, 곧 어딘지 작은 것들에서 똑같은 유형[의 큰 것]으로
옮겨 가서, 예를 통해 다시 나라 차원의 것들에 대한 보살핌을 전문적
지식으로써(기술적으로) 알도록 꾀한다는 것은, 이게 꿈 아닌 깬 상
태가 우리에게 일어나게 하느라고 그런다는 것은?

젊은 소크라테스: 그야 물론 옳습니다.

손님: 그러니까 앞서의 논의로 다시 이어야만 하네. 나라들과 관련 279a
된 마음 씀을 두고 왕의 부류와는 수도 없이 많은 자들이 말다툼을 하

---

87) 여기서 '문자들 곧 요소들'은 stoikheia를 이중으로 번역한 것이다. 이는 '자모들' 또는 '문자들'만이 아니라 '원소들' 또는 '요소들' 곧 이른바 물·불·공기·흙이라는 4원소들을 가리키기도 한다. '만물의 문자들'이란 '만물의 요소들'을 상징적으로 빗대어 하는 말이다.

279a

기에,[88] 물론 이들 모두를 떼어 내고서 그만 남겨야만 하네. 바로 이를 위해서도 어떤 예를 들 필요가 있는 걸로 우리는 말했네.

젊은 소크라테스: 그렇고말고요.

손님: 그렇다면 누군가가 정치가의 통치술과 같은 활동을 하는 것이면서도 아주 작은 것으로 무슨 예를 [들어] 비교함으로써 우리가 찾
b 고 있는 것을 능히 찾아낼 수 있을까? 맹세코, 소크라테스여! 만약에 다른 어떤 걸 우리가 갖고 있지 않다면, 자네는 그러니까 직조 기술(hyphantikē)을 우리가 택하기를 바라는가? 이것도, 그러는 게 좋다면, 전체는 말고? 아마도 모로 짠 직물과 관련된 직조 기술로도 충분할 테니까. 왜냐하면 우리에게는 직조 기술 중에서 채택된 이 부분으로도 우리가 원하는 바를 어쩌면 증언해 줄 것이기 때문이네.

젊은 소크라테스: 실인즉 왜 그렇지 않겠습니까?

손님: 그렇다면 앞서 우리가 부분들에서 부분들을 가름으로써 각각의 것을 나누었듯, 지금도 직조 기술에 대해서 이 똑같은 걸 왜 행하지
c 않는 건지, 그리고 가능한 한 최대한으로 간결하게 빨리 모든 단계들을 밟아 오름으로써 이제 쓸모 있을 것으로 되돌아가지 않는 건지?

젊은 소크라테스: 무슨 말씀인지?

손님: 자네에게 할 대답은 바로 직접적인 설명으로 내가 하겠네.

젊은 소크라테스: 더할 수 없이 반길 말씀입니다.

손님: 그러니까 우리가 만들거나 획득하게 되는 것들 모두 중에서, 그 일부는 무언가를 적극적으로 행하기 위한 것들이지만, 다른 일부는 당하지 않으려는 방어 수단들이네. 그리고 방어 수단들 중에서도
d 일부는 신적인 또는 인간적인 주문(呪文)들이지만, 다른 일부의 것들

88) 267e～268a를 참조할 것.

279d

은 방어물들이네. 그런데 방어물들 중에서도 일부는 전쟁에 대비한 무장들이지만, 다른 일부는 막이들이네. 막이들 중의 일부는 가리개들이지만, 다른 일부의 것들은 추위와 더위를 막아 주는 것들이지. 그리고 막아 주는 것들 중의 일부는 지붕들이지만, 일부는 덮는 것들이고, 덮는 것들 중에서 다른 것들은 깔개들이지만, 또 다른 것들은 [몸에] 두르는 것들이네. 또한 두르는 것들 중의 일부는 필 또는 통으로 잘린 것들[89]이나, 다른 것들은 결합한 것들이네. 결합한 것들 중에서도 일부는 뜬 것들이지만, 일부는 뜨지 않고 엮은 것들이네. 뜨지 않 e
은 것들 중의 일부는 땅에서 난 식물 섬유들이지만, 일부는 털들이네. 털들 중에서도 일부는 물 및 흙으로 붙여진 것들이지만,[90] 일부는 같은 것들이 저들끼리 엮인 것들이네. 바로 이들 저들끼리 엮인 것들로 만들어진 것들인 방어 수단들과 덮는 것들에 대해 옷감[91]이라는 명칭

89) 원어 ta holoskhista(단수는 to holoskhiston)는 옷감을 '필' 또는 '통'으로 자른 것들을 뜻한다.

90) 모전(毛氈) 곧 펠트(felt)를 말하고 있다. 280c에서 모전 제작(pilēsis) 기술(pilētikē)에 대해 언급하고 있다.

91) 원어 himatia는 himation의 복수 형태이다. himatia는 일반적으로 '옷'을 뜻하지만, 여기서는 문맥으로 보아, '옷감'으로 번역하는 게 옳을 것 같아, 그리 했다. himation은 통상 헬라스인들이 입은 '겉옷'인데, 이는 장방형의 통짜로 자른 옷감을 왼쪽 어깨에 걸친 상태로 몸에 두르는 것이다. 한때는 얇은 리넨 옷감으로 만든 속옷인 키톤(khitōn)을 속에 받쳐 입었으나, 5세기에 들어서 몇 차례의 큰 전쟁(페르시아 전쟁)을 치른 뒤로는 검소한 풍조가 일어, 이 겉옷만 입는 것(akhitōn)이 통상이었다고 한다. 그나마 소크라테스는 '닳아 해진 겉옷'을 입고 다녔다 해서, 그런 상태의 겉옷을 특히 ho tribōn으로 지칭했는데, 이는 양털로 짠 겉옷인 '히마티온'이 하도 오래 입어서 털은 닳아 떨어져 나가고 올이 드러난 상태인 걸 뜻한다. 크세노폰의 《회고록(소크라테스 언행록)》, I. 6. 2를 보면, "선생님(소크라테스)께서 몸에 누르신 히마티온이 볼품없을 뿐만 아니라, 여름이나 겨울이나 똑같은 것이고, 신발도 신지 않고 키톤도 입지

279e

으로 우리는 일컬어 왔네. 또한 이 옷감들에 대해 최대한 마음 쓰는 기술을, 앞서 우리가 나라에 대해 마음 쓰는 기술을 정치가의 통치술

280a 로 일컬었듯, 이처럼 이번에도 이를 그 활동에서 이름을 따 옷감 만드는 기술로 일컬을까? 또한 이를 직조 기술로도 우리가 일컬을까? 이것이 옷감 제조에 있어서 가장 큰 부분인 만큼, 이 옷감 제조 기술과는 명칭 말고는 다를 것이 아무것도 없으니까. 그때 거기에서[92] 왕도적 통치술이 정치가의 통치술과 다를 것이 아무것도 없는 걸로 말했듯이 말이네.

젊은 소크라테스: 지당한 말씀입니다.

손님: 바로 다음으로, 우리가 이런 생각을 해 보세. 옷감들의 직조

b 기술을 이렇게 말하는 것으로도 누군가가 아마도 충분히 말하게 된 것이라고 생각할 수도 있겠는데, 이는 그것이 밀접한 공동 작업들과 아직 구분되지 않은 상태이고, 많은 다른 동류의 작업들과는 분리되는 것이라는 걸 이해할 수 없어서라고.

젊은 소크라테스: 어떤 동류의 것들인지 말씀해 주시죠.

손님: 언급된 것들을 자네가 따라잡지 못한 것 같구먼. 그러니 다시 되돌아가서 그 끝에서 시작해야 할 것 같네. 만약에 자네가 그 친근성을 이해한다면, 우리는 방금 이것에서 침구들의 구성을 밑에 까는 것과 두르는 것에 의해서 구별함으로써 했네.[93]

않는 것으로 일관하십니다."라는 언급이 보인다. 《프로타고라스》 편 335d에서도 이 옷에 대한 언급이 보인다. 훗날 키니코스학파(hoi Kynikoi)나 스토아학파의 철학자들도 그런 행색을 했던 것으로 전한다. 그러나 《향연》 223d를 보면, 소크라테스가 일상적인 하루를 시작하기 전에 김나시온(체력 단련장)으로 가서 몸 씻기부터 한 것으로 언급하고 있다.

92) 아마도 276b~c 및 279b에서 한 언급을 두고 하는 말인 것 같다.

93) 279d에서.

280b

젊은 소크라테스: 알겠습니다.

손님: 더 나아가 아마나 띠 그리고 방금 이야기 중에 우리가 말했던 c
온갖 식물섬유로 만드는 일체의 작업은 제외했네. 또한 펠트 기술과
구멍 내기나 봉합을 이용하는 결합도 분리했는데, 그 최대의 것은 제
화 기술이네.

젊은 소크라테스: 그야 물론입니다.

손님: 또한 더 나아가 평으로 잘린[94] 덮는 것들의 보살핌인 제혁 기
술, 그리고 보호시설들, 곧 건축술과 일체의 목공 기술 및 그 밖의 물
막이 기술들에서 생기는 하고많은 것들, 이것들 모두를 제외했거니 d
와, 또한 도둑질들과 폭력 행위들을 저지하는 기능들을 하는 보호 기
술들, 그리고 또 뚜껑 제조와 대문간 구축 및 소목 기술에 속하는 부
분들도 그랬네. 또한 무기 제조 기술도 잘라 냈거니와, 이는 가장 큰
규모이며 온갖 것인 방어 작업 기술의 부분일세. 특히 주문들과 관련
된 일체의 마법은 우리가 애당초에 곧장 분리해 내고서는, 우리가 생 e
각하듯, 바로 우리가 찾고 있던 추운 날씨를 막는 것이며 모로 된 방
어물을 생산해 내는 기술로서, 그 이름을 직조 기술로 일컫는 걸 우리
가 남겼네.

젊은 소크라테스: 실상 그런 것 같습니다.

손님: 하지만, 이보게나, 이를 말한 것으로는 어쩌면 완전한 것이
못 되네. 옷감들의 제조에 착수하는 자는 처음에 직물 짜기(hyphē)와
반대되는 짓을 하는 것으로 보이기 때문이지. 281a

젊은 소크라테스: 어떻게 말씀입니까?

---

94) 279d에서 원어 ta holoskhista(단수는 to holoskhiston)가 옷감을 '필' 또는 '통'으로 자른 것들을 뜻했으나, 여기서는 가죽의 단위인 '평(30cm×30cm)'으로 잘린 가죽을 뜻한다.

281a

손님: 직물 짜기에는 일종의 엮어 짬(symplokē)이 아마도 있을 게야.

젊은 소크라테스: 네.

손님: 하지만 뭉쳐지고 함께 압착된 모들을 가르는 기술이 있네.

젊은 소크라테스: 바로 어떤 것인가요?

손님: 소모(梳毛)하는 자의 기술에 속하는 일이지. 아니면 소모 기술(xantikē)을 우리가 감히 직조 기술인 걸로 그리고 소모하는 자를 직조하는 자인 걸로 일컬을 것인가?

젊은 소크라테스: 결코 그러지 않을 것입니다.

손님: 그렇다고 해서 이번에는 날실과 씨실을 만드는 기술을 누군가가 직조 기술로 일컫는다면, 그는 이상하고 거짓인 명칭을 또한 말
b 하고 있는 걸세.

젊은 소크라테스: 어찌 그렇지 않겠습니까?

손님: 어떤가? 일체의 축융 기술과 짜깁기 기술을 옷에 대한 아무런 마음 씀도 보살핌도 아니라고 볼 것인지, 아니면 이것들 모두를 직조 기술에 속하는 것으로 우리가 말할 것인지?

젊은 소크라테스: 결코 그리 말할 수는 없습니다.

손님: 그렇지만 이것들 모두는 옷감들의 보살핌과 생산을 두고 직조 기술의 기능과 말다툼을 할 것인즉,[95] 그것에 가장 큰 부분은 인정해 주겠지만, 저것들 자체에도 큰 부분을 할당할 것이네.

c 젊은 소크라테스: 물론입니다.

손님: 따라서 이것들에 더해 도구들의 제작 기술들도, 이것들을 통해 직물 짜기의 일들이 달성되기에, 적어도 모든 직물의 보조적 원인[96]

95) 의인화된 표현이다.

96) '보조적 원인'의 원어는 synaitia이다. 원인은 aitia라 한다. 곧이어 d~e에서 그리고 287b에서도 이 둘에 관련된 언급이 이어진다. 《티마이

281c

이라고는 주장하게 될 것이라 여겨질 것이 필연적이네.

젊은 소크라테스: 지당한 말씀입니다.

손님: 그래서 직조 기술과 관련해서, 우리가 선택한 그 부분의 의미 규정을, 만일에 이걸 모직 의류와 관련된 그 모든 마음 씀들 중에서도 가장 훌륭하며 최대의 것이라 우리가 채택한다면, 이로써 충족하게 내리게 되는 것인지? 아니면 우리가 좀은 진실을 말하고 있기는 하겠 d
으나, 이것들마저 모두 이것에서 떼어 내기 전에는, 명확히도 완벽하게도 어쨌든 정의하지 못할 게 확실한가?

젊은 소크라테스: 옳은 말씀입니다.

손님: 그렇다면 다음으로는, 우리의 논의가 순서대로 진행하기 위해서, 우리가 지금 말하고 있는 바를 해야만 하지 않겠는가?

젊은 소크라테스: 어찌 그렇지 않겠습니까?

손님: 사람들이 하게 되는 것들 모두와 관련해서 있는 두 가지 기술을 우리가 먼저 고찰하세나.

젊은 소크라테스: 무엇 무엇인데요?

손님: 하나는 생산의 보조적 원인인 기술과 그것 자체가 원인인 기술일세.

젊은 소크라테스: 어떻게 해서죠?

손님: 물건 자체를 만들지는 않는 기술들이지만, 물건을 만드는 기 e
술들에 도구들을 마련해 주는 기술들로서, 이것들이 없고서는 각각의 기술에 할당된 것이 결코 만들어지지 않는 이것들은 보조적인 원인들

오스》편 46c~e에도 이 둘을 구별하여 언급하는 대목이 나온다.《파이돈》편 99b에서는 '진짜 원인과 그것 없이는 원인(to aition)이 결코 원인일 수 없는 것'이라는 구절이 보이는데, 뒤의 것이 곧 보조적 원인을 뜻하는 것이겠다.

281e

이지만, 물건 자체를 만드는 것들은 원인들이네.

젊은 소크라테스: 어쨌든 합당한 말씀입니다.

손님: 바로 다음으론 방추들[97]과 북들 그리고 그 밖의 것들로 몸에 두르는 옷감들과 관련되는 것들의 생산에 관여하는 하고많은 기술들, 이것들 모두를 우리는 보조적인 원인들로, 반면에 옷감들 자체를 보살피며 만드는 것들을 원인들로 말하겠지?

젊은 소크라테스: 지당하십니다.

282a 손님: 원인들인 것들 중에는 물론 옷감 빠는 기술과 흠 고치는 기술 그리고 이런 것들과 관련된 보살피는 기술, 또한 큰 비중의 장식 기술이 있기에, 이 경우의 이 부분 모두를 그 일부분으로 축융 기술로 일컬어 포괄함이 가장 적절할 것이네.

젊은 소크라테스: 훌륭합니다.

손님: 또한 더 나아가 소모(梳毛) 기술과 실 잣는 기술 그리고 또 우리가 말하고 있는 옷감의 제조 자체와 관련되는 모든 부분은 모두가 하나의 것으로 일컫게 되는 어떤 기술, 곧 모(毛) 방적 기술(talasiourgikē)이네.

젊은 소크라테스: 어찌 아니겠습니까?

b 손님: 물론 모 방적 기술에도 두 갈래가 있는데, 이것들 각각은 동시에 그 성격상 두 기술의 부분들이네.

젊은 소크라테스: 어떻게 말씀입니까?

97) 방추(紡錘: atraktos: 영어로는 spindle)는 물레를 이용하지 않고 실을 뽑는 데 이용하는 일종의 독특한 추를 끝에 단 기구이다. 이것에 대해서는 도해(圖解)를 이용한 자세한 설명이 필요한 터라, 역자의 《국가(정체)》 편 657쪽 각주 81에서의 이에 대한 설명과 659쪽 그림들을 함께 참고하는 게 좋겠다.

손님: 소모 부분과 북의 이용 기술[98]의 반 그리고 결합되어 있는 것들을 서로 떼어 놓는 작업들, 이 모두를 아마도 모 방적 기술 자체의 한 부분으로 말할 수 있을 것이며, 또한 모든 분야에서 우리에게는 어떤 큰 두 가지 기술이, 곧 결합 기술(synkritikē)과 분리 기술(diakritikē)이 있었네.[99]

젊은 소크라테스: 네.

손님: 따라서 소모 기술과 방금 말한 모든 것들은 분리 기술에 속하네. 왜냐하면 양모와 날실들의 경우에 분리 기술은 북(kerkis)의 이용 c
에서와 손의 이용에서 각기 다르며, 방금 전에 언급된 명칭들을 가졌기 때문이네.

젊은 소크라테스: 그야 물론입니다.

손님: 그러면 다시 이번에는 결합 기술의 일부분이며 동시에 방적 작업의 일부분이기도 한 것이 이에서 일어나고 있는 걸 보세나. 그러나 이에서 분리 기술에 속했던 모든 것들은 모두 제쳐 놓고서, 방적

---

98) 여기서 '북의 이용 기술'로 옮긴 것의 원어는 kerkistikē [tekhnē]인데, 북(kerkis = 영어 shuttle)을 이용하는 기술은 결국 직조 기술(hyphantikē)이므로 둘은 동의어인 셈이다. Liddell, Scott and Jones, *Greek-English Lexicon*에서도 둘 다를 똑같이 the art of weaving(직조 기술)으로 옮기고 있다.

99) "결합 기술(synkritikē)과 분리 기술(diakrtikē)이 있었다."고 함은 앞에서 이미 그렇게 말했다는 뜻이다. 이를테면, 소모는 모를 빗질하여 짧은 것들은 버리고 긴 것들을 모으는, 또는 길이가 고른 것들은 가지런히 모으되 나머지 것들은 버리는 양방향의 작업이다. 모직 직조 기술도 먼저 날실(stēmōn)을 씨실(krokē)과 분리해서 베틀에 앉히고서, 굵고 튼튼한 날실들이 잉아가 들림에 따라 교대되는 윗날과 아랫날 사이로 북에 담긴 부드럽고 가는 씨실을 통과시킨 다음, 바디로 조이는 과정을 되풀이함으로써 되는 것이겠다.

282c

작업을 분리 부분과 결합 부분에 의해서 둘로 나눔으로써 말일세.

젊은 소크라테스: 나뉜 걸로 하시죠.

손님: 그러니까 다시 결합적인 것이며 동시에 방적 부분인 것을 자
d 네로선 나눠야만 하네, 소크라테스! 앞서 언급된 직조 기술을 정녕 우
리가 충분히 포착하고자 한다면 말일세.

젊은 소크라테스: 그렇다면 해야죠.

손님: 그럼 해야지. 그리고 그것의 한 부분은 실을 꼬는 것이지만, 다른 한 부분은 그걸 엮는 것이네.

젊은 소크라테스: 그러니까 제가 제대로 이해하고 있는 건가요? 제게는 날실 작업과 관련해서 선생님께서 그걸 꼬는 부분을 말씀하시는 걸로 생각되기 때문입니다.

손님: 그것만이 아니라, 씨실의 그 부분도야. 꼬지도 않고서 그것의 생산을 우리가 볼 수 있을까?

젊은 소크라테스: 결코 볼 수 없을 것입니다.

e 손님: 그러면 이들 둘의 각각도 구분 짓게나. 아마도 자네에겐 이
구분 지음의 적기일 테니까.

젊은 소크라테스: 어떤 식으로죠?

손님: 이런 식으로네. 소모 기술과 관련된 생산물들 중에서 길게 뽑히고 폭도 갖게 된 걸 소모사라고 우리는 말하지?

젊은 소크라테스: 네.

손님: 그러니까 이것에서 방추에 의해 꼬여지고 단단하게 된 털실을 날실이라 말하되, 이를 바로잡아 주는 기술을 날실 방적 기술이라 말하게.

젊은 소크라테스: 옳습니다.

손님: 반면에 느슨하게 함께 꼬게 된 것들은 날실과의 짜 넣음에 의

282e

해 마무리를 위한 당김에 대비해 유연함을 적절히 갖는데, 이 자은 실
들을 씨실로, 반면에 이것들을 관장하는 기술을 씨실 방적 기술이라
우리는 말하세. 283a

젊은 소크라테스: 지당합니다.

손님: 한데, 우리가 제시한 직조 기술의 부분은 아마도 이제는 모
두에게 명백할 것이네. 방적 작업에서의 결합 기술의 부분은, 씨실과
날실의 균등한 짜임에 의해서 직조물이 만들어질 때로, 직조된 것 전
체를 모직 옷감이라, 이를 관장하는 기술을 직조 기술이라 우리는 일
컫네.

젊은 소크라테스: 지당합니다.

손님: 됐네. 그런데 도대체 왜 우리가 직조 기술을 씨실과 날실을 b
짜 넣는 기술로 곧바로 대답하지 않고, 아주 많은 걸 공연히 정의해
가면서 빙 돈 거지?

젊은 소크라테스: 적어도 제게는, 손님, 말씀하신 것들 중에서 어느
것도 공연히 말씀하신 걸로 여겨지지 않았습니다.

손님: [100]하지만, 이보게나, 아마도 그렇게 여겨질 게야. 이런 고민
에 대비해서는, 그러니까 나중에라도 고민스런 생각이 번번이 들게
될 경우에는—전혀 놀랄 일이 아니니까—모든 이런 경우들과 관련
해서 하게 되는 하나의 적절한 말을 들어 보게나. c

젊은 소크라테스: 말씀만 하세요.

손님: 그러면 첫째로, 일체의 지나침(hyperbolē)과 모자람
(elleipsis)을 보세. 이와 같은 담론(diatribē)들[101]과 관련해서 그때마

100) 이전의 Burnet 판에서는 이 앞에 있었던 문장인 "Kai thaumaston ge ouden ·"이 새 Oxford text에서는 삭제되었는데, 이 읽기를 따랐다.

101) diatribē는 특히 소크라테스의 행각과 관련해서 여러 가지 뜻을 지닌

다 하게 되는 말들이 필요(마땅한 정도: to deon) 이상으로 긴 것들이거나 그 반대인 것들일 경우에, 이를 합리적으로 칭찬하거나 나무랄 수 있도록 말일세.

젊은 소크라테스: 그렇다면 그래야죠.

손님: 물론 우리의 논의가 바로 이것들과 관련되어 진행된다면, 이는 옳게 진행되는 것일 게야.

젊은 소크라테스: 어떤 것들인데요?

손님: 길고 짧음 그리고 일체의 지나침(hyperokhē) 및 모자람과 관
d 련해서네. 이것들 모두와 관련해서는 측정술(metrētikē)[102]이 있는 걸로 나는 생각하니까.

젊은 소크라테스: 네.

손님: 그러니까 이걸 두 부분으로 나누세. 그야 물론 지금 우리가 촉구하고 있는 것과 연관해서 필요하기 때문이네.

젊은 소크라테스: 그 나눔을 어떤 식으로 할 것인지 말씀해 주시죠.

손님: 이런 식으로네. 그 한 부분은 상호 간의 크고 작음의 관계에 관련된 것이지만, 다른 하나는 창출(생성: genesis)의 필수적인 성립에 관련된 것[103]이네.

낱말이다. 일상적인 용어의 뜻으로는 시간 보내기, 소일, 소일거리, 그리고 그런 목적으로 '자주 찾는 곳' 등을 뜻하지만, 연구, 담화, 담론, 이야기, 강론 등을 뜻하기도 한다.

102) 측정술의 기본은, 283e에서도 언급하고 있듯, 적도(適度: 알맞은 정도: to metrion)를 아는 것이다. 이 대화편에서 하게 되는 측정술에 대한 언급은 283b~287a에 걸친 것이지만, 이것 자체에 대한 핵심적 언급은 284d~e에서 하고 있다. 그리고 이 대화편의 대화 길이와 관련해서 이를 언급하는 것은 286c~d에서다. 《프로타고라스》 편 356d~357b 및 《필레보스》 편 55e, 56a, e, 57d에서도 측정술과 관련된 언급들이 보인다.

103) 여기에서 '창출(생성: genesis)의 필수적인 성립에 관련된 것(부분)'

283d

젊은 소크라테스: 어떻게 하시는 말씀인가요?

손님: 그러니까 더 큰 것은 본성상 더 작은 것 이외의 다른 어떤 것보다도 더 크다고 말해서는 안 되며, 또한 더 작은 것은 더 큰 것보다 작지, 다른 어떤 것보다도 더 작다고 말해서도 안 되는 것으로 자네에겐 생각되지 않는가? e

젊은 소크라테스: 제게는 그리 생각됩니다.

손님: 다음은 어떤가? 우리는 적도(適度: 알맞은 정도: to metrion)의 본성(physis)을 초과하거나 이에 미치지 못하는 일이 또한 우리의 언행들에서 실제로 일어나는 걸로 말하며, 무엇보다도 이에서 우리 중의 어떤 이들은 나쁜(못난) 사람들로서 또 어떤 이들은 훌륭한 사람들로서 차별되겠지?

의 원어는 to kata tēn tēs geneseōs anankaian ousian [meros]이다. 이런 번역을 하게 된 논거를 아무래도 밝히는 게 옳겠기에, 되도록 간략하게 그 요점을 정리하겠다. 편의상 284e의 내용부터 우선 인용하는 게 좋겠다. 측정술은 다음 인용문에서 보듯, 두 부분으로 나뉜다. "수(數)·길이·깊이·너비·속도를 그 반대인 것과의 관계에서 측정하는 일체의 기술들을 그것의 한 부분으로 간주하지만, 그것의 다른 한 부분은 적도(to metrion)·적합(to prepon)·때 맞음(適期 · 時宜: kairos)·마땅함(적절함, 필요: to deon) 그리고 양 극단에서 중간(to meson)에 위치하게 된 것과의 관계에서 측정하는 일체의 기술들이다." 여기에서 문제가 되고 있는 측정술은 물론 뒤의 것이다. 앞의 경우처럼, 상대적인 측정을 통해 뭔가를 만들어 냄은 평범한 생산이거나 이루어짐(genesis)이다. 반면에 적도 등에 적중하는 측정을 통한 것은 '창출' 성격의 genesis이다. 우리말로 '창출'의 뜻풀이는 ① '처음으로 이루어져 생겨남' ② '처음으로 생각하여 지어 내거나 만들어 냄'이다. 곧 창조적인 생산이거나 그런 이룸이다. 284c, d에서는 아예 '적도 창출(hē tou metriou genesis)'이란 표현을 쓰면서, 이것과의 관계에서만이 통치술을 포함한 일체의 참된 경지의 기술들이 성립함을 강조하고 있다. 《필레보스》 편 26d에서도 바로 그런 genesis에 대한 언급이 보인다.

283e

젊은 소크라테스: 그리 보입니다.

손님: 따라서 큼과 작음의 이들 두 형태의 존재들과 판단들을 인정해야만 하지만, 방금 우리가 말했듯, 서로에 대비해서만 그러지 말고, 오히려 지금 말하고 있듯, 서로에 대비한 걸 말하기도 해야 하지만, 적도와 대비한 것 또한 말해야만 하네. 왜 그런지를 우리는 알고 싶겠지?

젊은 소크라테스: 물론입니다.

284a 손님: 만약에 어떤 이가 더 큼의 성격을 더 작음과의 대비(對比) 이외에 다른 어떤 것과의 대비에서도 허용치 않는다면, 적도와의 대비는 결코 없게 될 걸세. 안 그런가?

젊은 소크라테스: 그렇습니다.

손님: 그러니까, 이 주장에 의할진대, 기술들 자체도 이것들의 일체 생산품들도 우리가 절멸시킬 것이며, 특히 지금 추구되고 있는 정치가의 통치술과 거론된 직조 기술도 소멸시키지 않겠는가? 왜냐하면 이와 같은 일체의 기술은 어쩌면 적도보다 '더함과 덜함(to pleon kai elatton)'을 없는 것으로서가 아니라, 그 실행과 관련하여 어려운
b 것으로서 조심스러워하며, 바로 이런 방식으로 적도를 보전함으로써, 그것들이 훌륭한 것들과 아름다운 것들을 이루어 내게 되기 때문이네.[104]

---

104) 플라톤이 《국가(정체)》 편 6권 504d 이후 7권 540a에 걸쳐서 궁극적 원리로서의 '좋음(to agathon)의 이데아' 또는 '좋음 자체(auto to agathon)' 에 대한 앎을 '가장 큰 배움(to megiston mathēma)' 이라 말하며 그처럼 그 중요성을 되풀이하며 강조했던 것도, 여기서 말하고 있듯, 정치가의 통치술이 또한 구현해야 할 '훌륭하고 아름다운 것들' 도 적도 등(284e 참조)의 적중을 통해서야 가능한 것들이겠고, 이어지는 c에서 말하는 지혜롭고 참된 정치가의 존립 근거도 바로 이에서 찾아야만 하겠

284b

젊은 소크라테스: 물론입니다.

손님: 따라서 만약에 우리가 정치가의 통치술을 사라지게 한다면, 이다음의 우리의 왕도적인 지식의 탐구가 그 길을 잃게 되지 않겠는가?

젊은 소크라테스: 그야 다분히 그럴 것입니다.

손님: 그렇다면, 《소피스테스》 편에서 '아닌 것(←있지 않는 것·없는 것: to mē on)이 있는(einai) 것' 으로 우리가 몰아붙였듯,[105] 이 길로 우리의 논의가 빠져나갔으므로, 이처럼 지금도 '더함과 덜함' 을 그것들 상호 간의 관계에서만이 아니라 적도 창출(hē tou metriou gene-sis)과의 관계에서도 측정 가능케 되도록 몰아붙여야만 하지 않겠는가? 이게 합의를 보지 못하면, 정치가도 행위들과 관련된 것들에 c
대한 다른 어떤 전문가도 생기지 않을 것이라는 데는 말다툼의 여지가 없을 것이네.

젊은 소크라테스: 그렇다면 지금도 최대한 똑같이 해야만 합니다.

손님: 소크라테스여, 이 일은 그것[106]보다도 한결 더 큰 것일세.—하지만 우리는 그 작업의 규모가 얼마나 큰 것이었는지를 어쨌든 기억하고 있네.—그러나 이것들과 관련해서는 이런 걸 전제해야만 하거니와 이는 아주 타당하네.

젊은 소크라테스: 어떤 것인가요?

기 때문이다.

105) 이 대목은 특히 《소피스테스》 편 241d에서의 언급, 곧 biazesthai(억지를 부리게 됨)와 여기에서의 prosanankasteon(몰아붙여야만 함)이 같은 상황을 말해 주고 있다고 할 것이다.

106) 물론 방금 말한 《소피스테스》 편에서 '아닌 것(←있지 않는 것·없는 것: to mē on)이 있는(einai) 것' 으로 논증한 작업을 가리킨다.

284c

d 손님: 때로는 지금 말한 것이 정확성 자체와 관련된 증명을 위해서 필요하다는 걸세. 현재 논의되고 있는 것들과 관련해서 훌륭하게 그리고 충분히 그게 증명되고 있다는 것은 이 주장이 우리에게 굉장히 도움을 주는 걸로 내게는 생각되네. 즉 모든 기술은 그러니까 같은 처지인 걸로 생각해야만 하며, 큼과 함께 덜함을 측정함에도 서로 간의 관계에서만이 아니라 적도 창출과의 관계에서도 해야 하는 걸로 또한 생각해야 한다는 거네. 적도가 있기에 기술들이 있으며, 또한 기술들이 있기에 이것 또한 있지만, 이것들 중의 어느 한쪽이 없으면, 이것들 중의 어느 쪽도 결코 있게 되지 못할 것이기 때문이지.

e 젊은 소크라테스: 그건 옳습니다. 그러나 그 다음 것은 무엇입니까?

손님: 우리가 측정술을 나눌 거라는 건 명백하네. 이미 말했듯, 이런 식으로 둘로 가름으로써 그러겠는데, 수(數)·길이·깊이·너비·속도를 그 반대인 것과의 관계에서 측정하는 일체의 기술들을 그것의 한 부분으로 간주하지만, 그것의 다른 한 부분은 적도(to metrion)·적합(적정: to prepon)·때 맞음(適期 · 時宜: kairos)·마땅함(적절함, 필요: to deon) 그리고 양 극단에서 중간(to meson)[107]에 위치하게 된 것과의 관계에서 측정하는 일체의 기술들이네.

젊은 소크라테스: 그렇기도 합니다만, 선생님께서 말씀하시는 각각의 부분은 크기도 하지만, 서로 많이 다르네요.

손님: 소크라테스여, 때로는 세련된 이들 중의 많은 이가 뭔가 지
285a 혜로운 걸 말한다는 생각으로 말하는 바는 발생하는 모든 것과 관련해서는 측정술이 있다는 것인데, 바로 이것이 방금 말한 것이네. 그야

107) 이는 아리스토텔레스가 말하는 이른바 중용(또는 mesotēs)이기도 하다.

285a

기술에 속하는 모든 것은 어떤 방식으로건 측정술에 관여하고 있기 때문이지. 종류들에 따라 나누고서 고찰하는 데 익숙하지 않은 탓으로 사람들은 그리도 많이 다른 것들을 같은 것들로 여기고서 대뜸 동일한 것으로 몰아넣는가 하면, 이번에는 이와 반대로 하기를, 다른 것들을 부분에 따라 나누질 않네. 마땅히 그래야만 하는데도 말일세. 누
군가가 많은 것들의 공통성을 먼저 지각하게 된다면, 그는 이것에서 b
종류들 안에 자리 잡고 있는 그 많은 모든 차이들을 보기 전에는 미리 단념하지 말아야 할 것이지. 하지만 다시 이번에는 온갖 종류의 부동성들을 다수 속에서 목격하게 될 때는, 같은 종류의 것들 모두를 하나의 유사성 안에 가두어서, 어떤 한 부류의 본질에 의해 포괄하게 되기 전에는, 무안해서 멈추게 될 수는 없는 일이네. 따라서 이것들과 관련해서도 그리고 모자람들 및 지나침들과 관련해서도 충분히 언급된 걸
로 하세. 그러나 이것들과 관련해서 두 부류의 측정술이 발견되었다 c
는 사실만은 굳건히 지키고 주장하세나. 또한 우리가 말하고 있는 것들이 그것들이라는 것도 기억하세나.

젊은 소크라테스: 우리는 기억할 것입니다.

손님: 그러면 이 논의 다음 것으로 또 다른 걸 착수하세나. 우리가 추구하고 있던 것들과 관련해서 그리고 이런 논의들에서의 일체의 담론들과 관련해서 말일세.

젊은 소크라테스: 어떤 것인가요?

손님: 가령 누군가가 문자와 관련해서 배우는 학동들의 모임에 대해 우리에게 묻는다고 하세. 누군가가 어떤 낱말이건 그게 무슨 문자들로 이루어졌는지를 질문받았을 때, 그에게 하게 된 질문
이 그에게 던져진 그 한 가지 때문이라고 우리가 말하겠는가, 아니 d
면 던져지는 모든 질문과 관련해서 한층 더 문자들에 밝아지게 되는

285d

것[108]을 위해서라고 말하겠는가?

젊은 소크라테스: 그 모든 것 때문인 것이 명백합니다.

손님: 다시 이번에는 정치가와 관련된 우리의 탐구는 어떤가? 바로 이를 위해서 이 물음이 오히려 제기된 것인가, 아니면 모든 것과 관련해서 한층 더 변증술에 능하게 되는 걸 위해서인가?[109]

---

108) 《필레보스》 편 17a~e에서는, 소리글자인 문자나 음악에 밝아지려면, 모음과 자음의 종류들이 얼마나 있으며, 소리의 높낮이와 관련해서 음정들이 얼마나 있는지를 알아야만 비로소 가능함을 말하고 있다.

109) 이 대화편에서 하고 있는 작업 곧 정치가가 무엇을 하는 사람인지에 대한 탐구는 하나의 철학적 과제 수행일 뿐, 그 진짜 목적은 '모든 것과 관련해서 한층 더 변증술에 능하게 되는 걸 위해서임'을 말하고 있다. 그렇다면 '변증술에 더 능하게 된다(dialektikōteros gignesthai)'고 할 때의 변증술(dialektikē) 그리고 변증술에 능함(to dialektikon)은 무엇을 뜻하는가? 《소피스테스》 편 253e에서는 '변증술에 능함'을 '순수하게 그리고 옳게 지혜사랑을 하는 이(철학자)에게 인정할 것'이라고 단언하며, 이어서 254a에서는 철학자가 접하게 되는 '실재의 참모습'에 대해서 언급하고 있다. 《국가(정체)》 편 537c에서 변증술적 자질(dialektikē physis)을 갖춘 자를 '포괄적으로 보는 자(ho synoptikos)'로 규정하고 있는 것도 이와 관련되어 있는 언급이다. 이런 점들과 관련해서는 《소피스테스》 편 253c~e에 걸친 세 개의 각주를, 그리고 《파이드로스》 편 276e에서의 해당 각주를 참고하는 게 좋겠다. 《정치가》 편은 《소피스테스》 편과 함께 사실상 플라톤의 형상 이론 자체의 완결판이며 종결편이다. 소피스테스나 정치가의 본모습을 제대로 포착하기 위해서는 다면적으로 접근하는 것이 '옳게 철학을 하는 것'인데, 이것이 바로 '형상들의 결합 관계(koinōnia)'에 대한 앎이다. 이 두 대화편의 의도는, 쉽게 말해서, 소피스테스가 하는 짓거리(ergon)의 실체가 무엇이며, 정치가가 수행해야 할 기능(ergon)의 진면목이 무엇일지를 핵심적으로 고스란히 담아내는 철학적 작업의 모범적 수행이 어떤 것인지를 보여 주는 것이다. 덧붙여 밝히건대, dialektikē는 관용적인 약식 형태의 명사이고, 이를 《국가(정체)》 편 533c에서는 hē dialektikē methodos(변증법)로, 《파이드로스》 편 276e에서는 hē dialektikē tekhnē(변증술)로, 그리고 《소피스테스》 253d에서

285d

젊은 소크라테스: 이 또한 모든 것과 관련해서 그렇게 되는 걸 위해
서인 게 명백합니다.

손님: 어쨌거나 직조 기술의 의미 규정을 이것 자체 때문에 추구함
은 아마도 지각이 있는 사람이라면 아무도 하지 않을 것이야. 그러나
대부분의 사람들은 사물들 중에서 어떤 것들에는 지각 가능한 유사성
들이 있다는 걸 쉽게 알아볼 수 있다는 사실을 의식하지 못하고 있는 e
걸로 나는 생각하는데, 이를 명시하는 것은 전혀 어렵지 않네. 이들
중에서 누군가가 어떤 것에 대해 설명을 구하는 이에게 힘들이지도
않고 설명도 없이 쉽게 밝히어 주고자 할 경우에는 말일세. 반면에 가
장 위대하고 가장 가치 있는 것들의 경우에는 사람들을 위해 실감나 286a
게 만들어진 그 어떤 영상[110]도 없네. 그것을 보여줌으로써 묻는 자의
혼을 만족시켜 주려고 하는 이가 그의 오관 중의 어떤 감각에 맞추어
서 충족시켜 줄 그런 영상 말일세. 이 때문에 각각의 것에 대한 설명

는 hē dialektikē epistēmē(변증 지식)로 정식으로 일컫기도 한다. 그러나 dialektikē는 소크라테스 자신과 관련된 것일 경우에는 '문답법'이며, 따라서 《필레보스》 편 17a에서처럼 dialektikōs(대화적으로)는 eristikōs(쟁론적으로)와 반대되는 뜻으로 쓰이며, 이의 비교급 형태의 것인 to dialektikōteron도 '더 대화적임'을 뜻한다.

110) '영상'으로 번역한 것의 원어는 eidōlon이다. 이 낱말이 비슷한 뜻의 '모상(eikōn)'과 함께 플라톤 인식론의 용어로 본격적으로 쓰이고 있는 것은 《국가(정체)》 편에서이다. 그에 의하면, 감각 대상들(ta aisthēta = the sensibles)은 '참 존재들'이 아니라, 이것들 곧 지성에 의해서 알게 되는 것들(ta noēta = the intelligibles = the supersensibles)의 영상 또는 모상(eikōn)들일 뿐이다. 따라서 이것들은 앞 것들의 앎에 이르기 위한 여정에서 만나게 되는 앞 단계의 것들이다. 그러니까 이 경우의 '영상' 또는 '모상'은, 여기에서 진정으로 말하고자 하는 것이 차원을 달리하는 것이어서, 그 설명을 위한 '예'로서 제시된 것을 뜻한다. 이 '영상'의 용도에 대한 언급이 본문에서 바로 이어지고 있다.

286a

을 주고받게 될 수 있도록 수련해야만 하지.[111] 왜냐하면 비물질적인 것들(ta asōmata)은, 가장 아름답고 위대한 것들로서, 다른 어떤 것에 의해서도 아닌, 이성(logos)에 의해서만 명시될 수 있기 때문이니, 지금 말하게 된 것들 모두는 이것들을 위해서였네. 그러나 모든 것에 대한 수련은 더 큰 것들과 관련해서 하는 것보다 더 작은 것들에서 하는
b 게 더 쉽네.

젊은 소크라테스: 더할 수 없이 훌륭히 말씀하셨습니다.

손님: 그러면 이것들과 관련해서 우리가 말하게 된 이 모든 것이 무엇들을 위한 것이었는지 기억하세나.

젊은 소크라테스: 무엇들을 위해서였나요?

손님: 직조 기술과 관련된 장황한 이야기에 대해 못마땅하게 우리가 받아들였던 그 불만 자체 때문은 단연코 아니네. 또한 우주의 반전과 관련된 그 장황한 이야기와 《소피스테스》 편에서의 '아닌 것(←있지 않는 것)'의 존재와 관련된 장광설 때문도 아니네. 긴 편이라 생각은 했지. 따라서 이것들 모두에 대해서는 우리 스스로를 나무랐지.
c 쓸데없고 긴 말을 할까 두려워하면서. 그러면 앞으로는 이런 일을 겪지 않기 위해, 이것들 때문에 앞서 말한 것들 모두를 우리끼리 말한 걸로 말하게나.

젊은 소크라테스: 그건 그럴 것입니다. 다음 것이나 말씀하시죠.

---

111) '설명을 주고받음'의 원어는 logon dounai kai dexasthai인데, 곧 대화함(dialegesthai)을 뜻하는 것이니, 이를 제대로 하면, 어떤 것에 대한 공동 탐구(syzētēsis)가 될 것이다. 그런가 하면, 헬라스의 초기 자연 철학자들의 자연현상들의 근원(arkhē) 또는 그런 원인(aitia)에 대한 탐구 활동은 곧 그것들에 대해 '합리적 설명을 함(logon didonai)'을 위한 것이었다고 하는데, 앞 것은 이런 표현과도 무관하지 않다.

286c

손님: 그러니까 내가 말하는 바는 나도 자네도 방금 말하게 된 것들을 기억하고서 언제고 우리가 관련지어 말하는 것들의 짧음과 함께 긴 것에 대한 비난이나 칭찬을 그때마다 하되, 그것들 사이의 관계에서 그 길이들을 판단해서 하지 말고, 우리가 그때 기억해야만 된다고
말했던 측정술의 그 부분에 따라, 곧 적절함(to prepon)과의 관계에 d
서 판단하고서 그러라는 것일세.[112]

젊은 소크라테스: 옳은 말씀입니다.

손님: 그렇다고 해서 모든 걸 이와 관련지어 해서도 안 되네. 왜냐하면 즐거움에 맞추어 길이를 조절하는 것도, 부차적인 경우가 아니라면, 우리로선 전혀 필요하지도 않을 것이기 때문이지. 또한 제기된 것의 탐구와 관련되어서도, 어떻게 하면 우리가 최대한 수월하게 그리고 최대한 빨리 찾을 수 있는지는 둘째로 반길 것이지 첫째로 반길 것은 아님을 논의는 지시하거니와, 오히려 뭣보다도 더 우선적으로 종류들에 따라 나눌 수 있는 방법[113] 자체를 존중하길 지시하고 있
네. 특히 그 설명은, 아주 길게 하는 것이어서 그걸 듣는 자로 하여금 e
찾고 있는 것을 더 쉽게 찾을 수 있게 해 준다면, 이를 진지하게 대할 것이지, 그 길이에 대해서는 전혀 못마땅해할 것이 아니네. 반대로 더 짧을 경우에도, 이는 마찬가지네. 또한 이에 더해, 이런 모임들과 관련해서 설명의 길이를 비난하며 빙 돌아오는 식의 설명을 용인하지 않는 사람, 설명이 길다는 것만으로 비난을 해 대는 이런 자를 너무
나도 빨리 곧바로 방기해 버려서는 안 되네. 오히려, 설명이 더 짧았 287a
더라면, 동석자들로 하여금 더 변증술적이게 하며 또한 사실들을 말

112) 284e 참조.

113) '종류에 따라 나눔'의 원어는 kat' eidē diairein이다. 이와 관련해서는 262d~e를 참조할 것.

로 설명해 주는 더 쉬운 방법을 찾을 수 있게 해 준다는 걸 그가 증명해야만 한다고 생각해야 하네. 그러나 다른 사람들의 그리고 다른 어떤 것들에 대한 비난들과 칭찬들에 대해서도 전혀 개의치 말 것이며 그런 말들은 전혀 듣는 척도 하지 말 일이네. 그러면 이것들로 충분한 걸로 하세나. 자네에게도 그리 생각된다면 말일세. 그러면 이제 정치
b 가에게로 다시 돌아가세. 앞서 언급된 직조 기술의 예를 그에게 적용함으로써 말이네.

젊은 소크라테스: 훌륭한 말씀입니다. 그러면 선생님께서 말씀하시는 바를 하시죠.

손님: 그러니까 왕은 많은 유사한 기술들, 아니 무리들과 관련된 모든 기술들과는 동떨어져 있네.[114] 그러나 남은 것들은 나라 자체와 관련된 기술들로서, 보조적인 원인들에 속하는 것들 및 원인들에 속하는 것들인데, 이것들이 우선적으로 서로 분리해야만 할 것들임을 우리가 말하고 있는 걸세.[115]

젊은 소크라테스: 옳은 말씀입니다.

손님: 그런데 이것들을 둘로 나누기가 어렵다는 걸 자네는 알고 있
c 는가? 내가 생각하기로, 그 원인은 논의를 진행해 가는 우리에게 적잖이 명백해질 걸세.

젊은 소크라테스: 그러니까 그리 해야만 합니다.

---

114) 앞서 동물들을 포함하는 무리 양육 또는 그 돌봄의 여러 유형들과 관련지어 왕 또는 정치가의 통치가 어떤 것인지를 알아보려던 시도는 아주 버리고, 이제 직조 기술을 예로 삼아 왕의 왕도적 통치술 또는 정치가의 통치술의 면모를 살피기 위한 작업에 바야흐로 접어들었음을 말하고 있는 셈이다.

115) 이제부터의 이런 분리 작업은 305e까지에 걸쳐서 하게 된다.

287c

손님: 그러면 이것들을 제물처럼 사지를 따라 나누세.[116] 둘로 나누는 게 우리로선 불가능하니까. 언제나 최대한 가까운 수로 나눠야만 해서네.

젊은 소크라테스: 그러니까 이제 우리가 어떻게 할까요?

손님: 앞에서 그랬듯, 직조 기술과 관련된 도구들을 제공하는 그 모든 기술들을 그때 우리는 보조적인 것들로 간주했던 게 틀림없네.

젊은 소크라테스: 네.

손님: 지금도 이는 똑같이 해야만 하는데, 우리로선 그때보다도 오히려 한층 더 그래야만 하네. 나라와 관련되어 크거나 작은 어떤 도구 d
를 만드는 하고많은 기술들, 이것들 모두는 보조적인 것들로 간주해야만 하네. 이것들 없이는 결코 나라도 정치가의 통치 기술도 성립할 수가 없겠지만, 아마도 이것들 중의 어느 것도 왕을 왕답게 하는 기술의 일로 우리가 간주하지는 않을 것이기 때문이지.

젊은 소크라테스: 실상 그러지 않을 것입니다.

손님: 하지만 이 부류를 다른 것들에서 우리가 분리한다는 건 어려운 걸 시도하고 있는 것일세. 왜냐하면 사물들 중의 어느 것이건, 이를 어떤 하나의 도구로 말하는 사람은 뭔가 믿을 만한 걸 말한 것으로 여겨질 수 있기 때문이네. 그렇지만 나라에 있는 소유물들과는 다른 e
것으로 이걸 말하세.

젊은 소크라테스: 어떤 것인가요?

손님: 도구의 기능은 갖지 않았다는 걸세. 그것은 도구처럼 생산의 원인 구실을 위해 만들어진 것이 아니라, 만들어진 것의 보존을 위한

116) 부류에 따른 나눔을 자연적으로 생긴 관절들에 따라 나누듯 해야 하는 것에 비유하는 표현이 《파이드로스》 265e에 보인다. 따라서 이 나눔이 이분적인 것일 수 없을 경우에는 그 이상의 것들로도 나눠야 할 것이다.

287e

것일세.

젊은 소크라테스: 어떤 것인데요?

손님: 이건 건조한 것과 습한 것들 그리고 불에 이용되는 것들과 불에 이용할 수 없는 것들을 위해 만들어진 온갖 종류의 것으로서 한 가지 호칭으로 용기로 우리가 일컫거니와, 이는 아주 많은 종류로서, 내가 생각하듯, 어쨌든 우리가 찾고 있는 전문 지식과는 그야말로 전혀
288a 무관한 것이네.

젊은 소크라테스: 사실 어떻게 관련이 있겠습니까?

손님: 바로 이들 소유물들과는 다른 셋째 종류의 것으로 아주 많은 걸 보아야만 되는데, 뭍에서도 물에서도 많이 떠도는가 하면 떠돌지 않기도 하는 그리고 귀한 것이기도 하고 귀하지 않은 것이기도 한 것이지만, 하나의 명칭을 갖네. 모두가 누군가를 위한 자리이기 때문에, 언제나 누군가에게 좌석이 되는 것이기 때문이지.

젊은 소크라테스: 어떤 것인가요?

손님: 이를 우리가 탈것으로 말하는 것으로 생각하는데, 이는 전혀 정치가의 통치술의 생산물이 아니고, 오히려 목공 기술과 도예 기술 그리고 청동 공예의 생산물이네.

젊은 소크라테스: 알겠습니다.

b 손님: 그러면 넷째 것은 무엇인가? 이것들과는 다른 것이라 말해야 할 것이며, 이에는 이전에 말했던 것들 중의 대부분이 포함되며, 일체의 옷들과 무장들의 큰 부분, 토벽들이나 석축벽들인 일체의 성벽들 그리고 수도 없이 많은 것들이 포함되겠지? 이것들 모두는 방어를 위해서 만들어졌으므로, 전체를 방어물로 일컫는 게 지당할 것이며, 정치가의 통치술보다는 대체로 건축술과 직조 기술의 제작물로 여겨지는 게 더 옳을 것이네.

288b

젊은 소크라테스: 그야 물론입니다.

손님: 또한 다섯째 것으로는 장식과 그림 그리고 이것과 음악을 이 c
용해서 모방적 표현들을 완성하는 것들을 들고 싶거니와, 이것들은 오직 우리의 즐거움들과 관련되어서만 만들어지는 것이며, 한 이름으로 포괄되는 게 옳을 걸세.

젊은 소크라테스: 어떤 이름으론가요?

손님: 일종의 오락물[117]로 말하는 것으로 나는 생각하네.

젊은 소크라테스: 물론입니다.

손님: 그러니까 이것은 이것들 모두에 하나의 명칭으로 적용되는 게 적절할 것이야. 이것들 가운데 어느 것도 진지함을 위해서가 아니라, 모두가 오락을 위해서 행하여지기 때문이지.

젊은 소크라테스: 이 또한 어지간히는 이해합니다. d

손님: 그리고 이것들 모두에 물자들을 제공하는 것을 여섯째 것으로 우리가 삼지 않겠는가? 이 물자들로써 그리고 이것들에서 방금 언급된 그런 기술들이 작업을 하는데, 다른 많은 기술의 자식뻘인 온갖 종류의 것이네.

젊은 소크라테스: 바로 어떤 걸 말씀하십니까?

손님: 금과 은 그리고 채굴되는 온갖 것들, 또한 나무 벌채 기술과 잘라 내서 목공 기술 및 엮는 기술에 제공하는 일체의 절단, 그리고
더 나아가 식물들의 껍질 벗기는 기술과 동물들의 껍질을 떼어 내서 e
제혁하는 기술, 또한 이런 것들과 관련된 하고많은 기술들, 코르크들

117) 원어 paignion은 일반적으로는 '장난감'을 뜻하지만, 여기에서는 '오락물' 곧 '오락을 위한 것'이란 뜻으로 보았다. 아닌게아니라 Liddell, Scott, Jones and Mckenzie, *Greek-English Lexicon, Revised Supplement*에서는 'diversion, amusement'로 그 뜻풀이를 보완하고 있다.

288e

과 파피루스 두루마리[118] 및 끈들을 만드는 기술들, 결합된 상태의 것들이 아닌 부류의 것들에서 결합된 종류들을 만들게 해 주는 기술들이네. 이 모두는 인간들에게 있어 일차적인 생산물로서, 결합된 것이 아닌 소유물인 한 종류로 일컫기로 하세. 그리고 이는 왕도적 전문 지식의 일은 결코 아닐세.

젊은 소크라테스: 훌륭한 말씀입니다.

손님: 그러면 양식의 소유, 그리고 몸에 흡수되어 이것들의 부분들에 의해 몸의 부분들이 보살핌을 받아 어떤 능력을 얻게 하는 것들,
289a 이 모두를 우리의 자양이라 이름 지어, 일곱째 것으로 말해야만 하네.

---

118) 텍스트 원문에서는 byblos의 복수 소유격 형태인 byblōn인데, byblos 또는 biblos는 '이집트의 파피루스'를 지칭한다고 한다. 그리고 이 복수 형태는 '파피루스 두루마리' 곧 책을 뜻한다. papyrus는 헬라스어 papyros의 라틴어 음역이며, 영어 paper는 이에서 유래되었다 한다. 파피루스는 주로 이집트의 나일강 유역에 2미터 정도로 크는 여러해살이풀이다. 고대 헬라스인들은 이에서 두루마리 형태의 종이를 얻었는데, 이의 제작 과정은 대개 다음과 같이 진행되는 것으로 추정된다. 이 식물의 삼각형 형태의 고갱이 줄기 중에서 물속에 잠긴 부분을 35cm 가량의 길이로 잘라 낸 다음, 껍질은 벗기고 고갱이만을 다시 길이로 얇게 여러 조각으로 잘라, 이것들 여럿을 세로로 그 길이만큼의 폭이 되게 나란히 이어 붙이듯 배열한다. 그런 다음에 이번에는 가로로 그 위에다 온전한 형태로 완전히 겹치게 이어서 붙인 다음, 이것들을 압착해서 서로 붙게 해서 말린다. 이렇게 해서 만들어진 한 장의 파피루스 종이 위에 검은 잉크(to melan)를 찍은 골필이나 철필(graphis, grapheion) 따위를 이용해서 가로로 글을 쓰면 된다. 두루마리는 이런 식으로 만들어지는 종이들을 연이어지게 길게 만든 걸 필요한 만큼 자른 다음, 상하로 봉을 단 동그란 막대에 감아서 만 것이다. 참고로 언급하는 것인데, 헬라스어로 책을 biblion이라 하는데, 이는 원래 biblos(byblos) 곧 파피루스를 종이로 만든 것을 지칭한다. 책과 관계되는 서양 언어들이 biblio-로 시작되는 합성어들인 것도 이에서 연유한다. 성서는 ta biblia ta hagia(=the Holy Books=the Bible)라 한다.

289a

더 나은 다른 이름을 우리가 정할 수 없다면 말일세. 농사 기술과 사냥 기술, 체육 기술, 의술 그리고 요리 기술에 이 모두를 종속시키는 게, 나라 통치 지식에 귀속시키는 것보다도 더 옳을 것이네.

젊은 소크라테스: 어찌 그렇지 않겠습니까?

손님: 그러니까 소유와 관련되는 것들은, 길들인 동물들을 제외하고는, 이들 일곱 부류들에서 거의 언급된 것으로 나는 생각하네. 그럼 확인하게나. 실은 일차적인 생산물의 종류를 처음에 드는 것이 지당
했을 것이야.[119] 이것 다음으로는 도구, 용기(容器), 탈것, 방어물, 오 b
락물, 자양[120]이었네. 만약에 우리가 중요한 뭔가를 빠뜨린 게 아니라면, 이것들 중의 어느 것에 끼어들 수 있는 것으로 우리는 내버려 두네.[121] 이를테면, 주화와 인장 그리고 일체의 문장(紋章) 말이네. 왜냐하면 이것들에는 아무런 큰 유사한 부류가 없고, 어떤 것들은 장식에, 다른 어떤 것들은 아주 억지스레 도구들에 끌어다 넣더라도 어울릴 것이기 때문이네. 그러나 노예들을 제외한 길들인 동물들의 소유와 관련해서는, 앞서 나뉜 무리 양육 기술이 모두를 포괄하는 것으로
판명될 것이네. c

젊은 소크라테스: 그건 아주 분명합니다.

손님: 그렇지만 노예들과 하인들의 부류가 남은 것일세. 아마도 이들 중에서 직물 짠 것 자체와 관련해서 왕과 다투는 자들이 아마도 명백해질 것임을 나는 예언하네. 방적과 소모 그리고 그 밖의 다른 것들

119) 288e에서 여섯째 부류로 들었던 것이 실은 잘못됐다는 뜻으로 하는 말이다.

120) 원어 thremma는 to trophon과 같은 뜻으로 쓰인 것이다. 앞에서 밝힌 *Greek-English Lexicon, Revised Supplement* 참조.

121) 텍스트 읽기에서 b2의 〈ha〉는 군더더기라 여겨, 삭제하고서 읽었다.

289c

과 관련해서 그때 우리가 말했던 사람들이 직물을 짜는 사람과 말다툼을 하듯 말일세. 보조적인 원인 노릇을 하는 자들로 일컬어지는 다
d 른 모든 사람은 방금 언급된 제작물들과 함께 제거되고, 왕도의 그리고 나라 통치의 행위와 분리되었을 걸세.

젊은 소크라테스: 어쨌든 그럴 것 같습니다.

손님: 자, 그러면 남은 것들을 더 가까이 다가가서 살피세. 이들을 더 확고하게 보도록 말일세.

젊은 소크라테스: 그야 그래야죠.

손님: 실로 가장 대단한 하인들은, 여기에서 보듯, 우리가 의아해하는 바와는 반대되는 활동과 상태에 있음을 발견하게 되네.

젊은 소크라테스: 그들은 누군가요?

손님: 사들인 자들이며 이런 식으로 획득한 자들이네. 다툴 여지 없
e 이 우리가 노예들로 말할 수 있으며, 왕도적인 전문적 지식은 조금도 내세울 수 없는 자들이네.

젊은 소크라테스: 어찌 그렇지 않겠습니까?

손님: 어떤가? 자유민들 중에서 방금 언급된 자들에게 스스로 자진해서 보조하는 직종에 가담하는 자들, 곧 농산물 그리고 다른 기술들의 생산물들을 서로에게 운반해 주면서 균형을 유지케 하는 자들, 더러는 시장들에서, 더러는 바닷길이나 육로로 나라에서 나라로 옮겨가면서, 화폐와 다른 것들을 그리고 화폐와 화폐를 교환하는 자들, 이
290a 들을 우리는 환전상들과 상인(교역상)들, 선주들, 그리고 소매상들로 일컫는데,[122] 이들은 나라 통치 지식을 두고는 조금도 다투지 않겠지?

---

122) 《법률》 편 918b에서도 교역상과 소매상이 어떤 구실을 하는지에 대한 언급을 하고 있는데, 여기에서 하고 있는 것과 아주 비슷한 내용의 것이다.

290a

젊은 소크라테스: 아마도 교역권을 두고서는 어쨌든 더러 그럴 것입니다.

손님: 하지만 모두에게 더할 수 없이 선뜻 보조하는 고용된 자들이나 품팔이꾼들을 우리가 보는데, 이들이 왕도적인 통치 지식에 관여하는 체하는 걸 우리가 목격하는 일은 결코 없을 게야.

젊은 소크라테스: 실상 어찌 그럴 수 있겠습니까?

손님: 그러면 이런 일들로 우리에게 매번 봉사하는 사람들은 어떤가?

젊은 소크라테스: 어떤 일들과 누구를 말씀하십니까?

손님: 전령관들의 부류와 문자에 밝아 자주 이 일로 보조하는 자들, b
그리고 관직들과 관련해서 그 밖의 여러 가지 일들로 수고를 하는 다른 온갖 부류의 사람들, 이들을 또한 우리가 어떤 사람들로 말할 것인지?

젊은 소크라테스: 지금 말씀하신 이들은 보조자들이지, 이들 자신들이 나라들에서의 통치자들[123]은 아닙니다.

손님: 그러나 이곳 어딘가에 나라 통치 지식을 두고 특히 다투는 자들이 나타나 보일 것이라 내가 말했던 것은 어쨌든 꿈은 분명히 아니었다고 나는 생각하네. 그렇지만 통치자들을 보조적인 어떤 부분에서
찾는다는 것은 어쨌거나 몹시 이상한 일인 걸로 여겨질 것이네. c

젊은 소크라테스: 바로 그럴 것입니다.

손님: 그러면 우리가 아직 시험해 보지 않은 사람들에게로 더욱 가까이 접근해 보세나. 예언의 능력과 관련해서 도움을 주는 어떤 부분

123) 여기서 말하는 '통치자들'은 문자 그대로 일반적인 뜻에서의 arkhontes (=rulers)이며, 따라서 이이지는 e의 각주에서 언급되는 관직들과는 물론 다른 뜻의 것이다.

290c

적인 전문적 지식을 갖고 있는 이들이 있네. 인간들에게 신들의 뜻을 해설해 주는 자들로 생각되고 있겠기 때문이지.

젊은 소크라테스: 네.

손님: 그리고 진실로 제관들의 부류 또한, 관습이 말해 주듯, 우리 쪽에서의 제물들을 통한 신들에 대한 선물들이 그들의 마음에 들게
d 바쳐지는지에 대해, 반면에 신들 쪽에서의 기원을 통한 좋은 것들의 획득을 구함에 대해서도 알고 있네. 이 양쪽 다의 것이 봉사자의 전문적 지식의 부분들이라 나는 생각하네.

젊은 소크라테스: 어쨌든 그리 보입니다.

손님: 이제 마침내 우리가 가는 길로의, 이를테면 어떤 발자국에 접하게 된 것으로 내게는 생각되네.[124] 그야 물론 제관들과 예언자들의 태도는 아주 자긍심으로 충만한 데다, 착수하는 일들의 규모로 해서 굉장한 명성을 얻게 되기 때문이지. 그래서 이집트의 경우, 왕은 제관
e (성직자)의 신분이 아니고서는 통치를 할 수 없고,[125] 따라서 만약에 먼저 다른 부류에서 부득이 왕으로 될 수밖에 없었다면, 그는 나중에 이 부류에 받아들여져야만 하는 게 필연적이네. 그러나 더 나아가 헬라스 민족들 중에서도 여러 곳에서 가장 중요한 관직들[126]에 이런 것

---

124) 여기에서 '발자국'으로 번역한 것의 원어는 ikhnos인데, 이는 아직은 제대로 난 큰길은 아니지만, 사람들이 조금씩 지나가기 시작하면서 남긴 발자국들로 해서 생긴 '오솔길'을 뜻하기도 한다. 그러니까 왕도적 치자나 참된 정치가를 만나게 될 길에 가까워졌음을 시사하고 있는 것이다.

125) 고대의 이른바 제정 일치(祭政一致)를 말하고 있다. 아테네의 arkhōn basileus는 곧 '제사장'인 셈이다. basileus는 원래 '왕'을 뜻하는 말이다.

126) '가장 중요한 관직들(hai megistai arkhai)'은 'arkhontes(아르콘들)'를 뜻한다. 바로 앞의 각주에서 언급했듯, 원래 arkhōn은 통치자를 뜻하는 말인데, 지금 여기서 말하는 것은 흔히 '집정관'으로 번역하는 관

290e

들과 관련된 제례들 중에서도 가장 중요한 제물들 바치기가 지시받은

직으로서의 '아르콘'을 뜻한다. 물론 이들의 권한이 막강했을 때는 '집정관'으로 부르는 것이 맞겠으나, 나중에 추첨에 의해 선출된 명목상의 아르콘인 통상적인 관리로 되었을 때는, 이 번역어는 사실상 맞지 않으므로, 그냥 '아르콘'으로 지칭하는 게 옳다. 아테네의 경우에 처음에 왕정(기원전 11세기?)에서 귀족 정체로 바뀌면서, 3인의 아르콘들을 귀족들 가운데서 선출하였고, 이들의 임기는 처음엔 종신에서 10년으로, 그리고 683년경 이후에는 1년으로 단축되었다. 이들 3인의 집정관들은 왕권을 분할해서, 종교적 책무와 살인 사건의 재판을 담당한 arkhōn basileus와 군대를 통솔하는 polemarkhos 그리고 arkhōn eponymos이다. 셋 중 마지막 것은 그의 이름을 따라 그 연도의 연호(年號)가 정해지기 때문에 그리 불리는 것인데, 487년까지는 집정관들 중의 수장이었다. 그 이후로도, 비록 명목상으로나마, 수장이기는 마찬가지였다. 이들의 법적 책무는 광범위했으며, 시민들과 그들의 재산 보호, 중요한 축제들을 관할했다. 7세기에는 이들에 더해 6명의 thesmothetai(입법자들의 뜻)가 추가되어, 아르콘들은 도합 9명으로 되었으며, 이들 6명의 책무는 주로 법률적인 것이어서, 각종의 소송 사건들을 주재했다. 솔론(Solōn)은 594/3년에 아르콘으로서 나라를 개혁하는 권한을 위임받아, 저 유명한 이른바 빚 탕감(seisakhtheia) 정책을 통해 하층민들의 빚을 덜어 주는 한편으로 상위 두 계층의 불만을 달래기 위해서 아르콘들에 선출되는 자격은 이 계층까지로 제한했다. 그러나 457년에는 이는 네 계층 중에서 셋째 계층까지도 허용되기에 이른다. 그리고 이들이 이 직위에서 물러나면, 이들은 아레스의 언덕(Areios pagos)에서 열렸던 협의회(boulē)의 종신 위원이 되었다. 그런데 솔론의 민주화 운동의 옹호자였던 클레이스테네스(Kleisthenēs)는, 508/7년에 과두파의 이사고라스(Isagoras)가 추방된 뒤에, 아테네의 본격적인 민주화 개혁을 감행해서, 아테네 시민들을 인위적으로 10개의 부족(phylē)으로 재편해서, 각 부족에서 1명씩의 장군(stratēgos)을 해마다 뽑게 했는데, 재선도 가능케 했다. 이후 아테네의 실질적인 최고 권한은 이들에게로 옮겨 갔고, 이들 중에서 영향력 있는 자가 당대의 정치적 지도자로 부상했다. 테미스토클레스(Themistoklēs)나 페리클레스(Periklēs)도 그런 사람들이었다. 그러니까 487년 이후에 추첨에 의해서 뽑혔던 아르콘들은 통상적인 공무에만 관여했다.

290e

것임을 누군가는 알아볼 게야. 특히 여러분께는[127] 제가 말하고 있는 바가 분명하겠죠. 왜냐하면 이곳에서는 추첨으로 뽑힌 바실레우스[128]에게 예로부터의 제례 의식들 중에서도 가장 엄숙하고 가장 조상 전래의 것인 것이 할당되었으니까요.

젊은 소크라테스: 그야 물론입니다.

291a 손님: 그래서 이들 추첨으로 뽑힌 바실레우스들과 함께 제관들 및 이들의 보조자들, 그리고 또 아주 많은 다른 무리를 고찰해야만 하네. 앞서 언급된 자들이 분리된 마당에 방금 우리에게 명백하게 보이게 된 무리 말일세.

젊은 소크라테스: 하지만 이들은 누굴 또 말씀하시는 겁니까?

손님: 아주 이상한 사람들이기도 하지.

젊은 소크라테스: 왜죠?

손님: 방금 살피게 된 내게 어쨌거나 그리 보이듯, 이들은 온갖 무

---

127) 특히 소크라테스와 젊은 소크라테스 이외에도, 대화에는 관여하지 않으나, 이들의 대화를 듣고만 있는 다른 아테네인 방청자들도 상정할 수 있겠다.

128) 바로 앞의 '가장 중요한 관직들(hai megistai arkhai)' 과 관련된 각주에서 언급한 basileus에 대한 내용을 참조할 것. 솔론(Solōn)이 '아르콘'이었을 때는 새로운 나라체제와 법률을 제정하고선, 이를 선회축(旋回軸)을 갖는 3면 각판(kyrbeis)에 새긴 다음, 바실레우스 아르콘(arkhōn basileus)의 관아(stoa basileios)에 세워 놓고, 9명의 아르콘들이 이를 지킬 것을 서약케 했다고 한다. 《에우티프론》 편 2a~3b에는 이 관아 앞에서 서성이고 있는 소크라테스를 에우티프론이 만나서, 그 까닭을 물으니, 자신을 불경죄와 젊은이들을 타락케 한다는 죄목으로 기소한 탓에, 출두한 것이라고 대답하는 장면이 나온다. 이 관아의 위치는 오늘날의 아고라 유적지에서도 확인할 수 있다. 역자의 《플라톤의 네 대화편: 에우티프론, 소크라테스의 변론, 크리톤, 파이돈》 465쪽의 도면을 참조할 것.

291a

리의 부류네. 그 사람들 중에서 많은 이는 사자들과 켄타우로스들[129]
그리고 그와 같은 다른 것들을 닮았으나, 아주 많이는 사티로스들[130] b
과 나약하면서도 꾀가 많은 짐승들을 닮았기 때문이야. 그러나 이것들은 재빨리 모습들도 바꾸며 능력까지도 다른 것들의 것들로 바꾸네.[131] 그런데 실은, 소크라테스, 지금 막 그 사람들을 내가 알아보게

---

129) Kentauros들은 반인반마(半人半馬) 곧 말의 몸통과 다리를 그리고 사람의 머리와 가슴 및 팔을 가진 신화 속의 종족으로 테살리아의 펠리온(Pēlion)산과 오사(Ossa)산 사이의 지대에서 살았다는 종족이다. 이들이 테살리아 북쪽으로 이웃하여 살았다는 라피타이(Lapithai)족의 왕 페[이]리토오스(Peirithoos, Peirithous, Perithoos)의 혼인식 잔치에 초대받아 참석했다가 술이 취하자, 신부 히포타미아(Hippotamia) 그리고 다른 여인들도 함께 납치하려고 해서, 두 종족 사이에 한바탕 싸움판이 벌어졌다. 그러나 라피타이족이 이를 제압하고서, 이후 이들의 거처를 펠리온 숲에 한정시켰다 한다. 이 싸움을 '켄타우로스족과의 싸움(Kentauromakhia)'이라 일컫는다. 아테네의 왕 테세우스(Thēseus)는 이 왕과 친구 사이였다. 이 인연으로 아테네의 파르테논 신전 프리즈(frieze)의 트리글리프(triglyph: 세로로 판 세 줄 홈)와 트리글리프 사이의 작은 벽(metopes)을 장식한 조각들에 이 싸움 장면들이 몇 개 새겨져 있었다. 그 한 장면은 2012년에 metope 채로 떠서, 지금의 '아크로폴리스 박물관'에 전시 보관되고 있고, 가장 역동적인 싸움 장면의 것은 런던의 '대영박물관'에 전시되어 있다.

130) 사티로스(Satyros)들은 디오니소스(Dionysos)의 종자(從者)들로서, 거의 사람의 형상을 하고 있으나, 말의 꼬리나 염소의 다리 그리고 유난히 큰 생식기를 갖고 있고, 호색하며 술을 좋아하는 것들로 묘사되고 있다.

131) 이를테면, 바다의 작은 신인 프로테우스(Prōteus)는 자신이 원하는 대로 제 모습을 수시로 바꿀 수 있었다고 한다. 그는 포세이돈을 따르는 늙은 신으로서 이집트 연안에 인접한 파로스(Pharos)섬에 곧잘 나타났다고 한다. 모든 걸 알고 있다고 해서, 그를 붙들고 성가시게 물어 대는 걸 피하기 위해 스스로 온갖 모습으로 변신을 했다고 한다. 《오디세이아》 4. 351 이후에 그의 자유자재한 변신과 관련된 긴 이야기가 나온다. 《국가(정체)》 편 381d에도 그에 대한 그런 언급이 보인다.

291b

된 걸로 생각되네.

젊은 소크라테스: 말씀해 주셨으면. 선생님께서 뭔가 이상한 걸 보신 것 같아섭니다.

손님: 그렇고말고. 이상한 것이란 누구에게고 알지 못함으로 해서 생기니까. 그야 지금만 해도 그걸 내가 겪었기 때문이지. 나랏일들과
c 관련된 무리를 보니까 문득 의아심이 생기더구먼.

젊은 소크라테스: 어떤 무린가요?

손님: 소피스테스들 모두 가운데서도 최대의 마법사[132] 그리고 이 기술에 있어서 가장 경험이 풍부한 자일세. 이 자를, 비록 떼어 내기가 지극히 어려울지라도, 우리가 찾고 있는 것을 명확하게 보고자 한다면, 참으로 정치가들이며 왕도적 통치자들인 사람들에게서 떼어 내야만 하네.

젊은 소크라테스: 어쨌든 이를 간과해서는 안 된다는 것은 확실합니다.

손님: 물론 내 생각으로도 확실히 그래서는 안 될 일이네. 그리고 이것에 대해서도 내게 대답해 주게.

젊은 소크라테스: 어떤 것인가요?

d 손님: 1인 정체(monarkhia)는 우리에게 있어 나라 통치 형태(politikē arkhē)들 중의 하나가 아닌가?

젊은 소크라테스: 그렇습니다.

손님: 그리고 1인 정체 다음으로는 소수자들(hoi oligoi)에 의한 지배를 누군가가 말할 것이라 나는 생각하겠네만.

132) 또는 '요술쟁이'로서 goēs라 한다. 《소피스테스》 편 234e, 《국가(정체)》 편 598d에서도 소피스테스를 그리 말하고 있다.

젊은 소크라테스: 어찌 그러지 않겠습니까?

손님: 그러나 세 번째 정체(politeia)의 형태는 대중(plēthos)의 지배로서, 민주 정체(dēmokratia)라는 이름으로 불리지 않는가?

젊은 소크라테스: 그야 물론입니다.

손님: 이것들은 셋이지만, 어떤 식으로는 [이들 중의] 둘이 저들에게서 저들 자체에 대해 다른 이름들을 생기게 함으로써, 다섯이 되지 않는가?

젊은 소크라테스: 바로 어떤 것들인가요?

손님: 오늘날, 짐작건대, 이것들에서 생기는 강제성과 자발성, 가난 e
과 부 그리고 법과 무법에 주목하고서, 이것들 중의 둘의 각각을 둘로 나눔으로써, 1인 정체는 두 종류를 제공케 되는 것으로서, 두 명칭 곧 참주 정체(tyrannis)와 왕정체제(basilikē)[133]로 일컫지.

젊은 소크라테스: 물론입니다.

손님: 그러나 소수자들에 의해 그때마다 지배되는 나라는 귀족 정체(aristokratia)[134]와 과두 정체(oligarkhia)로 일컫네.

젊은 소크라테스: 그것 또한 물론입니다.

손님: 그렇지만 민주 정체의 경우, 그러니까 대중이 유산자들을 지
배함에 있어서 강제로 하건 자발적인 상태로 하건, 또한 법률을 정확히 292a
지키건 또는 그러지 않건, 아무도 그 명칭을 바꾸는 관례가 전혀 없네.

젊은 소크라테스: 정말입니다.

손님: 그런데, 어떤가? 이 정체들 중에서 이 기준(horos)들에 의해

133) 여기서는 역사적인 사실로서의 '왕정인 1인 정체(basilikē monarkhia)'를 지칭할 뿐, 이 대화편에서 찾고 있는 '왕도적 통치([hē] basilikē arkhē)'를 뜻하는 것은 아니다.

134) 302d에서 해당 각주를 참고하는 게 좋겠다.

292a

서, 곧 1인, 소수자들, 다중, 부와 가난, 강압적임과 자발적임, 그리고 성문법을 갖춤과 무법 등에 의해 규정된 것들 중에서, 어느 걸 바른 것(orthē [politeia])이라 우리가 생각하고는 있는가?

젊은 소크라테스: 왜 그렇지 못한 거죠?

b 손님: 그러면 이런 식으로 따라오면서 고찰하게.

젊은 소크라테스: 어떻게 말씀입니까?

손님: 처음에 말한 것을 지킬 것인지 아니면 우리가 의견을 달리할 것인지?

젊은 소크라테스: 바로 어느 것을 두고 말씀하십니까?

손님: 왕도적 통치(hē basilikē arkhē)는 전문 지식들 중의 하나라고 우리가 말한 것으로[135] 나는 생각하네.

젊은 소크라테스: 네.

손님: 그리고 이것들 모두가 아니라, 판단하고 통제하는 어떤 지식을 다른 것들 모두에서 가려내었던 게 확실해.[136]

젊은 소크라테스: 네.

손님: 그리고 통제하는 지식에서 한쪽은 무생물인 생산물들에 대
c 한 것을, 다른 쪽은 생물들에 대한 것을 가려내고. 또한 바로 이런 식으로 나누면서 우리가 줄곧 이리로 왔네. 그 지식은 잊지 않고서 말일세. 그러나 그게 어떤 지식인지는 아직도 충분히 밝힐 수 없는 처지네만.

젊은 소크라테스: 옳은 말씀입니다.

---

135) 258b 및 259b 참조.

136) 259e~260c 참조. 여기서 '판단하고 통제하는'의 원어는 kritikē … kai epistatikē이다. 그런데 260c에서 '지시하는(epitaktikon)'으로 말한 것을 여기서는 '통제(관장)하는(epistatikēn)'으로 말하고 있다.

손님: 그러니까 바로 이 점을 우리는 알고 있네. 곧 이것들과 관련된 기준은 소수도 다수도, 자발적임도 비자발적임도, 가난도 부도 되어서는 안 되고, 우리가 정녕 앞에서 언급한 것들을 따를 것이라면, 어떤 전문 지식이 되어야만 하겠지?

젊은 소크라테스: 그럼요, 그걸 그러지 않는다는 건 정말 있을 수 d
없는 일입니다.

손님: 그러니 이를 필연적으로 이렇게 고찰해야만 하네. 이 정체들 중에 어느 것에서 인간들의 통치와 관련된 전문 지식[137]이, 그게 가능하다면, 생기게 되겠는지를 말일세. 이는 어쩌면 얻기가 가장 어렵고 가장 위대한 것일 게야. 이걸 우리는 알아보게 되어야만 하는데, 이는 정치가들인 체하며 다중을 설득하지만, 결코 실상은 전혀 그렇지 않은 자들이 어떤 자들인지를 보게 됨으로써, 지혜로운 왕에게서 이들을 떼어 내야만 해서네.[138]

젊은 소크라테스: 그야, 우리의 논의가 앞서 말해 주었듯, 해야만 하니까요.

손님: 그러니까 한 나라에서 대중이 이 지식을 갖게 될 수 있을 것 e
으로는 생각되지 않겠지?

젊은 소크라테스: 그게 어떻게?

손님: 하지만 1천 명의 나라에서 백 명이나 50명이라도 이를 충분히 갖게 될까?

---

137) '인간들의 통치와 관련된 전문 지식'의 원어는 epistēmē peri anthrōpōn arkhēs이다.

138) 이 문장은 원문이 난삽한 탓으로 다소 의역을 한 것이다. 그리고《고르기아스》편 459b~c에서 언급되고 있는 변론가가 바로 그런 자이겠다.

292e

젊은 소크라테스: 그럴 경우에 그건 모든 전문 지식(tekhnē)[139]들 중에서도 가장 쉬운 것일 겁니다. 인구 1천 명 중에서도 그만큼의 정상급 장기[140] 기사들이, 다른 헬라스 나라들의 기사들에 필적하는 정도의 기사들이 결코 생길 수 없다는 사실을 우리가 알고 있는데, 하물며 어찌 왕들이. 그야 왕도적인 지식[141]을 갖춘 이는, 그가 실제로 통치를 하고 있건 또는 하고 있지 않건 간에, 앞서의 주장대로, 똑같이
293a 왕다운 이(basilikos)로 불리어야만 하니까요.[142]

손님: 훌륭히 기억하고 있었네. 이에 따라 바른 통치([hē] orthē arkhē)는 한 사람이나 두 사람 또는 아주 소수와 관련지어 탐구해야만 하네. 그게 바른 것이 될 경우 말일세.

젊은 소크라테스: 물론입니다.

손님: 하지만 이들이 자발적인 자들을 또는 비자발적인 자들을 통치하건 간에, 성문법에 따라 또는 성문법 없이 통치하건 간에, 그리고 부자들로서나 또는 가난한 자들로서 통치하건 간에, 지금 우리가 생

139) 여기서도 확인되다시피, 이 대화편에서는 tekhnē(=art)가 epistēmē(=knowledge)와 같은 뜻으로 쓰이고 있다.

140) 여기에서 '장기'로 옮긴 것은 petteia(pesseia)인데, 이는 이른바 '서양 장기(checkers, draughts)'로 불리는 것과 비슷한 것인 걸로 알려져 있다. 이 놀이판에서 쓰이는 말들을 psēphoi(단수는 psēphos)라 했던 걸로 미루어, 아마도 마노(瑪瑙)나 고운 색깔의 조약돌이었던 것 같다. 이 장기판은 여러 영역으로 나뉘고, 그 각각은 '나라(polis)'로 불리었으며, 이를 기반으로 영토 빼앗기의 싸움판이 벌어졌던 것 같다.

141) '왕도적인 지식([hē] basilikē epistēmē)'은 곧 '왕을 왕답게 하는 [전문] 지식'을 뜻한다. 259b의 해당 각주 참조.

142) 259a~b에서 '참된 의사'란 현직 종사와는 상관없이 해당 전문 지식의 유무에 근거해서 판단해야 함을 말하고선, 이에 빗대어 왕다운 왕도 그런 기준에서 판단해야만 한다고 손님 자신이 말했던 걸 젊은 소크라테스가 기억하고서 하는 말이다.

293a

각하고 있듯, 전문 지식에 따라 어떤 통치건 통치를 하고 있는 것으로 우리는 생각해야만 하네. 무엇보다도 의사들을 우리가 그리 생각했 b
지. 그들은 우리가 자발적이건 자발적이지 않건 우리를 치료하네. 수술을 하거나 소작(燒灼)을 하건 또는 다른 어떤 고통을 안겨 주건 간에, 또한 처방전에 따라 또는 처방전도 없이 하건 간에, 그리고 또 그들 자신들이 가난하건 부유하건 간에 우리는 조금도 못지않게 전적으로 의사들로 말하네. 그들이 전문 지식에 의해서 통제하는 한은, 설사를 하게 하건, 또는 다른 방식으로 살이 빠지게 하건, 몸을 늘리게 하건, 몸의 좋은 상태를 위하는 한, 그래서 몸을 나쁜 상태에서 더 나은 상태로 만들어서, 보살피는 자들 저마다가 보살핌을 받는 것들을 보전케 한다면 말일세. 이렇게 해서, 우리는 이 규정만을, 의술 그 c
리고 그 밖의 다른 어떤 다스림이든, 바른 걸로 삼을 것이라 나는 생각하네.

젊은 소크라테스: 그건 전적으로 그렇습니다.

손님: 나라체제(정체: politeia)들 중에서도 각별히 바른 유일한 나라체제는 이것인 게 그야말로 필연적인 것 같네. 이것에서 누군가가 참으로 지자들인, 결코 그리 여겨질 뿐인 자들은 아닌, 통치자들을 발견하게 되겠는 나라일세. 법률에 따라 또는 법률 없이 통치하건 간에, 자발적인 자들을 또는 자발적이지 않은 자들을 통치하건 간에, 그리고 또 그들 자신들이 가난하건 부자들이건 간에 말일세. 이것들 중의 d
어느 것도 결코 그 어떤 정당성의 관점에서도 고려되어서는 안 될 것이네.

젊은 소크라테스: 훌륭한 말씀입니다.

손님: 어떤 자들을 처형하거나 추방함으로써 나라의 이익을 위해 숙청을 하건, 또는 벌떼처럼 어디론가 이주로 내보냄으로써 나라를

293d

더 작게 만들거나, 또는 어디에선가 밖에서 다른 어떤 사람들을 들어
오게 해서 시민들로 만들어 나라를 키우거나 간에, 전문 지식과 올바
름(to dikaion)을 이용해서 나라를 나쁜 상태에서 구원하여 가능한 한
e 더 좋게 만드는 한, 이 나라를 그때에야 그리고 이런 규정들에 따라
유일한 바른 나라체제(orthē politeia)라고 우리로선 말해야만 하네.
그러니 우리가 말하는 하고많은 그 밖의 것들은 정통의 것들도 진짜
인 것도 아니고, 이를 모방한 것들이라 말해야 하네. 그 중에서도 훌
륭한 법질서를 갖춘 것들로 우리가 말하는 것들은 더 나은 쪽으로 모
방하게 되었지만, 그 밖의 것들은 더 추한 쪽으로 모방하게 되었네.

젊은 소크라테스: 손님, 다른 것들은 적절히 말씀하신 것 같습니다. 그러나 법률 없이 통치해야만 한다는 말씀은 듣기에 거북한 편입니다.

손님: 아, 소크라테스, 나에 대한 자네 질문이 좀 빨랐네. 내가 말한
294a 이것들 모두를 자네가 받아들이는지 아니면 그것들 중에서 어떤 것에
대해서는 못마땅해하는지를 물을 참이었으니까. 그러나 이제 법률 없
이 통치하는 자들의 정당성과 관련해서 우리가 자세히 다루는 문제를
숙의하게 될 것이라는 사실이 분명해졌네.

젊은 소크라테스: 어찌 그렇지 않겠습니까?

손님: 하지만 어떤 면에서는 입법 지식(nomothetikē)이 왕도적인 지식[143]에 속하는 것임은 명백하네. 그러나 최선인 것은 법률이 우세한 것이 아니라, 지혜(phronēsis)를 갖춘 왕다운 사람이 우세한 것이네. 왜 그런지 아는가?

젊은 소크라테스: 어째서 그렇다는 말씀이신지?

손님: 그건 법이 모두에게 동시에 최선인 것과 가장 올바른 것을

143) 259b 및 해당 각주 참조.

정확하게 포괄해서 최선의 것을 지시할 수는 결코 없을 것이기 때문 b
이네. 왜냐하면 인간들과 그 행위들의 같지 않음들 그리고 요컨대 그
어떤 인간사도 결코 가만히 있지 않음이 그 어떤 전문 지식도 어느 경
우에고 모든 것과 관련해서 그리고 언제나 그 어떤 단순한 것을 제시
하는 것도 허용치 않으니까. 물론 이에 대해서는 우리가 아마도 동의
하고 있겠지?

젊은 소크라테스: 물론입니다.

손님: 하지만 법은 바로 이것으로 거의 기울어져 있음을 우리는 목
격하고 있네. 마치 완고하고 무지하며 자신의 지시에 어긋나는 것은 c
아무것이든 그 누구든 행하는 걸, 또한 누구에게도 질문하는 것도 허
용치 않는 어떤 인간을 우리가 목격하고 있듯. 설령 누구에겐가 자신
이 지시한 원칙에는 어긋나되 더 나은 어떤 새로운 것이 생각나서 그
러더라도 말일세.

젊은 소크라테스: 정말입니다. 법은 우리 각자에게 오로지 방금 선
생님께서 말씀하시듯 대하니까요.

손님: 그렇다면 결코 단순할 수 없는 것들에 대해서 일관되게 단순
한 것이 잘 적용될 수는 없겠군?

젊은 소크라테스: 그런 것 같습니다.

손님: 그렇다면, 법이 완벽하게 옳은 것이 아닐 텐데, 도대체 무엇
때문에 법 제정을 해야만 하는가? 그 까닭을 찾아내야만 하겠지?[144] d

---

144) 법 제정의 필요성 및 그 한계성과 관련해서는《법률》편, 874e~875d에서 아주 잘 정리된 언급에 접할 수 있다. 그 요지를 인용하면, 이런 것이다. "사람들로서는 법률을 제정하여 법률에 따라 사는 게 불가피합니다. 그렇지 않으면 사람이 모든 면에서 가장 사나운 짐승들과 다를 것이 아무것도 없습니다. 그 이유는 다음과 같은 것입니다. 그 어떤 인간의 자

294d

젊은 소크라테스: 물론입니다.

손님: 그런데 여러분의 경우에도, 다른 나라들에서도 있는 것과 같은, 어떤 단체 운동연습들이 있지 않나요? 달리기와 관련되었거나 또는 그 밖의 다른 어떤 것과 관련된 것들로서 우승을 위해서 하는 것들 말입니다.

젊은 소크라테스: 그야 아주 많죠.

손님: 자, 이제 전문 지식에 의해서 단련을 시키는 자들의 이런 통솔들에서 하는 지시들을 다시 상기해 보세나.

젊은 소크라테스: 어떤 것인가요?

손님: 그들은 각자의 몸에 적절한 걸 지정함으로써 개인별로 세부적인 설명을 해 줄 수는 없다고 생각하지만, 다소 대략적으로 많은 경
e 우에 많은 사람들에게 몸에 유익한 것의 지침을 만들어야만 한다고

질도 나라체제와 관련해서 인간들에게 유익한 것들을 알기에 충분하리만큼 타고나진 못하며, 설령 알더라도, 최선의 것을 언제나 행할 수 있기에 또한 내켜서 그렇게 하기에 충분하리만큼 타고나지는 못한다는 겁니다. … 그가 감사(監査)를 면제받으면서 절대권을 행사하는 자로서 나라를 다스리게 된다면, … 나라에 있어서 공적인 것을 우선적으로 보살피면서, 사적인 것은 공적인 것에 종속시키며 끝까지 살아갈 수도 결코 없을 것이기 때문입니다. … 하지만 언제고 인간들 중에서 누군가가 신적인 섭리에 의해 천성으로 충분히 자질을 타고남으로써 그런 지위를 얻게 될 경우에는, 그로서는 자신을 지배할 법률이 전혀 필요하지 않을 것입니다. 왜냐하면 앎보다는 법도 그 어떤 법령도 더 우월하지 못하며, 지성(nous)이 그 어떤 것에 종속된다거나 종노릇을 한다는 건 가당치도 않기 때문입니다. 과연 지성이 그 본성대로 정말로 참되고 자유로울진대, 그게 모든 것의 지배자여야 함은 당연하니까요. 하지만 현실적으로는 그 어디에도 그런 지성[을 지닌 인물]은 단연코 없습니다. 드문 경우들을 제외하고는 말입니다. 바로 이 때문에 차선의 것, 곧 법령과 법을 택해야만 하는 겁니다. 그러기에 이것들은 많은 경우를(epi to poly) 보며 염두에 두는 것들이겠으나, 모든 경우를(epi pan) 그럴 수는 없는 것들입니다."

294e

생각한다는 걸세.

젊은 소크라테스: 훌륭한 말씀입니다.

손님: 바로 이 때문에 어쨌든 이제 단체적으로 같은 노고를 부여함으로써, 달리기나 레슬링 또는 일체의 신체적 노고를 동시에 시작했다가, 동시에 멈추기도 하네.

젊은 소크라테스: 그건 그렇습니다.

손님: 그러니까 입법자, 곧 올바름과 관련해서 그리고 상호계약과 관련해서 무리들에 대해 통제하게 될 자 또한 모든 집단에 지침을 내
리면서, 개개인에게 적절한 것을 정확하게 확보해 주기를 능히 할 수 295a
있게 될 수는 결코 없다고 우리는 생각하네.

젊은 소크라테스: 아무튼 그런 것 같습니다.

손님: 그는 어쨌든 많은 사람을 위한 것 그리고 많은 경우에 대처해서, 그래서 개개인들에게는 이런 식으로 대충 법을 제정할 것이라 나는 생각하네. 이를 성문법으로 제시하건 또는 불문율 곧 조상 전래의 관습법으로 제시하건 간에 말일세.

젊은 소크라테스: 옳습니다.

손님: 물론 옳지. 사실 도대체 누가 평생토록 언제나 각자 옆에 앉
아서 적절한 것을 정확하게 능히 지시해 줄 수 있을 정도가 되겠는가, b
소크라테스? 한데, 누구건 진실로 왕도적인 지식을 갖춘 자들 중에서 누구든 이를 언제고 할 수 있다면, 내가 생각하기로는, 우리가 말한 이들 법률을 굳이 문자화해서, 제 앞에 장애물을 놓는 짓은 결코 하지 않을 걸세.

젊은 소크라테스: 적어도 방금 언급된 바에 따를진대, 그렇습니다, 손님!

손님: 하지만, 이보게, 오히려 이제 말하게 될 바에 따를진대, 그렇

지 않겠는가?

젊은 소크라테스: 바로 어떤 것인가요?

손님: 그건 이런 것일세. 실은 우리가 스스로에게 이렇게 말한다
c 면? 의사나 어떤 체육 단련을 시키는 자가 자기의 보살핌을 받는 자
들에게서 떠나게 되어 오래도록 부재 상태가 될 처지라면, 그래서 생
각하기로, 체육 단련을 받는 자들이나 환자들이 지시받은 바를 기억
하지 못할 것으로 생각되어, 이들에게 비망 사항들을 적어 주고자 한
다고, 아니면 어떻게 말할까?

젊은 소크라테스: 그렇게 말하는 걸로 하죠.

손님: 그러나, 만약에 그가 예상과 어긋나게 짧은 시간 동안 떠나
있다가 되돌아온다면, 어떨까? 환자들에게 더 좋은 사태가 일어났다
면, 이미 적어 주었던 처방들과는 다른 것들로 그가 바꾸려 들지 않겠
d 는가? 숨 쉬는 공기나 또는 제우스의 도움으로[145] 예상과는 어긋나게
평소와는 다소 다른 어떤 상황이 벌어졌다면 말일세. 그런데도 버티
며, 옛날에 법제화된 것들에서 결코 벗어나서는 안 된다고 생각할까?
스스로 다른 것들을 지시해서도 안 되며, 환자가 처방받은 것들에 어
긋나는 다른 것들을 감행하려 해서도 안 되는 걸로, 이것들이 의술에
부합하는 것들이며 건강에 유익한 것들이지만, 달리 진행되는 것들은
질병을 일으키며 전문 기술에 부합하는 것들도 아니라고 해서 말이
네? 혹여 모든 이와 같은 사태가 전문 지식에서 그리고 모든 것과 관
e 련된 참된 기술에서 일어난다면, 이는 그와 같은 법령들에 대한 그야

145) 신화시대의 헬라스인들은 자연현상들을 신들에 의한 조화(造化)들로 보았다. 특히 천둥 뇌우는 제우스의 소관으로 보았다. 그래서 "제우스가 비를 내렸다(Zeus hye.)" 또는 "신이 비를 내린다(ho theos hyei.)"고 말한다.

295e

말로 최대의 비웃음이 되겠지?

젊은 소크라테스: 실상 단연코 그럴 것입니다.

손님: 그러나 올바른 것들과 올바르지 못한 것들, 아름다운 것들과 추한 것들 그리고 좋은 것들과 나쁜 것들을, 나라마다에서 성문화된 법률에 따라 돌봄을 받는 인간들의 무리들을 위해 성문화했거나 성문화되지는 않은 입법을 한 자에게 전문 지식을 갖추고서 그런 걸 성문화한 또는 그와 같은 다른 누군가가 올 경우에, 이것들에 어긋나는 다른 것들을 지시하는 것은 물론 허용되지 않겠지? 혹시 이 금지 또한 296a
진실로 저 경우 못지않은 비웃음거리로 보이지 않겠는가?

젊은 소크라테스: 그야 물론입니다.

손님: 그러면 이런 경우에 많은 사람이 하게 되는 말을 자네는 아는가?

젊은 소크라테스: 지금 당장에는 생각이 나지 않네요.

손님: 하지만 그게 온당하네. 그야, 만약에 누군가가 이전의 것들에 비해 더 나은 법률을 알고 있다면, 제 나라를 설득함으로써[146] 그 각각을 입법해야지, 달리는 안 된다고들 말하기 때문이지.

젊은 소크라테스: 왜 그렇겠습니까? 옳지 않나요?

손님: 아마도. 하지만 만약에 누군가가 더 나은 걸 설득하지는 않 b
고, 강요하게 된다면, 대답하게나, 그 강제(bia)의 명칭은 무엇이겠는가? 하지만 아직은 아냐, 앞 것들과 관련해서 먼저 대답하게.

젊은 소크라테스: 바로 뭘 말씀하시는 겁니까?

손님: 그러니까 만약에 누군가가 환자를 설득은 못하지만, 전문 지식은 갖추고 있어서, 처방전과 어긋나게 아이나 남자 또는 여자로 하

146) '설득'의 헬라스어 명사 형태는 peithō이다.

296b

여금 더 나은 걸 하도록 강요한다면, 이 강제의 명칭은 무엇일까? 이른바 아주 '전문 지식에 어긋나는 건강을 해치는 실수[147]' 에 다름없는
c 게 아니겠는가? 그리고 강제당한 환자로서는 우선 이런 일에 대해 무엇이든 정당하게 말할 수 있겠지? 강요하는 의사들로 해서 건강을 해치는 비전문적인 사태를 겪었다는 말 말고는.

젊은 소크라테스: 지극히 참된 말씀입니다.

손님: 그럼 나라 통치 지식에 어긋나는 실수를 일컬어 우리로서는 뭐라 말하겠는가? 부끄러운 것이며 나쁘고 올바르지 못한 것이 아니겠는가?

젊은 소크라테스: 전적으로 그렇습니다.

손님: 성문화된 것들과 인습적인 것들에 어긋나게 이전의 것들보다도 더 올바르고 더 나으며 더 훌륭한 다른 것들을 하도록 강요당한 사
d 람들, 자, 이런 사람들의 이런 강제에 대한 비난이 무엇보다도 더한 비웃음거리가 되지 않으려면, 오히려 그때마다 무슨 말이든 그에게 해 대야만 하겠지? 강제당한 사람들이 강제한 사람들로 해서 부끄럽고 올바르지 못하며 나쁜 일들을 당했다는 말 말고는.

젊은 소크라테스: 지극히 참된 말씀입니다.

손님: 하지만 강제하는 자가 부유하면, 강제한 것들이 올바르지만, 그가 가난하면, 강제당한 것들은 올바르지 못한가? 또는 누군가가 설

147) 여기서 '실수' 로 옮긴 것의 원어 hamartēma는 그냥 저지르는 잘못이 아니라, 이를테면, 과녁을 맞히려 활을 쏘거나 창을 던졌지만, 빗맞을 경우의 실수를 뜻하는 말이다. 그러니까 이 경우의 잘못은 환자의 '치료' 라는 목표를 달성하겠다는 뜻의 관철에만 골몰한 나머지, 환자에 대한 설득(peithō)의 방법은 고려하지 않은 탓에, 목표 달성에 실패하게 되는 '실수' 를 저지르는 것이다.

296d

득을 하고서건 하지 않고서건, 그가 부유하건 가난하건, 또는 성문
법에 따라서건 성문법을 거스르고서건, 유익한 것들을 한다면, 이것 e
이 이것들과 관련해서도 바른 나라 경영의 가장 참된 기준(horos)으
로 되어야만 할 것이니, 지혜롭고 훌륭한 사람은 이에 따라 다스림을
받는 자들의 일을 경영하겠지? 마치 키잡이[148]가 언제나 배와 선원들
의 이로움을 지키느라, 성문화해 갖고서가 아니라, 전문 지식을 법으 297a
로 삼고서 동료선원들을 보전하듯, 이처럼 똑같은 이 방식으로 이렇
게 통치할 수 있는 자들에 의해 바른 나라체제(orthē politeia)가 성립
되겠지? 이들이 법률보다도 전문 지식의 힘을 더 강한 것으로 제공함
으로써 말일세. 또한 슬기로운 통치자들에게는 무엇을 하건, 이들이
큰 것 하나를 지키는 한, 실수란 없겠지? 곧, 지성(nous)과 전문 지식
을 갖추고서 그 나라 사람들에게 언제나 가장 올바른 것을 배분함으 b
로써, 이들을 보전할 수 있고 또한 이들이 더 못한 상태의 사람들에서
되도록 더 나은 상태의 사람들로 되게 할 수 있는 한은 말일세.[149]

---

148) 키잡이(조타수: kybernētēs)는 소형 상선이나 어선 따위의 작은 배의 경우에는 곧 선장이기도 했다. 물론 선주(nauklēros)가 곧 선장일 경우도 있었다. 그러나 폭 3.5미터, 길이 35~37미터의 크기에 200명에 이르는 승선원을 갖는 '삼단노 전함(triērēs)' 에서도 조타수는 함장에 버금가는 지위를 누렸다. 이 대화편에서는 전문 지식을 갖춘 키잡이 그리고 이를 갖춘 의사에 빗대어 지성과 전문 지식을 갖춘 정치가 또는 왕도를 구현하는 왕의 기능을 언급하고 있다. 이런 비유는 《국가(정체)》 편 488a~489a 및 《법률》 편 963a~b에도 보인다. 《파이드로스》 편 247c에서는 '지성' 을 '혼의 조타수' 로 비유하고 있다.

149) 여기서 '슬기로운 통치자들' 의 조건으로 "지성과 전문 지식을 갖추고서 그 나라 사람들에게 언제나 가장 올바른 것을 배분함으로써, 이들을 보전할 수 있고 또한 이들이 더 못한 상태의 사람들에서 되도록 더 나은 상태의 사람들로 되게 할 수 있음" 을 들고 있다. 그런데 《고르기아스》 편 (515b~517c)을 보면, 이 중에서도 시민들이 '더 못한 상태의 사람들에

297b

젊은 소크라테스: 지금 말씀하시게 된 것에 대해 어쨌든 반박할 수는 없습니다.

손님: 하지만 그것들에 대해서는 반론을 해서도 안 되네.

젊은 소크라테스: 어떤 것들을 말씀하십니까?

손님: 어떤 사람들의 경우이든 결코 대중이 이런 지식을 획득하고 지성을 갖추고서 나라를 경영할 수 있게 되지는 못할 것이고, 작은 소
c 수의 모임이나 한 사람에게서나 하나의 저 바른 나라체제[150]를 찾아야만 할 것이고, 다른 것들은 그 모방 형태들로 간주해야만 한다는 걸세. 바로 좀 전에도 말했듯, 어떤 것들은 이걸 더 나은 형태로 모방한 것들이지만, 어떤 것들은 더 못한 형태로 모방한 것들이지.

젊은 소크라테스: 무슨 뜻으로 그 말씀을 하시는 거죠? 방금 말씀하신 모방 형태들과 관련된 말씀을 제가 이해하지 못했기 때문입니다.

손님: 게다가 실은 이게 사소한 문제가 아닐세. 누군가가 이 논의를 건드려 놓기만 하고, 여기에서 내동댕이치고선 계속해 가지 않음으로써, 이와 관련해서 지금 일어난 실수를 적시하지 못하게 된다면

서 되도록 더 나은 상태의 사람들로 되게 할 수 있음'에, 곧 "어떻게 하면 시민들이 최대한 훌륭해질 수 있겠는지에 대해 마음 쓰는 것 … 이걸 정치가가 해야만 한다."고 말하고 있다. 그런 의미에서 테미스토클레스도 페리클레스도 참된 의미에서 '정치가'는 아니었다고 소크라테스는 단언한다. "시민들이 훌륭하게 되는 이 방향으로 설득하고 강요함으로써, 그들의 욕망들을 방향 전향케 하고 그냥 내맡겨 두지는 않는 것"이, 곧 그리 되도록 제도적으로 교육하는 것이 정치가가 할 일이며, '훌륭한 시민의 일(ergon)'도 이것임을, 곧 훌륭한 시민이 되는 것도 시민 스스로 이룩할 일임을 소크라테스는 역설하고 있다. 또한《법률》편(714a)에서는 지성의 배분으로서의 법을 말하고 있는데, 이야말로 '올바른 것의 배분'이겠다.

150) 297a의 본문 참조. '나라체제(politeia)'는 '정체(政體)'로 하는 게 더 간결하겠으나, 한자 병기를 요하는 것이라 망설이게 된다.

297c

말일세. d

젊은 소크라테스: 바로 어떤 것인데요?

손님: 이런 어떤 걸 어쨌든 찾아야만 하는데, 이를 보는 건 그다지 익숙지도 쉽지도 않네. 그렇더라도 이를 포착토록 애써 보세나. 자, 그럼. 우리가 말한 이 나라체제(정체)가 우리에게는 유일한 바른 것이므로, 다른 것들[151]은 이의 문자화된 조례들을 이런 식으로 이용함으로써, 곧 오늘날에도 칭찬받는 것[152]을, 비록 이것이 가장 옳은 것은 아니라 할지라도, 이행함으로써, 보존되게 해야만 한다는 걸 자넨 알고 있는가?

젊은 소크라테스: 그건 어떤 것인가요?

손님: 그 나라에 있는 사람들 중의 아무도 법률에 어긋나는 것은 그 e
어느 것도 감행해서는 안 된다는 것, 그리고 이를 감행하는 자는 사형의 처벌을 받을 것이며 온갖 극형도 받게 될 것이라는 걸세. 그리고 이는 차선의 것으로서는 가장 옳으며 가장 훌륭한 것일세. 방금 말한 첫째 것을 누군가가 제쳐 놓을 경우에는 말일세. 그러면 우리가 차선의 것으로 말한 바로 이것이 어떤 식으로 생기게 되었는지 충분히 논의하도록 해야 되지 않겠는가?

젊은 소크라테스: 물론입니다.

손님: 그러면 왕도를 구현하는 통치자들을 언제나 비교해 보아야만 할 닮은 자들로 다시 돌아가세.

젊은 소크라테스: 어떤 자들을 말씀하시는 건지?

손님: 진지한 키잡이와 수많은 다른 사람 몫을 하는 의사[153]를 말하

151) '바른 나라체제'를 제외한 이의 모방 체제들을 가리킨다.

152) 곧 이어지는 e에서 언급하게 되는 위법에 대한 '처형'을 가리킨다.

153) 호메로스의 《일리아스》 11. 514에 비슷한 표현이 보인다. 《향연》

297e

네. 그야 바로 이들에게서 어떤 모습을 우리가 형상화해서 보자고 해서지.

젊은 소크라테스: 어떤 것인데요?

298a 손님: 이런 것일세. 이를테면, 우리 모두가 이들에 대해 이런 생각을 해 볼 수 있겠네. 이들로 해서 아주 끔찍한 일들을 겪게 되는 걸로 말일세. 그들 중의 어느 쪽이건 우리 중의 누군가 구원해 주고 싶은 자를 똑같이 구조해 주지만, 누군가를 학대하고자 한다면, 수술을 하거나 소작을 함으로써 그리고 자신들에게 마치 공물처럼 비용을 갖고 오도록 지시하는데, 그 중에서 환자에게는 조금만 쓰거나 전혀 쓰질 않고, 나머지는 자신들과 식솔들이 쓰네. 특히 극단적으로는

b 환자의 친척들이나 적들에게서 돈을 대가로 받고서는 그를 죽이기도 하네. 그런가 하면 키잡이들도 그와 같은 다른 짓들을 수도 없이 하겠으니, 배를 바다에 띄우고서 계획적으로 좌초시킨 상태에서 사람들을 내버려 둔다든가, 난바다에서 사상자들을 생기게 해서 바다에 던져 버리거나 또는 그 밖의 나쁜 짓들을 하네.[154] 우리가 이런 생각을 하고서

214b7에는 그 원문 그대로가 인용되고 있는데, 그건 이렇다. "의사는 다른 많은 사람과 맞먹는 사람이기 때문이죠." 이는 아스클레피오스의 아들인 의사 마카온(Makhaōn)이 트로이아의 알렉산드로스가 쏜 화살을 맞아, 위태로운 상황이 되자, 이도메네우스(Idomeneus)가 네스토르(Nestōr)에게 전차에 태워 빨리 후송하도록 하면서 한 말이다.

154) 헤로도토스의 《역사》 1. 23~24에는 기원전 7세기의 레스보스 섬 출신으로 전설적인 키타라 가인(kitharǭdos) 아리온(Ariōn)의 이야기가 전한다. 그는 코린토스의 참주 페리안드로스의 궁전에 오래 머물다가, 이탈리아로 가서 큰돈을 벌어 돌아오는데, 코린토스인들의 배를 세내어 배에 올랐다. 그러나 배가 한바다로 나오자 선원들은 그가 가진 돈을 빼앗고서 배 밖으로 던져 버렸지만, 그는 돌고래 등에 업혀 코린토스로 되돌아갔다는 이야기가 전한다.

298b

는, 이것들에 대해 숙의를 하고서 어떤 결정을 한다고 해 보세.[155] 이
들 전문 기술 중의 어느 것에도 더는 전권을 갖고 노예들이든 자유민 c
들이든 다스리도록 맡기지는 않는다고 말일세. 그리고는 우리 자신들
의 민회를 소집하는데, 곧 민중 전체를, 아니면 부유한 자들만[156]을 말
이네. 그래서 항해 및 질병과 관련해서 비전문가들과 다른 분야의 장
인들이 자신들의 의견들을 제시한다고 하세. 우리가 무엇에 따라 환
자들을 상대로 약과 의료 기구들을 사용해야만 할 것이며, 특히 바로
선박들과 이들 선박들의 이용에서 장비들을 사용해야만 할 것인지, d
또한 항해 자체에 대비한 바람과 바다와 관련된 위험들에 그리고 해
적들과의 만남들에 대비해서, 또한 어쩌면 긴 배들로 다른 그런 배들
을 상대로 해전[157]을 실제로 치러야만 할 경우에 대비해서 말일세. 하
지만 이것들과 관련해서 다수에 의해서 의결된 것들을, 어떤 의사들
이나 키잡이들 또는 다른 비전문가들의 조언을 받아서 했건 간에, 이
것들을 어떤 회전판들[158]이나 비석들에 새기는가 하면, 다른 한편으로

155) 이는 협의회(boulē) 차원의 협의와 의결로 볼 수도 있는 대목이다. 왜냐하면 바로 이어서 민회(ekklēsia)와 관련된 언급을 하고 있기 때문이다.

156) '부유한 자들만'의 경우는 이를테면 과두 정권의 구성원들이 되겠는데, 이들도 항해 전문가나 의사들이 아닌 비전문가들이긴 마찬가지일 테니까 하는 말이다.

157) '긴 배'는 '삼단노 전함'을 가리키는 것으로 보아야겠는데, 이 배 자체에 대해서는 296e의 해당 각주에서 언급한 바 있다. 이들 전함들의 주무기는 이물 곧 뱃머리의 흘수선 아래쪽에 단 놋쇠로 된 충각(衝角: embolos)인데, 어느 쪽이 이것으로 상대편 배의 선복 옆구리를 먼저 들이받아 파선시키는가가 해전에서의 승패를 결정적으로 좌우한다. 그러니까 효과적인 작전 수행을 위해서는 전함들의 조종 기술과 함께 공격 시점과 항해 속도 및 적절한 대형과 위치 선정 등이 중요하겠다.

158) 원문은 kyrbeis인데, 피라미드형의 삼면 목판을 돌림대를 축으로 돌게 하는 장치에 한때는 아테네의 법률이 새겨져 있었다고 한다. 아마도

298d

e 는 문자화하지는 않은 조상 전래의 관습들로 삼음으로써, 이제 이것들에 따라서 앞으로는 항해도 하게 되고 또한 환자들에 대한 보살핌도 하게 된다고 하세.

젊은 소크라테스: 그야말로 이상한 말씀들을 하십니다.

손님: 어쨌거나 해마다 대중의 통치자들을 임명하게 되는데, 부자들 중에서든 전체 민중들 중에서든, 추첨으로 뽑힌 자를 말일세. 임명된 통치자들은 명문화된 규칙들에 따라 다스리는데, 함선들의 조종도 그리고 환자들의 치료도 그렇게 [하게] 한다고 하세.

젊은 소크라테스: 그건 한결 더 이해하기가 어렵네요.

손님: 그러면 이것들에 이어지는 다음 것도 보게나. 물론 이들 통치자들 각자로서는 한 해의 임기가 끝나는 때, 선출된 부유한 사람들이
299a 나 이번에도 전체 민중 중에서 추첨으로 뽑힌 사람들로 법정을 구성해서, 이들에게로 저들 통치자들을 출두케 해서 감사[159]를 받게 한다는 걸. 그래서 원하는 자는 고발을 하겠는데, 그 한 해 동안 함선 조종을 성문화되어 있는 법률에 따라서도, 조상들의 옛 관습에 따라서도

---

axones(단수는 axōn)로도 불린 것과 동일한 것이 아니었던가 싶은데, 이는 '돌림축' 자체를 뜻하는 말이기도 하다. 또한 나중에는 법률을 비석(stēlē)들에 새기게 되었다.

159) '감사(監査)'의 명사형은 euthyna이고, '감사함'은 euthynein이다. '바로잡음'이 그 본뜻이다. 공직에 임명되었던 사람이 임기 만료로 물러나게 될 때, 받게 되어 있는 '감사'를 뜻한다. 아테네의 경우 이 감사는 두 부분에 걸쳐서 시행되었다. 그 하나는 공금 관리와 관련된 회계감사이고, 다른 하나는 공직 기간 동안의 그의 처신에 대해서 제기된 고발과 관련된 감사이다. 이 건에 대해서는 협의회에서 임명된 감사관들이 기각하거나 또는 법정으로 이관하거나 했다. 이와는 달리 공직에 선출된 후보가 정식으로 임명되기에 앞서, 결격 사유의 유무를 확인하는 절차는 '심사(dokimasia)'이다. 이는 요즘의 청문회 비슷한 것인 셈이다.

299a

하지 않았다고 해서지. 이는 환자들을 치료하는 자들의 경우에도 똑
같네. 이들 중에서 누구든 유죄 평결을 받게 되면, 그 중에서 어떤 이
들은 무슨 처벌이든 받거나 벌금을 물어야만 하게 된다는 걸세.

젊은 소크라테스: 그러니까 그런 조건들에서 어쨌든 스스로 원해서
자발적으로 다스림에 관여한 자는 무슨 벌을 받게 되건 그리고 벌금
을 물게 되건 지극히 당연할 것입니다. b

손님: 그렇게 되니, 이 모든 경우에 대비해서 여전히 입법을 해야만
할 것이네. 만약에 누군가가 이미 성문화된 것들과 어긋나는 조타술
과 항해술 또는 건강함 그리고 공기나 뜨겁고 찬 것과 관련된 의학적
인 진실을 찾고 있는 것으로, 그리고 이런 것들과 관련해서 뭔가 아는
체하는 걸로 보인다면, 첫째로, 그를 의술에 능한 자로도 또한 조타술
에 능한 자로도 일컫지 말고, 하늘에 떠도는 것들을 말하는 자, 쓸데
없는 말을 늘어놓는 자[160]인 소피스테스로 일컬어야만 하네.[161] 다음

---

160) '하늘에 떠도는 것들을 말하는 자'의 원어는 meteōrologos이고, '쓸데없는 말을 늘어놓는 자'의 원어는 adoleskhēs이다. 뒤의 것과 관련해서는 앞의 《소피스테스》 편 225d 끝 쪽의 해당 각주를 참조할 것. 조타술에 능하다는 자에 대한 비난의 표현으로 거의 똑같은 것이 《국가(정체)》 편 488e~489a에 보인다. 다만 meteōrologos 대신에 meteōroskopos(천체 관측자)란 표현을 쓴 것이 다를 뿐이다. 나라의 통치술을 조타술에 비유해서 그리고 정치인들이 서로 조타수가 되겠다고 난리법석을 떠는 상황 등을 실감나게 빗대서 언급하고 있는 장면이 역시 《국가(정체)》 편 488a~489a에 보인다.

161) 박학다식하고 다재다능함을 과시한 대표적인 소피스테스로는, 이를테면, 히피아스(Hippias)를 들 수 있겠다. 그는 올림피아 북쪽의 엘리스(Elis) 출신으로, 그의 정확한 생존 연대는 알려져 있지 않으나, 소크라테스 생존 시에 이름난 소피스테스로서 활동했다. 그는 온갖 형태의 시문에도 밝고, 수학, 천문학, 음악, 미술 분야 등에서도 자신의 역량을 뽐낼 뿐만 아니라, 손가락의 반지에서부터 제 몸에 걸친 모든 것을 스스로 만들

299b

으로는, 다른 젊은이들을 타락케 하며 조타술과 의술에 종사하게 오
c 도하기를, 법률에 따라서가 아니라, 전권을 갖고 선박들과 환자들을 관할토록 하는 자로서, 자격을 갖춘 자들 중의 누구든, 원하는 자가 기소함으로써,[162] 바로 법정으로 출두케 해야만 하네. 만약에 그가 법률과 성문화된 것들에 어긋나게 젊은이들이나 늙은이들을 설득한 것으로 판단될 것 같으면, 극형으로 처벌해야 할 것이네. 법률보다도 더 지혜로운 건 아무것도 없기 때문이지. 왜냐하면 아무도 의술에 관련된 것과 건강에 관련된 것을 모르지 않으며, 조타술 및 항해와 관련된 것들을 모르지는 않기 때문이네. 글로 적어 놓은 것들과 조상 전래의
d 관습들로 정립된 것들은 원하는 자라면 배울 수 있으니까. 그래서 이 전문 지식들과 관련해서 이것들이, 우리가 말하듯, 이런 식으로 된다면, 소크라테스여, 장군의 지휘기술도, 어떤 종류의 것이든 일체의 사

어 갖고서 올림피아 경기장에 나타났다고 한다.

162) 일반적으로 소송(訴訟) 또는 재판을 헬라스어로는 dikē라 하지만, 이 용어는 엄격히는 개인 간의 송사(idia dikē)를 가리키는 경우와 공소(公訴: dēmosia dikē)의 제기, 즉 기소를 뜻하는 graphē가 구분된다. 개인 간의 송사는 피해자 측이 소송을 제기할 수 있으나, 공소의 제기는, 당시에는 검사 제도가 없었으므로, 아테네의 성인 남자로서 공민권을 가진 사람이면 누구든 '원하는 사람(ho boulomenos)'이 할 수 있었는데, 이는 서면으로 해야 하므로, '글로 적은 것' 또는 '글로 적어서 하는 것'이라 해서 graphē라 했다. 여기에서 '기소함으로써'로 번역한 원문이 grapsamenon인 것도 그 때문이다. 헬라스어로 '기소함'은 grapsasthai이고, '기소자들'은 [hoi] grapsamenoi(=the prosecutors)이니, 이들이 오늘날의 '검사들'의 역을 한 셈이다. 이런 표현들은 모두가 '서면'으로 적는 것을 전제로 한 것들이다. 그리고 그 내용은 아고라의 원추형 건물(협의회 의장단이 이용한 건물)에서 길 건너 맞은편 엘리아이아(Eliaia; 더러는 Hēliaia로 오기하기도 함)로 불리는 법원 앞의 10 부족 영웅상들 근처의 게시판에 공시되었다고 한다.

299d

냥 기술도, 회화 기법 또는 일체의 모방 기법 중의 어느 부분이든, 그
리고 목공 기술과 전체적인 온갖 도구 제작 기술 또는 농사 그리고 식
물과 관련된 전반적인 기술, 또는 말 사육까지도 조례들에 따라 진행
되는 걸 우리가 보게 된다면, 또는 일체의 가축 사육 기술이나 예언술
또는 봉사에 포함되는 일체의 부류, 또는 장기나 일체의 수론, 곧 단 e
순한 산술이든 평면이나 입체 또는 어쩌면 속도에서의 것[163]이든, 이
것들 모두와 관련해서 이처럼 행하여진다면, 곧 조례들에 따라 진행
되고 전문적인 기술에 따라서 진행되지는 않는다면, 도대체 무슨 일
이 벌어질까?[164]

젊은 소크라테스: 우리에게 있어서의 일체의 기술들도 아주 소멸해
버릴 것이며, 또한 탐구함을 막는 이 법률로 인해서 다시는 생기지도
않을 것입니다. 그리하여 삶이, 지금도 힘들지만, 그 기간 동안은 전
혀 살 보람이 없게 되겠죠.

손님: 다음 것은 어떤가? 만약에 우리가 말한 것들 각각이 조례들 300a
에 따라 진행되게 하며, 거수투표로 선출되거나 추첨의 요행으로 해
서 뽑힌 자가 우리의 조례들을 관장하게 하지만, 이 사람이 조례들을
아랑곳하지 않거나 누군가의 이득이나 개인적인 호의 때문에 이것들
과 어긋나게 다른 걸 행하려고 꾀한다면, 아무것도 아는 게 없으면서
그런다면, 그러니까 이건 앞서의 나쁨보다도 한층 더 큰 나쁨이 되지
않겠는가?

젊은 소크라테스: 그야말로 더할 수 없는 진실입니다.

---

163) 《국가(정체)》 편, 528a~b를 보면, 당시엔 아직 입체기하학(stereometria)이 아직 확립되지 않은 상태임을 언급하고 있다. 그리고 '속도에서의 것'은 '운동 상태의 천체' 곧 천문학을 뜻한다.

164) 적도 창출과 관련되어 하는 말이겠다.

300a

b 손님: 왜냐하면, 내가 생각하기로는, 많은 실험을 통해서, 그리고
각 조목마다 섬세하게 조언들을 해 줌으로써 또한 대중으로 하여금
결정토록 설득함으로써 확립된 법률에 어긋나게 감행하려는 자는 그
냥 잘못 아닌 여러 배나 되는 잘못을 저지름으로써 조례들보다도 한
층 더 크게 일체의 활동들을 뒤집어 놓을 것이기 때문이네.

젊은 소크라테스: 어찌 그러지 않겠습니까?

c 손님: 바로 이런 이유들로 해서 그 어떤 것과 관련된 법률과 조례들
을 제정한 자들에게 있어서 차선책[165]은 이것들에 어긋나는 것은 그 무엇
이든 개인이고 대중이고 간에 하는 것을 결단코 허용하지 않는 것이네.

젊은 소크라테스: 옳습니다.

손님: 그러니까 이것들은 지자들에 의해 가능한 한 문자화된 것들
로서, 그 각각의 경우의 진리의 모방물들이 아니겠는가?

젊은 소크라테스: 어찌 그렇지 않겠습니까?

손님: 그렇지만 우리가 말하길 지자(ho eidōs)는, 곧 진짜 정치가
(ho ontōs politikos)는, 우리가 기억하고 있다면, 자신의 실행에 있어
서 많은 것을, 글로 적은 것들은 고려하지 않고, 전문 지식에 의해서
해낼 것이라 했네. 자신이 적어 놓은 것들과 자신과 떨어져 있게 된
d 자들에게 적어 보낸 것들에 비해 더 나은 다른 것들로 판단되는 때에
는 말일세.

---

165) '차선책'의 원어는 deuteros plous(=the next best way)인데, 이는 돛을 이용해서 항해를 하던 시절의 일과 관련된 표현이다. 그때의 순항은 마침 바람이 항해할 방향으로 불어 주는 때 가능했을 것이다. 그러나 바라는 대로 바람이 불어 주지 않을 때라도, 항해를 해야만 한다면, 부득이 노를 저어라도 갈 수밖에 없었다. 이런 경우에 빗대어 하는 표현이 이것이다. 그런데 철학하는 방법과 관련된 이의 유명한 용례는 《파이돈》편 99c~d에서 언급되고 있다.

300d

젊은 소크라테스: 실상 우리가 그리 말했죠.

손님: 그러니까 어떤 한 사람이든 또는 어떤 다수든, 이들에게 법률이 확립되어 있더라도, 이것들에 어긋나는 무엇이든, 이게 더 나은 다른 것이라 해서, 하려고 꾀할 경우, 이들은 저 참된 정치가(ho alēthinos politikos)가 하는 바로 그것과 똑같은 것을, 능력껏, 하는 게 아니겠는가?

젊은 소크라테스: 그야 물론입니다.

손님: 그렇다면, 만약에 전문 지식도 없는 자들이면서 그런 짓을 한
다면, 이들은 그 참된 것을 모방하려 꾀하겠지만, 아주 나쁘게 모방할
걸세. 하지만 전문 지식을 갖추고서 그런다면, 이는 여전히 모방인 게 e
아니고 바로 가장 참된 그것이겠지?

젊은 소크라테스: 아마도 전적으로 그럴 것입니다.

손님: 그렇더라도 우리로선 앞서 합의를 본 것으로 한 것이 있는데, 어떤 다수든 그 어떤 전문 지식을 갖게 된다는 건 불가능하다는 것이었지.

젊은 소크라테스: 아닌게아니라 그랬죠.

손님: 그러니까 만약에 왕도적인 어떤 전문 지식[166]이 있다면, 부유한 자들의 집단과 전체 민중이 정치가의 이 통치 지식[167]을 결코 갖게 되지는 못할 것이야.

젊은 소크라테스: 실상 그들이 그걸 어떻게 갖게 되겠습니까?

손님: 따라서 이와 같은 나라체제(政體: politeia)들이 전문적 지식
을 갖춘 1인 통치자의 저 참된 나라체제를 가능한 한 훌륭하게 모방 301a

166) '왕도적인 어떤 지식'의 원어는 basilikē tis tekhnē이다. 259b 참조.
167) 259b를 참조할 것.

하려고 한다면, 그들에게 법률이 제정되어 있을 테니, 성문화된 것들과 조상 전래의 관습들에 어긋나는 것은, 그리 여겨지듯, 아무것도 하지 않아야만 하네.

젊은 소크라테스: 더할 수 없이 훌륭한 말씀입니다.

손님: 따라서 부유한 자들이 저 참된 나라체제를 모방할 경우에는, 그땐 그런 나라체제를 우리가 귀족 정체(aristokratia)로 일컫네. 그러나 이들이 법률을 아랑곳하지 않을 경우에는, 과두 정체(oligarkhia)로 일컫지.

젊은 소크라테스: 그런 것 같습니다.

손님: 그렇지만 이번에는 어떤 한 사람이 법률에 따라 통치하기를,
b 전문 지식을 갖춘 자를 모방하면서 할 경우에는, 왕으로 우리가 일컫네. 전문 지식 또는 의견[168]을 갖추고서 법률에 따라 1인 통치를 하는 자를 명칭으로는 구별하지 않고서 말일세.

젊은 소크라테스: 우리가 그럴 것 같네요.

손님: 그러니까 비록 누군가가 진정으로 전문 지식을 갖춘 한 사람으로서 통치할지라도, 어쨌든 그 명칭은 전적으로 같은 왕으로 불리지 그 어떤 다른 명칭으로 불리지는 않네. 바로 이 때문에 방금 말한 정체들의 모든 명칭들은 다섯으로만 되었네.[169]

---

168) 지식 또는 전문 지식(epistēmē)과 의견(doxa)은 앞 것이 그 합리적 논거를 갖는 데 반해, 뒤의 것은 그렇지 못하다는 점에서 구별된다. 309c에서 '참된 의견'에 대한 각주를 참조할 것.

169) 이 마지막 문장은 이 번역본의 기본 텍스트인 새 옥스퍼드 판(OCT)의 읽기를 따르지 않고, Budé(Les Belles Lettres) 판의 Diès의 텍스트 읽기를 따른 것이다. 이 읽기의 원문은 다음 것이다. di' ha dē ta panta onomata tōn nyn legomenōn politeiōn pente monon gegonen. 그런데 OCT에서는 이 부분에 해당하는 것을 [ ]로 묶고 있다.

301b

젊은 소크라테스: 어쨌든 그런 것 같습니다.

손님: 그러나 어떤가? 가령 어떤 한 통치자가 법률에 따르지도 또
한 관습에 따르지도 않고, 마치 전문 지식을 지닌 자처럼, 글로 적은 c
것들과 어긋나게 최선의 것을 해야만 하는 걸로, 행세하지만, 어떤 욕
망이나 무지가 이 모방 형태의 것을 이끌고 있다면, 그땐 그런 자는
죄다 참주로 일컬어야만 하지 않겠는가?

젊은 소크라테스: 물론입니다.

손님: 바로 이렇게 해서 참주와 왕, 과두 정체와 귀족 정체 그리고
민주 정체가 생긴 것으로 우리는 말하는데,[170] 저 1인의 왕(monarkh-
os)을 사람들은 못마땅해하지. 또한 아무도 [사람으로서의] 훌륭함
(덕: aretē)과 전문 지식을 갖추고서 통치하며 올바른 것들과 율법에
맞는 것들[171]을 모두에게 옳게 배분하고자 하며 또한 그럴 수 있을 정 d
도의 그런 통치 자격을 갖춘 자로 결코 될 수는 없는 것으로 불신하
되, 우리들 중의 누구든 불구로 만들거나 죽이거나 또는 해치고 싶은
자를 그때마다 그럴 것이라는 거지. 우리가 말하는 그런 사람이 정작
생길 때는, 애정으로 반기게 될 것이며, 바른 나라체제를 행복하게 조
종해 가는 엄밀한 뜻에서 유일한 자로서 통치하게 될 것이네만.

젊은 소크라테스: 어찌 그렇지 않겠습니까?

손님: 하지만 이제 실제로 그런 사람이 생기지 않을 경우에는, 우리
가 말하듯, 나라들에 왕이, 이를테면, 벌집들에서처럼, 바로 신체적으 e
로나 혼에 있어서 특출한 한 왕이 생기지 않을 경우에는, 그야말로 함
께 모여서, 가장 참된 나라체제의 형적을 추적해 가면서, 법규들을 초

170) 역시 새 OCT에서는 바로 다음에 한 구절이 〈 〉로 묶인 형태로 새로 삽입되어 있으나, 군더더기로 여겨, 번역문에서는 삭제했다.

171) '올바른 것들과 율법에 맞는 것들'의 원어는 ta dikaia kai hosia이다.

301e

안해야만 할 것 같네.[172]

젊은 소크라테스: 그래야만 할 것 같습니다.

손님: 그러면, 소크라테스여, 그런 정체들에서 일어나는 그리고 일어날 하고많은 나쁜 것들에 우리가 놀라는가? 그것들이 이런 토대 위에 놓여 있어서, 전문 지식은 갖추지 못한 상태에서 글로 적은 것들과
302a 관습들에 따라 일들을 처리할 경우에 말일세. 이런 경우에 다른 전문 지식이 이용된다면, 그 토대로 해서 생겼던 모든 것이 무너질 것이라는 건 모두에게 아주 명백하네. 아니면 우리로선 오히려 저것에 대해, 곧 나라라는 게 그 본성상 얼마나 강한 것인가 하고 놀라야만 하는 것인가? 그야 나라들이 지금도 무한정한 기간 동안 그런 일들을 겪고 있지만, 그렇더라도 이것들 가운데서 몇몇 나라들은 지속되며 전복되지 않고 있기 때문이지. 그렇지만 많은 나라가 때로는, 마치 침몰하는 선박들이 키잡이들과 선원들의 무능으로 해서 그러듯, 파괴되어 사라지고 있으며 사라져 왔고 여전히 사라질 것인데, 이는 가장 중대한 것
b 들과 관련된 가장 큰 무지에 사로잡힌 자들의 무능으로 해서네.[173] 이들은 정치[174]와 관련해서 어떤 면에서도 아는 게 없으면서도 모든 전문 지식들 중에서도 이를 모든 면에서 가장 명확히 파악하고 있다고

---

172) 이런 언급에서 우리는 플라톤이 《국가(정체)》 편에서 피력된 '철인왕'이 현실적으로는 실현 불가능한 하나의 '본(paradeigma)'일 뿐이라는 한계를 인정하고서, 이제 현실적으로 그것에 가장 가까운 '차선의 것'으로 《법률》 편 저술을 이미 구상하고 있었음을 감지할 수 있겠다.

173) 침몰하게 되는 선박들과 키잡이들 및 선원들의 무능과 무너지는 나라의 이른바 자칭 정치인들의 무지로 인한 무능에 대한 언급이 본문에서는 뒤섞인 상태로 언급되고 있다. 따라서 본문 순서대로 번역한다면, 몹시 혼란스러울 것 같아서, 문장의 배열 순서를 좀 달리 했다.

174) ta politika를 '정치'로 번역했는데, 이는 '나랏일들'로 옮겨도 되겠다.

생각하고 있는 자들이지.

젊은 소크라테스: 지극히 참된 말씀입니다.

손님: 그러니까 이들 바르지 못한 정체들 중에서 어느 것이 함께 살기에 가장 덜 힘들며, 모두가 힘든 것들인 것들 중에서도 또한 어느 것이 가장 견뎌 내기가 어려운 것인가? 비록 이게 우리에게는, 지금 제기된 주제에 비추어서는 부차적인 것이라고 할 것이지만, 우리로선 알아보아야만 하겠지? 그렇지만 대체로 우리 모두는 아마도 이런 것을 위해서 이 모든 것을 하는 것일 게야.

젊은 소크라테스: 그래야죠. 어찌 그러지 않겠습니까?

손님: 그러니까 셋인 것들 중에서 동일한 것이 유별나게 힘들기도 c
하고 동시에 가장 수월한 것이 되기도 한다고 말하게나.

젊은 소크라테스: 어떻게 하시는 말씀인지?

손님: 다른 게 아니고, 1인 통치(monarkhia)와 소수자 통치(oligōn arkhē) 그리고 다수자 통치(pollōn arkhē)를 내가 말하고 있는데, 이것들 셋은 우리가 방금 추가로 하게 된 논의의 첫머리에서 말하게 된 것들이네.

젊은 소크라테스: 실은 그랬죠.

손님: 그러면 이것들 하나하나를 각각 둘로 나눔으로써 여섯으로 만드세. 바른 통치(hē orthē arkhē)는 이것들에서 따로 분리함으로써 일곱째 것으로 삼고.

젊은 소크라테스: 어떻게 말씀입니까?

손님: 1인 통치에서 왕정(basilikē)과 참주 정치(tyrannikē)를, d
다시 다수자 아닌[175] 통치에서 상서로운 이름의 귀족 정치(aristo-

175) 곧 '소수자([hoi] oligoi)'를 말한다.

302d

kratia)[176]와 과두 정치(oligarkhia)를 우리는 말했네. 반면에 그땐 다수자에서 단순한 민주 정치라고 호칭했지만, 이번에는 이것 또한 우리로선 이중의 것이라 보아야만 하네.

젊은 소크라테스: 어떻게 말씀입니까? 그리고 그걸 어떤 식으로 나눠서죠?

---

176) 여기에서 '귀족 정치' 또는 '귀족 정체'로 번역하는 aristokratia는 어원상으로도 그렇지만, 원론적으로는 이중의 뜻을 지닌 것이다. 한 나라에서 부나 신분 또는 출생에 따른 전통적인 귀족 신분의 출신들이 지배하는 나라체제를 우리는 전통적으로 '귀족 정체(the rule of the best-born)'로 말하는데, 이를 헬라스어로 그리 일컫는다. 그러나 《메넥세노스》 편 238c~d에는 aristokratia와 관련된 이런 언급이 보인다. "우리의 선조들은 아름다운 나라체제에서 자랐기에, 바로 그 체제로 해서 그들도 지금의 사람들도, 이들 중의 전몰자들도 훌륭한 인간들임을 밝히어야만 합니다. 그때도 지금도 같은 이 나라체제는 최선자들의 정체(最善者政體: aristokratia)였는데, 이 나라체제로 지금도 그리고 그때부터 대체로 늘 나라 관리를 해 왔습니다. 그러나 어떤 이는 이를 민주 정체로 일컫지만, 누군가는, 자기 좋을 대로, 다른 이름으로 부르나, 다수자의 시인을 동반한 진실에 있어서 최선자들의 정체입니다." 물론 이는 전몰자들에 대한 추도사의 일부여서 아테네 자체에 대한 아테네인들의 자부심에서 하는 발언일 수 있다. 그러나 더 나아가 《국가(정체)》 편 445d에서는 그야말로 그 참된 뜻에서의 '최선자들(hoi aristoi=the best)의 정체(the rule of the best)' 자체에 대해 언급하고 있는데, 우리의 이 대화편의 논의와도 바로 연결되는 것이기에 역시 인용할 필요성을 느낀다. "하나는 우리가 상세히 언급한 정체의 형태이겠는데, 이는 이중으로 불릴 수 있겠네. 통치자들 가운데서 특출한 한 사람이 생기게 될 경우에는, '왕도 정체(王道政體: basileia)'라 불리겠지만, 여럿이 그럴 경우에는, '최선자들의 정체'라 불리겠다." 이와 관련된 더 자세한 내용은 《국가(정체)》 편 개정증보판 688쪽 445d에 대한 주석을 참조하는 게 좋겠다. '최선자들'이 어떤 뜻에서의 것인지에 대해서도 이 주석에서 함께 참조할 수 있겠다. 아리스토텔레스의 《정치학》(1293b)에서도 이런 뜻에서의 aristokratia에 대해 논급되고 있다.

302d

손님: 다른 것들과 전혀 다르지 않은 방식으로네. 그 이름이 이미
단일할지라도 그러하네. 그러나 법률에 따라 통치함과 이에 따르지 e
않고 통치함은 이것에도 다른 것들에도 있네.

젊은 소크라테스: 물론 있습니다.

손님: 그러니까 우리가 그때 바른 정체를 찾고 있을 때는[177] 이 나눔이 쓸모가 없었는데, 이는 이미 앞에서 실증해 보인 그대로네. 그러나 그걸 제쳐 놓고 나니까, 다른 것들이 필요한 걸로 보게 된 거지. 바로 이것들에서는 법률에 따르지 않음과 따름이 이것들 각각을 양분하네.

젊은 소크라테스: 이제 그 말씀을 하시고 나니까 그런 것 같습니다.

손님: 그러니까 우리가 법률로 일컫는 훌륭한 성문화된 것들에 묶인 1인 통치는 전체 여섯 중에서는 최선의 것이네. 그러나 그게 무법인 것일 경우에는, 함께 살기에는 가장 힘들고 가장 중압감을 주는 것이네.

젊은 소크라테스: 그런 것 같습니다. 303a

손님: 그런가 하면, 다중이 아닌 자들의 통치는, 소수(to oligon)가
하나(hen)와 다수자(plēthos)의 중간이듯, 이처럼 양쪽에 대해 중간
인 걸로 생각하세나. 반면에 대중의 통치는 모든 면에서 허약하며 다
른 것들에 비해 좋은 것이든 나쁜 것이든 아무것도 큰일은 할 수 없
는데, 이는 이 통치에서는 통치력이 많은 사람에게 분배됨으로 해서
네. 이 때문에 이것은 모든 준법적인 이들 정체들 중에서는 최악의 것
이지만, 무법적인 일체의 것들 중에서는 최선의 것이네. 그리고 모두 b
가 무절제한 것들일 경우에는 민주 정체에서 사는 게 더 낫지만, 절도
있는 것들일 경우에는 이 정체에서 사는 게 가장 보람 없는 것일 테지

177) 292a에서 언급하고 있듯, 그때는 '바른 정체'에 관심의 초점이 맞추어져 있어서, 이런 구별은 일단 제쳐 놓은 상태로 정체들을 구별해 보고 있었다.

만, 처음 것에서 사는 게, 일곱째 것을 제외하고는, 월등하게 으뜸이고 최선의 것이지. 모두 가운데서도 그것은, 이를테면 인간들에게서 신을 제외해야만 하듯, 어쨌든 다른 정체(나라체제)들에서 분리해 내야만 해서네.

젊은 소크라테스: 그건 그럴 것 같고 또 그렇게 될 것으로 보이며, 또한 선생님께서 말씀하시는 대로 해야만 합니다.

손님: 따라서 이 정체들 모두에 관여하는 자들도, 전문 지식이 갖추
c 어진 정체의 경우를 제외하고는, 배제해야만 하네. 이들은 정치가들(politikoi)이 아니라 당파적인 자들(stasiastikoi)[178]로서, 그리고 가장 큰 허상들의 선도자들이며 그들 자신들이 그런 자들이지만, 아주 대단한 모방자들이며 마법사들로서, 소피스테스들 중에서도 가장 대단한 소피스테스들로 되네.

젊은 소크라테스: 그 표현이 돌고 돌아 이른바 정치인들[179]로 귀착한 것은 지당한 것 같습니다.

손님: 됐네. 이건 우리에게 있어 영락없이, 방금 언급되었듯, 마치 연극 같은 것[180]이네. 켄타우로스 무리나 사티로스 무리[181]를 보게 되

178) 이는 '대립 곧 분쟁(stasis)을 일삼는 자들'을 뜻한다.

179) '이른바 정치인들'의 원어는 hoi politikoi legomenoi이다. 원어 'politikos'라는 낱말만으로는 '정치가(statesman)'와 '정치인(politician)'이 구별되지 않으나, 앞의 표현에서처럼 '이른바'라는 단서가 붙었다면, 당연히 구별되겠다. 그러나 문맥상으로도 확연히 구별은 된다. 이를테면, 《소크라테스의 변론》 편 21c, 22a, c, 23e에서의 politikos는 문맥상으로 한결같이 '정치인'을 뜻한다.

180) 여기서 말하는 '연극(drama)'은, 바로 다음 문장에서 밝히고 있듯, 사티로스 극(to satyrikon [drama])을 뜻한다. 디오니소스 제전([ta] Dionysia [hiera])은 Dionysos(일명 Bakkhos) 신의 제전(祭典)들에 대한 통칭이다. 아테네의 경우에 이 제전으로는 네 가지가 있었는데, 모두 포

303c

는데, 이 무리야말로 나라 통치 지식(politikē tekhnē)에서 분리해야 d

도주 및 생명과 성장의 활력을 상징하는 신 디오니소스와 관련된 것들이기에, 포도 수확에서 새 생명이 돋는 초봄까지에 걸친 축제 행사들이다. 이 중에서 마지막의 초봄에 열리는 '대 디오니소스 제전(ta megala Dionysia)' 행사의 일환으로 3일간 3인의 비극 작가가 각기 세 편의 비극과 한 편의 사티로스 극을 갖고 경연을 벌였다. 이 극에서는 사티로스들이 합창 가무단(khoros)을 이루는데, 이들의 가무를 '시키니스(sikin[n]is)' 로 일컫거니와 실레노스(Silēnos)가 그 선도자로 등장한다. 실레노스는 사티로스들의 아버지이거나, 아버지뻘인 노인 실레노스들(Silēnoi)이 여럿 있다. 그래서 이 극은 silēnikon drama(《향연》 222d)로도 일컫는다. 그리고 실레노스는 포도주의 신 디오니소스의 스승 또는 그 수행자다. 사티로스 극으로 오늘날까지도 온전한 형태로 전해지는 것은 에우리피데스의 《키클롭스(*Kyklōps*)》(총 709행)가 유일하다. 호메로스의 《오디세이아》 제9권에는 오디세우스가 키클롭스라는 식인 외눈박이 야만 거인족 중의 하나인 폴리페모스(Polyphēmos)를 만나 죽을 고비를 포도주를 이용해서 넘기게 된 이야기가 나온다. 이 이야기를 리디아 해적들에 납치된 디오니소스를 찾으려 헤매다 시칠리아의 에트나(Aitnē) 산록의 동굴들에 기거했다는 키클롭스들 중의 하나인 폴리페모스에게 붙잡혀 그 하인 노릇을 하게 된 실레노스 및 사티로스 무리의 이야기와 엮어서 만든 일종의 광대극 같기도 한 것이다. 물론 여기에는 폴리페모스의 식인 행위를 갖고서 오디세우스와 하게 되는 말다툼이 《고르기아스》 편에서 '관습(nomos)에 따른 올바름(to nomōi dikaion)' 과 '자연(physis)에 따른 올바름(to physei dikaion)' 의 문제를 갖고 소크라테스와 격론을 벌이는 칼리클레스의 주장을 연상케 하는 철학적 논쟁거리가 제기되기도 하겠다. 하지만 일반 관객들에겐 긴장된 비장감(悲壯感) 속에서 세 편(3부작)의 비극을 잇달아 보고 나서, 착잡하고 무거운 기분이 된 상태를 덜어 주는 공연, 그러면서도 디오니소스 축제에 어울리는 포도주에 얽힌 이야기를 품은 것이 이런 공연이다. 그런데 여기에서는 '이른바 정치인들' 을 '사티로스 무리' 로 빗대어 말하고 있다. 그 이유는 바로 앞 c에서의 발언이 밝히고 있는 바다. 요컨대, 나라 통치와 관련된 전문 지식과 진실성은 결여되었으면서도 탐욕스럽고 난폭하며 법석을 떨고 저 잘난 체 요란을 떠는 그런 무리(thiasos)라는 뜻에서겠다.

181) 켄타우로스 무리와 사티로스 무리(satyrikos thiasos)에 대해서는

303d

만 하거니와, 이제 이렇게 해서 아주 가까스로 분리되었네.

젊은 소크라테스: 그리 보입니다.

손님: 하지만 이와는 한층 더 까다로운 다른 무리가 아직도 남아 있네. 왕의 부류와 동류이며 더 가까운 데다 알아보기가 한층 더 어려워서네. 그래서 내게는 우리가 금을 정련하는 사람들과 닮은 처지를 겪고 있는 것으로 보이네.

젊은 소크라테스: 어떻게 말씀입니까?

손님: 어쩌면 저 장인들도 먼저 흙과 돌 그리고 다른 많은 것을 분리할 것이네. 그것들 다음에는 함께 섞여 있는 금과 동류인 귀중한 것
e 들이 남는데, 불로만 제거될 수 있는 것들로 구리와 은이지만, 때로는 아다마스[182]도 있지. 이것들은 거듭된 시금과 함께 용해에 의해서 겨우 제거되어, 이른바 순금을 우리가 그것 자체로만 보게끔 해 주네.

젊은 소크라테스: 아닌게아니라 그게 그렇게 해서 되는 걸로 말하니까요.

손님: 그러니까 같은 이치에 따라 지금도 우리에겐 나라 통치 지식(politikē epistēmē)과는 다른 것들 그리고 다른 것들일 뿐더러 우호적이지 못한 것들은 분리되었으나, 귀중한 같은 부류의 것들은 남게

291a, b에서 해당 각주를 참조할 것.

182) adamas는 《티마이오스》 편(59b)에서는 금의 방계로 언급되며, 영어로는 adamant라 일컫는다. 어원상으로는 깨뜨릴 수 없는 것이라는 뜻인데, 강철이나 금강석을 말한다. 플라톤은 《국가》 편(10권 616c)에서 이것을 아낭케 여신의 방추(紡錘)의 축과 고리를 만들고 있는 물질로 말하고 있다. Pollux가 이것을 '금의 꽃'이라 했다니, '금강석'인 것은 분명한 것 같으나, 문제는 여기에서 '검은 빛을 띠고 있다'는 표현이겠는데, 이와 관련해서 콘퍼드는 플라톤이 이것을 본 적이 없는 것으로 거의 단정하고 있다. F. M. Cornford, *Plato's Cosmology*, p. 252를 참조할 것.

303e

된 것으로 보이네. 이것들 중에는 장군의 통솔력(stratēgia)과 재판관
의 전문 지식(dikastikē) 그리고 왕도적인 전문 지식(basilikē)과 함께
하는 웅변술(rhētoreia)이 있는데, 이것은 올바른 것을 설득하고, 나 304a
라들에서의 활동들을 함께 조종해 나가네. 그러면 누군가가 이것들을
어떤 방식으로 가장 쉽게 영역 분할을 함으로써 우리가 찾고 있는 것
을 벌거숭이 상태로 그 자체로만 보여 주게 될까?

젊은 소크라테스: 이를 어떤 식으로든 하도록 해야 한다는 건 명백합니다.

손님: 그러니까 해 보는 게 문제인 한, 그는 드러나 보일 걸세. 음악을 통해서 그를 드러내 보이도록 해 보아야만 하겠네. 그럼 대답해 주게.

젊은 소크라테스: 뭘 말씀입니까?

손님: 우리에겐 음악 학습이 있으며, 전반적으로 수공에 기술과 관 b
련된 전문 지식들의 배움도 있겠지?

젊은 소크라테스: 있습니다.

손님: 어떤가? 이번에는 이것들 중의 어느 것이든 이걸 우리가 배워야만 하는지 또는 배우지 말아야 하는지, 바로 이것들과 관련된 이런 어떤 전문 지식이 있다고 우리가 말할 것인지, 아니면 어떻게 말할 것인지?

젊은 소크라테스: 네, 있다고 우리는 말할 것입니다.

손님: 그러니까 이건 그것들과는 다른 것이라고 동의하지 않겠는가?

젊은 소크라테스: 네.

손님: 그러나 이것들 중의 어떤 것도 다른 것이 다른 것을 통제하지
말아야 하는지, 아니면 저것들이 이걸, 또는 이것이 다른 것들 모두를 c

304c

관리하면서 통제해야만 하는가?

젊은 소크라테스: 이게 저것들을 통제해야만 합니다.

손님: 그렇다면 배우고 가르치고 있는 전문 지식을 배워야만 하는지 아니면 그러지 말아야 하는지와 관련된 전문 지식이 통제해야만 함을 어쨌든 자네는 우리에게 밝히고 있네.

젊은 소크라테스: 그야 물론입니다.

손님: 그러면 설득해야만 하는지 아니면 그러지 말아야 하는지와 관련된 전문 지식이 설득할 수 있는 전문 지식을 통제해야만 하겠구먼?

젊은 소크라테스: 어찌 그래야 하지 않겠습니까?

손님: 됐네. 그렇다면 어느 전문 지식에 가르침 아닌 이야기를 통한
d 대중과 군중[183]에 대한 설득력을 우리가 부여할 것인가?

젊은 소크라테스: 이 또한 변론술[184]에 부여해야만 하는 게 명백한 걸로 저는 생각합니다.

손님: 하지만 어떤 사람들을 상대로 무엇이건 함에 있어서 설득을 통해서 또는 일종의 강요로 해야 할 것인지, 아니면 아예 가만히 있어야만 할 건인지, 이 문제를 어느 전문 지식에 우리가 넘겨줄 것인지?

젊은 소크라테스: 설득하는 기술과 언변 기술을 관할하는 것에 그

---

183) 여기서 '대중'의 원어는 plēthos(=great number, multitude)이고, '군중'의 원어는 okhlos인데, 이에는 '흔들림' 곧 '동요'의 뜻이 내포되어 있어서, 영어로는 a moving crowd, mob, throng 등으로 번역되는 것이다. 참고로 dēmos는 '민중' 또는 '평민'으로 그리고 hoi polloi는 '다중' 또는 '많은 사람'으로 역자는 옮기고 있다. 이는 '플라톤 전집'의 일환으로 기획된 첫째 권인 《국가(정체)》 편(494a의 해당 각주 참조)에서부터 내가 일관되게 그리 옮기고 있는 것이다.

184) 원어는 rhētorikē이고, 이를 플라톤에서 본격적으로 다루는 대화편은 《파이드로스》 편이다.

304d

래야죠.

손님: 그야 정치가의 기능[185] 이외의 다른 어느 것도 아닐 것으로 나는 생각하네.

젊은 소크라테스: 지극히 훌륭하게 말씀하셨습니다.

손님: 이것 또한, 곧 변론술의 부분도 나라 통치 지식(politikē)에서 빠르게 분리된 것 같네. 다른 종류의 것으로서, 하지만 이에 협조하는 것이지. e

젊은 소크라테스: 네.

손님: 하지만 이번에는 이런 기능에 대해서는 무슨 생각을 해야만 하는가?

젊은 소크라테스: 무슨 기능을 말씀하십니까?

손님: 우리가 상대해서 전쟁하기로 택한 각각의 무리와 어떻게 전쟁을 해야만 하는지를 결정하는 기능, 이것을 우리가 전문 지식과는 무관한 것이라고 아니면 전문 지식에 속하는 것이라고 말하는가?

젊은 소크라테스: 그걸 어떻게 전문 지식과 무관한 것이라고 우리가 생각인들 할 수 있겠습니까? 장군의 지휘술과 일체의 전술적인 행위가 수행하게 되는 기능을요?

손님: 그러나 전쟁을 해야만 하는지 또는 우호적으로 전쟁에서 물러나야만 할 것인지를 알고서 숙의 결정하는 기능은 앞 것과 다른 것으로 우리가 볼 것인지 아니면 앞 것과 같은 것으로 볼 것인가?

젊은 소크라테스: 앞서의 논의들을 따라온 사람들에게는 다를 게

185) '기능'의 원어는 dynamis인데, 이에는 '능력 · 힘'의 뜻도 있다. 'ergon(기능 · 일)'에도 '기능'의 뜻이 있지만, 이 용어 선택은 305c5에서 tēs dynameōs ergon(기능의 일)이란 표현 때문일 수도 있겠다. 266b에서 해당 각주 참조.

304e

필연적입니다.

305a 손님: 그러니까 저것을 이것이 통제하는 것으로 우리가 밝히고 있는 거겠지? 정녕 우리가 앞서의 논의와 마찬가지로 이해하고 있을진대?

젊은 소크라테스: 그렇습니다.

손님: 그렇다면 이처럼 두렵고 대단한 전반적인 전쟁 기술의 주인으로 우리가 제시하려고 시도라도 하게 될 것이 진정으로 왕도적인 전문 지식 이외에 도대체 무엇이겠는가?

젊은 소크라테스: 다른 어떤 것도 없습니다.

손님: 그러니까 나라 통치 지식을 어쨌든 보조적인 것인 장군들의 전문 지식으로 우리가 보지는 않을 것이네.

젊은 소크라테스: 그러지는 않을 것 같습니다.

b 손님: 자, 그러면 옳게 재판을 하는 재판관들의 기능 또한 보세나.

젊은 소크라테스: 그야 물론이죠.

손님: 그러니까 그것이 계약들과 관련해서 법규들로 확립되어 있는 그 모든 것을 입법자인 왕[186]에게서 넘겨받아서는, 이에 비추어서 올바르거나 올바르지 않은 것들로 규정된 것들을 살피고서 판결하는 것 이상으로, 또한 자신의 개인적인 훌륭함(덕: aretē)[187]을 발휘해서, 어

186) 여기에서 우리는 재판관들이 입법자인 왕에게서 확립된 법규들([ta] nomima)을 넘겨받아 시시비비를 가리는 판결을 내리는 것으로 언급되어 있음을 확인하게 된다. 이에서 우리는 또한 그의 《법률》 편에 대한 구상이 이미 이 대화편과 연결되고 있음을 짐작할 수 있다고도 말할 수 있겠다. 그가 염두에 두고 있던 정치가 곧 철인 왕은 직접 통치를 하는 것이 아니라, 나라를 다스릴 자들을 선발하고 조직화하는 작업과 함께 나라의 근간인 법규 제정이 그 지상 과제임을 말하고 있다고 할 것이다.

187) '자신의 개인적인 훌륭함'에서 '자신'은 실질적으로는 재판관을 지

떤 뇌물로 해서도 두려움이나 동정심으로 해서도 그 어떤 다른 적대감이나 우정으로 해서도 입법자의 의무에 반하는 굴함이 없이, 서로 c
간의 송사들을 가리고자 하는 것 이상으로 뭔가를 할 수 있는가?

젊은 소크라테스: 없습니다. 이 기능의 일은 선생님께서 말씀하신 정도가 거의 다입니다.

손님: 따라서 우리는 재판관들의 힘도 왕에 속하는 것이 아니라, 법률의 수호자와 왕의 기능을 보조하는 것임을 우리가 알게 되었네.

젊은 소크라테스: 어쨌든 그런 것 같습니다.

손님: 언급된 모든 전문 지식을 보게 된 사람은 바로 이 점을, 즉 이것들 중의 어느 것도 어쨌든 나라 통치 지식은 아닌 것으로 드러났다는 사실을 깨달아야만 하네. 참된 왕도적 통치 지식은 그것 스스로 행하는 것이 아니라, 실제로 행할 수 있는 전문 지식들을 통할해야 d
만 하니까. 나라들에 있어서의 중대사들의 시작과 추진을 적기(適期: enkairia) 및 적기 아님(akairia)과 관련하여 판단하고서 말일세. 반면에 다른 전문 지식들은 각기 지시받은 것들을 행하여야만 하는 거고.

젊은 소크라테스: 옳습니다.

손님: 따라서 이런 까닭으로 방금 우리가 살펴본 전문 지식들은 서로도 그것들 자체도 통할하지 않지만, 각기 그것 특유의 어떤 활동과 관련되어 있어서, 그 활동들의 특이성에 따라 특유한 이름을 갖는 것은 정당하네.

젊은 소크라테스: 어쨌든 그런 것 같습니다. e

손님: 반면에 이것들 모두를 통할하고 법률과 나라에 있어서의 일체의 것에 마음 쓰며 그리고 모든 것을 지극히 바르게 하나로 짜는 전문

칭하고 있으나, 원문에서 문법상으로는 '재판관들의 기능'을 받고 있다.

305e

지식은 그 공동체(to koinon)의 호칭으로 그것의 기능을 포괄해서 '나라 통치 지식(politikē)'으로 우리가 일컬어 지당할 것으로 보이네.[188]

젊은 소크라테스: 전적으로 그렇습니다.

손님: 그러니까, 나라에서의 모든 부류도 우리에게 명백해진 터이니, 직조 기술(hyphantikē)의 예를 따라서도, 이제 이에 대한 논의를 우리가 했으면 하는 게 아닌가?

젊은 소크라테스: 그렇고말고요.

306a 손님: 바로 왕도적인 직조([hē] basilikē symplokē)는 어떤 것인지를 말해야만 하고, 또한 어떤 식으로 어떤 직물을 짜서 우리에게 제공할 것인지 말해야만 할 것 같네.

젊은 소크라테스: 그건 명백합니다.

손님: 그러고 보니 밝히어 보이기가 실로 어려운 일이 된 게 틀림없는 것 같네.

젊은 소크라테스: 하지만 어떻게든 말씀하셔야만 합니다.

손님: [사람으로서의] 훌륭함의 부분(meros)이 훌륭함의 종류(eidos)와 어느 면에서는 다르다는 것은 논의와 관련해서 토론하기를 좋아하는 자들에게는 다중의 의견들을 상대로 아주 공격하기가 쉽네.

젊은 소크라테스: 이해하지 못했습니다.

손님: 이런 식으로 다시 말함세. 실상 용기는 우리에게 있어서는 [사람으로서의] 훌륭함의 한 부분이라고 자네가 믿을 것이라 나는 생
b 각하네.

젊은 소크라테스: 물론입니다.

---

188) 여기에서 '공동체'는 곧 polis(나라)를 뜻하기에, politikē는 '나라 통치 지식'으로 일컫는 것이 지당하다는 말이다.

306b

손님: 한데 절제는 용기와는 다른 것이지만, 그야 어쨌든 이것 또한 그것도 부분인 것의 부분이네.[189]

젊은 소크라테스: 네.

손님: 바로 이것들과 관련해서 어떤 놀라운 말을 감히 밝혀야만 하겠네.

젊은 소크라테스: 어떤 것인가요?

손님: 이 둘은 어느 면에서는 서로에 대해서 많은 것들에서 적대적이며 대립되는 갈등 관계에 있다는 걸세.

젊은 소크라테스: 어떻게 하시는 말씀인가요?

손님: 결코 생소한 말은 아닐세. 실은 훌륭함의 모든 부분은 서로
우호적이라고들 말하는 것으로 나는 생각하네. c

젊은 소크라테스: 네.

손님: 그러면 우리가 아주 주의하면서 고찰할까? 이게 이처럼 단순한지, 아니면 이것들 가운데서 더러는[190] 어떤 점에서 친족 관계의 것들에 대해 무엇보다도 불화를 보이는지?

젊은 소크라테스: 네, 어떻게 고찰해야만 할 것인지 말씀해 주시죠.

손님: 모든 것에서 우리가 훌륭한 것들로 말하는 것들을 찾되, 이것들을 서로 대립되는 두 종류의 것들로 배치하세.

젊은 소크라테스: 더 자세히 말씀해 주시죠.

손님: 날카로움(민첩함)과 빠름, 이것들이 몸들에 있어서건 혼들에
있어서건 소리의 이동에서건, 이것들 자체나 [이의] 영상 상태로 있는 d
것들이건, 음악이 모방하는 것들과 더 나아가 그림이 모방물들을 제

189) 곧 둘 다가 각기 '[사람으로서의] 훌륭함(덕: aretē)'의 부분이라는 뜻이다.

190) 텍스트 읽기에서 ⟨enia⟩는 살려서 읽었다.

306d 공하게 되는 것들, 이것들 중의 어느 것의 칭찬자로 자신이 언젠가 되었거나 다른 칭찬자의 말을 현장에서 들은 적이 있는가?

젊은 소크라테스: 물론입니다.

손님: 그래 자네는 이 각각의 경우들에서 그들이 어떤 식으로 그러는지에 대한 기억을 갖고 있는가?

젊은 소크라테스: 결코 없습니다.

손님: 그렇다면, 나도 생각하고 있듯, 내가 그걸 자네에게 말로 시현해 보여줄 수 있게 될까?

e 젊은 소크라테스: 왜 못하시겠습니까?

손님: 그런 건 쉽다고 자네는 생각하는 것 같구먼. 하지만 이를 반대되는 부류들에서 고찰해 보세. 그야 행위들의 많은 경우에 있어서 자주 그때마다 생각과 몸, 더 나아가 또한 소리의 빠름과 열정 그리고 날카로움을 우리가 반길 때는, 이를 칭찬하면서 하나의 표현 곧 용기라는 표현으로 말하네.

젊은 소크라테스: 어떻게 말씀입니까?

손님: 아마도 우리는 처음엔 민첩하고 용감하다고 말할 것이며, 잽싸고 용감하다고도, 그리고 열정적일 경우에도 마찬가지로 말하네. 그리고 내가 말하고 있는 이 표현은 이런 성향들 모두에 공통되는 것으로 적용함으로써 이것들을 우리가 칭찬하는 걸세.

젊은 소크라테스: 네.

307a 손님: 어떤가? 조용한 피조물들의 종류 또한 그러니까 많은 경우의 활동들에서 종종 칭찬하지 않았던가?

젊은 소크라테스: 그 또한 틀림없이 그랬죠.

손님: 저 경우들과는 반대되는 것들을 말하면서 이 표현을 우리가 하는 게 아닌가?

307a

젊은 소크라테스: 어떻게요?

손님: 얼마나 조용한지 그리고 얼마나 절제 있는지 하고 우리는 아
마도 그때마다 말할 게야. 생각과 관련되어 행하여진 것들을 반겨서,
그리고 또한 행위들의 면에서 또한 찬찬하고 유연하며 또한 더 나아
가 소리들과 관련해서 일어나는 것들이 평탄하고 묵직해서, 그리고
모든 율동적인 움직임과 때 맞추어(en kairō) 느림을 이용한 음악 전 b
체, 이것들 모두에 대해 우리는 '용기(andreia)' 라는 표현이 아니라
'절도 있음(kosmiotēs)' 의 표현을 적용하네.

젊은 소크라테스: 더할 수 없는 진실입니다.

손님: 하지만 이와 달리 이들 양쪽 것들이 우리에게 때 맞지 않게 일어날 때는, 이것들 각각을 바꿔서 다시 반대의 것들에 이 표현들을 적용하네.

젊은 소크라테스: 어떻게 말씀입니까?

손님: 이것들이 '알맞은 정도나 때(kairos)' 보다 더 날카롭게 되었
거나 더 빠르거나 더 거칠어 보이면, 오만 무례하다거나 미쳤다고 말
하지만, 그것보다 더 무겁거나 더 느리거나 더 부드러우면, 비겁하다 c
거나 게으르다 말하네. 그리고 거의 대개는 이것들 곧 대립되는 것들
의 절제 있는 성향과 용감한 성향은, 이를테면, 적대적인 갈등을 물
려받은 부류들처럼 이와 같은 것들과 관련된 활동들에서 서로 섞이지
않음을 우리는 목격하게 되거니와, 더 나아가 그들의 혼들에서도 이
것들을 다투는 상태로 지니고 있음을, 우리가 파고든다면, 목격하게
될 걸세.

젊은 소크라테스: 바로 어디에서 말씀입니까?

손님: 지금 우리가 말한 바로 이것들에서도, 또한 다른 많은 경우에
서도 그럴 게야. 이들 각각과 동종 관계에 따라 한쪽 것들은 자기들과 d

307d

친족인 걸로 칭찬을 하지만, 불화하는 쪽의 것들은 남인 것들로 비난을 함으로써, 서로들 많은 것과 관련해서 심한 적대관계에 처하게 되는 걸로 나는 생각하니까.

젊은 소크라테스: 그런 것 같습니다.

손님: 그런데 여전한 이 종류들의 불화야말로 아이들 장난이네. 그러나 가장 중대한 것들과 관련되어서는 이것이 나라들에서 모든 질병 중에서도 가장 적대적인 것으로 되는 사태가 벌어지네.

젊은 소크라테스: 바로 어떤 것들과 관련되어 말씀하시는지요?

e 손님: 삶의 전반적인 대비와 관련되는 것인 것 같네. 사실 유별나게 절도 있는 자들은 조용한 삶을 살 준비가 되어 있으며, 스스로들 혼자서 자신들의 일을 하면서, 대내적으로도 모든 사람을 상대로 이런 식으로 교류하거니와, 바깥 나라들에 대해서도 마찬가지로 모든 면에서 어떤 식으로 평화를 유지해 갈 준비가 되어 있지. 그리고 마땅히 그래야만 하는 정도 이상의 바로 이 욕망 때문에, 자신들이 하고 싶은 것들을 할 때, 자신들도 모르는 사이에 전쟁을 싫어하는 상태가 되고 젊은 이들도 마찬가지 상태가 되게 하는데, 침략자들은 언제나 있으니, 이들로 인해서 몇 해도 되지 않아 자신들도 아이들도 온 나라가 자신들
308a 도 모르는 사이에 자유민들 대신에 노예들이 되어 버리지.

젊은 소크라테스: 힘들고 끔찍한 사태를 말씀하시네요.

손님: 그러나 용기 쪽으로 쏠린 자들의 경우는 어떤가? 이들은 자신들의 나라들을 언제나 어떤 전쟁 쪽으로 긴장케 함으로써 이와 같은 인생의 필요 이상으로 맹렬한 욕구로 해서 많은 강력한 자들과 적대관계에 처하게 하여, 자신들의 조국들을 완전히 파멸시키거나 아니면 또한 노예들이나 수하들로 전락케 하지 않겠는가?

b 젊은 소크라테스: 그것 또한 그렇군요.

손님: 그러니 이 경우들에 있어서 이들 양쪽 부류가 서로에 대해서 언제나 많은 더할 수 없이 큰 적대감과 갈등을 갖는다는 걸 우리가 어떻게 부인할 수 있겠는가?

젊은 소크라테스: 우리가 부인한다는 건 결코 불가합니다.

손님: 그러니까 우리가 처음에 고찰한 바로 그것은 훌륭함의 사소하지 않은 부분들이 그 성질상 서로 불화 상태에 있는데, 특히 이를 지닌 사람들이 이 똑같은 짓을 하지 않는가?

젊은 소크라테스: 그것들이 그러는 것 같습니다.

손님: 그러면 다음 것을 우리가 다시 살펴볼까?

젊은 소크라테스: 어떤 것인데요?

손님: 가령 뭔가를 결합하는 전문 지식들 중의 어느 것이 그것의 일 c
들 중에서 무슨 일이고 간에 어느 것을, 설령 그게 지극히 하찮은 것이라 할지라도, 나쁜 것들과 좋은 것들로 자발적으로 구성을 할지, 아니 그보다는[191] 모든 전문 지식은 어떤 경우에나 나쁜 것들은 되도록 버리되, 목적에 부합하고 유용한 것들을 취하여, 같은 것들과 같지 않은 것들인 이것들로, 이것들 모두를 하나로 모아서, 하나의 어떤 기능을 갖는 종류의 것으로 만들어 내네.

젊은 소크라테스: 그야 물론입니다.

손님: 그렇다면 자연의 질서에 따른 참된 것인 우리의 나라 통치 지 d
식(hē politikē [tekhnē])은 결코 자발적으로는 좋은 사람들과 나쁜 사람들로 아무 나라나 구성하지는 않을 것이네. 아주 명백한 것은 맨 먼저 놀이로 시험을 하되, 이 시험 다음에 이번에는 교육하며 바로 이 목

191) 여기에서 '아니 그보다는'으로 번역한 것은 원문에서는 ē(아니면)이지만, 문맥상 그 뜻을 명확히 살리기 위해 그리 한 것이다.

308d

적에 봉사할 수 있는 자들에게 넘겨줄 것이니, 이 통치술은 지시하며
감독을 하지. 마치 직조 기술이 소모(梳毛)하는 자들 그리고 이 직물
짬을 위해 협력하는 그 밖의 것들을 미리 준비하는 자들에게 지시하며
감독하여, 이와 같은 것들을 저마다에게 적시해 주어서, 제 직물 짜기
e 에 적합한 것들로 생각되는 그런 제품을 완성토록 하듯이 말이네.

젊은 소크라테스: 물론입니다.

손님: 바로 똑같은 이것을 왕도적 통치 지식(hē basilikē [tekhnē])[192]
도, 법에 따른 모든 교사와 양육자에게 지시하는 기능을 갖고 있어서,
이 통치 지식의 그 혼합 기능을 위해 적절한 어떤 성격[193]을 조성해서
구현하게 하지 않은 것은 무엇이든 이들이 수련시키는 것을 허용치
않고, 이런 것들만 교육하도록 권고하네. 또한 용감하며 절제 있는 성
격들과 그밖에도 [사람으로서의] 훌륭함으로 뻗는 것들에 관여할 수
309a 는 없으면서, 나쁜 성향으로 해서 신을 믿지 않는 상태와 오만 그리고

192) 진작부터 그리 언급되어 왔지만, 여기서 새삼 확인할 수 있듯, 또한 311b~c에서도 결론적으로 거듭 확인할 수 있듯 나라 통치 지식과 왕도적 통치 지식은 같은 뜻의 것으로 교체적으로 쓰이고 있다. 그리고 이 경우에 우리에게는 '통치술'이라는 표현이 더 익숙하겠으나, '통치 지식'이란 표현을 굳이 쓴 것은 이 대화편에서 tekhnē(art)와 epistēmē(knowledge)를 일관되게 똑같이 '전문 지식(expertise)'의 뜻으로 쓰고 있어서다.

193) 원어는 ēthos이다. ēthos(ἦθος, 복수 형태는 ēthē(ἤθη)임)에는 그밖에도 인격, 성품, 성향, 품행, 특성 등의 뜻과 함께 사회적인 관습, 관례, 풍습 등의 뜻들이 있다. 헬라스인들은 개인적으로 그리고 사회적으로 이런 것들이 생기게 되는 것은 개인적인 습관과 이의 사회적 확장인 관습, 즉 ethos(ἔθος)로 해서라고 생각했다. 그리고 다시 ethos(습관 · 관습)는 반복되는 몸가짐이나 마음가짐으로 해서 굳어진 버릇, 곧 '습성'에서 비롯된다고 그들은 보아, 이를 그들은 '헥시스(hexis)'라 했다. hexis는 몸가짐·마음가짐·습성·[해 버릇함으로써] 굳어진 상태 등을 의미한다.

불의로 강압적으로 떠밀린 자들은 처형으로 내던지고 추방과 최대의 불명예로 응징하네.

젊은 소크라테스: 어쨌든 그런 식으로 말들 하죠.

손님: 반면에 지독한 무지와 또한 천박함 속에서 뒹군 자들은 노예 종족으로 멍에를 짊어지게 되네.

젊은 소크라테스: 지당합니다.

손님: 그래서 그것은 남은 자들 중에서 성향들이 충분히 교육을 받을 경우 고귀한 쪽으로 바뀔 수 있으며, 또한 전문적인 기술의 도움을 b
받음으로써 서로 간의 섞임을 받아들일 수도 있는 자들, 이들 중의 일부로 용기 쪽으로 더 기우는 자들을, 이를테면, 이들의 딱딱한 성격을 날실과 같은 종류의 것으로, 반면에 이들 중에서 절도 있는 쪽으로 기우는 자들은 풍성하고 보드라운, 그래서 그 비유에 따라, 씨실과 같은 종류의 것으로 이용함으로써, 서로 반대쪽으로 뻗는 자들을 다음과 같은 방식으로 함께 묶고 함께 엮도록 애쓰네.

젊은 소크라테스: 바로 어떤 식으론가요?

손님: 첫째로는 그 친근성에 따라 이들 혼의 영속적인 부분은 신적 c
인 끈으로 함께 묶으나, 신적인 것 다음으로는 이들의 동물적인 부분을 다시 인간적인 끈으로 함께 묶네.

젊은 소크라테스: 무슨 뜻으로 그 말씀을 다시 하시는지요?

손님: 아름다운 것들과 올바른 것들 및 좋은 것들 그리고 이것들과 반대되는 것들과 관련된 진실하고 확고한 '참된 의견'[194]이 혼들에 생

194) 원어는 alēthēs doxa이다. 먼저 '독사'에 대한 언급부터 하는 게 좋겠다. doxa는 앎 곧 지식(epistēmē)과 근본적으로 차별되는 것인데, 이에 대해서 《티마이오스》 편(51e)에서는 이런 설명을 하고 있다. "한쪽은 가르침을 통해서, 다른 쪽은 설득에 의해서 우리에게 생기며, … 한쪽 것은

길 때, 나는 신적인 의견 또는 판단이 영적인 부류[195]에 생기게 되었다고 말하네.

젊은 소크라테스: 확실히 그게 적절하겠습니다.

d 손님: 바로 정치가와 훌륭한 입법자만이 바로 이것[196]을 왕도적인 '무사(mousa)'에 의해서, 방금 우리가 말했던, 옳게 교육받은 자들에게 심어 줄 수 있기에 적합하다는 걸 우리가 알고 있는가?[197]

언제나 참된 논거(logos)를 동반하나, 다른 쪽 것은 그게 없다(alogon). 또한 한쪽 것은 설득에 의해 바뀌지 않으나, 다른 쪽 것은 설득에 따라 바뀐다." 상대방의 의견을, 역시 참 지식은 못 되는, 제 의견으로 대체하도록 설득하는 재주를 가진 자들이 다름 아닌 소피스테스들이었다. '의견'은 어디까지나 개개인의 주관적인 것일 뿐이기 때문이다. 그렇다고 해서 '의견'이 무용한 것이기만 한 것은 아니다. 《메논》 편(96e~100a)에서는 우리의 행위(praxis) 문제와 관련되어서는, 의견(판단: doxa)이 참된 것이거나 옳은 것인 한, 곧 참된 의견(alēthēs doxa)이나 옳은 의견(orthē doxa) 또는 훌륭한 판단이나 의견(eudoxia)은 앎(epistēmē) 또는 지혜(sophia)에 조금도 못지않게 유용함을 실증적으로 밝히고 있다. 그래서 테미스토클레스와 같은 정치가는 신들린 상태에서의 '훌륭한(용한) 판단'을 했던 사람으로 평가하고 있다. 우리의 이 대화편에서 바로 이어서 '신적인 판단 또는 의견(theia doxa)'을 언급하고 있는 것도 같은 맥락에서라고 할 것이다.

195) 다름 아닌 지성(nous) 또는 이성(logos)을 가리킨다. 《티마이오스》 편 89d~90a를 참조할 것.

196) '진실하고 확고한 참된 의견(ontōs ousa alēthēs doxa meta bebaiōsis)'을 가리킨다.

197) 이 문장의 해석을 어떻게 해야 할 것인가? 먼저 '왕도적인 무사(hē basilikē mousa)'가 문제다. 소크라테스가 독배를 비우게 되어 있는 마지막 날에 제자들과 죽마고우 크리톤에게 옥에 있는 동안 자주 꾼 꿈 이야기를 들려주는데, 그건 자기더러 시가(mousikē)를 지으라는 것이었다고 한다. 그래서 아이소포스(이솝)의 우화를 운문으로 만들어 보기도 하고 아폴론 찬가를 지어 보기도 했지만, 그는 이를 결국엔 자신의 지혜사랑(철학: philosophia)에 대한 격려와 성원으로 받아들였다고 하면서, "철

309d

학은 가장 위대한 시가(megistē mousikē)이기" 때문이라 말한다.(《파이돈》 편, 61a) 시가 또는 음악을 뜻하는 헬라스어 mousikē [tekhnē]는 무사(Mousa) 여신들(Mousai=the Muses)이 관장하는 '예술' 또는 '문예'란 뜻이다. 헬라스인들은 이 여신들이 시, 음악, 무용(이 셋은 극 공연에서는 다 동원됨) 그리고 나중에는 모든 지적 탐구, 즉 학술도 관장하는 것으로 믿었다. 《필레보스》 편(67b)에도 Mousa philosophos(지혜를 사랑하는 무사)라는 표현이 보인다. 아닌게아니라 우리는 《국가(정체)》 편 411c~d에서 '시가와 철학은 건드려 보지도 않는' 자를 '무사와는 전혀 사귀지 않는' 자로 빗대어 말하는 대목을 만난다. 또한 499d에서는 철인왕의 나라가 실현을 보는 것은 바로 '이 Mousa가 나라를 장악하게 될 경우에나' 가능할 일로서 말하고 있는데, '이 무사(autē Mousa)'는 바로 '철학'을 지칭하고 있다. 그리고 또 548b~c에서도 "그들이 논의와 철학을 아울러 갖춘 참된 무사(Mousa)에 대해서는 소홀히 하면서도 …"라는 언급에 접하게 된다. 그런가 하면, 《소피스테스》 편 242d~e에서는 아예 철학자들을 Mousai(무사들)로 말하고 있다. 따라서 이 문장들 전체가 말하고 있는 뜻을 깔끔하게 정리해 본다면, 이렇게 되겠다. "바로 정치가와 훌륭한 입법자만이 바로 '이것'(=진실하고 확고한 참된 의견)을 '왕도적인 무사(mousa)'(=왕도적인 철학 또는 철학자)에 의해서, 방금 우리가 말했던, 옳게 교육받은 자들에게 심어 줄 수 있기에 적합하다." 그러나 다시 이 문장에서 "그런 참된 의견을 철학에 의해 옳게 교육받은 자들에게 심어 준다"는 것은 또 무슨 뜻인가? 앞서 309c의 각주에서 '참된 의견'과 앎 곧 지식의 근본적 차이를 언급했다. 역시 《메논》 편 같은 곳에서 언급하고 있는 다이달로스의 조상(彫像)에 대한 비유를 빌리기로 하자. 이 전설상의 조각가가 만든 조상은 생동하는 것이어서, 매어 두지 않으면, 달아나 버려, 그 누구의 소유물도 될 수 없다. 이게 누군가의 것이 되려면, 매어 둘 때야 가능하다. 이 매어 둠(desmos)이 다름 아닌 '그 원인(aitia)의 추론(구명: logismos)' 곧 논거(logos)의 제시이다. '참된 의견'이나 '옳은 판단'도 그 논거를 갖게 될 때에야 진정한 앎 곧 지식으로 굳혀진다. 그런 논거를 제시하는 것이 철학이고 그럴 수 있는 사람이 철학자이다. 플라톤에 의하면, 누구나 그런 논거 제시를 할 수 있을 만큼의 철학자가 되기는 어렵다. khalepa ta kala(훌륭한 것들은 힘드니까). 그러나 철학자가 깨친 참된 앎, 그 논거가 확보된 앎에 기반을 둔 의견(doxa)의 교육을 도모하는 자가 입법자다. 또한 그렇게 교육을 받다가, 언젠가는

309d

젊은 소크라테스: 확실히 그렇겠습니다.

손님: 하지만, 소크라테스여, 어쨌든 이런 걸 할 수 없는 자를 지금 우리가 추구하고 있는 호칭들로 그를 결코 일컫지는 마세나.

젊은 소크라테스: 지당하신 말씀입니다.

손님: 그럼, 어떤가? 그와 같은 진리를 포착하게 된 용감한 혼은 온
e 순해지고 올바른 것들에 이처럼 최대한 관여하려고 하겠지만, 이에 관여하지 못한 혼은 어떤 짐승 같은 성향으로 더 기울어지지 않겠는가?

젊은 소크라테스: 어찌 그렇지 않겠습니까?

손님: 그러나 절도 있는 성향의 경우는 어떤가? 저 의견들에 관여함으로써, 그런 나라체제에서처럼, 정말로 절제 있고 지혜롭게 되겠지만, 우리가 말하고 있는 것들에 관여하지 못하는 것은 가장 모멸스런 단순함(어리석음: euētheia)[198]의 오명을 얻는 게 지당하지 않겠는가?

젊은 소크라테스: 그야 물론입니다.

손님: 그러니까 나쁜 사람들의 저들끼리의 그리고 좋은 사람들의 나쁜 사람들과의 엮음과 이 끈은 결코 지속적인 것이 되지 못하며, 이와 같은 자들을 상대로 어떤 전문적 지식이 이를 진지하게 이용하지도 않을 것이라고 우리는 말하겠지?

그 논거에 접하게도 된다.(《국가(정체)》 편 429b~c, 402a) 이 대목은 이런 취지의 뜻을 담고 있는 것이다.

198) euētheia는 eu(well)와 앞서 308e의 각주에서 언급한 ēthos의 복합어이다. '착한 성품', 그래서 '단순함'과 '어리석음'을 또한 뜻하기도 한다. 이런 성격의 euētheia에 대해서는 《국가(정체)》 편(400e)에서 그 다양성을 언급하고 있는 것이 보인다.

309e

젊은 소크라테스: 사실 어떻게 그럴 것이라고 말할 수 있겠습니까?

손님: 반면에 시작부터 태생이 좋고 성향대로 양육된 성격들에만 310a
법률에 [따른 교육에][199] 의해서 그것이 뿌리내리고, 바로 이들에게
이것이 전문 지식에 의한 처방이라고 할 것이며, 앞서 말했듯, 이것은
성향상 같지 않으며 서로 반대쪽으로 가는 [사람으로서의] 훌륭함의
부분들의 한층 더 신적인 결합 끈이라 할 것이네.

젊은 소크라테스: 더할 수 없는 진실입니다.

손님: 하지만 나머지 결합 끈들은, 인간적인 것들이어서, 이 신적인
끈이 있으면, 그 결합을 꾀하는 것도, 또한 일단 꾀한 바를 이룩하는
것도 그다지 어렵지 않을 것이네.

젊은 소크라테스: 바로 어떻게, 그리고 무엇들을 말씀하시는 건가 b
요?

손님: 끼리끼리 하는 혼인 관계들과 자녀들의 공유 관계들의 결합
끈들 그리고 개인 간의 출가[200]와 혼인들의 결합 끈들이네.[201] 실은 많
은 이들이 이 일들과 관련해서 자녀들의 출산 문제의 관점에서는 옳
게 결합하지 않고 있기 때문이네.

---

199) 이는 그 뜻을 분명히 하고자, 원문에는 없는 것을 보완한 것이다.

200) 딸의 '시집보냄'을 헬라스어로는 ekdosis라 하는데, 이 말은 동시에 '지참금'을 뜻하기도 한다. '결혼 지참금' 자체는 proix라 하는데, 이의 대격(對格) 형태인 proika는 '공짜로'라는 부사 형태이지만, 오늘날의 헬라스인들은 이를 여자가 시집갈 때 갖고 가는 '결혼 지참금(현대어 발음은 쁘리까)'의 뜻으로 쓰고 있다. 그리스에서는 근래에야 법적으로 이를 금지했다지만, 플라톤은 그 옛날에 이를 법적으로 금지해야만 하는 것으로 단호하게 잘라 말했다. 《법률》 편, 742c 참조.

201) 앞의 경우는 어떤 가문들이나 집단끼리 또는 어떤 계층끼리 혼인 관계를 맺게 되는 것들이지만, 뒤의 경우는 그런 고려 없이 그냥 개별적으로 맺어지는 결혼 관계를 말하고 있다.

310b

젊은 소크라테스: 왜죠?

손님: 이런 일들에서 부와 영향력의 추구들을, 마치 논란거리라도 되는 것처럼, 왜 누군가가 비난하며 열을 올리겠는가?

젊은 소크라테스: 그럴 까닭이 없죠.

손님: 하지만 성격들[202]과 관련해서 마음을 쓰는 이 사람들에 대해
c 서 언급하는 것이, 만약에 그들이 적절히 행동하지 않을 경우에는, 오히려 정당하네.[203]

젊은 소크라테스: 아닌게아니라 그렇겠습니다.

손님: 그러니까 그들은 하나의 바른 원칙에 따라 행동하지 않고, 당장의 편의를 추구해서 자신들과 많이 같은 자들은 반기되, 같지 않은 자들은 좋아하지 않는데, 혐오하는 쪽에 최대의 비중을 두네.

젊은 소크라테스: 어떻게 말씀입니까?

손님: 짐작컨대 절도 있는 자들은 자신들과 같은 성격을 찾아서는, 가능한 한 이들 쪽에서 맞아들이고 다시 그런 쪽으로 보내는 혼인을
d 하네. 반면에 용기와 관련되는 부류도 이런 식으로 해서, 자신의 성격을 추구하네만, 이들 양쪽 부류는 이와는 완전히 반대로 해야만 되네.[204]

젊은 소크라테스: 어떻게, 그리고 무엇 때문이죠?

손님: 용기는 그 본성상 여러 세대 동안 절제 있는 성향과 섞이지

---

202) 텍스트 읽기에서 이전의 Burnet 판에서의 읽기는 ta genē(가계·집안)였으나, 새 OCT 판에서는 ta ēthē로 읽었는데, 이 읽기를 따랐다. 여기서 직접적으로 문제되는 것이 '성격'이기 때문이다.

203) 《법률》 편 773c~e에 이런 성격들의 혼화(混和)를 위한 혼인에 의한 결합 관계에 대한 돋보이는 비유와 '권고의 말(paramythion)'이 보인다.

204) 반대되는 성향 내지 성격 그리고 빈부 격차의 극복 등을 고려한 혼인에 대한 언급은 《법률》 편 773a~b에 보인다.

310d

않은 상태로 번식을 하게 되면, 초기에는 그 힘이 절정에 이르나, 끝에 가서는 완전히 광기로 퇴화하기 때문이네.

젊은 소크라테스: 그럴 것 같습니다.

손님: 하지만 반면으로 이번에는 지나친 수줍음[205]으로 꽉 찬 혼이
대담성 및 용기와 섞이지 않은 채로, 이처럼 여러 세대에 걸쳐 번식을 e
하게 되면, 적절한 정도[206]보다 더 활기가 없고, 종당엔 아주 불구가 되네.

젊은 소크라테스: 이 또한 그렇게 될 것 같네요.

손님: 그런데 이 끈들을 두고 양쪽을 묶는 데는 아무런 어려움도 없다고 내가 말한 것은 두 부류가 훌륭하디훌륭한 것들(아름답고 좋은

---

205) 원어는 aidōs이다. 이는 헬라스인들에게는 다의적이고 중요한 개념이다. '부끄러움', '염치'를 뜻하기도 하지만, 신에 대해서나 고매한 인격 앞에서 갖게 되는 경외 또는 공경, 인간으로서 자존(自尊)하는 마음과 타인에 대한 존경심 등을 두루 의미하는 말이기도 하다. 이것은 이처럼 그 뜻이 여러 가지인 것 같지만, 실은 이것들 모두가 같은 뿌리를 갖는 것들이라는 데 우리는 유의할 일이다. 그래서 그들에게는 이 덕목은 《에우티프론》 편 12b~c에서도 다루어지고 있지만, 《국가(정체)》 편 여기저기에서도 자주 언급되고 있다. 또한 《법률》 편에서도 곳곳에서 강조되고 있는데, 특히 729b에서는 이를 부끄러워함(aiskhynesthai)과 연관시켜 언급하고 있으니, 눈여겨볼 대목이다. 《프로타고라스》 편(322b~c)에서는 나라 통치와 관련해서 필요 불가결한 덕목들로 제우스가 헤르메스를 통해 인간들에게 가져다주게 한 것이 이것과 정의(dikē)라고 한다. 이 둘, 곧 경외(공경)와 정의(dikē)는 헤시오도스의 《일과 역일》(192~3행)에서도 인간 세계의 아주 중요한 덕목들로 강조되고 있다. 그는 "정의가 주먹 안에 있게 되고, 경외(공경)는 없어지게 될" 날을 두려워하고 있었던 사람이다.

206) 원어는 ho kairos인데, 이는 여기에서처럼 정도를 나타낼 때는 알맞은 정도나 비율을, 때와 관련될 때는 알맞은 때 또는 시의(時宜)를 뜻한다.

310e

것들)[207]과 관련해서 하나의 의견을 가질 경우일세. 왜냐하면 이것이
하나이며 전부인 왕도적 통치 지식의 하나로 짜는 일이니, 절제 있는
성격들이 용감한 성격들과 떨어지는 걸 결코 허용치 않고, 의견의 일
치와 명예 그리고 불명예와 영광, 서로 간의 서약을 해 줌과 받기로
써 함께 짜서, 부드러운 이른바 잘 짜인 직물을 이것들에서 짜내서는,
311a 나라들에 있어서의 관직들을 언제나 공동으로 이들에게 맡기는 것이
네.[208]

젊은 소크라테스: 어떻게 말씀입니까?

손님: 한 사람의 관리가 필요한 곳일 경우에는, 이 양쪽을 겸비한 감독자를 선발하여서네. 반면에 여럿이 필요한 곳일 경우에는, 이들 각각의 일부를 함께 섞어서고. 왜냐하면 절제 있는 관리들의 성격은 몹시 조심스럽고 올바르며 안전하지만, 열정과 어떤 날카롭고 행동적

---

207) 원어는 ta kala kågatha이다. kalos kågathos는 kai agathos를 모음 축합(母音縮合: crasis)하여 kalos와 합성한 관용어이다. 헬라스어로 kalos (beautiful, fine)는 '아름다운', '훌륭한' 등을 뜻하고, agathos(good)는 '좋은', '훌륭한'을 뜻하며, kai는 영어 and에 해당되는 접속사다. 경우에 따라, 이 둘을 아우르는 하나의 우리말은 '훌륭한'·'훌륭하다'이다. 따라서 이런 형태의 합성어는 '훌륭한'을 강조하는 형태로 볼 수 있겠고, 이를 우리말로는 '훌륭하디훌륭한' 또는 '훌륭하고 훌륭한'으로 옮기는 게 좋다고 역자는 평소에 생각해 온 터라 그리 번역한다. 이 복합 형용사 앞에 사람을 나타내는 남성 정관사 ho를 붙인 ho kalos kågathos는 '훌륭하디훌륭한 사람'을 뜻하고, 이에 중성 복수 정관사 ta를 붙인 형태인 ta kala kågatha는 '훌륭하디훌륭한 것들'을 뜻한다. 그리고 이를 추상 명사화한 것은 kalokågathia(훌륭하디훌륭함)이다. 그런데 Diès는 원문을 그대로 둔 채, 이의 대역(對譯)은 le bien et le mal(선악)로 하고 있고, Brisson도 같게 옮기고 있다.

208) 관직에 임명될 사람들의 구성을 직물 짜기에 비유해서 말하고 있는 것은 《법률》 편 734e~735a에도 보인다.

311a

인 대담성이 부족하기 때문이네.

젊은 소크라테스: 그야 분명히 그리 보이니까요.

손님: 반면에 용감한 성격들은 올바름과 조심스런 면에서는 저들보 b
다는 부족한 편이나, 행위 면에서의 대담성은 각별하네. 그러나 나라
들과 관련된 모든 것이, 공사 간에 이들 양쪽 것들이 갖추어지지 않은
경우에, 훌륭하게 되는 건 불가능하네.

젊은 소크라테스: 어찌 그렇지 않겠습니까?

손님: 그러면 이것이 고른 짜임새에 의해 함께 짜인 직물의 완성,
곧 나라 통치 행위(politikē praxis)의 완성에 이르는 것이라고 말하
세. 용감하며 절제 있는 사람들의 성격을 왕도적 전문 지식이 한 마음
(homonoia)과 우애(philia)에 의해서 이들의 공동의 삶을 이끌 때, 모 c
든 직물들 중에서도 가장 위대하며 최선의 것을 완성하고, 그 나라들
에 있는 다른 모든 사람을, 노예도 자유민도 이렇게 짠 것으로 감싸서
모두를 지키며, 가능한 행복한 나라가 되는 데 알맞은 정도에 어떤 면
에서도 아무것도 부족함이 없게 다스리고 지도하게 될 때 말일세.

〈젊은 소크라테스: 지극히 훌륭하게 말씀하셨습니다.〉[209]

연로한 소크라테스: 아, 손님이시여, 선생께서는 이번에도[210] 왕다운 사람과 정치가를 우리에게 지극히 훌륭하게 완성해 보여 주셨습니다.

---

209) 이 부분은 새 텍스트에서 덧보탠 것이다. 원전 텍스트에서 〈 〉가 어떤 의미를 갖는지에 대해서는 앞에서 '원전 텍스트와 관련된 일러두기'를 참조할 것.

210) 《소피스테스》 편에서 소피스테스가 어떤 부류인지를 밝히어 보여 주었던 일과 연계해서 하는 말이다.

참고 문헌

1. 《소피스테스》 편과 《정치가》 편의 원전·주석서·역주서

Brisson, L. et Pradeau, J-F , *Platon: Le Politique*, Paris: Flammarion, 2003.

Burnet, J., *Platonis Opera*, I, Oxford: Clarendon Press, 1900.

Campbell, Rev. L., *The Sophistes and Politicus of Plato*, Oxford: Clarendon Press, 1867.

Cordero, N., *Platon: Le Sophiste*, Paris: Flammarion, 1993.

Cornford, F. M., *Plato's Theory of Knowledge*, London, Routledge & Kegan Paul Ltd., 1935.

Diès, A., *Platon: Œuvres Complètes*, Tom. VIII, -3 Partie, Le Sophiste, Paris: Les Belles Lettres, 1985.

Diès, A., *Platon: Œuvres Complètes*, Tom. IX, -1 Partie, Le Politique, Paris: Les Belles Lettres, 1970.

Duke, Hicken, Nicoll, Robinson et Strachan(edd.), *Platonis Opera*, I, Oxford: Clarendon Press, 1995.

Fowler, H. N., *Plato, VII, Theaetetus·Sophist*, Loeb Classical Library, Cambridge, Mass.: Harvard University Press, London: W. Heinemann, 1921.

Fowler, H. N., *Plato, VIII, Statesman·Philebus·Ion*, Loeb Classical Library, Cambridge, Mass.: Harvard University Press, London: W. Heinemann, 1925.

Rowe, C. J., *Plato: Statesman*, Warminster: Aris & Phillips, 1995.

Skemp, J. B., *Plato: The Statesman*, Bristol, Bristol Classical Press, repr., 1987.

2. 《소피스테스》 편과 《정치가》 편의 번역서

Benardete, S., *The Being of the Beautiful: Plato's Theaetetus, Sophist and Statesman*, The University of Chicago Press, 1984.

Schleiermacher, F./Staudacher, P., *Platon Werke*, VI, Darmstadt: Wissenschaftliche Buchgesellschaft, 1970.

3. 《소피스테스》 편과 《정치가》 편의 해설서 또는 연구서

Bluck, R., *Plato's Sophist*, Manchester University Press, 1975.

De Rijk, L. M., *Plato's Sophist: A Philosophical Commentary*, Amsterdam/Oxford/New York, North-Holland Publishing Company, 1986.

Frede, M., *Prädikation und Existenzaussage*, Göttingen, Vandenhoeck &

Ruprecht, 1967.

Kamlah, W., *Platons Selbstkritik im Sophistes*, München, C. H. Beck'sche Verlagsbuchhandlung, 1963.

Klein, J., *Plato's Trilogy: Theaetetus*, the *Sophist*, and the *Statesman*, The University of Chicago Press, 1977.

Rosen, S., *Plato's Sophist*, New Haven and London, Yale University Press, 1983.

Rosen, S., *Plato's Statesman*, New Haven and London, Yale University Press, 1995.

Rowe, C. J., (ed.), *Reading the Statesman*: Proceedings of the III Symposium Platonicum, Sankt Augustin: Academia Verlag, 1995.

Scodel, H. R., *Diaeresis and Myth in Plato's Statesman*, Göttingen, Vandenhoek & Ruprecht, 1987.

Seligman, P., *Being and Not-Being*, The Hague, Martinus Nijhoff, 1974.

4. 기타 참고서

Balme, D. M., *Aristotle: History of Animals*, Books VII-X, Loeb Classical Library, Cambridge, Mass.: Harvard University Press, London: W. Heinemann, 1991.

Brandwood, L., *A Word Index to Plato*, Leeds: W. S. Maney and Son Ltd., 1976.

Burnet, J., *Platonis Opera*, II, III, IV, V, Oxford: Clarendon Press, 1901, 1902, 1902, 1907.

Crombie, I. M., *An Examination of Plato's Doctrines*, I, London/New York: Routledge & Kegan Paul, 1962.

Denniston, J. D., *Euripides: Electra*, Oxford: Clarendon Press, 1939.

Diels/Kranz, *Die Fragmente der Vorsokratiker*, I, II, Bonn: Weidmann, 1954.

Dover, K. J., *Aristophanes: Cloud*, Oxford: Clarendon Press, 1968.

England, E. B., *The Laws of Plato*, I, II, Manchester/London, 1920, Arno Press, repr., N. Y., 1976.

Godley, A. D., *Herodotus*, I, Loeb Classical Library, Cambridge, Mass.: Harvard University Press, London: W. Heinemann, 1926.

Gomperz, Th., *Greek Thinkers*, Vol. 3, London, William Clowes & Sons Limited, 1905.

Guthrie, W. K. C., *A History of Greek Philosophy*, Vol. V, VI, Cambridge University Press, 1978, 1981.

Hicks, R. D., *Diogenes Laertius*, I, Loeb Classical Library, Cambridge, Mass.: Harvard University Press, London: W. Heinemann, 1925.

Hornblower, S. and Spawforth, A. (edd.), *The Oxford Classical Dictionary* (3rd ed.), Oxford University Press, 1999.

Howatson, M. C. (ed.), *The Oxford Companion to Classical Literature*, Oxford University Press, 1990.

Kahn, C. H., *Plato and the Post-Socratic Dialogue*, Cambridge University Press, 2013.

Kahn, C. H., *Plato and the Socratic Dialogue*, Cambridge University Press, 1996.

Kraut, R. (ed.), *The Cambridge Companion to Plato*, Cambridge University Press, 1992.

Marchant, E. C. & Todd, O. J., *Xenophon*, IV, Loeb Classical Library, Cambridge, Mass.: Harvard University Press, London: W. Heinemann, 1923.

Morrow, G. R., The Demiurge in Politics: The *Timaeus* and the *Laws*, N. D. Smith, ed., *Plato*, Vol. IV, London and New York, Routledge, 1998.

Peck, A. L., *Aristotle: Historia Animalium*, I, Loeb Classical Library, Cambridge, Mass.: Harvard University Press, London: W. Heinemann, 1965.

Ross, W. D., *Aristotelis Ars Rhetorica*, Oxford: Clarendon Press, 1959.

Ross, W. D., *Aristotelis Politica*, Oxford: Clarendon Press, 1957.

Ross, W. D., *Aristotle: De Anima*, Oxford: Clarendon Press, 1961.

Runciman, W. G., *Plato's Later Epistemology*, Cambridge: The University Press, 1962.

Slings, S. R., *Platonis Respublica*, Oxford: Clarendon Press, 2003.

Smith, C. F., *Thucydides*, I, Loeb Classical Library, Cambridge, Mass.: Harvard University Press, London: W. Heinemann, 1928.

Smith, N. D. (ed.), *Plato*, Vol. IV, *Plato's Later Works*, London and New York, Routledge, 1998.

Stanford, W. B., *The Odyssey of Homer*, Books I-XII, London: St Martin's Press, 1965.

Stanford, W. B., *The Odyssey of Homer*, Books XIII-XXIV, London: St Martin's Press, 1965.

Wedd, N., *Euripides, The Orestes*, Cambridge: The University Press, 1942.

Willcock, M. M., *The Iliad of Homer*, Books I–XII, London: St Martin's Press, 1978.

Willcock, M. M., *The Iliad of Homer*, Books XIII–XXIV, London: St Martin's Press, 1984.

Ziegler, K. & Sontheimer, W., *Der Kleine Pauly*, 1–5, München: Deutscher Taschenbuch Verlag, 1979.

박종현 지음, 《헬라스 사상의 심층》, 서광사, 2001.

박종현 지음, 《적도(適度) 또는 중용의 사상》, 아카넷, 2014.

박종현 편저, 《플라톤》(개정·증보판), 서울대학교 출판부, 2006.(절판)

박종현·김영균 공동 역주, 《플라톤의 티마이오스》, 서광사, 2000.

박종현 역주, 《플라톤의 네 대화편: 에우티프론, 소크라테스의 변론, 크리톤, 파이돈》, 서광사, 2003.

박종현 역주, 《플라톤의 필레보스》, 서광사, 2004.

박종현 역주, 《플라톤의 국가(政體)》(개정 증보판), 서광사, 2005.

박종현 역주, 《플라톤의 법률》: 부록 《미노스》, 《에피노미스》, 서광사, 2009.

박종현 역주, 《플라톤의 프로타고라스/라케스/메논》, 서광사, 2010.

박종현 역주, 《플라톤의 향연/파이드로스/리시스》, 서광사, 2016.

박종현 역주, 《플라톤의 고르기아스/메넥세노스/이온》, 서광사, 2018.

고유 명사 색인

1. 《소피스테스》(*Sophistēs*) 편은 Stephanus 판본 I권 곧 St. I. p. 216a에서 시작해 268d로 끝난다. 그리고 《정치가》(*Politikos*) 편은 St. II. 257a~311c이다. 쪽수 표시가 일부 겹침으로, 《정》 또는 [이후 《정》]으로 일괄해서 표시했다.
2. 스테파누스 쪽 수 앞의 * 표시는 그곳에 해당 항목과 관련된 주석이 있음을 뜻한다.

내용 색인

1. 《소피스테스》(*Sophistēs*) 편은 Stephanus 판본 I권 곧 St. I. p. 216a에서 시작해 268d로 끝난다. 그리고 《정치가》(*Politikos*) 편은 St. II. 257a~311c이다. 쪽수 표시가 일부 겹침으로, 《정》 또는 [이후 《정》]으로 일괄해서 표시했다.
2. 스테파누스 쪽 수 앞의 * 표시는 그곳에 해당 항목과 관련된 주석이 있음을 뜻한다.

[ㄱ]

[ㄴ]

[ㄷ]

[ㄹ]

[ㅁ]

[ㅂ]

[ㅅ]

[ㅇ]

[ㅈ]

[ㅊ]

[ㅋ]

[ㅌ]

[ㅍ]

[ㅎ]